HISTOIRE DE BOULOGNE
1er VOLUME

PROPRIÉTÉ DE L'AUTEUR;

tous droits réservés.

Histoire complète & Inédite,
Religieuse, Politique, Sociale & Descriptive

de

BOULOGNE-BILLANCOURT

Depuis les Origines jusqu'à nos Jours,

d'après les Documents authentiques,

AVEC

Renseignements biographiques et autres ;
Listes des Curés, Maires, Notaires, Abbesses, etc. ;
Résumé des Monuments, Sociétés, Œuvres ;
Table chronologique, Calendrier républicain,
Table générale des personnes et des choses, etc.

par

M. Penel Beaufin

Sous-Chef de Bureau au Ministère des Finances,
Officier d'Académie, Officier de l'Ordre du Nichan el Anouar,
Auteur d'ouvrages de Littérature et de Droit, etc.

Ier VOLUME

Origines. Abbaye de Longchamp et Église de Boulogne.

BOULOGNE-SUR-SEINE
Imprimerie A. DOIZELET, Avenue de la Reine, 106

1904

INTRODUCTION

Boulogne-sur-Seine, belle ville de 44.400 habitants à laquelle les dictionnaires consacrent à peine quelques lignes, est cependant une des localités les plus intéressantes de la banlieue parisienne, tant au point de vue religieux, en raison de son pèlerinage séculaire et de sa belle église gothique, merveilleux bijou artistique du XIVe siècle, échappé à la pioche des démolisseurs de 1793, qu'au point de vue politique et social, à cause des nombreux événements accomplis sur son territoire, du développement progressif de sa vie intellectuelle, commerciale et industrielle, et de ses institutions charitables, philanthropiques et autres ; mais jusqu'à ce jour, son histoire n'existait pas, tandis que des cités moins importantes avaient eu depuis longtemps leurs panégyristes enthousiastes.

La raison de cette abstention est facile à saisir: les éléments de l'histoire de Boulogne sont disséminés un peu partout, souvent difficiles à trouver et non moins difficiles à déchiffrer, de sorte que, pour arriver à un résultat appréciable, il faut beaucoup de temps, une grande patience, des relations avec les administrations publiques, enfin une connaissance approfondie de l'histoire, des littératures latine et française et de la paléographie. Aussi comprend-on aisément que les mieux intentionnés, comme Jules Mahias, aient renoncé à l'entreprise, et encore J. Mahias se trompait-il étrangement (*Annuaire* de 1856) lorsqu'il croyait pouvoir parvenir au but par le seul examen des archives communales: il n'aurait eu là qu'une partie de notre histoire ; les faits relatifs à Boulogne politique et religieux avant 1789 et à Billancourt avant 1860 (Billancourt appartint à Auteuil avant 1860) lui eussent complètement échappé.

C'est pour combler cette lacune regrettable que je me suis proposé d'écrire en l'honneur de ma ville d'adoption (j'habite Boulogne depuis plus de dix ans) une histoire qui ne fût pas trop indigne d'elle, en utilisant à son profit mes études antérieures historiques, littéraires, juridiques et archéologiques.

La tâche fut des plus laborieuses au début, car je n'avais alors pour me guider que de vagues indications sur Longchamp, les Menus de Saint-Cloud, l'église de Boulogne, etc. ; mais quelques dates trouvées au hasard me mirent sur la trace de précieux documents conservés dans les archives de la fabrique de N.-D.-de Boulogne ; ces derniers m'en révélèrent d'autres et ainsi, de recherche en recherche, j'arrivai à établir le catalogue des manuscrits, brochures, livres, journaux, revues, etc., à consulter et à analyser.

Cinq années ont été employées à amasser les matériaux et à les mettre en ordre, et ce temps eût été bien plus long sans la bienveillance des personnes à qui je me suis adressé et les prêts à domicile qu'elles ont bien voulu me consentir.

Les *sources* auxquelles j'ai dû recourir sont de différente nature et peuvent être ramenées à cinq groupes, savoir :

1° *Archives fabriciennes de Boulogne et de Billancourt*, pour l'histoire des deux *églises* et de leurs rapports avec les autorités et les habitants. Quelques extraits des archives fabriciennes d'Auteuil, de Saint-Louis en l'Ile et de Saint-Cloud les ont complétées ;

2° *Archives départementales de la Seine* (quai Henri-IV, Paris) et *archives communales d'Auteuil et de Boulogne*, celles d'Auteuil versées entièrement aux archives départementales, pour l'histoire politique et sociale de *Boulogne* et de *Billancourt*, de leurs écoles, de leurs établissements, de leurs sociétés, de leurs voies de communication. Les archives de Saint-Cloud, grâce aux recherches de mon fils aîné sur son pays natal, ont servi à préciser des points particuliers de l'histoire de Boulogne religieux et politique. — La mairie de Boulogne possède les actes de l'état civil depuis 1624 et les délibérations du conseil depuis 1804 ;

3° *Archives nationales* (rue des Francs-Bourgeois, Paris), très riches en manuscrits, pour l'abbaye de *Longchamp* et ses abbesses, l'abbaye de *Montmartre* et ses abbesses, *Boulogne*, l'abbaye de *Saint-Victor*, *Billancourt ;*

4° Collections des *Lois, Ordonnances, Lettres patentes, Édits, Arrêts de la Chambre des Comptes* et du *Parlement de Paris*, arrêts du *Conseil d'Etat, Jugements*, etc., pour *Longchamp, Boulogne* et *Billancourt ;*

5° *Manuscrits, Imprimés, Brochures, Journaux anciens et contemporains, Revues, Notes, des Bibliothèques publiques, ministérielles et privées*, pour l'ensemble de l'histoire et de la biographie.

Cette nomenclature démontre suffisamment par elle-même l'importance et la variété des renseignements que j'ai pu me procurer sur l'*Histoire de Boulogne-Billancourt* depuis les origines, renseignements indispensables pour la réfutation des erreurs ou des légendes qui ont eu cours dans la suite des âges et dont on trouvera à leurs dates la discussion et les preuves. En passant, je tiens à relater ici quelques-unes de ces erreurs, non des moins banales, savoir :

La ferme de *Sonchamp* (Seine-et-Oise), confondue par Mentienne avec celle de l'abbaye de *Longchamp ;*

Le démembrement de la paroisse d'Auteuil et l'érection de la paroisse de *Boulogne-sur-Seine* par Hugues de Besançon, en 1330, reportés à tort à 1343 sous Foulques de Chanac ;

L'accord ratifié en février 1343 (1344) par ce dernier, discuté de nouveau en 1380 (1381) et sanctionné définitivement par Clément VII d'Avignon en 1392, la XIVe année de son pontificat, sanction attribuée à Clément VI, la XIVe année de son pontificat (ne fut pape que de 1342 à 1352) ;

Robert Lyotte, curé de 1404 à 1439, et non de 1403 à 1515, comme le disent M. Grenet et les auteurs qui l'ont suivi ;

Charles-François Hénocque, curé de 1744 à 1793, et non de 1743 à 1808 (Grenet), mort en 1806 et non en 1793 (signa un procès-verbal en 1805) ;

Le maire *Vauthier*, 1er magistrat municipal de 1792 à 1799 et de 1808 à 1814, et non de 1793 à 1814 (listes Grenet et autres) ;

M. *Collas*, maire de 1829 à 1831 et de 1833 à 1838, et non de 1829 à 1840, comme il est marqué dans toutes les listes des maires parues avant le présent ouvrage ;

M. *Liot*, maire de 1876 à 1892, mort le 23 février 1893 et non 1896, comme le portaient les plaques indicatrices de la rue *Liot* avant la rectification opérée par les soins de M. Lagneau, à la suite de ma communication du 17 juillet 1903 ;

Le projet de fondation de la chapelle de *Billancourt*, suivant acte des 1er février 1834 et 20 décembre 1835, et non de 1832, etc.

L'*Histoire complète de Boulogne-Billancourt* comprend trois parties distinctes en 2 volumes, reliées entre elles par des notes de concordance et renfermées entre les *trois grandes périodes historiques* suivantes, qui correspondent parfaitement aux transformations de notre commune, savoir : la 1re, des origines à 1789, dans laquelle l'église de Boulogne-sur-Seine joue seule un rôle prépondérant ; la 2e, de la Révolution de 1789 à 1859, où la vie politique et sociale de Boulogne s'accentue de plus en plus ; la 3e, de 1860 au 31 décembre 1903, où notre ville, formée de Boulogne et de Billancourt depuis 1860, se développe, s'embellit et se perfectionne. Quelques mots sur chacune de ces parties en feront mieux ressortir l'ensemble.

La *1re partie* (c'est le 1er volume) résume en 19 chapitres : les origines des *Menus de Saint-Cloud* et de *Boulogne*, *la forêt de Rouvray* et le *bois de Boulogne*, l'histoire de l'abbaye de *Longchamp*, la liste, publiée pour la 1ʳᵉ fois, des abbesses de Longchamp (I) ; la fondation de *l'église* et de la *grande Confrérie* en février 1319 (1320), les chartes reproduites en entier pour la première fois, latin et français, la liste des abbesses de *Montmartre*, lesquelles étaient suzeraines de Boulogne (II) ; l'histoire de la *grande Confrérie*, de sa fondation à nos jours (III) ; l'inscription de 1745, concernant la fondation et l'histoire de l'église et de la grande Confrérie (IV) ; l'histoire de *l'église*, de 1330 à 1903, répartie entre ses curés, et les particularités y relatives (V à XVI) ; la description de l'église, de ses vitraux, de ses peintures et de ses inscriptions (XVII) ; les listes des curés et des présidents du conseil de fabrique, publiées pour la première fois (XVIII) ; le presbytère, les œuvres et les écoles paroissiales (XIX).

La *2ᵉ partie* (9 chapitres) traite spécialement de la section de *Boulogne*. Le 1ᵉʳ chapitre s'arrête à 1789 : on y voit les divers noms de la section, ses quartiers, le bois de Boulogne, la faisanderie, le château, et le pont de Saint-Cloud. Les autres chapitres, II à IX, de 1789 au 31 décembre 1903, retracent l'histoire politique, sociale, industrielle, etc., de Boulogne, partagée entre les maires qui ont administré la ville. On y trouve décrits, avec plus ou moins d'ampleur, suivant leur importance : l'organisation de *Boulogne ;* la *Terreur* et ses victimes ; le temple protestant ; la synagogue — oratoire israélite ; la *Mairie* et son *parc ;* les écoles ; les salles d'asile ou écoles maternelles ; la crèche ; les bibliothèques ; la caisse des écoles, qui soutient les écoles communales ; la *société philotechnique*, complément des écoles ; l'asile-hospice des vieillards ; l'orphelinat *Léonino ;* le fourneau économique ; le bureau de bienfaisance ; le marché ; les postes et télégraphes ; la salle des *Fêtes ;* les châteaux et villas ; les ports ; le pont de Saint-Cloud ; les octrois, la perception, la recette municipale ; la caisse d'épargne ; les pompiers ; la police, la gendarmerie, le garde champêtre ; la garde nationale ; les eaux, le gaz et l'électricité ; les bateaux, voitures, omnibus, tramways et chemins de fer ; les cimetières ; les sociétés de bienfaisance, philanthropiques, sociales, politiques, de secours mutuels, artistiques, musicales, de gymnastique, de tir, d'escrime, colombophiles, patriotiques ; les sociétés des élèves des écoles ; la Bourse du Travail ; les banques ; les grands établissements industriels ; les voies de communication (noms divers, historique, sociétés, établissements, monuments : je les ai parcourues en entier, afin d'en connaître très exactement les tenants et les aboutissants, la situation des monuments, etc.).

Au fur et à mesure qu'un monument, qu'un établissement, qu'une société, qu'une affaire se présente, j'en écris immédiatement l'histoire générale, sauf à y renvoyer aux dates ultérieures : ce procédé, absolument rationnel, a l'avantage d'éviter des recherches fastidieuses et de présenter sous un simple coup d'œil la suite des faits.

Le dépouillement intégral des délibérations du conseil municipal de 1804 à 1903 (un siècle) et des arrêtés des maires m'a permis de donner le texte officiel des arrêtés, discours, allocutions, adresses, etc., sous tous les régimes et dans les circonstances les plus variées, excellent exercice de leçons de choses et de rapprochements des plus curieux. Voir notamment à : 1821, baptême du duc de Bordeaux ; 1831, serment (il aura des variantes suivant les régimes) ; 1849, 1854, agrandissement de l'asile des vieillards ; 1851, coup d'État ;1852, réception du Prince-Président ; 1864, discours du maire Dobelin ; 1867, attentat Bérézowsky ; 1870, J. Mahias ; 1878, 1880, interdictions des processions ; 1879, élection du président Grévy ; 1885, adresse à Pasteur ; 1894, assassinat du Président Carnot ; 1899, attentat contre M. le Président Loubet ; 1901, adresse au czar ; 1902, adresse au peuple boer, etc. D'autres discours, fournis par les journaux ou par les registres des sociétés, sont à leurs dates respectives.

La 3ᵉ partie (9 chapitres comme la 2ᵉ partie) s'occupe de *Billancourt*, uni à Boulogne depuis 1860. Dans le 1ᵉʳ chapitre sont énumérés la bataille de 52 av. J.-C., les étymologies du nom de *Billancourt* et le miracle des *Billettes*, arrivé à Paris et non à Billancourt ; la charte de 1150, latin-français, pour la donation de Billancourt à l'abbaye de Saint-Victor ; l'historique de la ferme et des îles de Billancourt, le Fief-Baudouin, la liste des abbés de Saint-Victor, suzerains de la ferme de Billancourt, publiée pour la première fois, etc. Dans le 2ᵉ, 1804 à 1859, sont le pont de Sèvres, les rues du Vieux-Pont-de-Sèvres, de la Plaine, Neuve ou Thiers, les terrains *de Gourcuff*, les écoles. Le 3ᵉ parle de l'annexion de *Billancourt*, de sa situation, de ses moyens de communication. L'*église*, son histoire, sa description, ses curés, ses présidents du conseil de fabrique, les œuvres et les écoles paroissiales forment le chapitre IV. Les chapitres V à VIII embrassent l'histoire de la section de 1860 au 31 décembre 1903, avec ses monuments, ses établissements et ses sociétés comme dans la 2ᵉ partie : écoles, salles d'asile ou écoles maternelles, crèche, bibliothèque de la rue Thiers, marché, abattoirs, postes et télégraphes, villas ; ports Legrand, public, nouveau ; ponts de Sèvres, nouveau, de Billancourt ; octrois ; police et gendarmerie ; eaux et gaz ; bateaux, tramways, chemins de fer ; cimetière des *Moulineaux* ; sociétés de secours mutuels et autres, comme ci-dessus ; établissements industriels ; voies de communication, comme ci-dessus.

La biographie des personnages qui ont eu à un titre quelconque des rapports avec Boulogne-Billancourt est insérée dans chaque partie.

Sont en outre expliqués les mots archaïques, les termes scientifiques, juridiques, administratifs, peu connus, répandus çà et là, en même temps que sont reproduits les décrets, lois, ordonnances, arrêts visés dans des actes, de manière à permettre à chacun de se rendre un compte de la législation en vigueur.

Enfin, plusieurs tableaux qui, à eux seuls, ont exigé une somme considérable de travail, viennent compléter les trois parties où sont déjà les listes ci-dessus des curés, abbesses, abbés. Ce sont : la population à différentes époques ; les listes des syndics, maires, notaires, députés, conseillers généraux ; un calendrier républicain, avec les dates de la période ; une table chronologique générale ; le résumé analytique des monuments, établissements, sociétés, œuvres, dont il a été parlé ; la bibliographie des brochures, livres, etc., cités ; une table générale alphabétique des personnes et des choses, destinée à faciliter les recherches, etc.

En un mot, je n'ai rien négligé pour offrir à mes concitoyens une œuvre utile et intéressante, capable de retenir leur attention et de leur faire apprécier davantage notre ville, si peu connue dans son histoire. Tous y trouveront, j'ose l'espérer, de quoi satisfaire leur légitime curiosité.

Mais je ne saurais oublier, à la fin de cette notice, tous ceux qui ont pour ainsi dire collaboré à l'*Histoire de Boulogne-Billancourt*, soit en facilitant mes recherches, soit en mettant gracieusement à ma disposition des documents plus ou moins rares. J'adresse en particulier mes remerciements et l'expression de ma profonde reconnaissance à MM. les *curés* de Boulogne, de Billancourt, d'Auteuil et de Saint-Louis en l'Ile (archives fabriciennes) ; à M. l'*archiprêtre* de N.-D. de Boulogne-sur-Mer et à son digne vicaire, M. l'abbé *Ducatel* (communications diverses et prêt de l'*Histoire* de Le Roy, de 1681) ; à M. *Lagneau*, maire de Boulogne, et au secrétaire de la Mairie, M. *Chevallier* (procès-verbaux des séances, arrêtés des maires, registres de l'état-civil, etc.) ; à MM. les *archivistes*, et *bibliothécaires* des dépôts publics (*Archives nationales, départementales, Bibliothèques);* à M. le chanoine *Pisani* et à M. l'abbé *Carré*, qui s'occupent avec beaucoup de soin de la reconstitution de l'histoire des églises de Paris ; enfin, à MM. *Jacquemet, M. Boucher, E. Poirier, A. Barbu, Maisons, Doizelet, Duriez, Lazard, A. Michel, Endeler,* etc., (renseignements, communications de manuscrits, de brochures, de livres, exécution de dessins et de photographies), dont les noms seront rappelés au besoin dans les différents chapitres de l'Histoire. A ces noms il convient d'ajouter celui du regretté M. Dominé, excellent ami qui portait un vif intérêt à mon travail.

Boulogne-sur-Seine, 31 décembre 1903,

PENEL BEAUFIN.

Un appendice pourra être publié à la fin de l'impression, afin de tenir compte des événements accomplis depuis le 31 décembre 1903.

PREMIÈRE PARTIE

Section de Boulogne-sur-Seine. — Situation. — Origines. — Abbaye de Longchamp (1249-1793). — Histoire de l'église de Boulogne, de son presbytère, de ses œuvres, de ses écoles, de 1320 à nos jours (31 décembre 1903).

CHAPITRE Ier

Des origines à l'an 1308. — Situation. — Moyens de communication. — La forêt de Rouvray. L'abbaye de **Longchamp** *ou* **Longchamps** *(1249-1793).*

BOULOGNE-SUR-SEINE, *Bolonia, Bononia*, « est une ville récente. Elle est née, elle a grandi à la faveur de son pèlerinage », a fort bien dit le P. Drochon dans ses *Pèlerinages*. C'est l'antique hameau des *Menus de Saint-Cloud*, de *Menus-lez-Saint-Cloud*, devenu une commune de 44.416 habitants, comprenant deux sections, *Boulogne*, la plus peuplée, et *Billancourt*.

La ville est située entre la Seine, — qui la sépare de Saint-Cloud, de Sèvres et d'Issy-les Moulineaux, — les quartiers parisiens du Point du Jour et d'Auteuil, le bois de Boulogne. De longues avenues, de beaux boulevards, de larges quais, sans compter des rues importantes, relient entre elles les différentes parties de Boulogne-Billancourt, dont la *blanchisserie* est la principale des industries.

En dehors de sa remarquable église du XIVe siècle, restaurée au XIXe siècle, il y a lieu de signaler spécialement, pour la section de Boulogne, les *châteaux* de la famille Rothschild, boulevard de Boulogne et rue de Sèvres ; les *villas* des quais, du parc des Princes, de l'avenue Victor-Hugo, etc. ; le vélodrome du Parc des Princes ; l'établissement *d'horticulture de* la ville de Paris et sa promenade, entre la route d'Auteuil, le boulevard d'Auteuil et l'avenue Victor-Hugo ; la *Mairie*, route de la Reine ; l'*hospice des vieillards*, rue des Abondances et rue Saint-Denis ; la *salle des Fêtes*, place Bernard Palissy ; le *Marché*, boulevard de Strasbourg ; le *cimetière*, avenue de la Reine.

Les quais, le parc de la Mairie, l'avenue Victor-Hugo, le bois de Boulogne et la route d'Auteuil sont des promenades fréquentées. De la Seine, belle vue sur les environs.

On accède à Boulogne, dont le centre est à 2 k. de Paris, par les moyens de communication suivants : 1° les *bateaux parisiens*, stations de la *Galiote* et du *Point du Jour*. De la *Galiote*, au pont Mirabeau (rencontre des tramways d'Auteuil à Saint-Sulpice, de Boulogne à Montreuil-sous-Bois, du Louvre à Boulogne, Saint-Cloud, Billancourt, Sèvres, Versailles), on va, par l'église et la rue d'Auteuil, à la gare d'*Auteuil* pour les tramways d'Auteuil et de la Madeleine à Boulogne ; du *Point du Jour*, par le viaduc et l'avenue de Versailles, on va à la porte de Saint-Cloud pour les tramways du Louvre ci-dessus ; — 2° les *bateaux du quai des Tuileries* à Saint-Cloud et Suresnes, desservant *Billancourt, Boulogne* et *Saint-Cloud* ; — 3° le *chemin de fer de Ceinture*, gare d'*Auteuil*, d'où partent les tramways pour le rond-point de Boulogne, en suivant le bois de Boulogne et la Grande-Rue. Près de la gare d'Auteuil, tramways électriques pour le Champ de Mars de Paris, la *place Bernard Palissy* et la *porte de l'Hippodrome*, le *pont de Saint-Cloud*. La Ceinture a aussi la station du *Point du Jour*, près de celle des bateaux ; — 4° le chemin de fer de Paris-Saint-Lazare à Saint-Cloud, gares du *Pont de Saint-Cloud*, au bord de la Seine, et de *Montretout*, sur la hauteur : on n'a qu'à traverser le pont pour aller à Boulogne, au *rond-point* ; — 5° les tramways du Louvre à Saint-Cloud et du Louvre au *rond-point de Boulogne*, à la *Chaussée du Pont*, en passant par toute l'avenue de la Reine ; — 6° les tramways de Pierrefitte au *pont de Saint-Cloud* : on n'a qu'à traverser le pont.

Dans les temps les plus reculés, la Sequana (Seine), dite parfois *Sigona*, baignait les bords de la vaste chênaie ou forêt de *Rouvray* (du Parisis), *Rouvroy*, *Rouvret*, de la *Rouvraye* (latin *Roveretum, Roveritum, Roburetum*), connue des guerriers de César (53 av. J.-C.), vantée pour ses chênes touffus (latin *robur*, chêne rouvre) au milieu de taillis et pour son gibier abondant : sous Julien l'Apostat, au IVe siècle, et sous les Mérovingiens, les chasses y furent renommées, et on y trouvait des ours, des aurochs ou bœufs sauvages, des sangliers, des cerfs. La forêt s'étendait de Saint-Cloud et de la place actuelle du Parchamp à Saint-Ouen par Neuilly-sur-Seine et Clichy la Garenne, avec ramifications vers les Champs-Elysées, et à ses bûcherons, gens paisibles et modestes, la ville de Boulogne devra son origine : *forêt de Rouvray-lez-Saint-Cloud*, *forêt* ou *bois de Saint-Cloud* seront aussi ses noms, parce qu'elle touchait à Saint-Cloud.

Le 1er acte relatif à cette forêt est la charte de Chilpéric II, de 717 ;

mais il est certain qu'elle vit des batailles bien auparavant (entre les Romains et les Gaulois). Chilpéric II, échappé au massacre de 673 où périt son père Hildéric, Childéric II, vécut 42 ans dans un couvent sous le nom de *Daniel*, avant d'être proclamé roi en 715.

L'original de la charte, datée le 28 février 717 de Compiègne, se trouve aux *Archives nationales, Monuments historiques*, collection K., *Cartons des Rois*, laquelle comprend de nombreux actes depuis janvier 528, Childebert 1er, jusqu'au 27 novembre 1789. Par cette charte, le roi donna la forêt de Rouvray à l'abbaye de Saint-Denis, qui la conservera jusqu'au XIIIe siècle: on y voit mentionnés la forêt et son garde, des terres et des prés à Clichy, mais non les *Menus*, preuve que ce mot n'existait pas encore. Je reproduis ci-après le texte authentique, en latin défectueux, barbare, avec des explications, et je le traduis complètement: ainsi ferai-je dans la suite pour les documents semblables:

CARTA DE ROVERETO.

« Chilperichus, rex Francorum, vir inluster.

« Se aliquid ad loca Sanctorum de nostris muneribus pristamus vel concidemus, hoc nobis ad mercidem vel stabiletate rigni nostri, in Dei nomene, pertenire confidemus. Ideo cognuscat hutiletas seo magnetudo vestra, quòd nos, foreste nostra Roverito, cum omnem jure vel termene suo, ad integrum, que est in Pago Parisiaco, super fluvium Sigona, unà cum illo forestario nomene Lobicino, qui commanit in fisco nostro Vetus Clippiaco, unà cum mansus quod in ipso Clippiaco tenire viditur, vel terras ad ipsus mansus aspicientes, ad integrum, ad basileca peculares patronis nostri Sancti Dionisii, ubi ipse preciosus domnus in corpore requeiscit, vel ubi domnus Turnoaldus Episcopus custus preesse viditur, ad peticionè inlustri viro Raganfredo, majorim-domûs nostro, plinâ et integrâ graciâ, ad

CHARTE DE ROUVRAY.

« Chilpéric, roi de France, homme illustre.

« Si nous donnons ou concédons quelques faveurs aux églises des saints, nous avons confiance que Dieu nous en récompensera et rendra stable notre règne. Pour ce motif, en vue de vos intérêts et de votre grandeur, et à la demande de l'illustre Raganfred, notre maire du palais, il nous a plu de donner aujourd'hui, intégralement et à titre gracieux, notre forêt de Rouvray, située dans le Parisis, au bord de la Seine, — avec tous ses droits et son enceinte, le garde forestier nommé *Lobicinus*, qui demeure dans notre domaine du Vieux-Clichy, la ferme qui se trouve dans le même Clichy et toutes les terres qui regardent cette ferme, — à l'insigne basilique de notre patron saint Denis, où repose son corps précieux et dont le seigneur évêque Turnoald est constitué gardien. C'est pour-

diae presente, vise fuemus concessisse. Quapropter, per presente precepcione, specialiùs decernimus urdenandum, quod in perpetuum circa ipso sancto loco mansurum esse volemus, ut ipsa foreste nostra Roverito, cum omnem jure vel termene suo, ad integrum, unà cum suprascripto forestario vel mansus suos, cum terras vel prata in ipso Clippiaco, ad integrum, ipse domnus Turnoaldus Episcopus ad ipsa sancta basileca domni Dionisii martheris, plinâ et integrâ graciâ, ex nostro munere largitates, hoc habiat concessum atque indultum, ut eis in antia (inantia) semper meliùs delectit pro stabiletate rigni nostri, vel pro salute patriae, Domini mesericordiae adtenciùs exorare, et nullâ requesicione, nec nullo impidimento ad judicibus publicis, tam in nostro tempore quàm et ad succedencium rigum, ob hoc habire non pertemiscant, nise ad suprascripta sancta basileca domni Dionisii, nostris et foturis temporibus, proficiat in augmentatis. Et ut haec precepcio firmior habiatur, vel per tempora conservitur, manûs nostri subscripcionebus subter eam decrivemus roborare.

« Chilpricus subs. (subscripsit).
« Raganfridus optolit (obtulit).
(Ici place du sceau.)
« Datum pridiae Kalendas Marcias, annum secundum rigni nostri, Compendio, in Dei nomene feliciter ».

quoi, par les présentes, nous prescrivons spécialement d'ordonner que cette donation reste à perpétuité en l'honneur du saint, suivant notre volonté, afin que le seigneur évêque Turnoald, pour la basilique du martyr saint Denis, ait à titre gracieux, par suite de nos libéralités, l'entière possession de notre forêt de Rouvray, avec tous ses droits et son enceinte, le dit garde forestier et ses fermes, les terres et les prés de Clichy. et qu'ainsi il aime à prier toujours davantage et obtienne plus facilement de la miséricorde du Seigneur la stabilité de notre règne et le salut de la patrie. Qu'à l'égard de cette possession, maintenant, et sous les rois, nos successeurs, il n'y ait aucune crainte de démêlés ni de réclamation auprès des juges publics, si ce n'est en faveur des accroissements présents et futurs de la dite basilique de saint Denis. Et afin que cette ordonnance ait plus d'autorité et soit conservée pour l'avenir, nous avons décidé de la revêtir ci-dessous de notre signature.

« Chilpéric a signé.
« Ragangred a présenté la requête.
« Donné la veille des calendes de mars, la 2ᵉ année de notre règne, à Compiègne, heureusement régnant par la volonté de Dieu. »

Les *calendes* étaient le 1ᵉʳ jour du mois romain ; la veille des calendes de mars était donc le 28 février des années ordinaires.

Turnoald, évêque de Paris, de 693 à 698, retourna à l'abbaye de Saint-Denis, dont il avait été tiré pour être nommé évêque.

Raganfred, Ragantroy, maire du palais, est *Raganfredus, Raganfridus ; Chilpéric, Chilpricus, Chilperichus, Rouvray, Roveritum, Roveretum*, ablatif *Rovereto*.

L'*e* remplace *i* dans *munerebus, basileca, termens, nomene, urdenandum, hutiletas; i* remplace *e* dans *habire, rigni, rigum plinâ ; c* remplace *t* dans *preciosus, graciâ, Marcias, adtenciùs ; domnus, inlustri, que, pridiae, custus preesse, foturis, precepcio, ad judicibus publicis, ad basileca*, sont pour *dominus, illustri, quae, pridie, custos, praeesse, futuris, praeceptio, ad judices publicos, ad basilecam*, etc. ; *peticione* veut dire *petitionem*, car on supprimait *n* et *m* finales.

Le texte latin, sous le titre de « Diploma Chilperici, regis Francorum, quo Silvam Roveritum donat monasterio Sancti Dionysii » (Diplôme de Chilpéric, roi de France, par lequel il donne la forêt de Rouvray au monastère de Saint-Denis, se trouve dans le bel ouvrage intitulé : « Diplomata, Chartae, epistolae, leges, aliaque instrumenta ad res gallo-francicas spectantia » (Diplômes, Chartes, lettres, lois et autres monuments concernant la France) par de Bréquigny († 1795) et la Porte du Theil († 1815), de l'Académie des Inscriptions et Belles-Lettres, revu par Jean-Marie Pardessus († 1853), de la même Académie, 2 in-folio, 1843 et 1849, dont le 1ᵉʳ va de 417 à 627 et la 2ᵉ de 628 à 751 ; l'édition Bréquigny et de la Porte du Theil, 1791, avait 3 in-folio.

J'ai trouvé la confirmation de cette donation dans une longue charte de Robert II, du 17 mai 1008, signée à l'assemblée-concile de Chelles, Seine-et-Marne, où il est question de l'abbaye de Saint-Denis, de son abbé Vivien, de terres et de leurs dépendances aliénées, et de la forêt de *Rouvray*, dite *Rubridum sylva;* 13 prélats ont signé cette charte, dont l'original est aux *Archives nationales* (K. 18, nᵒ 3). Je donne ici, en la traduisant, la partie relative à la forêt :

CHARTE DE 1008.

« Preceptum Roberti Regis... et de Rubrido silva, cum legibus que (quae) ex eâ fiunt, et de consuetudinibus Villepicte (Villepictae) et Ruolli et Ferriciaci.

« In nomine Sanctae et individuae Trinitatis, Rotbertus, divinâ ordinante clementiâ, rex Fran-

« Ordonnance du roi Robert... sur la forêt de Rouvray, avec les lois qui la régissent, et les droits d'usage de Villepinte, de Rueil et de Ferricy.

« Au nom de la sainte et indivisible Trinité, Robert, par la clémente bonté de Dieu, roi de

corum semper augustus. Dum Deus omnipotens hanc Galliarum patriam à tenebris infidelitatis eruere disponeret, sanctissimum Dionysium, divini videlicet verbi splendidissimam lampadem, eidem ad innotescendum veritatis suae lumen dirigere dignatus est. Cujus predicatione conversâ, multa, largiente Domino, semper experta est beneficia... Damus Deo ac sancto Dyonycyo... ac Rubridum sylvam, cum legibus quae ex eâ fiunt, et quod in Villapicta, vel fisco Ruoilo vel Ferriciaco tenebamus : omnes videlicet consuetudines quas ibi habebamus, cum omni integritate. Unde hoc nostrae auctoritatis praeceptum fieri jussimus, obsecrantes et per nomen Domini Jhesu Christi obtestantes, ut nullus regum succedentium, aut principum, haec nostra conlata munera ullo modo infringere praesumat. Si quis autem, quod non credimus, temerario ausu infringere praesumpserit, auctoritate nostrâ, et episcoporum nostrorum, qui nobiscum hoc praeceptum in sanctâ synodo quae XVI Kalendas Junii Kale (Kalae), sedis nostrae palatio, collecta resedit, firmativerunt, anathema sit. Ut enim pleniorem hoc idem praeceptum obtineat vigorem, manu propriâ, cum episcopis sanctae synodi nostrae, firmavimus ; ac nomina episcoporum ejusdem sanctae synodi subter ascribi jussimus, et anuli (annuli) nostri impressione sigillari jussimus. » (ici le sceau.)

France toujours auguste. Le Dieu tout-puissant, ayant décidé d'arracher cette région des Gaules aux ténèbres de l'infidélité, a daigné lui envoyer saint Denis, flambeau resplendissant de la parole divine, pour lui faire connaître la lumière de sa vérité. De la prédication du saint, favorisée par Dieu, elle a toujours retiré beaucoup de bienfaits... Nous donnons à Dieu et à saint Denis... la forêt de Rouvray, avec les lois qui la régissent, et nos possessions de Villepinte, du domaine de Rueil et de Ferricy, en un mot tous les droits d'usage que nous y avions, dans leur intégrité. C'est pourquoi, nous avons ordonné d'observer cet acte de notre autorité, par la prière et la supplication, au nom de Notre-Seigneur Jésus-Christ, afin qu'aucun des rois nos successeurs, ou des princes, n'ose porter atteinte en aucune façon aux donations conférées par nous. Mais si quelqu'un, ce que nous ne croyons pas, osait témérairement y porter atteinte, qu'il soit anathème, en vertu de notre autorité et de celle de nos évêques, qui, avec nous, ont confirmé cette ordonnance dans le saint concile tenu le 16 des calendes de juin (17 mai) à Chelles, dans notre palais. Et afin que cette ordonnance ait une plus grande force, nous l'avons approuvée de notre propre main et les évêques de notre saint concile l'ont aussi approuvée ; et nous avons ordonné que les noms des évêques de ce saint concile soient écrits ci-

« Lethericus Senonum archiepiscopus, subscripsit.
Hugo, Turonorum archiepiscopus, subscripsit.
Fulbertus, Carnotensium episcopus, subscripsit.
Fulcho, Aurelianensium episcopus, subscripsit.
Adalbero, Laudunensium episcopus, subscripsit.
Fulcho, Suessionensium episcopus, subscripsit.
Rotgerius, Belvacensium episcopus, subscripsit.
Fulcho, Ambianensium episcopus, subscripsit.
Gislebertus, Meldensium episcopus, subscripsit.
Vuido, Catalaunensium episcopus, subscripsit.
Frodmundus, Trecassinorum episcopus, subscripsit.
Robertus, Sillianectensium episcopus, subscripsit.
Balduinus, Taravuanensium episcopus, subscripsit.
Franco, diaconus atque cartigraphus, relegit et sigillavit. »

dessous et que les présentes soient revêtues de l'empreinte de notre sceau. »
« Léthéric (Liétry), archevêque de Sens, a signé :
Hugues, archevêque de Tours, a signé.
Fulbert, évêque de Chartres, a signé.
Foulques, évêque d'Orléans, a signé.
Adalbéron, évêque de Laon, a signé.
Foulques, évêque de Soissons, a signé.
Roger, évêque de Beauvais, a signé.
Foulques, évêque d'Amiens, a signé.
Gilbert, évêque de Meaux, a signé.
Gui, évêque de Châlons, a signé.
Fromond, évêque de Troyes, a signé.
Robert, évêque de Senlis, a signé.
Baudoin, évêque de Thérouanne, a signé.
Francon, diacre et chancelier, a relu et apposé le sceau. »

Si au IVe siècle, la Rouvraye était connue des Romains, il en était de même du territoire des futurs *Menus de Saint-Cloud*, car du temps de Julien l'Apostat (361-363), empereur qui résida à Lutèce (Paris), on construisit ici un fort pour le passage des navires des *nautes* ou marins de Paris. Autour de ce fort, abandonné plus tard, s'établirent timidement quelques bûcherons : ces derniers commencèrent ainsi le noyau du village des *Menus*. A cette époque lointaine, de rares chemins étaient tracés dans la forêt, aux chasses déjà connues.

Au IXe siècle commença l'invasion des Normands. A l'approche de ces barbares, les habitants de Saint-Cloud songèrent à mettre en lieu sûr leurs précieuses reliques : à cet effet, en 885 *(Annales de Paris)*, et non en 809, passa par le pont de Saint-Cloud et par le chemin de Saint-Cloud (Grande-Rue) une procession qui, de Saint-Cloud, allait porter à Paris les reliques du saint, lesquelles seront rapportées en 890 (*Annales de Paris*, dans Poncet de la Grave, tome III). Par la même route passèrent : 1° le 1ᵉʳ dimanche d'août 1109, 1ᵉʳ août, la procession qui venait de chercher à Saint-Cloud la relique de la *vraie croix*, déposée dans l'église le 28 juillet, pour la transporter à la cathédrale de Paris, relique envoyée de la Palestine par le chanoine Anselme, Anseau à Galon, qui fut évêque de Paris de 1104 à 1106 ; 2° en 1428, la procession qui transporta à l'église Saint-Symphorien de la Cité, à Paris, le corps de saint Cloud et les reliques de l'abbaye, afin de les préserver de la profanation durant la guerre contre les Anglais ; 3° le 12 juillet 1443 ou 1444, la procession qui ramena les reliques à Saint-Cloud.

Venus par la Seine à Saint-Cloud en 885, les Normands ravagèrent le pays, saccagèrent le couvent et en firent prisonniers les religieux. Les quelques habitants des Menus, trop pauvres pour être rançonnés, durent servir de guides aux envahisseurs ; les mêmes accompagnèrent dans la suite, sur la Seine, les religieux qui fuyaient vers Conflans-Sainte-Honorine.

En quittant nos parages, les Normands, après avoir abattu bon nombre d'arbres de la forêt, assiégèrent 13 mois Paris (885-886), sans succès d'ailleurs, et ne revinrent plus ici.

C'est aussi au IXᵉ siècle que des bourgeois de Paris fondèrent aux Menus le premier *port* pour la commodité de leurs affaires. — Voir 841 au *pont* (2ᵉ Partie).

Les habitants des *Menus*, au milieu des guerres, vivaient bien tranquilles dans leur forêt, se contentant à certains jours de l'année de passer la Seine en bac et de se rendre au pèlerinage de Saint-Cloud, déjà célèbre, pour lequel on avait frayé des chemins dans la Rouvraye ; celle-ci fournissait à ces humbles chrétiens les fleurs nécessaires à l'embellissement du saint lieu aux jours de fêtes.

Vers 1100, lorsque la forêt de Rouvray en Parisis (il y a une forêt de Rouvray en Normandie) eut été diminuée du côté de Saint-Cloud et que des chemins y eurent été tracés pour les pèlerins de Saint-Cloud, de pauvres bûcherons se construisirent des cabanes, dont la réunion forma le village ou hameau appelé *Menus* ou *Menuls de Saint-Cloud*, *Menus-lez-Saint-Cloud*, à proximité de Saint-Cloud, mais dépendant au spirituel de l'église d'Auteuil. Des cultivateurs et des pêcheurs se joignirent à eux dans la suite des temps et augmentèrent ainsi l'importance du hameau.

En 1133, Aalide ou Alix, Adélaïde de Savoie, femme de Louis VI le Gros, fonda une abbaye de Bénédictines à Montmartre, que possédaient depuis 1096 les moines de Saint-Martin des Champs, ce qui amena en 1134 un échange de terrains entre le roi et les moines : le roi donna à l'abbaye de Saint-Martin des Champs l'église de Saint-Denis de la Chartre, près de la cathédrale, dans la Cité, avec ses dépendances, et il en reçut l'église de Montmartre et ses terres. Voici d'abord la charte de permutation de 1133, signée par le prieur Thibaut, que j'ai trouvée dans le *Gallia Christiana*, VII, Instrumenta, colonne 54 (je la traduis comme précédemment) :

« In Christi nomine. Ego, Theobaldus, prior beati Martini de Campis, totusque ecclesiae conventus, notum fieri volumus, tam praesentibus quam futuris, quatenus ecclesiam Montis Martyrum, cum suis appenditiis, Ludovico, Dei gratiâ, Francorum regi, & Adelaidi, eâdem gratiâ reginae, & Ludovico, eorum filio, jam in regem sublimato anno tertio, ad hoc scilicet donavimus & concessimus, ut eam sanctimonialibus ibidem Deo famulantibus donarent, & perpetuo concederent. Donavimus etiam eis ad hoc idem capellam de Sancto martyrio & culturam Morelli, & domum Guerrici cambiatoris, sicuti eam habebamus & tenebamus. Rex autem Ludovicus ecclesiae B. Martini de Campis & nobis ecclesiam B. Dionysii donavit & habendam perpetuo concessit. Quod ut ratum & firmum permaneat in sempiternum, scripto commendavimus, & ne possit à posteris infirmari, sigilli nostri auctoritate subterfirmavimus.

« Actum publicè in capitulo beati Martini anno Incarnati Verbi M. C. XXXIII, regnante Ludovico anno XXVII. Signum Theobaldi, prioris. S. Odonis, subprioris. S. Gislemerii, tertii prioris. Monachi. S. Petri à secretis. S. Manasserii à secretis ».

« Au nom de Jésus-Christ. Moi, Thibaut, prieur de Saint-Martin des Champs, et tout le couvent de l'église, voulons faire savoir à tous, tant présents que futurs, que nous avons donné et concédé l'église de Montmartre, avec ses dépendances, à Louis, par la grâce de Dieu, roi de France, à Adelaïde, reine par la même grâce, et à Louis, leur fils, élevé depuis trois ans déjà au rang de roi, afin qu'ils puissent la donner et la concéder à perpétuité à des religieuses dévouées au service de Dieu. Nous leur avons aussi donné pour le même motif la chapelle du saint Martyr, le champ de Moreau et la maison du changeur Guerric, tels que nous les avions et possédions. Le roi Louis a donné et concédé à l'église de Saint-Martin des Champs et à nous l'église de Saint-Denis pour en jouir à perpétuité. Afin que cette donation reste valable et stable pour l'avenir, nous l'avons consignée par écrit, et afin qu'elle ne puisse être infirmée par nos successeurs, nous l'avons revêtue ci-dessous de l'autorité de notre sceau.

« Fait publiquement dans le chapitre de Saint-Martin, en l'année 1133 de l'Incarnation du Verbe, la 27e année du règne de Louis. Signature de Thibaut, prieur. S. d'Odon, sous-prieur. S. de Gislemer, 3e prieur. Les Religieux. S. de Pierre, secré-

| taire. S. de Manassère, secrétaire ».

La donation-échange du roi est relatée dans une charte de 1134, très longue, dont il suffit de reproduire ici la conclusion, que je traduis comme ci-dessus :

...« Nos, eisdem monachis Ecclesiam beati Dyonisii de Carcere, quam in manu nostrâ propriâ habebamus, cum omnibus ejus appenditiis, in commutationem donavimus. Quod ne valeat oblivione deleri, scripto commendavimus, et ne possit à posteris infirmari, sigilli nostri auctoritate et nominis nostri charactere subterfirmavimus.

« Actum Parisius, anno Incarnati Verbi M. C. XXXIV. Regni nostri XXVII, concedente Ludovico, filio nostro, jam in regem sublimato anno III, astantibus in Palatio nostro quorum nomina subtitulata sunt et signa. Signum Radulphi, Viromandorum Comitis et Dapiferi nostri ; S. Guillelmi, Buticularii ; S. Hugonis, Constabularii ; S. Hugonis, Camerarii. Data per manum Stephani, Cancellarii ».

...« Nous, par échange, avons donné aux mêmes religieux l'église de Saint-Denis de la Chartre, que nous possédions en propre, avec toutes ses dépendances. Afin que cette donation ne tombe pas en oubli, nous l'avons consignée par écrit, et afin qu'elle ne puisse être infirmée par nos successeurs, nous l'avons revêtue ci-dessous de l'autorité de notre sceau et de la marque de notre nom.

« Fait à Paris, dans notre Palais, en l'année 1134 de l'Incarnation du Verbe, la 27e année de notre règne, du consentement de Louis, notre fils, élevé depuis trois ans déjà au rang de roi, en présence de ceux dont les noms, les titres et les signatures se trouvent ci-après. Signature de Raoul, comte de Vermandois et notre dapifer (sénéchal) ; S. de Guillaume, bouteiller ; S. d'Hugues, connétable ; S. d'Hugues, chambrier. Expédié par la main d'Etienne, chancelier ».

Voir *Du Breul*, pages 1154-1155 ; *Gallia Christiana*, VII, Instrumenta, colonne 56, où la charte est au complet.

Parisius est pour *Parisiis;* le fils de Louis VI, le futur Louis VII, avait été sacré en 1131, 3 ans avant cette charte.

Louis VI attribua ensuite à l'abbaye de Montmartre le territoire des Menus et ses environs par une charte de 1134 contenant ces mots : « Villam, ante S. Clodoaldum sitam, quae vocatur *Mansionuillum*, cum vineis, pratis et nemore » (village, situé devant, près de Saint-Cloud, qui s'appelle *Menus*, avec ses vignes, ses prés et son bois). Le village prit les noms de *Menus de Saint-Cloud*, *Menus-lez-Saint-Cloud*, mais pas celui de *Menus-lez-Auteuil*, bien qu'il dépendît d'Auteuil. On aurait pu l'appeler *Ménil, Mesnil*, latin *Mansionile*, mot qui se rencontre dans nombre de villages. Voir 1236.

Menus se trouve au XIIe siècle dans des actes de 1137, 1147, 1164 de l'abbaye de Montmartre, dont l'abbesse, propriétaire des Menus, avait sur le village des droits de haute et basse justice, ainsi qu'il résulte des registres du Parlement de Paris de 1316, où on lit « Villa des Menus, in quâ abbatissa Montis Martyrum habet justitiam altam et bassam », dans un arrêt motivé par le conflit élevé entre l'évêque de Paris et l'abbesse au sujet du voleur Baudet : voir pour ce droit à 1674, 1676, 2e Partie.

Par lettres de 1211, Philippe-Auguste s'engagea à ne mettre dans la forêt de Rouvret ni daims, ni cerfs, ni autres bêtes fauves capables de causer des dommages aux habitants du voisinage. Voir détails de cette déclaration au folio 89 du cartulaire de Saint-Victor du XIIIe (L.L. 1450, *Archives nationales;* les cartons S. 2145, 2155, etc., contiennent aussi des biens de l'abbaye de Saint-Victor à Boulogne).

En 1212, Philippe-Auguste, maître de la forêt, qu'il avait rachetée à l'abbaye de Saint-Denis, l'avait incorporée au domaine royal. En juin 1224, Louis VIII concéda aux habitants des Menus le droit de faire paître leurs troupeaux dans la forêt et de prendre dans celle-ci une certaine quantité de bois, en dehors des avantages faits à l'abbaye de Montmartre. Dans les siècles suivants, diverses aliénations furent faites, car au XVIe siècle l'évêque de Paris possédait une partie du bois.

Saint Louis, par une charte datée à Vincennes de décembre 1236, transforma en rente la donation de Louis VIII aux religieuses de Montmartre, en rappelant la charte de 1224 et les droits des habitants des Menus. L'original de 1236 n'est pas aux *Archives nationales;* mais j'en ai vu un vidimus (copie : latin *vidimus*, nous avons vu) de 1339 dans le carton K. 32, n° 31, avec l'original de 1224, saint Louis rappelant la charte de son père Louis VIII (... « regis Ludovici genitoris nostri »...) et les droits reconnus par elle à l'abbesse et au chapitre de Montmartre, ainsi qu'aux habitants des Menus... (« in nemore nostro de Roberto pro se et hominibus de Mesnilio sito juxta Sanctum Clodoaldum », les droits sur notre forêt de Rouvray pour eux, abbesse et chapitre, et pour les habitants de Menus, situé près de Saint-Cloud : *Roberto* est pour *Rovereto; Mesnilio* aurait pu faire *Ménil, Mesnil, Mesnilet*, aussi bien que *Menus; Maisnilio* se trouve plus loin dans le texte latin). Ce vidimus, délivré le 30 juin 1339 par Pierre Belagent, garde de la « prévôsté de Paris », fait connaître que saint Louis a accordé aux dames de Montmartre 10 livres de rente en remplacement des quatre chariots de bois qu'elles avaient droit de prendre chaque semaine dans la forêt suivant la concession de 1224. Rien ne fut innové pour les habitants : voir la rente de 600 livres à 1702.

Dans deux actes de 1231, 1233, on trouve aussi *Mesnilio, le Mesnilet* (L.L. 1450, n°⁸ 199-200).

De 1236 à 1789, le village ne fut connu que par son église de 1320, son pèlerinage et le passage soit des pèlerins de Saint-Cloud et du calvaire du mont Valérien, soit des visiteurs de Longchamp, soit des souverains qui allaient à Saint-Cloud, à Versailles et à Saint-Denis. De 1789 à 1859, Boulogne s'agrandit peu à peu, et de 1860 à nos jours la ville s'embellit de plus en plus, ses moyens de communication se développèrent et les habitants prirent une part des plus actives aux luttes politiques et sociales. De là, trois grandes divisions à adopter : la 1ʳᵉ, des origines à 1789 ; la 2ᵉ de la Révolution de 1789 à 1859 ; la 3ᵉ, du 1ᵉʳ janvier 1860, date d'annexion de Billancourt, au 31 décembre 1903.

La population des Menus, composée de bûcherons, de pêcheurs, d'agriculteurs, de vignerons et de quelques bourgeois, atteignait environ 500 habitants au XIIᵉ siècle, 1.400 au XIVᵉ siècle, et le nom de *Menus, Menuls, Mesnuls, Menu, Menû*, est resté celui d'un quartier de Boulogne (voir après 1.320 diverses appellations). Ses habitants, par suite de l'affluence des pèlerins et des visiteurs de Saint-Cloud et de Longchamp, se mirent à élever aux XIIIᵉ-XIVᵉ siècles des auberges, des hôtelleries, dont une, *A la Nef d'Argent* (latin *navis*, nef, bateau), vers le port du IXᵉ siècle, devint célèbre à cause de son voisinage de la Seine et de l'endroit où s'embarquaient, débarquaient les passagers menés par des bacs d'une rive à l'autre du fleuve. Avec la construction de l'église, d'autres auberges ou hôtelleries s'élèveront pour loger et nourrir les ouvriers venus aux Menus, et la population, en augmentant, accroîtra la prospérité du hameau.

Le quartier des *Menus*, aux anciennes maisons, près de l'église, berceau du pays, comprend, outre la *place du Parchamp*, différentes rues historiques, savoir : 1° la *rue du Parchamp, Parchamps*, dont une partie, de la Grande-Rue à l'avenue de Longchamp, était appelée rue *de la Procession, de la Procession du Saint-Sacrement, de la Fête-Dieu*, pour rappeler les processions qui se faisaient de l'église à l'abbaye de Longchamp : dans son annuaire de 1856, J. Mahias dit que l'esprit populaire a donné le nom de *passage Véro-Dodat* (existe à Paris) à une ruelle de la rue. Au n° 13 bis était la *Cour sans Pain*, réédition de la *Cour des Miracles* de Paris, réunion de gens sans aveu ou de mendiants de profession, souvent avec des infirmités simulées et de toutes sortes : Sauval, *Antiquités de Paris*, donne de bien curieux détails sur les indigènes des cours des Miracles. Voisine de la Cour sans Pain était la *Souricière*, maison de refuge de malades. Voir 1833 et 1881, 2ᵉ Partie ; — 2° la *rue du Menus, des Menus*, dite par les habitants *Grande-Rue des Menus*, la plus célèbre (voir 2ᵉ Partie pour le château fort, la maison *Mallet*, les parties de Boulogne), qui se continuait jadis jusqu'à la plaine de Longchamp, sur la route de Saint-Denis à Versailles. Au n° 20 existait une communauté de femmes avant la Révolution. Au n° 17, après la Révolution, le propriétaire fit paver la cour de sa maison avec des fragments de pierres tombales de l'abbaye de Longchamp, portant encore soit une croix, soit une tête de mort, soit des lettres, comme l'inscription suivante vue en 1879 par M. Maisons: « Ici repose le corps de la Révérende Mère Marie de Bragelongne, sœur de la communauté »; — 3° la *rue des Fossés-Saint-Denis*, rappelant les fossés des anciennes prisons, près de la *rue Saint-Denis;* — 4° la rue du *Bac*, rappelant l'ancien bac ; — 5° la *rue de l'Abreuvoir*, rappelant l'ancien abreuvoir en Seine. Aux n°s 9 et 11 était la maison de convalescence de la riche confrérie du Saint-Sacrement de l'église Saint-Benoit, à Paris, prise par l'Etat en 1792 et vendue par lui en 1877. La maison voisine avait des niches pour la statue d'un saint (note de M. Maisons). Au n° 12 était la *Lanterne-Rouge* (voir 1899, 2ᵉ Partie). Enfin, au coin de la rue de l'Abreuvoir et de la rue Saint-Denis était l'habitation du gruyer royal (voir novembre 1896, 2ᵉ Partie) ; — 6° la rue des *Victoires*; — 7° *la rue de l'Eglise*.

La famille Rothschild a quelque peu assaini certaines parties de ce quartier par ses acquisitions successives de maisons et de parties de rues des Menus.

Voir après 1309 l'appréciation de Le Roy sur la position des Menus au point de vue des pèlerinages.

L'importance de notre ville étant due en partie à l'abbaye de *Longchamp, Longchamps*, sur la paroisse d'Auteuil jusqu'en 1330, sur celle de Boulogne de 1330 à la Révolution, quelques détails sur cette puissante abbaye doivent trouver naturellement place dans une histoire de Boulogne.

La bienheureuse *Isabelle, Isabeau, Isabelle de France*, non *Jeanne*, fille de Louis VIII et de Blanche de Castille, sœur de saint Louis, naquit en 1225. Aussi savante que pieuse et charitable, elle s'appliquait assidûment à la lecture des livres saints, — comprenant admirablement le latin, — joignait la modestie à la science et avait une grande horreur de la parure et des vanités du monde. Comme son frère, elle faisait d'abondantes aumônes et nourrissait un grand nombre de pauvres.

Guérie d'une grave maladie, Isabelle fit vœu de virginité et s'adonna dès lors à la pratique de toutes les vertus, donnant l'exemple d'une résignation admirable dans les douloureuses maladies qui l'affligèrent et dans les insuccès des armées chrétiennes. Aussi refusa-t-elle tous les partis qui se présentèrent : « Ysabel, sœur du Roy sainct Louys, neufiesme de ce nom, n'a jamais esté mariée, n'y n'a eu vouloir de l'estre, sinon à Jésus-Christ ; et si fut fort sollicitée et recherchée par

Conrad, fils de l'Empereur Frédéric (II), et par quelques autres grands Seigneurs, mais oncques (jamais) n'y voulut entendre ». *(J. du Breul*, Theatre des Antiquitez de Paris, page 1256: à la page 1257, du Breul réfute les erreurs de Guillaume de Nangis sur la profession religieuse d'Isabelle; Félibien, I, 405, fait de même).

Désireuse de se rendre utile, Isabelle écrivit à son confesseur Haimeri, Hémeric, dit aussi Henri de Vari, chancelier de l'évêché de Paris: « Je veux assurer mon salut par quelque pieuse fondation; le roi Louis IX, mon frère, m'octroie 30.000 livres parisis; dois-je établir un couvent ou un hôpital ? » Le chancelier ayant opiné pour un couvent, sa pénitente fit élever de 1249 à 1260 (voir plus loin) l'église, le dortoir et le cloître de la vaste abbaye de *Longchamp*, vers Suresnes, dans la forêt de Rouvray, abbaye qui portera les noms de *Notre-Dame-de l'Humilité, de l'Humilité de Notre-Dame*, et y dépensa, au dire de sa biographe Agnès d'Harcourt, 3º abbesse, et de la trésorière Denise de Costeblanche (XVIIº siècle), les 30.000 livres parisis données par saint Louis, soit 37.000 francs, la livre parisis valant 1 fr. 234: une livre au XIIº siècle en valait 25 au XVIIIº siècle, d'après Félibien et Lobineau. Saint Louis, la reine Marguerite, Isabelle et Philippe le Hardi participèrent à la pose des pierres de fondation.

Dans sa bulle du 22 février 1259, approbation de la fondation du monastère, Alexandre IV, pape de 1254 à 1261, appelle Longchamp « Monasterium Humilitatis Beate (Beatae) Marie (Mariae) », et les religieuses « Ordinem humilium ancillarum Virginis gloriose (gloriosae) », l'ordre des humbles servantes de la glorieuse Vierge (Marie). Il donna au nouvel ordre une règle spéciale, dressée par Saint Bonaventure et quatre autres Cordeliers ou frères mineurs, Guillaume de Milletonne, Eudes de Rosny (Roni), Geoffroy de Viezon et Guillaume d'Harcombour (Arcombour). Dans les actes postérieurs, on trouve souvent les expressions de « Sœurs incluses, encloses (cloîtrées) de l'Humilité de N.-D.; Sœurs Clarisses, Mineures ou Cordelières, de l'ordre franciscain de Sainte-Claire; les Urbanistes », ce dernier nom à cause de la mitigation apportée à la règle en 1263 par le pape Urbain IV, d'après le rapport du cardinal Simon de Brie. Le P. François de Gonzague, dans « l'Origine et les progrès de l'ordre de Saint-François » appelle les religieuses *Urbanistes de Sainte-Claire* (« Archicœnobium Sororum Sanctae Clarae Urbanistarum », l'archimonastère des Sœurs Urbanistes de Sainte-Claire).

Le 23 juin 1260, non 1261, veille de la Saint-Jean-Baptiste, fut inaugurée l'abbaye, et les religieuses, dont un certain nombre venaient de « Rains » (Reims), en prirent possession en présence de saint Louis et de toute la cour. On en trouve le récit dans la chronologie des 178 religieuses décédées depuis la fondation jusqu'en février 1389 (1390), arrêtée primitivement à 1325. Voici textuellement le commencement de cet important document pour la partie relative à la prise de possession, avec la traduction des mots archaïques (Voir *Archives nationales*, L. 1025):

« In nomine patris et filii et Spiritus Sancti. Amen.

« Lan de grace mil trois cent vint et cinc, le samedi devant la S. Jehan-Baptistre (Baptiste), qui fu jeune (jeûne) pour la Vigile, qui eschei (tombait, arrivait) au diemenche (dimanche). Y ci (ici) sunt escris (sont écrits) les noms des sereurs (sœurs) qui estoient trespassées (étaient trépassées), puisque l'église fu (fut) faite dusques (jusque) au jour dessus dit, selonc (selon) ce que je le trouvai escript (écrit) par la main suer (de sœur) Jehanne de Quitri (✝ 1325), qui me dit que elle le sauoit (savait) par les suers premieres (sic) vestues (vêtues) et elle les vit presque toutes trespasser.

« Lan de grace mil CCLX, la veille S. Jehan Baptistre, qui fu au mercredi, le couvent des sereurs meneurs (sœurs mineures) del humilite Nostre-Dame de Lonc-Champ fu vestu et mis en la clousture (clôture), present (sic) monseigneur saint Looys (Louis), qui lors estoit rois (roi) de France, ma dame Ysabel, sa suer, qui funda (fonda) la ditte église de son auoir (avoir), et frère Guillaume de Hardenbourt, qui lors estoit menistre (ministre) de France, et presentes moult (beaucoup) de grant persones (grands personnages), qui ne sont pas y ci nommées.

« Ce sunt (sont) les noms des sereurs trespassées, par ordre et en quel temps le plus pres que len pot (l'on peut) ». Suit la liste nécrologique, qui commence par la sœur Lor (Laure), novice.

La 1re année, il n'y eut pas d'abbesse, mais une présidente dirigea le couvent: peut-être est-ce cette absence d'abbesse qui a porté des auteurs à mentionner à 1261 l'inauguration de l'abbaye.

Isabelle se renferma dans l'abbaye, ou plutôt elle habita un corps de bâtiment situé en dehors du cloître abbatial, sans faire de profession religieuse et sans prendre l'habit. Saint Louis, protecteur de l'abbaye, à laquelle il léguera une somme importante par son testament de février 1269 (1270), vint y voir souvent Isabelle, et on rapporte que celle-ci se tenait très humblement devant le roi son frère, qui en était vivement contrarié et blâmait sa sœur.

Après avoir vécu pieusement à Longchamp, Isabelle y mourut à 45 ans le 23 février 1270 (1269, d'après les auteurs qui faisaient commencer l'année à Pâques), et fut inhumée, revêtue de l'habit des sœurs mineures ou cordelières, suivant son désir, en présence de saint Louis, qui devait bientôt partir pour la croisade.

L'abbé Bonaventure Racine, janséniste (✝ 1755), raconte que le roi se tenait à la porte de l'église du monastère pour empêcher d'entrer les personnes qui n'étaient pas nécessaires, et il lui attribue un discours plein d'onction prononcé pour consoler les sœurs d'une perte si douloureuse pour elles (« Abrégé de l'histoire ecclésiastique », XIII° siècle).

L'abbé Le Fèvre (pages 58, 377, 378) résume ainsi la biographie d'Isabelle : « Mort de la *bienheureuse Isabelle*, l'an 1269, 23 février, âgée de quarante-cinq ans, sœur de saint Louis. Elle fonda l'abbaye de Longchamp l'an 1260, à deux lieues de Paris... *Isabelle* étoit une princesse plus distinguée par ses vertus que par toute la splendeur de sa naissance et les appas de sa personne. Elle s'appliquoit à la lecture des livres saints, entendoit parfaitement le Latin et n'écrivoit que dans cette langue. Dès sa plus grande jeunesse, elle se levoit la nuit pour prier... La mauvaise santé de la princesse Isabelle l'empêcha de se consacrer à Dieu par les vœux solemnels de la Religion; après une vie pénitente, elle mourut le 22 ou le 23 février l'an 1269... ». Suivent la béatification d'Isabelle, sa fête, la translation de 1637... — Le « Calendrier historique et chronologique de l'Eglise de Paris..., par A.-M. Le Fèvre, prêtre de Paris, bachelier en théologie, Paris, 1747 » in-12 de 626 pages, malgré beaucoup d'erreurs, est intéressant à consulter pour la vie des saints de chaque jour, les faits historiques, les grands hommes, les conciles, les abbayes, les paroisses, les hérésies ; il est accompagné des listes des évêques de Paris, des abbés et des abbesses des monastères. Très rare, ce livre m'a été prêté par mon ami Etienne Poirier.

La mémoire de la fondatrice fut en grande vénération à l'abbaye et au delà. Aussi Charles I⁰ʳ de Sicile († 1285), frère de saint Louis et d'Isabelle, demanda-t-il à Agnès d'Harcourt, future abbesse, d'écrire l'histoire de la bienheureuse: Agnès s'empressa d'accéder à ce pieux désir. Dans cette histoire en français, publiée par Du Cange, on lit le récit de 40 miracles attribués à l'intercession de la bienheureuse, entre autres ceux qui se rapportent au fils du saint Louis, à une religieuse et à Philippe le Long, à propos desquels l'abbé F.-R. Salmon (« Pèlerinages des environs de Paris »), qui résume l'histoire de l'abbaye, réfute les objections contre certaines particularités des faits miraculeux. Voici quelques miracles (voir plus loin celui de 1637) :

« La grande Royne (Reine), femme de sainct Louys, voyant son fils, qui fust depuis le Roy Philippe le Hardy, travaillé d'une fièvre fascheuse, le fist amener à Longchamp et coucher auprès de la tombe de nostre saincte, sa tante, espérant que, par ses bonnes prières, elle feroit promptement renvoyer la santé au malade. Et point ne fust son espérance vaine, comme le démonstra la prompte guarison ». (Biographie par Agnès d'Harcourt). — Vers le même temps, sœur Jacqueline de Longueil, frappée d'hémiplégie, fut guérie après avoir plongé son bras malade dans le tombeau d'Isabelle. — Plus tard, Philippe le Long (roi en 1316) recouvra une première fois la santé après un pèlerinage au même tombeau. — « Plusieurs personnes, ayant invoqué dévotement cette saincte Vierge, ont esté exaucez en leurs prières. Et spécialement une bonne femme, qui avoit esté aveugle l'espace de 12 ans ou environ, y reçeut la veuë (reçut la vue). Et une autre, qui avoit un bras et main fort intéressez de maladie, après la dévotion faicte, se trouva entièrement guarie ». (« Theatre des Antiquitez de Paris » page 1257).

En 1461, à la demande de la duchesse d'Etampes, qui était venue accompagner sa fille à Longchamp, on ouvrit le tombeau de la fondatrice. Il s'en exhala aussitôt un parfum odorant et on vit « des os jetans l'éclat d'une lueur claire et argentine, ainsi qu'une neige raïonnée de la lune, des os qui sembloient tendre à leur résurrection future et donner déjà quelque indice de leur prochaine glorification » (D'après une *Chronique* relative à cette époque).

Tous ces faits et d'autres encore étant parvenus à la connaissance du Pape, à la suite du rapport du cardinal-légat de Boisy, de Boissy, Léon X, par bulle du 3 janvier 1521, permit d'honorer *Isabelle* comme bienheureuse, et le cardinal de Boissy en autorisa la fête la veille de l'octave de saint Louis, c'est-à-dire, le dernier jour d'août (31 août). Urbain VIII, pape de 1623 à 1644, accorda un office propre pour le jour de sa fête, 31 août; le 4 juin 1637, Jean-François de Gondi, 1er archevêque de Paris, mit son corps dans une châsse (voir plus loin); Innocent XII, pape de 1691 à 1700, étendit sa fête à tout l'ordre franciscain (Cl. Isabelle de Mailly avait obtenu une octave pour Longchamp); enfin, Léon XIII, pape de 1878 à 1903, dans la crainte que la mémoire d'Isabelle ne tombât dans l'oubli à Paris « ne memoria beatae Isabellae in oblivionem Parisiis veniret » *(Bréviaire de Paris*, 23 février), a accordé la même faveur au diocèse de Paris, où, par suite de nécessités liturgiques, la fête se célèbre le 25 février.

Dans les anciens calendriers de Longchamp, on trouve la bienheureuse appelée « Illustrissima Domina Isabellis, mater nostra, fundatrix istius Ecclesiae » (XIIIe siècle), et « Sacratissima mater nostra sanctissima Isabellis » (XVIe siècle).

Aux *Archives nationales* existe (L. 1029) une histoire manuscrite, incomplète, d'Isabelle. Celle d'Agnès d'Harcourt est certainement la plus exacte, car cette religieuse avait beaucoup connu la fondatrice, et elle « a escrit sa ste vie, tant ce qu'elle a veu (vu) que ce qu'elle en a apris de Mons. St Loyis et de la royne Margueritte, son espouse, tesmoings dignes de foy » (LL. 1604, sœur D. de Costeblanche). Voir celle de Roüillart après 1674.

L'abbaye de *Longchamp*, dont ne pouvaient faire partie que des personnes d'une certaine noblesse, renferma 60 religieuses ou environ. Des princesses et des membres des premières familles de France y prirent le voile. Telles furent *Blanche de France*, fille de saint Louis, veuve; *Blanche de France*, fille de Philippe le Long; *Jeanne* et *Marguerite de Brabant*, filles de Godefroy de Brabant; *Jeanne de Navarre*, fille du roi Philippe de Navarre et sœur de Charles II de Navarre; *Madeleine de Bretagne*, sœur du duc François de Bretagne.

Blanche de France, 4ᵉ fille de Philippe le Long, 40 ans religieuse, du 1ᵉʳ février 1317 (1318), non 1318 (1319) ni 1327 (1328), au 26 avril 1358, fut riche entre toutes. Elle reçut : de Mahaut, comtesse d'Artois et de Boulogne, une donation de 800 livres de rente le 12 mars 1319 (1320); de Guignes VIII, dauphin du Viennois, en octobre-novembre 1332, une donation de 2.000 livres tournois sur le comté d'Artois, pour laquelle Blanche donna une procuration le 3 juillet 1333 et Isabelle de France, sa sœur, dauphine du Viennois, une procuration le 10 février 1333 (1334), cette dernière en vue de l'assiette de la rente (assiette faite le 2 novembre 1336 par le bailli d'Aire-sur-la-Lys); d'Eudes, duc de Bourgogne et comte d'Artois, et de sa femme Jeanne de France, des lettres d'amortissement du 23 août 1337 pour 200 livres de rente assignées par eux le 29 mai 1335 sur les bois de Vasselot, en Artois, près d'Aire-sur-la Lys; de Jean le Bon, un ordre du 13 novembre 1351 aux trésoriers de Paris de payer 1334 livres 7 sous et 8 deniers (la livre = 20 sous, le sou = 12 deniers) pour arrérages dus à la princesse sur le comté d'Artois et 80 livres pour ses arrérages sur la recette d'Amiens (le 23 décembre 1351, les trésoriers de Paris transmirent l'ordre du roi au receveur d'Amiens); d'Eudes de Bourgogne, les lettres de confirmation du 24 août 1357 pour la donation des 2.000 livres ci-dessus; du régent Charles, l'ordre du 23 janvier 1357 (1358) à la chambre des Comptes de payer 4.000 deniers d'or à la princesse : le denier d'or valait 10 fr. 58; sous Jean le Bon, on en frappa de 16 fr. 82. Elle fonda le 21 janvier 1329 (1330) un obit ou service mortuaire (latin *obitus*, mort) pour sa mère Jeanne de Bourgogne, morte le même jour, et ajouta 2 marcs 1/2 d'argent (marc = 1/2 livre) à la donation de 200 livres de la reine, afin qu'on pût célébrer l'anniversaire de son père et de sa mère. Elle fit à l'abbaye : une donation de 48 livres de rente, confirmée par le roi le 13 novembre 1332; la donation d'une maison « et de ses appartenances » aux Menus de lez-Saint-Cloud (K. 187, liasse 1 n° 23), le 21 mai 1337, en présence de l'abbesse Jeanne de Gueux; la donation de sa rente de 200 livres sur les bois de Vasselot, le 6 avril 1355, après Pâques, dont Philippe le Rouvre, duc de Bourgogne et comte d'Artois, ordonnera le payement le 9 avril 1361, après Pâques, de même que Marguerite de France, comtesse de Flandre, d'Artois et de Bourgogne, le 10 décembre 1362. A sa demande, Philippe de Valois donna à l'abbaye, en août 1349, une maison et un jardin qu'avait possédés Héloïse du Port, du Fort (J. J. 68). Elle fonda à l'abbaye la chapelle de la Sainte Vierge (voir receveur à 1427). Elle mourut le jeudi 26 avril 1358).

Jeanne et *Marguerite de Brabant, de Brébant*, toutes deux 33 ans religieuses, reçurent : des autres héritiers de leur père Godefroy de Brabant, le 1er juillet 1303, une rente de 300 livres, qui avait été assignée sur le Trésor, puis de Jean d'Harcourt et d'Alix, sa femme, le 2 février 1318 (1319), un nouvel acte de renonciation à leur part sur ces 300 livres ; du comte Gérard VI de Juliers et de sa femme Isabelle de Brabant, sœur des religieuses, le 6 mai 1317, 400 livres tournois sur le Trésor, dont 1/4 devait rester à l'abbaye ; de Philippe le Long, le 2 août 1321, deux arpents de bois dans la forêt de Saint-Cloud (de Rouvray) ; de Philippe de Valois, en octobre 1332, un arpent annuel dans la forêt de Bréval ; du même, en mars 1337 (1338), des lettres d'amortissement pour 260 livres de rente qu'elles possédaient. Godefroy avait donné le 6 mars 1299 (1300) 100 livres à sa fille Marguerite. *Marguerite de Brabant* mourut le 4 septembre 1334 ; *Jeanne*, le 1er juin 1337 (voir ci-après).

A *Jeanne de Navarre*, Philippe de Valois attribua, le 4 décembre 1337, la jouissance d'une grange, en cas de survivance à Blanche de France, qui l'avait reçue de son père Philippe le Long, ce que confirma le régent Charles le 21 août 1359. Le 25 mars 1349 (1350), Charles II, roi de Navarre, confirma sa sœur, sa vie durant, dans la possession de 1.100 livres de rente, sur l'arche du pont de Mantes, données par son père. Par acte du 23 avril 1338, après Pâques, Jeanne de Navarre avait renoncé à ses droits sur le royaume de Navarre. Elle mourut le 3 juillet 1387, après plus de 49 ans de vie religieuse.

A *Madeleine de Bretagne*, son frère François II, duc de Bretagne, donna le 20 septembre 1460 plusieurs terres et 400 livres de rente, sa vie durant, sur le domaine de Bretagne, et le 27 octobre 1461 une rente viagère.

En dehors de ces religieuses de haute lignée, on peut encore citer : *Agnès d'Harcourt*, abbesse, biographe d'Isabelle, *Marguerite de Craon, Marie de Beaujeu, Jeanne de St-Fréjeul, veuve de Gueux*, abbesse, que suivirent sa sœur *Agnès de St-Fréjeul* et sa fille *Marie de Gueux* (par lettres royales du 13 avril 1361, après Pâques, il fut permis d'assigner en payement de rentes les débiteurs de Jeanne et de Marie de Gueux), une autre *Jeanne de Gueux* († 2 juin 1389), la *marquise de Chauvigny, Georgette Cœur*, de la famille de Jacques Cœur, *Louise de Cenasme* ou *Senesme, Catherine de Verdun, Agnès de la Chevrelle, Lorence Jacob, Françoise Potier de Blancmesnil, Catherine Brûlart de Sillery, Thérèse* et *Anne de Tourmont, Jouy des Anges*, etc.

Des filles de familles moins connues étaient parfois admises, ainsi que le prouve une lettre du 3 janvier 1316 (1317), par laquelle la reine Jeanne de France pria l'abbesse de Longchamp d'admettre Emeline du Marché.

Les religieuses étaient inhumées dans le couvent; mais les guerres firent disparaître en grande partie les monuments funéraires et leurs épitaphes, car J. Du Breul (« Theatre des Antiquitez de Paris », 1612, pages 1258, 1259), en dehors du tombeau de la fondatrice, ne parle que des épitaphes suivantes, que je complète par quelques détails précis : *Marguerite de Craon* « vestue » le 3 janvier 1332 (1333), morte le 27 août 1336, veille de saint Augustin, religieuse environ 3 ans et 8 mois; *Marie de Beaujeu*, entrée à 35 ans, religieuse plus de 26 ans (✝ 25 décembre 1337) ; *Jeanne de Gueux, de Gueuz*, née de *St-Fréjeul*, veuve à 23 ans, abbesse 21 ans en deux fois, religieuse 41 ans 1/2 (✝ le mercredi 18 avril 1347, non 17, après Pâques, ayant procuré à l'abbaye divers biens et plus de 600 livres de rente parisis: voir nécrologe, L. 1025); *Agnès de St-Fréjeul*, sœur de la précédente, 53 ans à l'abbaye (✝ 6 septembre 1358: gouverna Blanche de France, ci-dessus); *Marie de Gueux, de Gueuz*, fille de Jeanne de Gueux, venue à 5 ans à l'abbaye avec sa mère (fut abbesse 11 ans 1/2 ; vécut ici 65 ans et mourut le 28 janvier 1370, 1371); la *marquise de Chauvigny*, venue à l'abbaye à 6 ans (y vécut 62 ans; mourut le 23 janvier 1381, 1382), et *Jeanne de Navarre*, ci-dessus (✝ 3 juillet 1387).

La riche abbaye de Longchamp eut des abbesses de 1261 à 1792, triennales dès le XVIIe s. J'en donne la liste complète, publiée pour la 1re fois, que j'ai dressée d'après l' « Histoire de l'abbaye, avec la nomenclature des abbesses jusqu'en 1668, par la trésorière Denise de Costeblanche et autres » (LL. 1604, *Archives nationales*, section historique), les « Comptes de l'abbaye de 1760 à 1790 » (H. 3.835), divers actes (L. 1.029, S. 4.418), des inventaires (L. 1.027), le « Gallia Christiana » (VII : il y a des erreurs), etc.

J'ai lu avec beaucoup d'intérêt le manuscrit des sœurs Denise de Costeblanche et autres, car il renferme des détails très utiles à connaître sur l'abbaye, son histoire, le gouvernement de chaque abbesse, d'après les *papiers mêmes de l'abbaye*. Il a été commencé en 1600 par « seur Denise de Costeblanche pendant qu'elle estoit trésorière de la ditte abbaie... » En voici le préambule, qui permet de rectifier certaines erreurs.

« Ce sont les noms des sœurs quy ont esté abbes (abbesses) de Longchamp, depuis qu'elles entrèrent en l'enclos de l'abbaie, qui fut la vigille (vigile) St Jehan Baptiste l'an 1260. Laditte abaie fut fondée par Très haute, très puissante et très noble et ste Dame Madame Isabel de France, sœur unique de Monseigneur saint Lois, Roy de Franse (on voit que l'orthographe n'est pas constante). Laditte abaie fut onze ans ou environ à bastir (bâtir) et a cousté (coûté) à laditte Dame trente mil (mille) livres parisy (parisis), et y a de fondassion (fondation) quatre centz livres parisy pour y nourir (nourrir) LX religieuses (60 non 40), pour chanter jour et nuit le divin service. Elle fut commencée à bastir mil CCXLIX » (Donc, construction de l'abbaye de 1249 à 1260: divers auteurs ont donné 1252, 1255, 1259, etc). Suivent les abbesses. Il y a eu 73 abbesses, dont voici la liste, avec quelques renseignements spéciaux et les dates de chaque abbatiat, le tout publié pour la première fois (il sera fait de même pour les abbesses de Montmartre) :

Pas d'abbesse la 1re année, mais une présidente, *Isabelle de Venise*... 1260-1261.

Agnès Ire d'Ennery, Danery, d'Anneri, Daneri... *1261-1262.*

Mahault, Mathilde de Guyencourt, Guiencourt, 3 ans abbesse... 1262-1264.

Agnès II d'Harcourt, Harecourt, Harrecourt, 12e enfant de Jean d'Harcourt. 17 ans abbesse en deux fois, biographe d'Isabelle. Voir ses comptes à 1286, présentant une recette nette de 40 livres. Fut enterrée devant l'autel du St-Sépulcre (✝ 25 novembre 1291). ....1264-1273 ; 1281-1287.

Julienne de Troyes (✝ février 1279, 1280) ....1273-1278.

Jeanne Ire de Nevers, 3 fois abbesse .... 1278-1281 ; mars 1289 (1290)-1294 ; 1305-1312.

Jeanne II de Grèce, 2 fois abbesse....... 1287-mars 1289 (1290) ; 1313-1314.

Jeanne III de Vitry, 3 fois abbesse (✝ 22 septembre 1333)... 1298-1305 ; 1312-1313 ; 1325-1328.

Jeanne IV d'Harcourt, sœur d'Agnès, 7 ans abbesse. Fit bâtir le moulin de l'abbaye (✝ 1er novembre 1315)... 1294-1298 ; 1314-1315.

Jeanne V de Gueux, Gueuz, 41 ans 1/2 religieuse, 21 ans abbesse en 2 fois. Figure dans un acte de 1337, donation de Bl. de France (✝ 18 avril 1347, non 17)... 1315-1325 ; 1328-1339.

Marie Ire de Lions, Lyon, 6 ans abbesse (✝ 4 mai 1345). 1339-1345.

Jeanne VI de Boucherville, Boucheville, Bocherville, abbesse 3 ans et 11 semaines 2 jours. Deux fois l'abbaye émigra à Paris (✝ 23 juillet 1348)......... 1345-1348.

Agnès III du Liège. 1348-1349.

Marie II de Gueux, 11 ans 1/2 abbesse. Elle fit construire la fontaine du cloître. Les religieuses émigrèrent à Paris de 1357 à 1360 (✝ à 65 ans le 28 janvier 1370, 1371)... février 1349 (1348)-août 1360.

Agnès IV de la Chevrelle, 15 ans 7 semaines abbesse, 40 ans religieuse. Elle fit des réparations à l'abbaye. Les religieuses émigrèrent deux fois à Paris (✝ 14 octobre 1375) .... 1360-1375.

Jeanne VII de la Neufville, Neuville, 12 ans abbesse. Fit aussi des réparations à l'abbaye (✝ 26 janvier 1399-1400)........... 1375-1387.

Laurence, Lorence Jacob, environ 13 ans abbesse. Fit diverses réparations à l'abbaye, à une fontaine, etc. Figure dans des comptes de 1400 .... 1387-1400.

Jeanne VIII la Godicharde, 4 ans abbesse ....1400-1403.

Agnès V d'Issy, 16 ans abbesse.

L'abbaye souffrit des guerres de l'époque (✝ à Paris, 10 juillet 1418) .... 1403-1418.
Jeanne IX des Essarts, 20 ans abbesse. L'abbaye eut à souffrir des guerres............ 1418-23 mars 1437 (1438).
Marie III de la Poterne... 24 mars 1437 (1438)-1447.
Marguerite la Genciane, Gentienne. Figure dans des actes de 1451, 1461 ....1447-1467.
Jeanne X la Porchère. Voir son sceau à 1470......... 1467-1481.
Jeanne XI Gérente... 1481-mars 1499 (1500).
Jacqueline de Mailly, 13 ans 4 mois abbesse (✝ 15 avril 1515, après Pâques) ....avril 1499 1500)-1513.
Jeanne XII de Hacqueville, peu de temps abbesse (✝ 1514)... .... 1513-1514.
Catherine Ire Le Picard, abbesse 17 ans, 2 mois 16 jours (✝ 22 avril 1532, après Pâques)......... 6 février 1514 (1515)-1532.
Jeanne XIII de Mailly, abbesse 1540). Ne figure pas dans la liste de D. de Costeblanche 1532
Georgette Cœur, 17 ans abbesse. L'abbaye émigra à Paris (✝ 1550) ....25 avril 1532-1549.
Louise de Cénasme, Senesme, environ 3 ans abbesse (✝ 1553, non 1560)... août 1549-janvier 1552 (1553).
Marie IV Lottier, abbesse 14 ans moins un mois...... Janvier 1552 (1553) — décembre 1566.
Charlotte de la Chambre. Signa une convention en 1573 (✝ 1er novembre 1607)... décembre 1566 — février 1578.

Anne de Fontaines (✝ 26 juillet 1580) ....février 1578-1580.
Jeanne XIV de Mailly, abbesse 4 ans 9 mois............... 1580-1585.
Françoise Potier de Blancmesnil. L'abbaye émigra à Paris (✝ 8 mai 1618) ...1585-31 janvier 1606.
Bonne d'Amour, d'Amours, 22 mois abbesse (✝ 3 janvier 1624). 31 janvier 1606 — novembre 1607.
Catherine II Brûlart de Sillery, abbesse 23 ans 8 mois. Restaura les propriétés abbatiales... novembre 1607-août 1631.
Claude-Isabelle, Elisabeth de Mailly... 1631.
Isabelle Mortier, abbesse 17 ans en 6 élections, la 1re des abbesses nommées triennales et rééligibles. Fit de nombreuses libéralités à l'abbaye. Voir à 1629, 1637, 1639, ... 1631-1648.
Madeleine Plaçain, Placin. Sous elle, l'abbaye souffrit de la guerre de la Fronde .... 1648-1653.
Catherine III de Bellièvre...... .... 1653-1659.
Claude-Isabelle de Mailly, 2e fois............... 1659-1665.
Anne-Marie de Bragelongne, Bragelonne, 3 ans abbesse....... .... 1665-29 juillet 1668.
Claude, Claudine de Bellièvre, sœur de Catherine ...... 31 juillet 1668-1670.
Claude-Isabelle de Mailly, 3e fois. Obtint l'octave de la fête d'Isabelle ... 5 février 1670-1673.
Catherine-Marie Dorat... 28 janvier 1673-1676.
Catherine-Elisabeth de Gournay... 28 janvier 1676-1679.
Marguerite-Isabelle de Flesselles Flécelles. 28 janvier 1679-1682.

Catherine-Marie Dorat, 2ᵉ fois. Figure dans un acte du 2 avril 1683... 10 février 1682-1685.

Marie-Anne Dorat, sa sœur... 10 février 1685-1688.

Anne-Marie de Bragelongne (+ 1692) ... 21 février 1688-1691.

Catherine-Marie Dorat, 3ᵉ fois ... 24 février 1691-1694.

Marie-Anne Dorat, 2ᵉ fois... 31 mars 1694-1697.

Catherine-Marie Dorat, 4ᵉ fois ... 30 mars 1697-1700.

Marie-Anne Dorat, 3ᵉ fois... 13 mars 1700 + 27 mars 1700.

Elisabeth-Henriette Guignard. Voir *Scala santa, ci-après*... 28 mars 1700-1703.

Catherine-Marie Dorat, 5ᵉ fois (+ 1707) ... 31 mars 1703-1706. Fut 15 ans abbesse.

Marguerite-Agnès Nolet... 6 février 1706-1709.

Elisabeth-Henriette Guignard, 2ᵉ fois ....6 février 1709-1712.

Marguerite-Agnès Nolet, 2ᵉ fois ... 6 février 1712-1715.

Catherine-Elisabeth le Cosquino... 1715-1718.

Marguerite-Agnès Nolet, 3ᵉ fois. (+ 1ᵉʳ avril 1720) ....8 février-31 mars 1718.

Catherine-Elisabeth le Cosquino, 2ᵉ fois.........2 avril 1718-1721.

Marie-Anne Le Jau ... 10 mars 1721-1724.

Catherine-Elisabeth le Cosquino, 3ᵉ et 4ᵉ fois... 27 mars 1724-1727; 31 mars 1727-1730. Cette abbesse sera élue six fois et mourra à 86 ans en 1737.

Marie-Anne le Jau, 2ᵉ fois (+ 26 février 1734 à 78 ans)...... 16 mars 1730-1733.

Catherine-Elisabeth le Cosquino, 5ᵉ et 6ᵉ fois (+ 18 octobre 1737 à 86 ans).......... 17 mars 1733-1736; 10 mars 1736-1737.

Thérèse de Tourmont... 1737-1740.

Anne de Tourmont. Figure dans un acte du 15 novembre 1750 ...1740-1752.

Thérèse de Tourmont, 2ᵉ fois. Figure dans un acte du 8 décembre 1752...... 1752-1755.

Anne de Tourmont, élue plusieurs fois. Figure dans des actes de 1755, 1757, 1761, 1762, 1763, 1764, 1767; dans des baux du 29 décembre 1746, 13 septembre 1754, 13 février 1762 ....1755-1767.

Thérèse de Morlet, élue plusieurs fois, la 1ʳᵉ fois le 14 novembre 1767. Loua la ferme de Longchamp le 2 avril 1776. Figure dans des actes de 1770, 1771, 1773, 1774, du 11 juillet 1777 ....1767-1779.

Anne-Charlotte Bertheau, élue plusieurs fois. Figure dans des actes de 1780, 1781, 1783, du 27 octobre 1786... 1779-1787.

M.-J. Jouy, dite des Anges, dernière abbesse, élue deux fois. Figure dans des actes de 1787, 1788, 1790, des 13 juillet et 11 août 1791, dans les inventaires des 7 juin 1790 et 17 septembre 1792......... 1787-1792.

De l'abbaye de Longchamp, des rois datèrent les actes suivants: octobre 1269, ratification par saint Louis d'une donation aux Quinze-Vingts; 1299, défense faite par Philippe le Bel au prévôt de Paris et à ses officiers d'employer pour leur service les chevaux de l'abbaye de

Longchamp; mars 1299 (1300), donation à cette abbaye de la dîme du pain et du vin consommés par le roi, la reine et leur fils quand ils y séjourneront (un état fut établi pour cette dime avec les dates de 1319 à 1324); mars 1299 (1300), confirmation d'une donation de 20 livres de rentes faite par Jean d'Harcourt en juillet 1281; actes de Philippe le Bel du 20 août 1303; février 1318 (1319), donation par Philippe le Long de maisons aux Carmes de Paris; 22 mars 1318 (1319), lettres de Philippe le Long exonérant le chapitre de Paris de subsides pour la guerre; juillet 1319, ordonnances et édits, dont une charte du 8 pour l'établissement d'un chantre à la Sainte-Chapelle; décembre 1320, donation par le roi de 187 arpents 1/4 dans la forêt de Rouvray, en échange d'une rente de 100 livres qui avait été assignée à l'abbaye; 12 juillet 1321, donation à l'abbaye par le roi de 280 livres de rente sur la même forêt; 28 novembre 1492, confirmation par Charles VIII des privilèges de l'abbaye.

Philippe V le Long tomba deux fois malade (1321) à l'abbaye, où il était venu voir sa fille Blanche de France, et on rapporte qu'à la nouvelle de la 1re maladie grave du roi, les moines de Saint-Denis en France vinrent lui faire toucher un morceau de la vraie Croix, un saint Clou et le bras de saint Siméon. Le 2 janvier 1321 (1322), le roi confirma son testament et y ajouta un codicille; le lendemain, 3, il mourut de dysenterie à l'abbaye, et non à Vincennes, comme le dit Mézeray († 1683) dans son « Histoire de France ».

Nombreux et importants étaient les privilèges de l'abbaye royale de Longchamp, que les rois et les reines comblèrent de bienfaits: elle posséda des biens de toutes sortes à Boulogne, à Paris, aux environs de Paris, dans le bois de Boulogne et ailleurs. En dehors de rentes et de biens divers, elle eut: 1° des droits sur la forêt de Rouvray, le bois de Boulogne: voir à 1269 (1270), 1270, 1285 (1286), 1317, 1319, 1320, 1321, 1337, 1355, 1544 (1545), 1547, 1548, 1568, 1573, 1592 1595, 1661, 1667, 1668, 1679, 1686; 2° des droits sur les forêts de Carnelle et de Saint-Germain en Laye: voir à 1330, 1593, 1602; 3° le droit de tonlieu: voir à 1268, 1310, 1336, 1667. Elle fut exempte: 1° du droit de quint: voir à 1270, 1341; 2° du droit sur le sel: voir à 1610, 1645; 3° du droit de prises: voir à 1389; 4° au spirituel: voir à 1345. Elle obtint des lettres: 1° de committimus: voir à 1359, 1364, 1462; 2° de sauvegarde: voir à 1285, 1359, 1364, 1368, 1429, 1434, 1437, 1445, 1462, 1538, 1563, 1567, 1592. Enfin ses privilèges furent souvent confirmés: voir à 1359, 1364, 1396, 1459, 1461, 1484, 1492, 1519, 1547, 1562, 1581, 1597, 1611, 1645.

Bon nombre d'actes concernant Longchamp sont aux *Archives nationales, Section historique*, collection des *Cartons des rois* (K. 1 à 164), laquelle s'étend, comme il a été dit, de 528 à 1789; les cartons K. 187, L. 465, 1020 à 1029, LL. 1600 à 1604, J. 148, J. J. 68, 467, H. 3835,

S. 159. 160, 1118, 4418, renferment divers actes ; les cartons (Q1, 1054, 1056, 1057, 1067 à 1075, 1083) possèdent des inventaires, des états, des déclarations, des cartulaires, des baux, des rentes, des privilèges, des recettes de l'abbaye, etc. ; les cartons K. 974 à 982 contiennent une foule de contrats, de titres de propriété de l'abbaye, en grande partie sur Paris, dans lesquels on voit les anciennes dénominations des rues et des quartiers de la capitale. Dans cette dernière collection ne se trouvent pas seulement des actes de la fondation de l'abbaye à la Révolution (1249-1793), mais encore quelques-uns antérieurs à cette fondation, comme ceux de 1210, de 1223, de 1234, de 1236, de 1238, etc.

L'histoire générale de l'abbaye de Longchamp présente un trop grand intérêt aux Boulonnais pour ne pas être décrite entièrement ; mais afin de moins compliquer le texte, j'emploierai la forme chronologique.

J'ai dit précédemment qu'Isabelle ne prit pas le vêtement religieux, et que la 1re année, 1260-1261, il n'y eut qu'une présidente: ce fut « Ysabel de Venisse, de Rains ». Cette Isabelle de Venise venait du couvent de Saint-Damien d'Assise, à Reims ; après elle commença la suite des abbesses (voir ci-dessus). Chaque abbesse devait établir des états des recettes, des dépenses, des ventes, du mobilier, pour le temps de son gouvernement: ces comptes, très bien tenus, sont aux *Archives nationales* (L. 1027), à l'exception de deux registres, que j'ai trouvés aux *Archives départementales*.

Du XIIIe au XVIe siècle, je signalerai:

1249-1260, construction de l'abbaye, et 1260 inauguration, ci-dessus ; 1260, acquisition à Fontenay, près de Paris ; 1261, donation par Jeanne d'Harcourt ; 1261, 1262, acquisitions près de l'abbaye ; 1263, bulle (à 1674) ; 1264, décembre 1267, acquisitions de terrains où figure la léproserie de Saint-Cloud, propriétaire ; mars 1265 (1266), confirmation par saint Louis d'une vente de biens à Saint-Cloud ; 1266, acquisitions à Paris, à Port de Luingny (Neuilly-sur-Seine) ;

Charte de 1266 (J. 148, n° 106), avec sceau ovale de l'abbesse Agnès d'Harcourt, de o m. 044, représentant, sur une terrasse à clochetons, la Vierge et l'Enfant, et, au-dessous, une personne en prière. De l'inscription il reste : « ...bbtisse de Hvmilitate Bè... Mari... », pour « (Sigillum) abbatisse (abbatissae) de Humilitate Beate (Beatae) Marie (Mariae) », sceau de l'abbesse de l'Humilité de N.-D. (de la Bienheureuse Vierge Marie) ;

Septembre 1266, charte avec le sceau ovale de l'abbaye de Longchamp, de o m. 040, représentant, dans la partie supérieure, la Vierge assise et l'Enfant, et, au-dessous, saint François d'Assise qui bénit des poissons. L'inscription porte: « S. Còvent. Soror' minor' iclvsar' Hvmilitat. Bè... Mar... », pour « Sigillum Conventûs Sororum minorum inclusarum Humilitatis Beate Marie (Beatae Mariae) », sceau du couvent des Sœurs mineures incluses de l'Humilité de N.-D. Remarquer qu'on écrivait e pour ae, et qu'on supprimait n et m, en les remplaçant par un trait ;

Février 1266 (1267), donation par le roi de 400 livres de rente sur la prévôté de Paris; décembre 1267 (à 1264); 24 septembre 1268, bulle pour Mme Vve Le Flamant, relative à l'entrée de l'abbaye, soumise à la clôture ;

Octobre 1268, obtention par l'abbesse A. d'Harcourt du droit de *tonlieu* du pain à Paris contre 600 livres parisis payées à l'abbaye de Joyenval. Saint Louis, en novembre 1268, et Jean, abbé de Prémontré, en 1336, approuveront la convention, et le Parlement adjugera à l'abbaye le tonlieu de Paris le 7 mai 1310: un arrêt de 1667 interviendra pour l'exercice de ce droit. Le *tonlieu* (latin *tollere*, lever, prélever)(était l'impôt prélevé sur les transports des denrées et des marchandises pour l'entretien des ponts, des routes, des rivières ;

26 décembre 1268, confirmation par Raoul, évêque d'Albano, d'une donation de 1.000 livres par la religieuse Philippe de Vitry, fille d'André de Vitry ; décembre 1268, confirmation par le roi de la donation à l'abbaye par Philippe de Vitry du 1/3 de ses biens, les 2/3 lui étant vendus ; décembre 1268, confirmation par le duc Jean 1er de Bretagne de plusieurs donations de la même ; octobre 1269, ratification ci-dessus ; février 1269 (1270), donation testamentaire de saint Louis ; 23 février 1269 (1270), mort d'Isabelle, ci-dessus ; mars 1269 (1270), confirmation par le roi de ventes faites à l'abbaye et lettres d'amortissement de biens acquis par elle ; mars 1269 (1270), donation à l'abbaye par saint Louis de 30 arpents de bois (voir *arpent* à 1796, chapitre X) dans la forêt de Rouvray ;

Mars 1269 (1270), lettres de saint Louis faisant remise à l'abbaye du droit de *quint* ou du 1/5 (latin *quintus*, 5e) dû au roi sur les acquisitions (4 juin 1341, autre exemption, ci-après) ;

1270: on voit en cette année que l'abbaye de Longchamp devait des dîmes au chapitre de Saint-Germain l'Auxerrois (S. 159, anc. L. 454) ;

Novembre 1270, arrêt du Parlement sur la livraison des 30 arpents de bois ; 1279, acquisition d'une rente d'avoine sur les habitants d'Antoigny, Antony (Seine) ; février 1279 (1280), inventaire ; 1280, mort de *Jeanne d'Harcourt*, fille de Richard d'Harcourt ; 1280, acquisition à Paris ; juillet 1281, donation par Jean d'Harcourt de 20 livres de rente, ce que Philippe le Hardi confirmera en janvier 1282 (1283), de même que Philippe le Bel en mars 1299 (1300) ; septembre 1281, inventaire par Jeanne de Nevers et Agnès d'Harcourt ; janvier 1284 (1285), ratification par Philippe le Hardi d'une charte de saint Louis, confirmative de donations à l'abbaye et de ventes à elle faites ;

Février 1284 (1285), lettres de *sauvegarde* par Philippe le Hardi.

Les lettres de *sauvegarde*, de *mainbour* plaçaient un établissement religieux sous la protection, la sauvegarde immédiate du roi, et lui conféraient toutes les prérogatives des abbayes de fondation royale. Ne pas confondre avec les lettres de *committimus*, qui donnaient le droit de plaider devant une juridiction privilégiée ;

Mai 1285, donation d'une rente par Jeanne, comtesse d'Alençon et de Blois; février 1285 (1286), donation par Philippe le Bel de la coupe de 8 arpents de bois dans la forêt de Rouvray ; 1286, acquisition à Choisy le Roi; 1286, comptes d'Agnès d'Harcourt, avec recette nette de 40 livres 22 deniers; 1288, 1290, acquisitions à Choisy le Roi; 1289 (1290), inventaire par Jeanne de Grèce et Jeanne de Nevers; 1291 à 1293, contrats relatifs à des terrains ; 1294, inventaire ; 1296, donation ; 1298, comptes de Jeanne d'Harcourt, avec excédent de dépenses de 65 livres 6 sols 1 denier ; 1298, inventaire par Jeanne d'Harcourt et Jeanne de Vitry ; 1299, inventaire par Jeanne de Vitry ; 1299, défense au prévôt de Paris, ci-dessus; mars 1299 (1300), donation et confirmation ci-dessus ; 6 mars 1299 (1300), rente de Brabant, ci-dessus ;

1303, rentes de Brabant (1er juillet) et actes divers (20 août), ci-dessus; 1304, acquisition à Viry (Seine-et-Oise), près de Paris ; juin 1304, donation par Philippe le Bel de 100 livres de rente sur le Trésor (voir décembre 1320) ;

Benoît XI, pape de 1303 à 1304, publie une constitution qui motive la curieuse requête suivante :

« Ce est la supplicacion faite au roy pour les constitucions du pape Benedic (Benoît) le onzième.

« A vostre roial maiesté supplient humblement les sereurs meneurs (sœurs mineures) encloses del église del humilité Nostre Dame de Lonc champ de leiz (lez) Saint Cloot, de la diosese de Paris. Comme la dicte église et elles, qui sont fondées du tres saint roy mons. saint Loys et douees (douées, dotées) du propre patremoine de vostre royaume, et aient (ont) fait leurs veus (vœux) et professions à la riule (règle) faite et ottroiée du pape Alixandre le Quart (Alexandre IV), à la supplication dudit tres saint roy mons. saint Looys et fu (fut) corrigiée en grant diligence et approvée du pape Urbain le Quart, à la supplication du dit saint roy mons. saint Looys, laquele rieule est tres forte et a esté gardee par la grace nostre sire si bien et si parfaitement que il ne yssi onques (il n'y eut jamais) nulle mauvaise note, et maintenant li saint Peres à présent ait (a) fait plusieurs autres ordenances et estatus nouelment (statuts, nouvellement), les queix (lesquels) ordenances et estatus leurs seroient tres dures et grief (pénible) à tenir et garder, excet (excepté) la clousture (clôture), laquele les suers (sœurs) professes à noirs voiles ont vouées et tous jours (toujours) gardées tres parfaitement dusques à ci (jusqu'ici), et veullent garder de ci en avant (dorénavant), que il vous plaise de vostre grace à escrire et supplier au saint Père que il leur veille (veuille) souffrir à tenir et garder tant seulement leur dicte rieule à laquelle elles ont fait leur dicte proffessions, sauf tant que elles veullent tres volentiers que selonc la novele (nouvelle) constitution du saint Père que leurs sereurs professes au blanc voile, présentes et à venir, voent (vouent désirent) et gardent la closture des ores en avant (dorénavant) parfaitement. »

1305, compte général de 1298 à 1305 et inventaire des bijoux, ornements et mobilier de l'abbaye et de ses dépendances, par Jeanne de Vitry. On y trouve, par exemple : un grand autel en jaspe et deux petits autels; un grand nombre de vêtements sacerdotaux et de livres d'église ; les meubles et ustensiles de la cuisine, du cellier, de l'infirmerie, du réfectoire, de la lingerie, du Trésor; le moulin ; — les bêtes du couvent, dans la « granche » (grange), savoir: 20 vaches, 12 taureaux, 3 bœufs d'un an, 1 génisse d'un an, 3 « veaus de ceste anée », 7 grands pourceaux, 12 autres et 6 petits, 97 « brebis portans », 28 brebis « breheingnes » (breheignes, stériles), 100 « chatris » (moutons), 23 antenois (agneaux de 12 à 30 mois), 74 « aigniaus de ceste anée », 3 chèvres, 1 bouc, 4 chevaux, le cheval du moulin ;

21 mars 1305 (1306), mort au couvent de *Mlle Mahaut du Val*, non religieuse (on l'enterra ici); juin 1306, confirmation par le roi d'une vente faite à l'abbaye par Pierre le Mortelier; 1308, acquisition de terres à Goussainville, près Mantes ; 1309, état où figure Viry ; 1310, tonlieu, ci-dessus, et acquisition de terrains ; 4 août 1311, assignation sur le Trésor d'une rente faite à l'abbaye par le comte Louis d'Evreux, en vertu d'un legs de sa femme Marguerite, avec confirmation royale du même mois; 8 octobre 1311, donation de 10 livres de rente par Pierre le Mortelier ; 1313, état où figure Viry et inventaire ; septembre 1315, le mercredi devant la N.-D. de septembre, mort au couvent de *Jeanne la Vivienne*, non religieuse, mère de la Sœur Jeanne la Viée 1re (+ 1338); 1315, inventaire de l'argenterie et des reliques de l'abbaye ; 1316, location de biens ; 3 janvier 1316 (1317), lettre d'admission ci-dessus ; 4 avril 1317, après Pâques, donation de 400 livres de rente par la comtesse Marie de Juliers; 6 mai 1317, rente de Brabant, ci-dessus ; juillet 1317, donation par Philippe V du droit de coupe annuelle de 4 arpents de bois dans la forêt de Rouvray ; 1319, acquisition à Rueil; février 1318 (1319), 22 mars 1318 (1319), donation et lettres ci-dessus ; 20 avril 1319, après Pâques, donation par le roi de 100 livres sur les bois de la forêt de Rouvray ; 1er mai 1319, donation de 40 livres de rente en échange de biens ; mai, juin 1319, procès-verbal d'arpentage et de prisée d'une partie de la forêt de Rouvray en échange d'une rente de 100 livres ; juillet 1319, à actes datés de l'abbaye ; 24 septembre 1319, acte devant le prévôt de Paris pour rentes dues à l'abbaye; 12 mars 1319 (1320), donation

à Blanche de France, ci-dessus ; décembre 1320, 12 juillet 1321, donations de bois ci-dessus ; 2 août 1321, donation de bois à de Brabant ; 3 janvier 1321 (1322), mort du roi ci-dessus ; 1322 (1323), avant Pâques, mort d'*Aaalis, Adélaïde de Mucedent*, âgée de plus de 101 ans, depuis 63 ans religieuse ; novembre 1323, « devant la feste de la St-Martin d'iver », le lundi, dans une vente de bois faite par l'abbaye, figurent les vignes de *Menelet* et les *Menus*; 22 janvier 1323 (1324), ordre de Philippe le Bel de fournir l'argent nécessaire pour la réparation d'une fontaine de l'abbaye ; 1324, état de dîmes de 1319-1324, ci-dessus ; 1324, relevé du bois en fagots, cotrets (collection L.) ; 1325, acquisition à Suresnes ; 1325, nécrologe ci-dessus ; 1325, comptes de l'abbaye, avec 503 livres 17 sous 8 deniers, en recettes, et 525 livres 5 sous et plus de 10 deniers en dépenses, d'où un déficit de 21 livres 8 sous 3 deniers ; 8 septembre 1325, mort de *Jeanne de Quitri, Quitry*, près de 47 ans religieuse ; 9 octobre 1325, inventaire des reliques ;

1327, legs par Pellerin de Chambly de 84 livres parisis que lui avait données le roi en mai 1289 ; 1327, comptés de Jeanne de Vitry, dans lesquels on devait à l'abbaye « 160 livres 61 sous 7 deniers » de plus qu'elle ne devait (461,10,4 — 298,8,9 = 163,1,7 = 160,61,7) ; octobre 1327, confirmation par le roi d'une vente faite à l'abbaye d'une rente de 84 livres tournois (la livre tournois, originairement frappée à Tours, = 20 sous = 1 franc environ) ; 17 mars 1327 (1328), mort de *Perrenelle de Pontoise*, la 1re vêtue dans l'enclos le 24 juillet 1260, religieuse depuis plus de 67 ans ; 21 janvier 1329 (1330), fondation par Blanche de France, ci-dessus ;

1er juillet 1330, l'abbaye passe de la paroisse d'Auteuil à celle de Boulogne ;

Octobre 1330, Philippe VI accorde à l'abbaye une coupe de 240 arpents dans la forêt de Carnelle (Seine-et-Oise) ; 17 août 1332, vente à l'abbaye, par Guillaume Gentien, de 60 livres de rente sur le Trésor, ce qui sera approuvé le 25 novembre 1332 par le roi, qui donnera des lettres d'amortissement en février 1333 ; octobre 1332, donation de bois à de Brabant, ci-dessus ; octobre 1332, novembre 1332, 3 juillet 1333, 10 février 1333 (1334), 2 novembre 1336, donation à Blanche de France, ci-dessus ; 13 novembre 1332, confirmation de donation, à Blanche de France ; 1333, point de départ d'un cartulaire de l'abbaye (collection L.) ; 22 septembre 1333, mort de *Jeanne de Vitry*, 3 fois abbesse, plus de 54 ans religieuse ; 4 septembre 1334, mort de *Marguerite de Brabant*, ci-dessus, religieuse 33 ans (1301-1334) ; dans la semaine de Pâques 1335, mort de la sœur *Agnès de la Croix*; 29 mai 1335, rente à Blanche de France, ci-dessus ; 1336, tonlieu, à 1268 ; 27 août 1336, mort de *Marguerite de Craon*, ci-dessus ; 2 novembre 1336, à 1332 ; 21 mai 1337, donation par Blanche de France, ci-dessus ;

1er juin 1337, mort de *Jeanne de Brabant*, ci-dessus, religieuse (1304-

1337) pendant 33 ans et 10 mois, tenue en haute estime par le Cordelier et théologien Nicolas de Lyre, de Lyra (✝ 1340), exécuteur des dernières volontés de Jeanne de Bourgogne, femme de Philippe V et mère de Blanche de France. L'abbesse J. de Gueux, par la lettre suivante, du 30 juillet 1337, envoya un saphir de la défunte à Nicolas de Lyre, comme souvenir, sa vie durant :

« Copie de mot à mot d'une letre que dame abbeesse envoia à maistre Nichole de Lire, escripte le XXXe jour de juillet lan (MCCC) XXXVII.

« Tres reverens et tres chiers (chers) maistres et peres, Nostre couvent et je (moi), vous envoions I safir qui fu (fut à) nostre tres chiere dame et suer (sœur), suer Jehanne de Brebant, que Dieus absoille (absolve, pardonne), pour ce que vous vous en aidies (aidiez) à vostre consolation toute vostre vie, laquele nostre Sire (Seigneur) vous doint (donne) bone (bonne) et maintiegne (maintienne) en bone prosperité, et est lentention (l'intention) et la volente (volonté) de nostre couvent que, après vostre deces (décès), le dis (dit) safir retourne à nostre dit couvent.

« Si je pooie (pouvais) faire chose qui vous pleust (plût), je le feroie tres volentiers. Je me recommant à vostre tres reverent persone tant humblement comme je puis. Nostre Sire soit garde de vous perdurablement (toujours).

« Escript si (ainsi) comme dessus est dit ».

Une autre lettre du 6 novembre 1337, sorte de lettre de faire part, fut adressée aux clercs du Trésor du roi. La voici :

« Pour suer Jehanne de Brebant baillie (seigneuresse) aux clers du tresor le roy .

« A tous ceus qui ces presentes verront et orront (ouïront) : suer Jehanne de Gueuz, humble aabbeesse des sereurs meneurs del humilité Nostre Dame de Lont champ de leiz Saint Cloout, et tout le couvent dudit lieu, salut en Nostre-Seigneur Jhesu Christ. Sachent tous que noble et religieuse dame suer Jehanne de Brebant, jadis sereur de nostre dicte eglise, que Dieu absoille, trespassa de ceste vie en lan de grace mil trois cens trente et sept, le dimenche après lascension nostre Sire, environ hoere (heure) de medi (midi), lequel diemenche fu le 1er jour de juing lan dessus dit, et y furent presentes les persones si (ci) après nommées, c'est à savoir tres excellent nostre tres reverent et tres chiere dame ma dame suer Blanche, fillie (fille) de roy de France, nostre confessor frere Gui d'Ormoi (Ormoy), frère Regnaut (Regnaud) de Vertus, son compaignon, la plus grant partie de nostre couvent, damoiselle Agnes de Chailly, damoiselle de nostre tres excellent et tres redoubtée (redoutée) dame ma dame la royne Jehanne, royne (reine) de France et de Navarre, et maistre Andrieu Leclerc, physicien (médecin) de la dicte nostre tres chiere suer, suer

Jehanne de Brebant, à cui (qui) nostre Sire par sa douce misericorde face (fasse) merci. En tesmoing (témoignage) desqueles choses dessus dictes, nous avons mis nos seaus (sceaux), desquiex (desquels, dont) nous usons, en ces presentes lettres, qui furent faites le sisieme jour de novembre lan mil CCCXXXVII. »

23 août 1337, rente à Blanche de France, ci-dessus ; 25 septembre 1337, ordre du roi au verdier (officier chargé des coupes de bois) de la forêt de Rouvray pour délivrance du bois dû à l'abbaye ; 4 décembre 1337, grange à Jeanne de Navarre, ci-dessus ; 25 décembre 1337, mort de *Marie de Beaujeu*, ci-dessus ; mars 1337 (1338), rente à de Brabant, ci-dessus ; 1er avril 1337 (1338), mai 1340, lettres d'amortissement données par le roi pour diverses rentes ; 23 avril 1338, renonciation de Jeanne de Navarre, ci-dessus ; 1338, mort de *Jeanne la Viée* 1re, religieuse pendant 50 ans ; 1339, inventaire des reliques et des objets précieux de l'abbaye, à l'entrée en fonctions de l'abbesse Marie de Lions ; juin 1339, mort de *Marguerite la Malente*, 53 ans religieuse ; mai 1340, à 1338 ; 1340, lettres d'amortissement pour 50 livres de rente vendues à l'abbaye, qui sera exempte du droit de quint (4 juin 1341 : voir 1270) pour ces 50 livres ; 13 décembre 1341, lettre du roi à l'abbesse en faveur d'Héléluis, Héluis (Héloïse) du Port (voir août 1349) au sujet de maisons qu'avaient habitées les demoiselles Xandre et Marie de Sars (L. 1021) ; 31 mai 1342, quittances de 200 livres reçues de Jeanne d'Evreux à convertir en rentes pour frais de l'anniversaire de Charles le Bel (+ 1328) ;

10 octobre 1345, au spirituel, lettres d'exemption accordées à l'abbaye par l'évêque de Paris Foulques de Chanac. Voir 1446 à l'église ; 1345 à 1348, émigration par deux fois de l'abbaye à Paris ; 4 mai 1345, mort de l'abbesse *Marie de Lions, Lyon*, qui vécut plus de 38 ans à Longchamp et 5 ans au Moncel, fondé par elle ; 18 avril 1347, mort de *J. de Gueux*, ci-dessus ; 23 (non 22) juillet 1348, lendemain de sainte Madeleine, mort de *J. de Boucheville*, ci-dessus ; 25 décembre 1348, mort de *Jeanne de Lorris*, 48 ans religieuse ; août 1349, donation par Blanche de France, ci-dessus ; 25 mars 1349 (1350), rente à Jeanne de Navarre, ci-dessus ;

1351, mort de *Jeanne de Lire, Lyre*, 31 ans religieuse (avait été attachée au service de la sœur Blanche de France) ; 13 novembre, 23 décembre 1351, arrérages dus à Blanche de France, ci-dessus ; 4 janvier 1352 (1353), acte où figure le lieu dit le *Néflier*, à Boulogne ; 6 avril 1355, donation par Blanche de France, ci-dessus ; juin 1355, confirmation par Jean le Bon des donations de 12 arpents (8 en 1286, 4 en 1317) de bois dans la forêt de Rouvray ; juillet 1357, vente de terrain par l'abbaye ; 24 août 1357, donation à Blanche de France, ci-dessus ; 7 octobre 1357, ordre du régent Charles au receveur de Paris pour le payement des rentes dues à l'abbaye ; 23 janvier 1357 (1358), payement à

Blanche de France, ci-dessus; 26 avril 1358, mort de *Blanche de France*, ci-dessus; 6 septembre 1358, mort d'*Agnès de Saint-Fréjeul*, ci-dessus; août 1359, lettres de sauvegarde, de committimus et de confirmation de privilèges; 21 août 1359, grange, à Jeanne de Navarre ci-dessus; 4 janvier 1359 (1360), bail concernant Boulogne-sur-Seine; 1360, rente où figure Viry; sous Marie de Gueux (1349-1360), construction de la fontaine du cloître;

1360, retour à Longchamp des Sœurs, que les guerres avaient contraintes de fuir à Paris, où elles étaient restées 3 ans; sous Agnès de la Chevrelle (1360-1375), il en sera de même deux fois en peu de temps, ce qui amènera le relâchement de la discipline. En 1360, le couvent devait 862 écus, les denrées étant très chères et d'importantes réparations ayant été rendues nécessaires du fait même des guerres. Il y avait alors à l'abbaye plus de 80 personnes, sans « madame suer Jehanne de Navarre et II suers qui sont pour luy servir », au rapport d'Agnès de la Chevrelle en 1360;

9 avril 1361, à Blanche de France, ci-dessus; 10 décembre 1362, à Blanche de France, ci-dessus; 1364, état de rentes où figure Viry; juin 1364, lettres de committimus, de sauvegarde et de confirmation de privilèges; 10 mars 1366 (1367), ordre du roi pour le payement à l'abbaye d'un acompte de 100 livres sur les rentes à elle dues; 1367, acte où figure le *Menus;*

25 avril 1367, après Pâques, ordre de Charles V à l'abbesse de Longchamp pour la reconstruction en pierres de taille de la clôture du monastère et l'apposition de grillages aux fenêtres (original dans la collection K.);

26 juin 1367, mort d'*Aveline la Vinetière*, 54 ans religieuse; 4 juillet 1367, mort d'*Ameline du Marchié (Emeline du Marché)*, vue à 1316 (1317); 14 juin 1368, lettres de sauvegarde; 1370, état où figurent les Granches le Roi (la Grange le Roi); 1370, mort de *Marguerite de la Chambre*, 33 ans religieuse; août 1370, lettres royales nommant le prévôt de Paris, ou son lieutenant, conservateur des biens, privilèges et immunités de l'abbaye; 28 janvier 1370 (1371), mort de *Marie de Gueux*, ci-dessus;

1373, aveu et dénombrement (déclaration) des possessions de l'abbaye en maisons, bois, terres labourables, granges, rentes, à Paris et dans les environs, dans Seine-et-Oise, en Normandie, en Artois (bois près d'Aire-sur-la Lys). On y voit Etampes, Palloiseau (Palaiseau), Triel, Rocquencourt, la Grange le Roi (près de Dourdan), Dourdan, Villeneuve-sous-Dammartin, Antony, Suresnes, la forêt de Carnelle (Seine-et-Oise), etc.;

1375, états où figurent les Granches le Roi et Suresnes; 14 octobre 1375, mort d'*A. de la Chevrelle*, ci-dessus; 23 mars 1376 (1377), mort de *Marguerite d'Acy*, 43 ans religieuse ; 12 janvier 1378 (1379), mort de *Jeanne la Viée II;* 1379, état où figure Suresnes ;

13 août 1379, formule de prières pour le roi (J.J. 467, n° 72), avec fragment de sceau de l'abbaye, ovale, de o m. 063, représentant sur une terrasse la *Salutation angélique, l'Ange* portant un rouleau où sont les mots *Ave Maria*, et au-dessous une personne en prière. De l'inscription, il reste : « ... ntvs Hvmilitatis: Beate: Vi... » pour « (Sigillum) conventûs Humilitatis Beate (Beatae) Virginis », (Sceau) du couvent de l'Humilité de N.-D. (de la Bienheureuse Vierge Marie) ;

23 janvier 1381 (1382), mort de la *marquise de Chauvigny*, ci-dessus ; 2 mars 1382, secours donnés par l'abbaye à des juifs, qui, fuyant Paris, passaient par le bois ;

1383, reconstruction du clocher, qui avait été recouvert en plomb sous Agnès de la Chevrelle: pour cette reconstruction, on avait recueilli 774 francs ;

1er juin 1384, mort de *Jeanne la Pellière*, religieuse 61 ans et 4 mois ; 13 mars 1385 (1386), mort d'*Agnès la Viée*, religieuse 52 ans ; 3 juillet 1387, mort de *J. de Navarre*, ci-dessus ; 1388, rentes où figure Suresnes ; sous l'abbesse Lorence Jacob (1387-1400), réparations à l'abbaye, à une fontaine, au moulin et à son écluse ; 8 février 1388 (1389), la reine Isabelle exempte l'abbaye du droit de *prises;* 14 avril 1389, lettres d'amortissement de terrains au port de Lugny, Luingny (Neuilly-sur-Seine) ; 2 juin 1389, mort d'une 2ᵉ *Jeanne de Gueux* ; 15 février 1389 (1390), mort de *Blanche du Galléel*, la 178ᵉ et dernière sœur du nécrologe ci-dessus ; 1391, inventaire ; 1396, rentes où figure Longchamp ; mai 1396, confirmation de privilèges ; 1397, rentes où figure Saint-Cloud ; 4 novembre 1398, lettres royales pour le payement de la rente annuelle due à l'abbaye par Antony en vertu d'une transaction datant de plus de 120 ans (la reine Isabelle plaida la pauvreté des habitants par lettre du 27 janvier 1398, 1399) ;

7 mai 1401, arrêt concernant cette rente d'avoine ; 13 juin 1401, arrêt commettant le conseiller Guillaume de Villars pour l'estimation de la valeur en argent de la redevance d'avoine non payée depuis plusieurs années ; 27 octobre 1403, le roi permet de citer les Antoniens au parlement de Paris pour le payement de la redevance ; 1404, rentes (Q^1 1073) ; 1416, inventaire de la vaisselle ; 1416, sac de l'abbaye ; 1418, ravages de la peste ; 1421, acquisition à Longchamp même ;

12 mai 1427, nomination d'Etienne Regnaut comme receveur des biens de la chapelle de la Vierge fondée par Blanche de France ; 27 juillet 1429, lettres de sauvegarde ; 19 mai 1431, acte par lequel Perrette la Ficquette, veuve de Jean Ficquet, donne ses biens meubles et héritages à l'abbaye, à la condition d'y être logée et nourrie ; 2 septembre 1431, testament d'Isabeau de Bavière († 1435), avec une donation à l'abbaye ; 1431, état de rentes (Q^1 1073) ; 1433, acquisition à

Suresnes ; 24 janvier 1433 (1434), lettres de sauvegarde ; 1435, acquisition à Suresnes ; 23 novembre 1437, lettres de sauvegarde ; 1440, rentes où figure Palloiseau ;

18 avril 1442, assignation au curé de Boulogne (voir chapitre V, avec l'arrêt de 1446) ; 10 juin 1445, lettres de sauvegarde ; 1447, bulle, à 1674 ;

1447, charte où sont diverses dénominations de l'abbaye et des religieuses. L'abbesse y est appelée « abbatissa Sororum Minorissarum Inclusarum Humilitatis nostrae Dominae de Longo Campo », l'abbesse des Sœurs mineures incluses (cloîtrées) de N.-D. de Longchamp ;

24 novembre 1447, acte par lequel Jean VII Avantage, évêque d'Amiens, reconnaît n'avoir donné le sacrement de confirmation à des religieuses de Longchamp que par permission du chapitre des administrateurs de N.-D. de Paris, le siège étant vacant, sans prétendre par là préjudicier à leurs droits ni à ceux des évêques futurs dudit diocèse. (L. 465, n° 35) ;

1455, acquisition où figure le *Menus ;* avril 1459, après Pâques, confirmation de privilèges ; 20 septembre 1460, 27 octobre 1461, rentes à Madeleine de Bretagne, ci-dessus ; novembre 1461, confirmation de privilèges ; 1461, ouverture du cercueil d'Isabelle, ci-dessus ; 7 octobre 1462, lettres de sauvegarde, de committimus ;

8 novembre 1470, bail (S. 1118, n° 2), avec fragment du sceau ovale de Jeanne X la Porchère, de 0 m. 050, n'ayant que ces mots : ...« e Hvmilitatis Beat... » pour : « Sigillum abbatisse (ae) Humilitatis Beate (Beatae) Marie (Mariae), sceau de l'abbesse de l'Humilité de N.-D. Il concerne Chailliau (Chaillot) ;

1472, procès-verbaux du procès de l'abbaye et des habitants d'Antony (Q¹ 1083) ; 15 juillet 1481, concession à l'abbaye par Louis XI de la ferme (perception) de *travers* (péage sur marchandises) des Andelys, en dédommagement de plusieurs années de rentes dues par le Trésor : un arrêt de la chambre des Comptes limitera ces droits à 9 ans, et Charles VIII, le 23 février 1483 (1484), accordera à l'abbaye 550 livres de rente sur les revenus de la même ferme pendant 10 ans en dédommagement de rentes dues par le Trésor ; 1483, acquisition où figure le *Menus ;* septembre 1484, 28 novembre 1492, confirmations de privilèges ; décembre 14..., la Folie (voir 3ᵉ Partie après 1542) ;

Au XVᵉ siècle, fonctionnement à l'abbaye d'une petite école paroissiale de filles.

Cette riche abbaye, où la mondanité pénétra comme partout ailleurs, avait depuis longtemps dégénéré de sa ferveur primitive. Les guerres des XIVᵉ-XVᵉ siècles, en portant la dévastation à Longchamp, avaient obligé plus d'une fois les religieuses à abandonner leur couvent pour Paris, 1ᵉʳ danger pour la vie monacale. En outre, la Renaissance plus ou moins païenne du XVIe siècle, l'introduction en France du protestantisme, avec des principes de morale indépendante prêchés par des sectaires, enfin le libertinage des hautes classes de la société, n'étaient pas de nature à raffermir l'édifice chancelant de N.-D. de l'Humilité, très mal protégé d'ailleurs contre les empiétements du dehors. Aussi la décadence ne se fit pas attendre. Au mépris de la clôture et de leurs vœux, les religieuses, d'après des historiens du temps, sortaient, recevaient librement des visites au parloir, portaient de riches toilettes, voire même des bijoux, et attiraient à l'abbaye, par l'éclat des solennités, une foule de personnes qui prenaient part aux offices moins pour satisfaire aux devoirs de la piété que pour voir les sœurs ou entendre leurs belles voix, surtout à l'époque des pèlerinages de la Semaine sainte et du chant des Ténèbres les mercredi, jeudi et vendredi saints : alors, les allées du bois de Boulogne, et en particulier l'allée (non avenue) de Longchamp, étaient sillonnées des brillants équipages de la Cour, des princes, des seigneurs, des dames nobles, des artistes et aussi des femmes peu estimables ; les bourgeois, dans de modestes attelages, et le peuple à pied suivaient les mêmes chemins. En vain tenta-t-on des réformes dès 1543 ; le mal ne put être enrayé et les plaintes contre l'abbaye ne cessèrent de se faire entendre jusqu'au jour où la Révolution renversa tout ce qui s'appelait Longchamp. Il y a lieu de croire cependant que les historiens ou les chroniqueurs, comme Pierre de l'Etoile, de l'Estoille († 1611), dans son « Journal d'Henri III, d'Henri IV », ont fort exagéré ou ont attribué à l'abbaye des faits imaginaires pour se rendre plus intéressants.

En dehors d'un inventaire ou répertoire des *Archives de* l'abbaye et d'un *règlement* du XVIe siècle, en français (LL. 1601), on trouve encore au XVIe siècle :

1507, bulle de Jules II (Julien de la Rovère), pape de 1503 à 1513 ; 1515, donation ; mai 1517, confirmation par François Ier de l'autorisation de saint Louis permettant à l'abbaye d'acquérir sur le Domaine jusqu'à concurrence de 300 livres de rente ; septembre, 1519, confirmation de privilèges ; 1518, 1520, bulles, à 1674 ; 3 janvier 1521, bulle sur le culte d'Isabelle, ci-dessus ; 21 juin 1525, rapport au roi contre les aventuriers qui avaient rançonné l'abbaye ;

26 décembre 1528, donation par le roi de 23 livres sur le Domaine ; 24 mai 1531, vente à l'abbaye de 3 arpents de terre par Jeanne Tainturier, veuve de Pierre Taullé, et consorts ; 4 octobre 1538, lettres de sauvegarde ; 1540, biens où figurent Boulogne, Clichy la Garenne, etc. (Q¹ 1068) ;

19 octobre 1543, arrêt du parlement de Paris prescrivant une réforme de l'abbaye par le supérieur général des Franciscains ou Frères mineurs, ou par deux Franciscains, et un conseiller du roi ;

20 décembre 1544, ordre royal pour le payement par la recette

générale des finances de sommes dues à l'abbaye ; 27 janvier 1544 (1545), ordre royal à la chambre des Comptes pour informer sur les droits de l'abbaye aux bergeries et pâturages du bois de Boulogne ; septembre 1547, confirmation de privilèges ; 20 décembre 1547, lettres d'Henri II chargeant le grand maître des eaux et forêts de fixer la quantité du bois à livrer à l'abbaye ; 1548, acte où figure le *Val*, partie de Boulogne ; 26 juin 1548, confirmation par Henri II des lettres qui maintiennent les religieuses dans la jouissance de 217 arpents du bois de Boulogne (1270, 1320), de la coupe de 12 arpents de chauffage (1355), des droits de pacage et de pâturage dans le bois, cause de différends avec les habitants de Boulogne ; 4 janvier 1548 (1549), acte où figure le *Bout des Vignes*, de Boulogne ; 1550, donation en faveur de l'abbaye ; 1552, à 1674 ; 1559, actes où figurent le *Val* et les *Perruches* ou *Pierruches* ; 1560, arrêt qui soumet l'abbaye à la correction de l'évêque de Paris ; 1561, à 1674 ; mai 1562, confirmation de privilèges ; 27 mai 1563, lettres de sauvegarde ; 1565, bref, à 1674 ; 2 mars 1566, ordonnance contre les libertins qui insultaient l'abbaye ; 22 octobre 1567, lettres de sauvegarde ; 22 mars 1568, lettres de Charles IX ordonnant à des maîtres des requêtes de son hôtel de faire un rapport sur les propres et les usages des religieuses et des habitants relativement au bois de Boulogne ; arrêt d'août 1573, à 1674 ;

15 septembre 1573, convention, devant le notaire Yvert, entre Charlotte de la Chambre, abbesse de Longchamp, les religieuses Marguerite du Boy, Ysabeau de Charly et autres, réunies en chapitre à l'abbaye, et Pierre Puisson, sergent du bois de Boulogne, lequel reconnaîtra aux religieuses, le 23 septembre, une somme de 445 livres 16 sols 8 deniers sur ledit bois ;

Mme Acarie (Marie de l'Incarnation), née en 1565, morte au carmel de Pontoise en 1618, passe quelques années à Longchamp ; elle quitta l'abbaye deux ans après y avoir fait sa 1re communion ;

1580, 1583, à 1674 ; novembre 1581, confirmation de privilèges ;

10 mars 1584, bref de Grégoire XIII approbatif de la conduite prudente de Pierre de Gondi, évêque de Paris, futur cardinal, qui avait substitué l'église parisienne de St-Roch à l'église abbatiale de Longchamp, désignée par le pape comme station jubilaire ; 10 mai 1585, inutile entrevue d'Henri III et de l'abbesse, le roi ayant désiré réformer l'abbaye et transférer celle-ci au Val ; 24 juillet 1589, prise de l'abbaye par les royalistes ;

1590, siège de Paris par Henri IV, qui n'eut pas honte d'enlever du couvent Catherine de Verdun, âgée de 22 ans, à qui il donnera plus tard le prieuré St-Louis, de Vernon (Eure). Nicolas de Verdun, frère de Catherine, deviendra président du parlement de Paris et mourra en 1627. De la journée des Barricades (1588) à l'entrée du roi à Paris

(1594), l'abbaye eut à subir tous les maux de la guerre, et les religieuses durent se disperser à Paris et ailleurs ;

15 octobre 1592, lettres de sauvegarde ; 28 décembre 1592, charte d'Henri IV, autorisant l'abbaye à prendre dans le bois de Boulogne le bois de chauffage qui lui serait nécessaire ; 12 août 1593, lettres d'Henri IV accordant pour 6 ans à l'abbaye la coupe de 12 arpents de bois de chauffage dans la forêt de St-Germain en Laye ; 14 mars 1595, donation par le roi de 400 livres en échange d'une coupe de 12 arpents dans le bois de Boulogne (voir 1355) ; mars 1597, confirmation de privilèges ; 4 avril 1599, ordre de payer à l'abbaye 232 livres et 50 sous de rente.

Au XVIIe s., je citerai :
20 janvier 1602, lettres d'Henri IV accordant à l'abbaye une coupe de 8 arpents dans la forêt de St-Germain en Laye ; 1608, Denise de Costeblanche est trésorière de l'abbaye (est l'auteur d'une histoire de l'abbaye avec la nomenclature des abbesses) ;

Septembre 1610, lettres de Louis XIII accordant à l'abbaye 4 setiers de sel (setier de sel de Paris=208 litres) du grenier à sel de Paris, sans autre droit que le prix marchand, ce qui constituait le privilège de *franc-salé* (exemption de droit sur le sel). Louis XIV confirmera le privilège en octobre 1645 ;

Janvier 1611, confirmation de privilèges ; 7 décembre 1612, acte où figurent *Champuton* ou *Champoton* et les *Chaussières*, de Boulogne, dans les redevances de l'abbaye ; 7 mars 1616, acte où figurent les *Garennes*, et 7 mai 1616, acte où figure la *Garenne*, de Boulogne ; 1619, 1620, enquête sur la prétention de l'abbaye de se servir de l'eau de la fontaine du *Veau d'Or* à Suresnes (Q1 1067) ; 1621, donation à l'abbaye ; 12 juin 1621, acte où figure le port de Neuilly (Neuilly-sur-Seine), sur lequel l'abbaye avait des droits et où devait être bâti un pont ; sous Urbain VIII (1623-1648), fête d'Isabelle, ci-dessus ; sous Isabelle Mortier (1631-1648), les abbesses deviennent triennales (voir 10 mai 1629 à 1674) ;

4 juin 1637, non 1647, en vertu d'une autorisation du pape, le corps de la *bienheureuse Isabelle* est mis solennellement dans une châsse par Mgr Jean-François de Gondi, 1er archevêque de Paris, en présence de Mgr de Ventadour, de l'abbé du Saussay, curé de St-Leu, de Paris, et de divers ecclésiastiques, officiers de l'archevêque, des Franciscains du couvent, de la princesse de Condé, du jeune prince, son fils, de Mlle de Bourbon, sa fille, de la duchesse d'Aiguillon, de Mme de la Ville aux Clercs, de sa fille, de plusieurs dames, des religieuses de l'abbaye et d'une demoiselle paralytique, privée de l'usage de tous ses membres, venue à Longchamp par dévotion et portée à l'église pour l'ouverture du tombeau. Dès l'ouverture du tombeau

la paralytique obtint « aussy tost guérison et commança à marcher seule dans l'église, ce qui aporta grande estonnement à tout la compagnie et admiration au dict seigneur l'Archevesque et autres, et joyes au cœur de toute la comunauté. Aussy tost, l'on sonat toutes les cloches et chanta le *Te Deun laudamus* pour action de grâce d'un cy grand miracles ». Ce miracle, constaté par les divers témoins présents, est rapporté tout au long dans le carton LL. 1604 ;

1639, une châsse en vermeil est donnée pour la bienheureuse Isabelle (représentait la vie de la sainte Vierge, de saint Louis et d'Isabelle) ; 1644, à 1674 ; 1645, franc-salé, à septembre 1610 ; 1648 à 1653, troubles de la Fronde, qui ont leur contrecoup à Longchamp ;

1652, l'abbaye est visitée, dit-on, par saint Vincent de Paul. Ce saint prêtre, attristé des désordres de l'abbaye, n'aurait pu s'empêcher de les flétrir et de réclamer une prompte réforme, par une lettre latine au cardinal de la Rochefoucauld, non Mazarin, datée du 25 octobre 1652, où il était dit que « depuis 200 ans, le doux parfum du Christ, qui régnait dans cette maison, a fait place à l'indiscipline et à la corruption des mœurs ». L'abbé J. L. (J. Labouderie, d'après M. Cocheris) a publié en 1827 la lettre, avec une traduction et des notes. Le cardinal de la Rochefoucauld, réformateur des couvents, mourut en 1645 ; la lettre en question n'a donc pu lui être écrite en 1652 par le saint, qui d'ailleurs avait suffisamment de préoccupations avec ses propres œuvres sans prendre parti dans la réformation d'un autre couvent, et on peut supposer que la fameuse lettre est apocryphe, malgré la date de 1632 que plusieurs lui ont attribuée, en contradiction avec celle de 1652, indiquée par la majorité des auteurs ;

1655, actes où figurent : les *Graviers*, les *Pointes*, les *Chaussières* et (10 juin) les *Guérets*, de Boulogne ; 1ᵉʳ mars 1659, sentence rendue par les maîtres des requêtes du Palais, dans laquelle intervient l'abbaye : le chapitre de St-Germain l'Auxerrois fera appel de la sentence (S. 159) ;

Vers 1659, restauration de la chapelle d'Isabelle par l'abbesse Catherine de Bellièvre. L'église abbatiale, fort belle, possédait un élégant jubé, les chapelles de la Vierge, de la bienheureuse Isabelle, de St-Nicolas, etc. ; le cloître et le réfectoire étaient embellis de peintures « faites depuis quelques années par une Religieuse du lieu qui sçavait l'art de peindre », d'après Lebeuf (1754) ;

1662, le pape Alexandre X accorde à l'abbaye le corps de *saint Alexandre*, martyr des catacombes : de grandes fêtes auront lieu à ce sujet en 1663 ; 1667, tonlieu, à 1268 ;

13 avril 1668, l'abbesse Anne-Marie de Bragelonne fait obtenir à l'abbaye, pour 1666 et 1667, une somme de 2.400 livres, 1.200 livres par an, en remplacement des droits sur le bois de Boulogne « dont l'usage nous est sursis pendant x ans à partir de 1665 » (LL. 1604). Dès 1660, des difficultés avaient surgi relativement aux droits de

l'abbaye sur le bois de Boulogne. Par arrêt du 3 juin 1661, le roi avait donné gain de cause aux religieuses ; mais celles-ci, ne pouvant jouir de leurs droits, réclamèrent en 1662 contre la situation qui leur était faite. Par arrêt du 23 septembre 1665, l'abbaye perdit pour dix ans les droits de pâturage, de chauffage et autres dans le bois, lequel sera clos le 29 avril 1666. En compensation de ces droits, l'abbaye reçut 1.200 livres le 22 avril 1666, pour l'année 1665, et Anne-Marie de Bragelonne adressa au roi des mémoires justificatifs, que le « surintendant Collebert (Colbert) promit d'examiner avec soin » (LL. 1604). Les affaires traînèrent en longueur, et les 29 avril 1679, 1er octobre 1686 (non 1679, comme le dit Lebeuf), le roi accorda définitivement à l'abbaye une rente de 2.400 livres en compensation de ses droits sur le bois de Boulogne (voir le texte des lettres royales dans « Notes sur le bois, 1900 », par Barras, et la collection K) ;

11 juillet 1665, mars 1668, 1670, 1671, à 1674 ; 6 juin 1668, obtention par l'abbaye de la fête des *saintes Plaies* de Jésus-Christ, faveur accordée par le cardinal de Vendôme, cardinal de *Ste-Marie in Porticu*, légat ; 1668, état des biens de l'abbaye (Q1 1072) ; 1670, l'abbesse Claude-Isabelle de Mailly succède à Claudine de Bellièvre (elle obtiendra du pape Clément X une octave pour la fête d'Isabelle de France) ;

18 décembre 1674, arrêt, lequel prescrivit à l'abbaye la production d'un inventaire de ses titres et des actes autorisant les religieuses à nommer elles-mêmes leurs abbesses. En exécution de cet arrêt, les « religieuses de Longchamps, ordre de Saint-François, dites Urbanistes », envoyèrent au roi un long mémoire, sans date (doit être de 1675), que j'ai trouvé à la Bibliothèque Mazarine (3318 E, n° 49). C'est un résumé historique qui établit nettement les droits d'élection des abbesses tiennales par les religieuses, basés sur les actes suivants : la règle possédée par l'abbaye depuis 1261, confirmée par la bulle d'Urbain IV du 6 des calendes d'août 1263 (27 juillet 1263), modifiée par la bulle d'Eugène IV du 5 février 1447, la 16e année de son pontificat ; les bulles de Léon X de 1518 et de 1520 sur l'élection des abbesses ; l'ordonnance de Charles IX de 1560 (1561) sur la triennalité des abbesses, qu'Henri II avait voulu supprimer le 19 août 1552 (Nicolas V, pape de 1447 à 1455, avait ordonné cette triennalité) ; le bref de Pie IV du 17 septembre 1565, pour les élections triennales, confirmé par la bulle de Grégoire XIII du 1er janvier 1583 ; l'arrêt du Conseil d'août 1573, refusant au roi le droit de nomination ; la lettre du roi du 20 mars 1580, revendiquant ce droit (sur remontrances, il excepta les Urbanistes, dont faisaient partie les religieuses de Longchamp) ; le statut du chapitre provincial des Frères mineurs tenu le 10 mai 1629 à St-Quentin, établissant la triennalité des abbesses pour les religieuses de Ste-Claire (à Longchamp, Is. Mortier sera la 1re abbesse triennale), ce qui fut imposé aux Urbanistes le 30 avril 1644 ;

la bulle d'Alexandre VII du 11 juillet 1665, sur les Urbanistes de Reims (ne parla pas de celles de Longchamp), confirmée par l'indult de Clément IX du 23 mars 1668, non contredite par les lettres patentes de 1670 et du 8 décembre 1671. Le mémoire fait remarquer que jusqu'à l'abbesse en fonctions, Catherine-Marie Dorat, les religieuses ont nommé leurs abbesses; que la veille de saint Jean-Baptiste 1260, le roi saint Louis installa les Sœurs à Longchamp, dont Isabelle de Venise, dite de *Reims*, parce qu'elle avait été tirée du monastère de Reims, dirigea une année la communauté sans être abbesse ; que depuis la 1re abbesse, *Danery*, élue en 1261, jusqu'à Catherine Brûlart, sœur du conseiller Nicolas Brûlart, élue à la Sainte-Cécile (22 novembre) 1608, il y eut 35 abbesses, d'après « la Vie de sainte Isabelle par Roüillart » (ce doit être l'érudit *Roulliard*, mort en 1639 ; Catherine Brûlart fut élue en 1607, non 1608, et il y eut 36 abbesses, en comptant Jeanne de Mailly, 1532 : voir ma liste); que l'abbesse Is. Mortier, qui, la 1re, acquit le triennat, fut abbesse 17 ans en 6 élections différentes ; qu'Anne de Bragelonne fut 3 ans abbesse ; que Catherine-Marie Dorat était en fonctions (abbesse de 1673 à 1676), de sorte que, depuis le concordat de 1516, il y avait eu 19 abbesses (20 avec J. de Mailly). Le mémoire est signé « Messieurs l'Archevêque de Paris, Boucherat, Colbert, de Fieubet, commissaires ; d'Heulland, avocat » ;

1677, 1678, dîmes, à 1768; 18 mars 1679, arrêt du Conseil sur la suppression des droits de l'abbaye sur le bois; 29 avril 1679, arrêt, à 1668 ; 2 avril 1683, acte où figure la *Grosse-Pierre*, de Boulogne ; 25 septembre 1686, aveu (déclaration) où figure le fief de Longchamp ; 1er octobre 1686 lettres, à 1668; 15 septembre 1691, rentes (Q1 1073) ; sous Innocent XII (1691-1700), extension de la fête d'Isabelle, ci-dessus ; décembre 1691, 18 mars, 19 juillet et 2 septembre 1692, arrêts du conseil d'Etat en exécution desquels l'abbaye fera des déclarations de ses biens, notamment en 1695 ; 1696, échange de terrains entre les abbayes de Longchamp et de Montmartre, avec arpentage pour notre commune ; 1692, 1698, dîmes, à 1768.

Au XVIIe s., les habitués d'Auteuil, et en particulier, Molière, la Fontaine, l'épicurien Chapelle, les artistes Béjart et de Champmeslé vinrent à l'abbaye entendre la troupe de Lulli.

Le XVIIIe s., qui verra la ruine de l'abbaye, présente les faits historiques suivants :

En 1701, un bail fut consenti par l'abbaye au fermier Descoins (Q1 1071), et sous l'abbesse Guignard (1700-1703), le pape Clément XI accorda au monastère le privilège et les indulgences de la *Scala santa* (*escalier saint*, escalier gravi par Jésus à Jérusalem pendant sa Passion, et conservé à Rome).

En 1704-1705, le Roi-Soleil, mis au courant de l'état du monastère et des rivalités suscitées par les élections des abbesses, envoya deux lettres comminatoires au P. Bécard. Voici la première :

« Versailles, 10 février 1704.

« Je n'ay peu (pu) aprendre sans surprise les brigues et les cabales qui se font dans l'abbaye de Longchamp, au sujet de l'eslection d'une abbesse, et comme je suis informé que les Sœurs Nolette et Le Mazier sont celles dont le choix paroist mettre la communauté en division, j'ai cru qu'il convenoit mieux, pour le bien de la paix, de les en exclure, y ayant d'ailleurs plusieurs filles de mérite et de vertu qui peuvent remplir la place d'abbesse. »

La 2e, de 1705, ordre d'éloignement d'une religieuse, porte :

« S. M. (Sa Majesté), estant informée que quelques religieuses du couvent de Longchamp n'y tiennent pas une conduitte conforme à leur estat, et que les supérieures ont peine à y remédier par leur authorité, en sorte qu'il est nécessaire d'en esloigner quelques-unes, S. M. enjoint à la Sœur Angélique de Longueil, religieuse de la dite abbaye, de se rendre incessamment, et suivant l'obédience qui luy en sera donnée par ses supérieurs, au couvent de la Ferté-Milon, enjoignant S. M. à la supérieure dud. (dudit) couvent de l'y recevoir jusqu'à nouvel ordre, moyennant la pension qui y sera payée par l'abbaye de Longchamp. »

Sous Louis XV, roi de 1715 à 1774, les pèlerinages des jours saints à Longchamp furent très suivis ; mais les scandales provoqués par certaines personnes engagèrent les autorités civile et ecclésiastique à édicter des mesures de rigueur afin d'en éviter le retour.

Voir 1723, 1731, dimes, à 1768. Dans un acte de 1723 est le *Bout des Vignes*, de Boulogne.

En 1727 entra à Longchamp Mlle Le Maure, Lemaure, chanteuse, qui quitta plusieurs fois le théâtre et resta 3 ans à l'abbaye : comme bien on pense, il n'en fallut pas davantage pour amener aux offices de l'abbaye les habitués de l'Opéra et les curieux, charmés d'entendre les chants de Mlle Le Maure et de Mlle Le Fel, Lefel, non moins connue. D'où protestations à l'Archevêché.

En 1736, on trouve une requête des petites Cordelières de la rue de Grenelle, à Paris, contre les religieuses de Longchamp, au sujet de la pension d'une petite Cordelière à Longchamp : je la résumerai d'après le volume 3.318 E., n° 50, de la Bibliothèque Mazarine. Un vent de révolte contre l'abbesse avait soufflé dans le couvent des petites Cordelières de Paris. Afin d'y ramener un peu d'ordre, le roi prescrivit, le 23 février 1719, le transfert dans d'autres monastères des Sœurs rebelles, en leur assignant une rente convenable. En exécution de l'ordonnance du 1er mars 1719, la Sœur Magdelaine de Palluau, petite Cordelière, dut se renfermer dans l'abbaye de Longchamp avec une rente alimentaire de 250 livres par an. Les religieuses de Longchamp, après avoir accepté 250 livres pendant 16 ans, s'avisèrent de réclamer 300 livres, en s'appuyant sur le contrat dotal de la Sœur, du 5 juillet 1711, et demandèrent 5.100 livres pour 17 ans. Un arrêt du conseil d'Etat intervint le 23 juillet 1735 et le roi ordonna de juger l'affaire en dernier ressort devant le bureau ecclésiastique : la demande de Longchamp fut rejetée, et on reprocha à l'abbaye de faire parler les morts « qui ne sçauroient répondre ». A la fin du rapport, on lit : « Bureau ecclésiastique de l'abbé Bignon ; de la Briffe de Ferrières, maître des requêtes, rapporteur ; Mariot, avocat ».

En 1740, l'abbaye loua divers biens (Q1 1074). Voir 1741, dîmes, à 1768.

En 1742 un temps superbe favorisa l'affluence à Longchamp pendant la semaine sainte, d'après l'avocat Barbier dans son « Journal historique et anecdotique du règne de Louis XV ».

Voir 1745, 1749, dîmes, à 1768.

Mgr Christophe de Beaumont devint archevêque de Paris en 1746 : il gouvernera le diocèse jusqu'en 1781. Emu des protestations du clergé et des fidèles, dont j'ai parlé ci-dessus, il interdit à l'abbaye la musique dans la semaine sainte et fit fermer au public les portes du couvent. Malheureusement, ces mesures n'aboutirent à aucun résultat appréciable, car le peuple vint à Longchamp comme par le passé et, ne pouvant pénétrer dans l'église abbatiale, se répandit dans les cabarets voisins.

Par décret archiépiscopal du 4 juin 1749, approuvé par lettres royales de juillet 1749, enregistré le 8 avril 1750 (S. 4.418), Mgr Christophe de Beaumont décida la suppression du couvent des *petites Cordelières* ou *Filles de la Nativité*. A la suite de cette suppression, le 9 septembre 1766, les religieuses, qui suivaient la règle des Urbanistes, et leurs biens, passèrent au couvent des « Cordelières » de Longchamp et à celui du faubourg St-Marcel, de Paris, de sorte que l'abbaye de Longchamp accrut encore ses revenus, lesquels, dans la déclaration de février 1767 (Q1 1075), atteignirent la somme de 11.163 livres 4 sous 4 deniers, en dehors des droits de tonlieu et de franc-salé et de l'estimation non faite des 240 arpents de la forêt de Carnelle (1330).

Voir 1751, dîmes, à 1768.

En 1754, Mme Vve Claude Cochery, pour les biens possédés par son défunt mari à Suresnes, grevés d'une rente au profit de l'abbaye de Longchamp, signa un titre nouvel en règle.

La même année 1754, il y eut en avril un luxe inaccoutumé de carrosses et de toilettes dans l'allée de Longchamp : de même jusqu'en 1760.

Dans un acte de 1764 figure la *Longuignolle*, de Boulogne.

Aux promenades de Longchamp, des personnes plus ou moins

excentriques se firent, remarquer en 1768 et surtout en avril 1771 (deux équipages dorés).

Voir 1759, dîmes à 1768 ; 1767, déclaration, ci-dessus.

A la suite de l'édit de 1768, le chapitre de N.-D. de Paris, auquel avait été réuni celui de St-Germain l'Auxerrois, abandonna aux curés d'Auteuil et de Boulogne les dimes dues par l'abbaye de Longchamp : le décret archiépiscopal de Mgr de Vintimille du Luc, du 18 juillet 1740, confirmé par lettres patentes de Louis XV du 12 août 1744, avait réuni les deux chapitres. Le carton S. 160, ancien L. 455, contient des baux à ferme de 9 années et de 9 dépouilles entières (il y en a un de 6 ans) pour les dîmes de Longchamp dues au chapitre de St-Germain l'Auxerrois ; les dîmes sont mentionnées dès 1270 (S. 159), et l'abbaye fut condamnée à les payer par sentences des 2 janvier 1677 et 7 septembre 1677 ; mais une transaction ayant été signée entre les deux parties le 25 mai 1678, une nouvelle sentence annula la transaction le 5 mai 1723 et maintint les condamnations précédentes (S. 159, 160). Voici les baux que j'ai relevés (S. 160) pour les dîmes de Longchamp : 1692, Jacques Langot, laboureur à Boulogne ; 4 mai 1698, Germain Yvet (Hivet) et Martin Cherfix, vignerons à Boulogne ; 12 juin 1723, 8 juin 1731, Laurent Jean, sa femme Louise Taboureur, Martin Chéron et sa femme Marie Taboureur ; 7 avril 1741, Honoré Houasse, officier ; 21 juin 1745 (6 ans), Perrette Gromette, veuve de Louis de Villiers, boulanger à Auteuil, Pierre de Villiers jeune et sa femme Françoise Le Comte ; 1er décembre 1749, Marie-Marguerite Ollivier, veuve de l'officier Honoré Houasse, demeurant dans la ferme de Longchamp ; 6 décembre 1751, Pierre de Villiers l'aîné, vigneron, et sa femme Marguerite Saintard, à Auteuil ; 25 mai 1759, Marie Béguin, veuve de Toussaint Beaussire, demeurant dans la ferme de Longchamp, appartenant à l'abbaye.

En 1772, l'abbaye vendit des terrains à Paris pour l'église Ste-Geneviève (Panthéon).

En 1776, on essaya vainement la fermeture des portes du bois afin d'éviter des scandales ; en 1777 et le 25 mars 1780, les promenades de Longchamp éclipsèrent les précédentes.

En 1780, on trouve (Q1 1074) un procès-verbal de visite des terres dépendant de Longchamp.

Parmi les fastueuses promenades du bois, — célébrées en 1785, 1788, dans les poèmes sous le titre de *Longchamp*, — il faut citer celle de 1785, où un Anglais se prélassa à Longchamp dans un carrosse d'argent, aux roues étincelantes de pierres précieuses, traîné par des chevaux ferrés d'argent, des laquais ayant des livrées cousues d'argent. Les promenades de 1786 à 1788 furent aussi très célèbres.

Arriva 1789, et avec la Révolution, tout l'ordre social et religieux fut bouleversé. L'abbaye dut faire une déclaration complète de ses biens et de ses dettes. En vertu d'une procuration du 27 février 1790, la déclaration, faite le 4 mars 1790, par François-Christophe Etere, commis de la régie des biens des ordres réguliers, accusa : revenus annuels, 27.204 livres 9 sols 11 deniers; charges annuelles, 6.025 livres 14 sols 7 deniers ; excédent de revenus, 21.178 livres 15 sols 4 deniers ; recouvrements à opérer, 65.184 livres ; dettes, 174.713 livres 12 sols 6 deniers. Deux inventaires suivirent la déclaration : un provisoire, du 7 juin 1790, signé par l'abbesse Jouy, les Sœurs (à cette époque, il n'y avait que 21 sœurs, 14 de chœur, 7 converses), le maire Bouzenot et les officiers municipaux de Boulogne ; le 2ᵉ, des 17-18 septembre 1792, par Claude Maillet, vice-président du directoire du district de St-Denis, dont dépendait l'abbaye au point de vue politique, signé par l'abbesse Jouy, les Sœurs et le maire Vauthier (S. 4418).

A la suite de l'inventaire de 1792, on s'empara du cuivre, pesé 2264 marcs (le marc = 8 onces = 64 gros = 244 gr. 752.923), de l'argenterie, pesée 358 marcs, de 2 pièces d'or, pesées 2 marcs 3 onces et 1 gros, et le tout quitta Longchamp dans une voiture préparée *ad hoc*. Les religieuses, qui devaient abandonner l'abbaye le 10 octobre 1792, conservèrent provisoirement un calice, une patène, 2 burettes et un plat d'argent, pesés 8 marcs, et la batterie de cuisine. Quant au mobilier, le jardinier Nicolas Noguette fut préposé à sa garde.

Le 22 octobre 1792, le maire Vauthier livra les objets du culte; le 22 novembre 1792, il fit de même pour les vêtements d'église ; enfin, le 7 février 1793, il livra tout le reste.

L'abbaye fut mise en vente en 1792 ; mais on ne vendit que les terrains de la ferme de Longchamp (184.600 livres, 13 avril 1792), et l'abbaye fut ensuite démolie. Sans respect pour les morts, les révolutionnaires jetèrent au vent les cendres de la fondatrice *Isabelle*, de la reine *Jeanne de Bourgogne*, de *Jeanne de Navarre*, du comte *Jean II de Dreux*, etc. Voir les pierres tombales à la rue des Menus, ci-dessus.

Quelques années après, les élégants de la *Jeunesse dorée* substituèrent au pèlerinage de Longchamp la célèbre promenade du même nom (1796-1797), que renouvelèrent les *Incroyables* de l'an VIII (1800), les hommes du Consulat (11 germinal an IX, 1ᵉʳ avril 1801), de l'Empire (12 avril 1811 surtout) et de la Restauration (9 avril 1819), et qui a été continuée depuis avec assaut d'équipages et de toilettes.

De l'abbaye, il resta jusqu'en 1853 la grange du XIIIᵉ siècle et le *moulin de Longchamp*, tour en pierre, à murs épais de 1 m. 20 à la base. Aujourd'hui, le moulin de Longchamp, qui était à peu de distance de l'abbaye, a été complètement transformé ; deux tourelles de l'abbaye et le pignon de la grange sont dans l'enceinte de la *villa-château de Longchamp*, en face de l'Hippodrome, lequel est sur l'emplacement de l'abbaye. On a déposé au musée de Cluny, à Paris, sous les n°⁸ 2687-2688, deux anciennes bornes de l'abbaye, aux armes des abbesses, trouvées sur la route de Suresnes.

Après la tourmente révolutionnaire, les religieuses survivantes de l'abbaye de Longchamp et leur dernière abbesse se réunirent aux Carmélites de la rue Cassini, à Paris (la rue Cassini fait aujourd'hui partie du XIVᵉ arrondissement), et sont mentionnées au procès-verbal des reliques de saint Louis et de la bienheureuse Isabelle de France, données à l'église de St-Louis en l'Ile et dont voici le texte officiel, que M. l'abbé Delaage, curé de l'église, a eu l'amabilité de me communiquer en 1903 (y remarquer l'orthographe variable et le style spécial, un pluriel là où la phrase exige le singulier, parce que des mots ont dû être omis ; aucune date n'existe sur la pièce) :

« J. M. J.

« Nous, Soussignées, ancienne professe des Carmélites de St-Denis en France, actuellement prieure des Carmélites de St-Denis établie rue de Cassini à Paris, certifions que les Reliques de St Louis et de sainte Ysabelle *(Isabelle* n'est que bienheureuse), actuellement honorée en l'église de St-Louis en l'Ile, proviennent du Couvent de l'abbaye de Longchamp. Elles ont été conservé par Madame l'abbesse pendant la Révolution, et ne sont pas sorties de leurs mains jusqu'à l'époque où elles les ont Remise à M. Corroler, curé de St-Louis en lille, qui nous les a confié pour les orné et mettre dans la Chasse (châsse) ou Elle sont. Duquel on a dressé procès-verval, que nous avons signé avec Monsieur le Curé et M. l'abbé de la Rue et Monsieur Drouchard, ses deux vicaires, ainsi que Madame l'abbesse et ma compagne. Carmélites. En foy de quoi, nous avons signé ce présent Certificat à paris dans notre monastère de St-Raphaël, prieure des Carmélites rue Cassini ».

« Sœur Thérèse-Isabelle des Anges,
religieuse Carmélite ind. (indigne) ».

L'*abbé Jacques-Robert-Corentin Coroller* (et non Corroler), curé de St-Louis en l'Ile sous la Révolution et après le Concordat de 1801, mourut le 8 mai 1821 à 87 ans, d'après son acte de décès que j'ai trouvé aux *Archives départementales*.

L'église de *St-Louis en l'Ile*, non loin de la cathédrale, dans la rue St-Louis en l'Ile, sur le IVᵉ arrondissement, n'a rien de remarquable à l'extérieur. Elle est très belle à l'intérieur et ne possède pas seulement de précieuses reliques, mais encore de riches étoffes de l'abbaye de Longchamp, qui sont parvenues en sa possession dans les circonstances suivantes:

En 1847, l'abbé Bossuet, vicaire à N.-D. de Lorette, de Paris, possédait une maison dans le bois de Boulogne à l'endroit où est aujourd'hui la *grande Cascade*. S'étant mis assez facilement en relations avec un vieux jardinier de l'abbaye de Longchamp, il fut un jour appelé près de ce dernier pour lui apporter les secours de la religion, et ses regards se portèrent sur les bandes d'étoffes, magnifiquement brodées, qui servaient de bourrelets à la porte et à la fenêtre de l'humble demeure du malade. L'abbé Bossuet étala ces bandes sur une table et n'eut pas de peine à se convaincre qu'elles appartenaient à des vêtements sacerdotaux. Questionné, le vieillard déclara les avoir recueillies au moment de la destruction de l'abbaye, et consentit à les céder à son visiteur : les uns ont dit que les vêtements sacerdotaux avaient été donnés par saint Louis à sa sœur (XIIIe s.) ; d'autres, qu'Isabelle de France les avait elle-même brodés ; il y a cependant lieu de croire qu'ils ne sont que du XVe ou du XVIe siècle.

L'abbé Bossuet conserva soigneusement son trésor jusqu'à sa nomination à la cure de St-Louis en l'Ile. Il confia alors la réparation des étoffes à la manufacture des Gobelins et les fit appliquer sur les beaux vêtements sacerdotaux de l'église, chapes, dalmatiques, chasubles, étoles, que le clergé ne revêt qu'aux jours de la fête de saint Louis, et que chaque année, pendant 3 jours pour la St-Louis (saint Louis est fêté le 25 août), on expose dans la chapelle du St-Sacrement ou de la Communion, fondée en 1724 par le lieutenant de police Voyer d'Argenson.

Le curé Bossuet est mort en 1888.

En 1903, une statue de la bienheureuse *Isabelle de France* a été donnée à l'église de Boulogne par Mme la comtesse *d'Eu* : voir à 1903 plus loin.

Les papiers et les archives de l'abbaye devinrent en 1792 la propriété du district de St-Denis et passèrent plus tard aux *Archives nationales*, pour être répartis dans les différentes sections : c'est aux *Archives* que j'ai naturellement trouvé les renseignements les plus variés sur la célèbre abbaye. Les comptes et les inventaires, si intéressants à consulter, même au point de vue biographique, sont dans le carton L. 1027 ; mais il y manque les deux derniers registres de comptes, que j'ai consultés aux *Archives départementales*.

Dans son *Mémorandum* ou « Guide nécessaire à ceux qui voudront écrire les monographies des communes de la Seine », M. Mentienne a confondu la ferme de l'abbaye de Longchamp, du bois de Boulogne, avec la ferme de Sonchamp (Seine-et-Oise, canton de Dourdan), qu'il met sur Boulogne-sur-Seine et comme propriété des Augustins déchaussés de la place des Victoires, à Paris, dits aussi *Petits-Pères*. En recourant aux sources indiquées par M. Mentienne, les cartons S. 3.645 et 3.646 (*Archives nationales*), et en dépouillant les liasses de ces cartons, je me suis vite convaincu que les titres y renfermés, des

Augustins déchaussés, font connaître en détail la ferme de *Sonchamp* (S. 3.645), de *Sonchamp* ou *Sonchamps* (S. 3.646): dans ce dernier carton, 46 pièces concernent ladite ferme et vont de l'année 1585 à 1729.

En dehors des importants documents conservés aux *Archives nationales* et aux *Archives départementales*, on peut encore, pour l'abbaye de Longchamp, se reporter à *Du Breul*, à *Lebeuf* (tome III) et au *Gallia Christiana* (tome VII), savant ouvrage historique (latin) sur la *Gaule chrétienne*, en 16 in-folio, commencé par Denis de Ste-Marthe et les Bénédictins (13 volumes, 1715-1785) et continué par Hauréau (3 volumes, 1856-1865): le chanoine d'Albanès a publié en 1899 le 1er volume d'une nouvelle édition du *Gallia Christiana*, avec le titre de *Galliana christiana novissima*.

CHAPITRE II

*Origine du pèlerinage de Boulogne-sur-Mer (633). Histoire de Boulogne-sur-Seine, de 1308, 1309 à 1330. Fondation de l'**Église** et de la **Confrérie** de Notre-Dame de Boulogne-sur-Seine (1319-1320). Bénédiction de l'**église** et son érection en **paroisse** (1330).*

Avant d'aborder l'année 1319, 1320, époque décisive dans notre histoire, puisque c'est la date de la fondation de l'*église* (sera bénite en 1330, consacrée en 1469), il n'est pas sans intérêt de résumer ici en peu de mots l'origine du pèlerinage qui a donné naissance au nôtre :

Depuis longtemps déjà, les habitants de Boulogne-sur-Mer honoraient d'un culte spécial la Mère de Dieu lorsqu'en 633, à l'arrivée dans le port d'un bateau sans voiles et sans matelots, la Sainte Vierge apparut dans une chapelle de la ville haute, pour annoncer aux fidèles la présence de son image dans le bateau et demander le transport de cette image en ce lieu, où devrait s'ériger une nouvelle église en son honneur. Les pieux Boulonnais, dociles à la voix de la céleste Messagère, descendirent en toute hâte à la mer, trouvèrent dans le bateau une image en bois, très bien sculptée, de la *Vierge Mère*, tenant le divin Enfant sur le bras gauche, et se mirent immédiatement à l'œuvre pour construire l'église demandée. Ce 1er monument céda la place à plusieurs autres, et, en dernier lieu, à la basilique actuelle, élevée par les soins du curé Haffreingue († 1871) et où les grands pèlerinages ont repris depuis 1857 : la statue qu'on y vénère, couronnée en 1885, remplace celle qui a été brûlée sous la Révolution et dont on a sauvé peu de chose (voir: 1° la relique à l'inscription de 1745 ; 2° le don fait à notre église à 1856).

L'origine du pèlerinage de Boulogne-sur-Mer a été retracée en lettres gothiques sur de vieilles tapisseries et dans les quatre vers suivants, longtemps au frontispice de la porte de l'ancienne cathédrale de la ville :

> Comme la Vierge de Boulogne arriva,
> Dans un bateau que la mer apporta,
> En l'an de grâce, ainsi que l'on comptoit,
> Pour lors, au vray, six cens et trente-trois.

Malgré ces données, des auteurs ont mis 636 au lieu de 633. On trompe parfois *esquif* pour *bateau : bateau* est dans Le Roy (p. 17).

Louis XI, protecteur des pèlerinages, par lettres patentes d'Hesdin (Pas-de-Calais), d'avril 1478, après Pâques, reconnut la Vierge de Boulogne comme souveraine de la ville ; il s'en déclara le vassal et lui offrit un cœur en or du poids de 13 marcs (1 marc = 244 gr. 752.923 ; poids = 3.181 gr. 788), exemple que devaient suivre ses successeurs jusqu'à Louis XV inclusivement.

Je tiens à rappeler ici que, sur la porte des Dunes de Boulogne-sur-Mer, le peuple fit mettre en 1231 les mots « Patrona nostra singularis, ora pro nobis », dont je reparlerai au chapitre XVII.

Le nouveau pèlerinage attira les foules, et les Parisiens avaient coutume de s'y rendre chaque année : c'est après le voyage de Philippe le Bel que des bourgeois de Paris seront les promoteurs du pèlerinage de Boulogne-sur-Seine.

Antérieurement au voyage de Philippe le Bel, il y a lieu de mentionner ici les lettres du même roi de 1293, parce qu'on y voit la forêt de Rouvray, voisine de Neuilly, vers les Sablons (quartier actuel du Roule) : ...« Novem arpenta terrae sita inter Rotulum et nemus de Rovreto », neuf arpents de terre situés entre le Roule et la forêt de Rouvret. Le bois de Boulogne s'arrête aujourd'hui à la porte des Sablons, à Neuilly.

En janvier 1308 (1309), non 1299, Philippe IV le Bel, roi de France de 1285 à 1314, accompagné de ses trois fils Louis (Louis X), Philippe (Philippe V), Charles (Charles IV) et de son neveu Philippe de Valois (Philippe VI), se rendit à Boulogne-sur-Mer pour le mariage de sa fille Isabelle de France avec le roi Edouard II d'Angleterre, qui se célébra à l'église Notre-Dame, où le roi de France vit la statue vénérée depuis 633 : commencées le 22 janvier 1308 (1309), les fêtes du mariage durèrent six jours (Le Roy, page 54) en présence de quatre rois, de trois reines, de quatorze fils de rois ou princes français. Philippe le Bel donna à l'église un beau reliquaire en vermeil doré et augmenta ses revenus (Le Roy, p. 55).

Après le mariage, Philippe IV ordonna à Girard ou Gérard de la Croix, scelleur ou garde du sceau, des sceaux du Châtelet de Paris, de chercher dans la forêt de Rouvray, à côté des Menus-près-St-Cloud, Menus de St-Cloud, non loin de l'abbaye de Longchamp, sur la grande route royale de la Picardie à l'Orléanais et à côté du chemin de St-Cloud (Grande-Rue), un terrain propice à la construction d'une église dédiée à *Notre-Dame*, d'après le modèle de celle de Boulogne-sur-Mer.

Le village des *Menus* (voir après 1236) parut aux fondateurs de l'église « un endroit fort commode et fort propre pour estre le terme d'un Pèlerinage racourcy. la situation leur en plut mesme assez, en ce sens que la Seine, sur le bord de laquelle il est situé, leur représentoit, comme en petit, ce bras de l'Océan qui arrose le rivage de l'ancienne Boulogne, où ils avoient esté tant de fois révérer l'Image de l'illustre Patrone de ce lieu » (Le Roy, p. 46).

Philippe le Bel mourut en 1314 avant d'avoir pu réaliser son désir. Il avait assigné des rentes à des particuliers sur la Poissonnerie des Halles de Paris, avec le droit de les percevoir sur des maisons de Paris, acquises par le roi pour la construction et l'agrandissement de son palais : chartes de janvier 1312 (1313), janvier 1313 (1314). Louis X en fit autant par sa charte de mai 1315. Ces rentes, comme celle de 1326, plus loin, dépendirent des fiefs et aumônes, pour être données à la Fabrique en vertu d'une ordonnance des Trésoriers de France du 28 juin 1668 ; mais à partir de 1705, une partie contestée ne fut plus payée.

Voir à 1134 le registre du Parlement de 1316.

Louis X le Hutin régna de 1314 à 1316 et n'eut pas le temps de s'occuper de la nouvelle église. Cet honneur était réservé à son frère et successeur, Philippe V le Long, roi de 1316 à 1322, sous lequel on vit s'élever *N.-D. de Boulogne-sur-Seine*, au hameau des *Menus*, où il n'y avait alors que 48 feux ou maisons (voir à 1702) et 1400 habitants, groupés autour de la petite chapelle *Ste-Gemme, Ste-Jemme*. Cette dernière, reconstruite dans la suite, portera une image de *Notre-Dame* et figurera dans des actes de 1428, de 1455 (1456), de 1562, et dans les déclarations de 1757 et 1763 avec la mention qu'elle était sur une partie de l'emplacement des 5 arpents de 1320 et qu'elle n'avait ni titre, ni revenu ; mais à la Révolution, elle était transformée en maison d'habitation.

Gérard, Girard de la Croix, son frère Jean et des bourgeois de Paris, pèlerins et membres de la confrérie de Boulogne-sur-Mer, dans une requête au roi, insistèrent sur l'utilité de la réalisation du pieux dessein de son père Philippe le bel et de son frère Louis le Hutin, pour faciliter aux Parisiens le pèlerinage annuel de *Notre-Dame*, qu'ils étaient souvent forcés d'interrompre à cause des guerres ou de leurs affaires personnelles, celles-ci les empêchant de renouveler un voyage aussi long, aussi coûteux que celui de Boulogne-sur-Mer.

Philippe V, qui avait connu les intentions de son père et de son frère, était lui-même très attaché au culte de la Vierge Marie ; aussi s'empressa-t-il d'accorder l'autorisation de construire une église au lieu choisi par les requérants, sur 5 arpents de terrain offerts par Gérard et Jean de la Croix, mais qui dépendaient de l'abbaye suzeraine de Montmartre. D'après une légende, les fondateurs de l'église, montés sur des sables de la forêt, auraient lancé une boule en disant que là ou elle s'arrêterait, Dieu voudrait que l'église fût élevée, et le terrain choisi aurait été celui de l'arrêt de la boule.

Sans attendre l'autorisation abbatiale, Philippe V posa la 1re pierre de l'église le 2 février 1319 (1320), jour de la Purification, en présence de son frère Charles (Charles IV), de son cousin Philippe de Valois (Philippe VI), de la Cour, des seigneurs et du peuple; les trois truelles à manche d'argent, ornées de fleurs de lis, dont se servirent les princes à cette occasion, furent conservées dans le trésor de l'église (deux seulement sont relatées ci-après à 1783). Voir à l'inscription de 1745 et à 1793 pour la statue miraculeuse.

Voici la charte authentique et complète de la *fondation de notre église* (voir K. 40, n° 31), telle qu'elle se trouve dans les archives fabriciennes: elle est en latin gothique, sur parchemin du XIVe siècle. Je reproduis le texte même, mais en lettres modernes et sans les abréviations (*Ph* pour *Philippus*, *grâ* pour *gratiâ*, *Franc* pour *Francorum*), et je l'accompagne d'une traduction ancienne, que j'ai vérifiée, complétée et expliquée (*Philippe* s'écrivait autrefois *Philippes*):

« PHILIPPUS, Dei gratiâ, Francorum et Navarrae Rex. Notum facimus, facimus universis, praesentibus et futuris. Rex gloriae et virtutum Dominus, Jesus Christus, cui à Patre data est omnis potestas in coelo et in terrâ, coelestia pariter et terrena salubri moderamine dirigens, ac perpetuâ ratione gubernans supernae potenciae (potentiae), quâ, tan-

« PHILIPPES, par la grâce de de Dieu, roy de France et de Navarre. Signifions à tous, présens et à venir. Le Roy de gloire, Seigneur des Vertus, Jésus-Christ, à qui le Père a donné toute puissance dans le ciel et dans la terre, conduisant salutairement les causes coelestes et terrestres, et les gouvernant avec la ppétuelle (perpétuelle) raison de sa suprême

quam Dei virtus et sapientia, suaviter universa disponit, suae ineffabilis ut ostenderet opera pietatis et clemenciae, de salute humani generis curam gerens sollicitam, discipulos suos misit per varia mundi loca docentes invicem caritatem fraternitatis diligi, et in benevolae fraternitatis amore persistere: quâ doctrinâ ducimur et movemur subditis nostris annuere, ut convenientes in unum unanimes sint in fide, ac vacantes orationibus amatores efficiantur fraternitatis mutuae, per quam Dei misericordiam consequi mereantur. Nos itaque, dilectis Civibus nostris Parisiensibus et aliis, qui devotè mentis aciem, causâ Peregrinationis aut aliàs, ad Ecclesiam Gloriosissimae Virginis Mariae de Boloniâ supra mare dirigentes, ob Dei laudem ac ipsius Virginis Gloriosae honorem, quandam Ecclesiam in Villâ de Menus, propè Sanctum Clodoaldum, construi facere, et ibidem instituere et disponere Confratriam inter ipsos proponunt, per praesentes concedimus, quantùm ad nos pertinet, ut ipsi dictam Ecclesiam fundare in Villâ eâdem, et Confratriam ibidem instituere ; et cum habuerint super aliquibus, quae suarum salutem animarum prospexerint, agere vel tractare, ob reverentiam praedictae Gloriosae Virginis, in dictâ Villâ, aut in loco alio Parisiensi, convenire possint, ut Confratres ipsi sibi subvenire studeant auxiliis opportunis, et sic ex bonis operibus caritatis fraternae splen-

puissance, par laquelle, comme la Vertu et Sagesse de Dieu, il conduit doucement tout l'univers, affin de monstrer les œuvres de son ineffable piété et clémence, ayant grand soin du salut du genre humain, a envoyé ses dissiples en diverses parties du monde, enseignans que la charité fraternelle devoit estre aymée entre les uns et les aultres, et qu'on devoit persévérer dans l'amour d'une aimable fraternité, par laquelle doctrine Nous sommes portez et poussés à concéder à nos sujets que, convenians (se réunissant) ensemble, ils soient d'un mesme sentiment en la foy, et que, vaquans aux oraisons, ils puissent mériter la miséricorde de Dieu par l'amour d'une mutuelle fraternité. Nous concédons donc, par les présentes, autant qu'il nous appartient, à nos biens aymez les citoyens de Paris et aux aultres, qui, adressans (élevant) dévotement leur esprit, pour cause de pèlerinage ou pour quelqu'aultre fin, à l'Eglise de la très glorieuse Vierge (N.-D. de Boulogne-sur-Mer) Marie de Boulogne-sur-Mer, et proposans entre eux de faire bastir po' (pour) la gloire de Dieu et l'honneur de la mesme glorieuse Vierge quelque Eglise dans la Ville de Menus, proche Sainct Cloud, et d'y ériger une Confrairie, qu'ils puissent fonder la dite Eglise dans lad. (ladite) Ville et y ériger une Confrairie ; et quand ils auront à faire ou à traiter quelques choses qui concerneront le salut de leurs âmes, po' la révérence (hon-

deant apud Deum et homines: quo caeteri, pios actus eorum considerantes, glorificent Patrem suum coelestem, et ad consimilium operum executionem propensiùs animentur. Volumus tamen quòd, quotiescunque insimul voluerint convenire, quòd Praepositus Parisiensis, aut deputatus ab eo, pro omni evitando scandalo, ipsorum Congregationi praesens intersit. Quod ut firmum et stabile permaneat in futurum, praesentibus litteris nostrum fecimus apponi Sigillum. Actum apud Vivarium in Briâ, anno Domini millesimo trecentesimo decimonono, mense Februario. »

Ces lettres ont été scellées en cire verte, sur lacs (cordons déliés) de soie verte et rouge: ces lacs sont encore adhérents au parchemin.

Sur le repli :
« Per Dominum Regem, ad relationem Confessoris, J. de Templo. »

neur) de ladite glorieuse Vierge, qu'ils puissent s'assembler dans ladite ville ou en quelqu'aultre lieu de Paris, et que, comme Confrères, ils s'étudient de s'assister par des secours opportuns, et qu'ainsi ils reluisent par les bonnes œuvres de la charité fraternelle devant Dieu et les hommes, en sorte que les aultres, considérans leurs pieuses actions, glorifient leur Père coeleste et s'animent, avec plus d'affection, aux exercices de semblables œuvres. Nous voulons néanmoins que, toutes les fois qu'ils voudront s'assembler, le Prévost de Paris, ou quelqu'un, député par lui, se trouve aussi présent à leur congrégation, pour éviter toute sorte de scandale. Et affin que tout ce que dessus soit ferme et stable pour l'avenir, Nous avons fait apposer notre sceau aux présentes lettres. Fait à Viviers en Brie, l'an du Seigneur mil trois cens dix-neuf, au mois de février. »

Sur le repli :
« Par le Seigneur Roi, au rapport de son confesseur, J. du Temple. »

Vivarais ou *Viviers en Brie, le Vivier en Brie* est un hameau de Fontenay-Trésigny (Seine-et-Marne) dont le château existe toujours.

La charte royale est citée par Du Breul, Le Roy, dom Félibien, Lefebvre, etc., que j'ai lus avec d'autant plus d'intérêt que leurs écrits, malgré des erreurs, renferment une grande quantité de renseignements importants sur le passé.

Le *P. Jacques (François-Jacques) Dubreuil, du Breuil, du Breul,* savant bénédictin († 1614), a publié en 1612 « Le Theatre des Antiquitez de Paris, où est traicté de la fondation des Eglises et chapelles de la Cité, Université, Ville et Diocèse de Paris, comme aussi de l'institution du Parlement, fondation de l'Université et Collèges, et autres choses remarquables. Divisé en quatre livres. Par le R. P. F. Jacques du Breul, Parisien, Religieux de Sainct Germain des Prez. *Spe labor levis*. A Paris, chez Claude de la Tour, au mont S. Hilaire, à l'enseigne Saint Hilaire M.DC.XII. Avec privilège du Roy ». C'est un in-quarto de 1344 pages (XVI + 1310 +, 18) en 4 livres, le 1er pour la Cité (1-248), le 2e pour l'Université (249-776), le 3e pour la Ville (777-1082), le 4o pour le diocèse rural de Paris (1083-1310). Aux pages 1262-1263 est in-extenso la charte latine, dont l'orthographe diffère parfois de celle du parchemin, et du Breul la fait précéder des lignes suivantes :

« L'an de grâce 1319 (voir ci-après), au mois de Février, Philippes V, dit *le Long*, Roy de France et de Navarre, donna permission aux Citoyens de sa bonne ville de Paris et autres, qui avoient esté en pèlerinage visiter l'Eglise de Nostre-Dame de Boulogne-sur-la Mer, de faire bastir et construire une Eglise au village de Menus-lez-S.-Cloud, et en icelle instituer et ordonner une Confrairie entre eux. Enjoignant au Prévost de Paris, ou son commis, pour éviter tout scandale, d'estre présent à leur congrégation lorsqu'ils s'assembleront pour subvenir à leurs affaires, et exercer œuvres de charité, comme il apparoist par ses lettres, dont ensuit la teneur ».

Quant à la charte de l'abbesse de Repentie, 1320, du Breul, qui ne la reproduit pas, l'analyse en 14 lignes (p. 1263, 1264), et il écrit *Boulongne* pour *Boulogne*, *Boulogne-lez-St-Cloud* pour *Boulogne-sur-Seine*.

Malingre, en 1640, a donné une nouvelle édition des « Antiquitez de Paris ».

De son côté, le chanoine A. Le Roy a écrit une *Histoire de Boulogne*, que M. le chanoine Tellier, archiprêtre de N.-D. de Boulogne-sur-Mer, a bien voulu me communiquer (janvier 1903) en l'accompagnant, à titre gracieux, de la remarquable « Histoire de Notre-Dame de Boulogne et son pèlerinage, par l'abbé F.-A. Lefebvre, chanoine honoraire d'Arras, membre de Sociétés savantes, 1894, Boulogne-sur-Mer, en vente chez tous les libraires de la ville », illustrée, grand in-8o, de 500 pages, dont je reparlerai dans la suite.

Le livre de Le Roy, de 1681, in-8o de 292 pages, très rare, porte:
« Histoire de Nostre-Dame de Boulogne, divisée en 3 livres, dressée sur plusieurs Chartes, Histoires, Chroniques, Titres, Registres et Mémoriaux de la Chambre des Comptes de Paris et de celle de Lille en Flandre, par M. Antoine le Roy, Chanoine, Archidiacre et Official de Boulogne. A Paris, chez Claude Audinet, ruë des Amandiers, à la Vérité Royale, devant le collège des Grassins. Avec Approbation et Privilège. M. DC. LXXXI ». — *Le Roy* († 14 janvier 1715) a donné encore les éditions de 1685, 1696, 1704, qui ont été complétées en 1764, 1827, 1839, 1857 et 1864: le chanoine Lefebvre († 1895), qui

tient Le Roy en haute estime, cite souvent ses textes, et il a parlé en détail dans son ouvrage du pèlerinage de 1856, ci-après à sa date. C'est de Le Roy dont il est question dans l'inscription de 1745. Le Roy s'occupe spécialement de Boulogne-sur-Mer ; mais il a consacré les pages 45 et 51 de son *Histoire* à la fondation de l'église et de la Confrérie de Boulogne-sur-Seine et aux indulgences accordées jusqu'en 1631 ; aux pages 262 à 266, il reproduit les chartes de Philippe le Long (1319) et de l'abbesse de Montmartre (1320), sans les préambules, de Charles le Bel (1326), la bulle de Clément VII (pape qu'il a confondu avec Clément VI : voir 1392) et l'ordonnance des deniers de sel, seul document en français.

A la suite de la correspondance échangée entre M. l'abbé F. Ducatel, vicaire à N.-D. de Boulogne-sur-Mer, et moi, le « Messager de l'Archiconfrérie de N.-D. de la Mer », bulletin mensuel de N.-D. de Boulogne-sur-Mer et de son pèlerinage (2 fr. ; vendu au presbytère de la basilique), a publié dans son numéro du 7 février 1903 les pages 45 à 51 de Le Roy, de 1681, le procès-verbal de 1856 et l'erreur concernant Clément VII.

L'abbé *Lebeuf*, écrivain fécond, souvent erroné, quelque peu janséniste († 1760) a publié en 1754 et s. : « Histoire de la Ville et de tout le diocèse de Paris, par l'abbé Lebeuf, de l'Académie des Inscriptions et Belles-Lettres, 15 volumes in-12°, Paris, chez Prault Père, quai de Gêvres, au Paradis », dont le tome III. « Histoire de la Banlieuë Ecclésiastique de Paris », renferme des détails sur Auteuil, Boulogne, Billancourt, Longchamp, Passy, etc., et relate en quelques mots la fondation de l'église et de la Confrérie de Boulogne-sur-Seine. — M. Hippolyte Cocheris a donné (1863 et s.) une édition rectifiée de Lebeuf, qui s'arrête malheureusement au 4e volume ; M. Ad. Augier en a publié une édition en 6 volumes (1883), que M. F. Bournon a enrichie de rectifications et d'additions (1890).

Félibien a reproduit le texte latin de la charte de 1319.

Février 1319 est réellement notre février 1320, parce que, sous Philippe le Long, l'année commençant à Pâques, l'année 1319 ne finissait qu'à Pâques, c'est-à-dire après février ; aussi ai-je soin d'indiquer les deux années chaque fois qu'une date se trouve entre le 22 mars et le 25 avril, dates extrêmes de Pâques, avant l'application de l'édit de Roussillon.

Charles IX, par l'édit de janvier 1563, signé à Paris, mais dit de *Roussillon*, parce qu'il fut enregistré en même temps (22 décembre 1564) qu'une déclaration du 9 août 1564, datée de Roussillon en Dauphiné, décida de faire commencer l'année le 1er janvier, de sorte que le mois de janvier 1563 devint le mois de janvier 1564 (l'année 1563 devait finir à Pâques d'après le système alors en vigueur). L'adoption de cette mesure commença en janvier 1565 et devint obligatoire après l'édit de Paris du 10 juillet 1566.

Les 5 arpents (à 1757, 1796, 1858) étaient dans une clairière de la forêt de Rouvray et faisaient partie des domaines concédés en 1134 par Louis le Gros à l'abbaye de Montmartre (voir chapitre 1er) et situés sur le territoire de l'abbaye de Longchamp. Ces arpents comprenaient quelques parties de la forêt et ce qu'on appela plus tard le *cimetière*, l'*église*, la *place de l'Eglise* et la *place du Parchamp, Parchamps, Perchamp, Perchamps, Perchant, Pairchamp*, laquelle tirera son nom (*par*, de pair avec, égal ; *campus*, champ : champ de l'égalité) du cimetière de l'église (voir 1804, 2e partie). Il fallait obtenir de l'abbaye de Montmartre l'aliénation de cette portion de domaines, de cette *mouvance*, comme on disait au moyen âge, et les fondateurs de l'église, unis aux habitants, s'adressèrent dans cette intention à Jeanne de Repentino *(du Breul)*, de Repentie, de Repenti, de Reppentie, la Repentie, 15e abbesse. Celle-ci, ayant reconnu les avantages de la fondation pour les Menus, donna toutes autorisations et, en outre, par ses lettres patentes et d'amortissement *(amortir*, rendre mort, annuler, abandonner, un droit sur des terres) de 1320, renonça aux droits de propriété sur les 5 arpents. Voici en entier ce précieux document, le latin accompagné d'une traduction française ancienne, que j'ai complétée :

« In nomine Sanctae et individuae Trinitatis. Amen. Omnibus haec visuris, Soror Johanna de Repentino, miseratione divinâ, monasterii Montis — Martyrum, propè Parisios, humilis Abbatissa, totusque ejusdem loci conventus, aeternam in Domino salutem, ac plenam et indubitatam praesentibus litteris dare fidem, ex dilectorum nobis in Christo nostrorum hospitum Villam nostram de Menus, propè Sanctum Clodoaldum, Parisiensis Dioecesis, scilicet habitantium crebrâ conquestione accepisse recognoscimus quòd, propter gravem et perniciosum defectum eorum Parochialis Ecclesiae et Curati à se et eorumdem hospitum loco nimis distantium, ipsi et eorum praedecesso-

« Au nom de la Sainte et indivisible Trinité. Ainsi-soit-il. A tous ceux qui ces présentes lettres verront, Sœur Jeanne de Repentie, par la permission divine, humble abbesse du monastère de Montmartre, près Paris, et tout le couvent du dit lieu, salut éternel dans le Seigneur ; faisons sçavoir d'une manière sûre et indubitable que, vu la requeste qui nous a été souvent présentée par nos biens aymez dans le Christ les habitans de nostre village du Menus, près Sainct Cloud, diocèse de Paris, expositive du préjudice notoire qui résulte pour eux, à cause du défaut d'église parochiale et de curé, de l'extresme éloignement où ils se trouvent de l'église parochiale, ce qui étoit et avoit été

res ac etiam eorum futuris temporibus successores sint et fuerint, et esse possent processu temporis, in magno animae et corporis periculo pro diversis et variis casibus qui ibidem possunt singulis diebus et noctibus suboriri, et qui jam ibidem etiam evenerunt, videlicet homines et mulieres, tam parvos quam majores, ibidem decessisse, et sic die quâlibet posse decedere absque aliquâ Sacramentorum euchaŕisticorum administratione, plures mori sine Confessione, pueros sine Baptismo decedere, et mulieres in puerperio jacentes sine missis et confessionibus post earum puerperium audiendis et etiam faciendis ; idcirco ad haec et consimilia pericula animae et corporis evitanda, et maximè magnum periculum quod evenire potest corpus Christi deferendo, de nocte, à Villâ de Autholio, ubi est eorum ecclesia, usque ad Villam de Menus, quando ibidem aliquis aegrotat, nos dicti hospites nostri de Menus requisivissent ac nobis humiliter pluries precantes supplicassent ad nos quamdam placeam (plateam) vacuam, quinque terrae arpenta vel circiter continentem, quam ipsi infra terrae dominii nostri limites possidebant, et quam ipsi unanimiter et concorditer contulerant ad opus fundationis cujusdam parochialis Ecclesiae in dictâ Villâ de Menus, ad honorem Gloriosae Virginis matris Dei et totius coelestis Curiae sibi, diuturnae pietatis intuitu, admortisare dignaremur. Nos, verò justae eorum supplica-

depuis long tems, tant pour eux que pour leurs prédécesseurs, et qui seroit pour leurs successeurs dans la suite, un grand sujet de danger pour leurs âmes et leurs corps, à raison des accidens fréquens qui étoient arrivés et pouvoient arriver, jour et nuit, et qui déjà sont arrivés, que les hommes et les femmes, tant jeunes qu'âgés, mouroient, et pouvoient mourir, en quelque jour que ce fût, sans avoir reçu les sacrements, plusieurs sans confession, les enfans sans recevoir le Baptesme, et les femmes en couches sans messes ny confession après leur enfantement. Que pour obvier à ces dangers, et à tous aultres semblables, pour l'âme et le corps, et notamment à celui que pouvoit courir le corps de Jésus-Christ en le portant, de nuit, du village d'Autheuil, où est leur église, aux malades du village du Menus, les habitans du dit Village du Menus nous avoient souvent suppliée, en considération de leur piété, de vouloir bien leur admortir une place vuide (vide, vague, libre), contenant cinq arpens de terre où environ, qu'ils avoient au bas des limites de nostre domaine et qu'ils avoient unanimement destinés pour y bastir une église paroichiale pour ledit village du Menus, sous l'invocation de la glorieuse Vierge, Mère de Dieu, et de tous les Saints. Et nous, obtempérant favorablement à leurs justes supplications, ne voulant pas que le culte divin soit diminué, mais plutôt qu'il soit augmenté par la contemplation de la ma-

tioni favorabiliter annuentes, nolentesque per nos cultum divinum diminui, sed potius augmentari contemplatione majestatis divinae, et ut ejus gratiam et Gloriosae Virginis Matris Dei possimus faciliùs impetrare, ad preces dilectorum nostrorum Magistri Gerardi de Cruce, Sigilliferi Casteleti Parisiensis, et Johannis, ejus fratris, et amicorum suorum, primorum dictae Ecclesiae in Villâ de Menus fundatorum, ac Confratrum Confratriae beatae Mariae de Boloniâ supra mare, qui intendunt ibidem dictam Ecclesiam fundare, Domino prosperante, istud sanctum propositum, quantùm cum Deo possumus, volumus, ratificamus, laudamus et etiam approbamus, et quantùm ad nos pertinet, authoritate praesentium, confirmamus ; volentes et concedentes quod, in loco illo in quo Capella lignea, apud dictam Villam de Menus, quam ex nunc Boloniam supra Secanam, ad honorem Beatae Mariae Virginis, de ceterò volumus appellari, jam elevata est ad celebrandum, ibidem dicta Ecclesia Parochialis construi et aedificari valeat, ibidem perpetuis futuris temporibus remansura. Damus insuper omnibus dictae nostrae Villae de Menus, quam ex nunc appellamus Boloniam supra Secanam, ut est dictum, inhabitantibus, tenore praesentium, potestatem et licentiam specialem dictam Capellam perficiendi et opus ipsius consummandi, et postmodum dictam Ecclesiam ibidem etiam construendi, in quantum nos tangit, dictam placeam (pla-

jesté divine, afin d'obtenir plus facilement la grâce de Dieu et la protection de la glorieuse Vierge, Mère de Dieu, et à la requeste de nos biens aymez maistre Gérard de la Croix, scelleur (garde du sceau, des sceaux) du Chastelet de Paris, de Jehan, son frère, et de leurs amis, premiers fondateurs de la ditte église au village du Menus, et confrères de la confrairie de Nostre-Dame de Boulogne-sur-Mer, qui sont dans l'intention de bastir la ditte église, le Seigneur aidant, voulons, ratifions, louons et approuvons, en tant qu'il est en nostre pouvoir, leur pieux dessein, et, en vertu des présentes, confirmons, voulons et concédons qu'au village du Menus, qui sera désormais appellé *Boulogne-sur-Seyne*, et dans l'endroit où est déjà bastie une chapelle en bois, on puisse bastir et édifier une église parochiale (paroissiale) en l'honneur de la Bienheureuse Vierge Marie, et qu'elle puisse y demeurer à perpétuité. Donnons en outre permission spéciale, par la teneur des présentes, à tous les habitans de nostre village du Menus, que nous appellons dès à présent, comme il a été dit, *Boulogne-sur-Seyne (Seine)*, d'achever la ditte chapelle et par suite de bastir la ditte église, admortissant librement, maintenant et pour toujours, tant pour nous que pour nos successoresses du dit monastère, autant que cela nous concerne, la ditte place, que nous tenons de nostre Seigneur le Roy de France, sans intermédiaire, telle qu'elle est con-

team) terrae praedictam, quam à Domino rege Franciae absque alio mossio (mosso) possidemus, prout undique se comportat inter fines sive limites ibidem positos, et prout inter fossata ibidem erecta continetur, ex nunc et perpetuo admortisantes liberè, nostro et successorum nostrarum et dicti Monasterii nostri nomine, ad opus aedificationis et constructionis dictae Ecclesiae, absque eo quod ibidem, neque in dictâ Ecclesiâ, cum aedificata fuerit, et ejus Presbyterio, contento intra limites dictae placeae possimus de ceterò aliquid reclamare. Et promittimus bonâ fide nos contra praemissa de ceterò non facere vel venire. Datum et actum, sub Sigillis nostris, in pleno nostro Capitulo, anno Domini millesimo trecentesimo vicesimo, die Dominicâ post festum Ascensionis ejusdem. »

tenue entre ses limites et entre les fossés, pour la ditte édification et construction de la ditte église, sans que, contre la ditte église, une fois bastie, et son presbytère, élevé entre les limites de la ditte place, nous puissions réclamer quoi que ce soit. Et nous promettons sincèrement de ne rien faire ni tenter contre ce qui a été dit. Donné et fait, sous nos sceaux, dans notre chapitre général, en l'an du Seigneur mil trois cens vingt, le dimanche après la fête de son Ascension (dimanche dans l'octave de l'Ascension). »

Deux sceaux du monastère existent sur les lettres.

Pour la Confrérie, voir le chapitre III.

Depuis 1320, le hameau de *Menus-lez-St-Cloud*, *Menus de St-Cloud*, *Menus*, *Menuls*, *Menû*, *Mesnus*, *Mesnuls*, *Menues*, *Menuz*, appelé parfois *Muns*, prit les noms de *Boulogne-sur-Seine*, de *Boulogne la Petite* (Bolonia, Bononia Parva), pour le distinguer de Boulogne-sur-Mer ; de *Boulogne la Sainte*, à cause de son pèlerinage, de *Boulogne* au XVIIe s., avec les variantes de *Boullogne*, *Boullongne*, *Boulongne*. De même la forêt, le bois de *Rouvray*, *Rouvroy*, *Rouvrai*, *Rouvret*, *Rouvray-lez-St-Cloud*, la *Rouvraye*, prit les noms de *bois de N.-D. de Boulogne*, de *bois* ou *forêt de St-Cloud*, puis, dès 1417, de *bois de Boulogne;* mais on trouvera encore les formes *forêt*, *garenne de Rouvret* ou *Rouvroy*, parc de *Rouvroy* ou du *bois de Boulogne*, forêt de *Rouvroy-et-Boulogne*, *forêt de Boulogne*, bois de *Rouvroy*, dit *de Boulogne*, & (voir détails sur le bois à la 2e partie).

Dans des actes postérieurs à 1320, Boulogne-sur-Seine et les Menus portent les dénominations suivantes : « Boulogne la Petite-lez-St-Cloud, Boulogne la Petite-lez-Paris, Boulogne-près-St-Cloud, Boulogne-lez-St-Cloud, Boulogne-lez-Paris, Boulogne-lez-Menus, Boulogne-près-Paris, Boulogne en Parisis, Boulogne-et-Menuls, Boulogne-et-

Menus, Boulogne-sous-St-Cloud ; Menus, Menus-lez-Paris, Menus-lez-St-Cloud, Menus, près Boulogne, Menus-lez-Boulogne, Menus de Boulogne, Menus-et-Boulogne, Menus-et-Boulogne-sous-St-Cloud, Mesnus-et-Boulogne, etc » (détails à la 2° partie).

J'insiste sur la date de 1320, parce que ce n'est qu'à partir de l'année 1320, d'après les lettres ci-dessus, que les Menus (voir chapitre 1er) s'appelèrent *Boulogne-sur-Seine* (Bolonia supra Sequanam) et que la forêt suivit le même sort. Aussi ai-je été surpris de voir le savant M. Bournon, dans ses *Rectifications et additions à Lebeuf*, page 448, prétendre retrouver le nom de notre commune et de son bois dans une charte de 1007, datée de *foreste Bolonia* (forêt de Boulogne), parce que l'abbaye de Montmartre possédait des terrains à Boulogne-sur-Seine, et qu'elle fut confirmée dans ses possessions de Boulogne, *apud Boloniam*, par le pape Alexandre III (1164).

La charte de 1007, de Robert II, est relative à la fondation de l'abbaye des Bénédictines de Beaumont-lez-Tours (Indre-et-Loire), et l'abbaye de Montmartre pouvait avoir aux XIe-XIIe s. divers biens dans des localités du nom de *Boulogne*. Or, à cette époque, dans les actes concernant notre bois, celui-ci est toujours dénommé *bois, forêt de Rouvray* (*foreste Rovcritum*, 717 ; *Rubridum sylva*, 1008 ; *nemus de Rovreto*, 1293, etc., ci-dessus), jamais *forêt de Boulogne* (*foreste Bolonia*).

Il existe deux *forêts de Boulogne:* une à 7 kil. de Blois, dans la Sologne ; l'autre à 7 kil. de Boulogne-sur-Mer. Le roi pouvait en 1007 se trouver dans l'une ou l'autre de ces forêts, mais plus vraisemblablement dans la seconde. En effet, Boulogne-sur-Mer était très fréquenté à cause de son pèlerinage de 633 et de son port ; la ville avait des comtes particuliers ; les chasses de sa forêt étaient courues, et en 1007 précisément, le roi guerroyait contre Baudouin IV, le Barbu, comte de Flandre : rien d'étonnant à ce que le roi se fût rendu au pèlerinage de N.-D. et à la chasse, comme invité du seigneur de Boulogne.

A remarquer aussi que l'abbaye de Longchamp fut inaugurée en 1260 dans la *forêt de Rouvray*, 100 ans environ après la bulle de 1164.

Je rappellerai aussi qu'on a confondu parfois la *forêt de Rouvray*, en Normandie (actes de 1377, K. 51, n° 21 ; procès-verbal d'arpentage signé le 2 août 1541, J. 781, n° 4), avec celle du Parisis, et *Boulogne-sur-Mer* (acte de 1312 où figurent *Agnès de Villiers* et *Bolonia*, J. 151, n° 40 ; monstre, montre, revue d'hommes de guerre de 1408, K. 56, n° 19 ; comptes des baillis d'Etaples de Boulogne, de Wissant, &, dont un porte la date de 1239, J. 782-785, n°s 14-15) avec Boulogne-sur-Seine.

Dans le cartulaire ou registre mixte de l'abbaye de Montmartre du XVe s. (LL. 1605), dont la 1re pièce est la bulle de 1147 du pape Eugène III à l'abbaye, on trouve comme 2e pièce une lettre de 1147, de Milon Ier, évêque des Morins ou de Thérouanne (Pas-de-Calais), à l'abbesse et aux religieuses de Montmartre, précédée du mot *Boulongne;* il est certain que ce *Boulogne* est celui du Pas-de-Calais, car Boulogne-sur-Mer dépendait de l'évêché de Thérouanne (Milon Ier en fut évêque de 1131 à 1158) et faisait partie de la Morinie.

Grâce aux libéralités de la Cour, des fondateurs et des bourgeois, on put construire, de 1320 à 1330, l'église de N.-D. de Boulogne-sur-Seine, qui, jusqu'en 1330, fut la chapelle de la grande Confrérie, et Philippe V donna à l'église une image (statue) de la Sainte Vierge, en argent doré, représentant la *Vierge de Boulogne-sur-Mer :* on la conserva précieusement dans le Trésor (voir 1793). On construisit aussi une maison-presbytère pour le prêtre ou le curé qui serait chargé de desservir l'église, et pour recevoir les bourgeois de Paris venus en pèlerins aux fêtes de la Sainte Vierge. Voir l'administration de l'église après 1330 ; le *Presbytère* au chapitre XIX.

Philippe V mourut le 3 janvier 1322 (voir chapitre Ier). Son frère et successeur, *Charles IV le Bel* (1322-1328), protégea la nouvelle église et, par lettres patentes de mai 1326, datées de Calcey de Gouvieux, ou mieux de la Chaussée de Gouvieux (la source minérale de la *Chaussée*, de Gouvieux, est célèbre), lui permit d'acquérir sur les domaines royaux un fonds de 30 livres parisis pour l'entretien du futur curé, et renonça à tous droits souverains sur ledit fonds. En voici le texte (J. J. 64, n° 169), sans les abréviations, avec une ancienne et fidèle traduction française :

« KAROLUS, Dei gratiâ, Franciae et Navarrae Rex. Notum facimus universis, tam presentibus quàm futuris, quòd nos, ad supplicationem nonnullorum civium Parisiensium, Confratrum Confratriae Beatae Mariae Boloniae, afferentium quòd ipsi, in honorem dictae Gloriosissimae Virginis, quamdam Ecclesiam Parochialem apud Menuz, propè Longum Campum, inter Sanctum Clodoaldum et Nemus, construi fecerant, certis causis rationabilibus ad hoc inducti, concedimus, de speciali gratiâ, per presentes, ob nostrae parentumque ac germanorum quondam nostrorum Ludovici et Philippi,

« CHARLES, par la grâce de Dieu. roi de France et de Navarre. Sçavoir faisons à tous, présens et à venir, que, sur la supplication à nous faite par certains bourgeois de Paris, confrères de la confrairie de la Bienheureuse Marie de Boulogne, faisans connoître qu'ils avoient fait bastir, en l'honneur de laditte glorieuse Vierge, une église paroissiale au Menu, proche Longchamp, entre Sainct Cloud et le bois, Nous, pour certaines causes raisonnables, portez vers leur supplication, Nous avons accordé, de grâce spéciale, par les présentes, pour le remède de nostre âme, de celles de nos pa-

Franciae Regum, remedium animarum, quod dicti Confratres, pro dotatione dictae Ecclesiae, et ad opus ejusdem, ac curati qui, pro tempore fuerit institutus ibidem, triginta libras Parisienses annui et perpetui redditûs, in censivis seu allodiis nostris, aut subditorum nostrorum, vel in aliis, non tamen feodalibus, possint acquirere, dictusque Curatus eas tenere perpetuo nomine dictae parochialis Ecclesiae, pacificè et quietè, sine coactione vendendi vel extra manum suam, seu dictae Ecclesiae ponendi, et absque praestatione financiae cujuscunque, nostro tamen in aliis et alieno in omnibus jure salvo. Quod ut ratum et stabile permaneat in futurum, presentibus litteris nostrum fecimus apponi Sigillum. Actum apud Calceyam de Gouviex, anno Dimini millesimo trecentesimo vicesimo sexto, mense Mayo. »

rens et de nos frères Louis et Philippes, Roys de France, que lesdits confrères, pour la dotation de laditte église et son entretien, et pour l'entretien du curé qui y sera establi, puissent acquérir trente livres parisis de rente annuelle et perpétuelle (37 fr.) sur nos censives ou nos alleux, ou sur ceux de nos sujets, ou ailleurs, mais non sur les terres féodales, et que ledit curé en jouisse toujours paisiblement et tranquillement, au nom de laditte église paroissiale, sans estre contraint de la vendre ou de s'en défaire, ou de la mettre hors de laditte église, et sans estre tenu de payer aucune prestation, sauf notre droit sur les autres choses. Affin que tout ce que dessus soit valable et stable pour l'avenir, Nous avons fait apposer notre sceau aux présentes lettres. Fait à Calcey (la Chaussée) de Gouvieux, l'an du Seigneur mil trois cens vingt-six, au mois de may (mai). » — L'expédition, perdue, était scellée de cire verte.

« Per Dominum Regem, ad relacionem Domini Droconis de Roya, I. Barr » (non *Bays*).

Au dos: « Pro Confratribus Ecclesiae Boloniae registrata. »

« Par le Seigneur Roy, au rapport du seigneur Droconis de Roya. 1. Barr. »

« Au dos: « Registré pour les confrères de l'église de Boulogne. »

Voir 1326 (1327), rente, à la Confrérie.

Charles IV mourut le 31 janvier 1327 (1328) et eut pour successeur son cousin *Philippe VI de Valois* (1328-1350), membre de la confrérie.

En 1328, l'église et le cimetière étaient très avancés, et le chapitre de Saint-Germain l'Auxerrois, consulté, émit le 18 février 1328 (1329) un avis favorable à la séparation de la nouvelle église de celle d'Auteuil, dont elle dépendait, et à son érection en paroisse, ce à quoi consentit Denis d'Aubigny, curé d'Auteuil, moyennant une rente annuelle de 7 livres parisis à payer à perpétuité au curé d'Auteuil par la nouvelle paroisse : deux vidimus des lettres du 18 février 1328 (1329) seront délivrés en 1342 (Voir 2 mai 1330).

On voit ici l'intervention du chapitre de St-Germain l'Auxerrois, parce qu'Auteuil et ses dépendances étaient sur son territoire. « C'est parce que le territoire de St-Germain s'étendoit près de S. Cloud que la Banlieuë Ecclésiastique s'étend jusques là » (Lebeuf, tome 1ᵉʳ). La basilique de St-Germain l'Auxerrois avait une grande étendue (de la Cité à St-Cloud), et dans un cartulaire de 1200 l'église d'Auteuil était attribuée à son chapitre.

On trouve les mots : « Ecclesia de Autolio de Donatione Capituli Sancti Germani Autissiodurensis » dans un pouillé (état de bénéfices ecclésiastiques) de Paris du XIIIᵉ s., et « Menues et Boulogne la Petite, Auteuil », dans un manuscrit de 1415 de la chambre des Comptes de Paris pour la banlieue civile de Paris.

Philippe VI demanda ensuite au pape Jean XXII, qui était à Avignon, de vouloir bien approuver l'église et la Confrérie, les travaux de l'église, — construite par les confréries d'ouvriers de l'époque, architectes, maçons, sculpteurs, imagiers, etc., — touchant à leur fin.

Déférant aux désirs du roi, Jean XXII envoya d'Avignon deux bulles datées du 13 août 1329 : la 1ʳᵉ, à l'archidiacre de Paris, pour accorder aux membres de la confrérie le droit de présentation à la cure (vidimus en 1341, 1387) ; la 2ᵉ, à Hugues II de Besançon, évêque de Paris, pour lui ordonner d'ériger les *Menus* en paroisse distincte, séparée d'Auteuil, de bénir la nouvelle église sous le vocable de *N.-D. de Boulogne la Petite*, d'y établir des fonts baptismaux et un cimetière, afin de remédier aux inconvénients du passé, d'y installer, pour cette première fois, un curé chargé de desservir la nouvelle paroisse et de séparer celle-ci de la cure d'Auteuil. Par une autre bulle, du 7 janvier 1330, le pape accorda une dispense pour le nouveau curé : voir ci-après. — Voir 12 août 1329 à la Confrérie.

En avril 1330, plusieurs rentes furent acquises pour la dotation du futur curé : un vidimus en sera délivré en 1348.

Le mercredi 2 mai 1330, les administrateurs de l'église assurèrent au curé d'Auteuil la rente de 7 livres parisis, ci-dessus, ce que confirmera le prévôt de Paris le 2 juillet 1334 : la rente, reconnue à nouveau en 1623, sera portée plus tard à 8 livres 15 sols (voir 1757, 1763). Une expédition complète de l'acte du 2 mai 1330, signée *P. Danet*, est aux *Archives nationales* (S. 160, non 196, ancien L. 455). Voici un extrait du jugement de confirmation de la rente, avec son orthographe, que j'explique au besoin : « A tous ceus qui ces présentes lettres verront, Hugues de Crusi (Cruzy), garde de la prévôsté de Paris, salut : sachent tuit (tous) que par devant nous vindrent (vinrent) en jugement, en leurs propres personnes, Nicholas Miete (Myette), Jehan de Bonnier,

Denis le Berruier (Berruyer) et Jehan des Vingnes (Vignes), maistres et gouverneurs pour le temps de la Confrarie Nostre-Dame de Boulongne-lès-Paris et gouverneurs de la nouvelle églize du Menuz de lez Saint Cloost. Avecques (avec) ce par especial (spécial), nous, de lacort (l'accord) dudit commun de la dicte confrarie, leur donnons pooir (pouvoir) et auctorité de vendre et mettre hors de leur main les héritages, cens, rentes et autres choses qui sont et seront à la dicte confrarie, qui ne seront proufitables (profitables) à tenir à ycelles (elles), et que la dicte confrarie ne pourroit tenir par reson (raison) de garantir les ventes qui seront ou non de la dicte confrarie et des biens d'icelle (d'elle), achater (acheter) rentes ou héritages pour douer (doter) la nouvelle églize du Menuz que les dis (dits) confrères ont desjà (déjà) commencié (commencée) de leurs aumosnes, et de asseoir (assigner) au curé d'Autueil (Auteuil) *sept livres* de rente amortiz (amorties) que il (ils) li (lui) ont convenant (convenu) pour le droit que il avoit au Menuz... »

Conformément aux instructions pontificales, Hugues II de Besançon, 86e évêque de Paris (1326 à 1332), membre de la grande Confrérie, vint de sa maison de St-Cloud aux Menus, fit, en sa qualité de délégué du Pape, la bénédiction de l'église sous le vocable de *N.-D. de Boulogne la Petite*, le 1er dimanche de juillet 1330, qui était le 1er juillet (en 1330 Pâques avait été le 8 avril) ; il bénit en même temps les fonts baptismaux et le cimetière, chanta solennellement la grand'messe et sépara immédiatement, le même jour, de l'église d'Auteuil, dont elle dépendait, l'église nouvelle, pour l'ériger en paroisse et lui attribuer le territoire compris : 1º entre l'abbaye de Longchamp, inclusivement, qui fut de la paroisse de Boulogne depuis 1330, jusqu'à la grange ou métairie, ferme de *Menicuria* (aujourd'hui Billancourt : voir 3e Partie), laquelle appartenait à l'abbé de St-Victor des Prés, de Paris, exclusivement (*Menicuria* resta donc à Auteuil) ; 2º entre le bois de Boulogne et la Seine. Toujours en exécution des prescriptions de la bulle de 1329, l'évêque nomma 1er curé de Boulogne la Petite l'abbé *Pierre Danet*, prébendier de St-Paul de Paris, dont le choix avait été approuvé par le Pape le 7 janvier 1330. Le curé d'Auteuil eut le droit de venir dire la messe à Boulogne le mardi de Pâques de chaque année, et, à cette occasion, il recevait sa redevance annuelle, redevance qui cessa à la Révolution. A rapprocher de ce droit l'usage, conservé par les Boulonnais, d'aller tous les ans à la messe de minuit d'Auteuil : on leur donnait alors une feuillette de vin et, pour éclairer la route à leur retour d'Auteuil à Boulogne, 100 bottes de paille destinées à être brûlées en guise de torches (« *Histoire d'Auteuil*, par de Feuardent, Auteuil, 1877 »).

Les archives fabriciennes possèdent le parchemin scellé, en lettres gothiques, de l'ordonnance épiscopale (voir aussi le texte aux *Archives nationales*, S. 160, non 193 ni 196, ancien L. 455) : elle est datée du jour même de la bénédiction. La voici, pour la partie relative à l'érection et à la délimitation de la paroisse (nouvelle délimitation à 1860) : je donne le texte latin d'après le parchemin de 1330, et je le traduis complètement ; ainsi ferai-je pour les actes semblables :

« Universis praesentes litteras inspecturis, HUGO, permissione divinâ, Parisiensis episcopus, commissarius, ad infra scripta, à Sede Apostolicâ deputatus, salutem in Domino. Noveritis quod nos hodie, scilicet die dominicâ primâ Julii, anno Domini millesimo trecentesimo tricesimo, in novâ Parochiâ Ecclesiae beatae Mariae de Menus, nostrae dioecesis, post benedictionem cimeterii ac fontium ejusdem Ecclesiae, ac missam per nos inibi solenniter decantatam, separare et limitare volentes ipsam Ecclesiam à Parochiali Ecclesiâ de Autholio, de cujus Parochiali Ecclesiâ ipsa et villa de Menus esse consueverant, visis et attentis Ecclesiarum et villarum ipsarum de Autholio et de Menus circumstantiis universis, auctoritate praedictâ, statuimus et ordinamus in hunc modum, videlicet quod Parochia ipsa de Menus se extendat de caetero ab Abbatiâ de Longo Campo, inclusivè, usque ad grangiam de Menicuriâ, quae est abbatis Sancti Victoris de Pratis, exclusivè, à nemoribus tantum usque ad ripam Secanae (Sequanae), prout dividunt bornae seu metae lapideae ac fovea quae nemora ipsa separat à vineis et aliâ terrâ laboris. Itaque, dicta Abbatia, de Parochiâ de Menus, et dicta grangia, de Autholio, re-

« A tous ceux qui verront les présentes lettres, HUGUES, par la permission divine, évêque de Paris, délégué du St-Siège apostolique en vertu des rescrits ci-dessous relatés, salut dans le Seigneur. Nous faisons savoir qu'aujourd'hui, c'est-à-dire le 1er dimanche de juillet de l'an du Seigneur mil trois cent trente, dans la nouvelle paroisse de l'église de la Bienheureuse Vierge Marie des Menus, de notre diocèse, après la bénédiction du cimetière et des fonts de l'église, et la messe chantée solennellement par nous en ce lieu, voulant séparer et délimiter cette église de l'église paroissiale d'Auteuil, de laquelle église paroissiale dépendaient l'église et le village des Menus, après avoir étudié avec soin tous les intérêts particuliers des églises et des villages d'Auteuil et des Menus, en vertu de ladite autorité, nous avons ordonné et ordonnons ce qui suit : la paroisse des Menus s'étendra depuis l'abbaye de Longchamp, inclusivement, jusqu'à la grange de *Menicuria*, qui appartient à l'abbé de St-Victor des Prés, exclusivement, et depuis le bois jusqu'au bord (à la rive) de la Seine, comme les divisent les bornes en pierre et le fossé qui sépare le bois des vignes et des autres ter-

manentibus, nec curatus ipse de Menus, ultrà dictas metas versus Autholium, nec curatus ipse de Autholio, ultrà metas ipsas versus Menus, aliquid juris parochialis habeant seu habere possint, in quibus dictis suis terminis sit contentus. Caeterum ibidem statim constitutus coram nobis, providis et discretis Humberto Belloti, receptore vicecomitatûs Parisiensis, Nicolao Miette et magistro Petro de Alneto, et pluribus aliis burgensibus Parisiensibus, et procuratoribus confratrum confratriae de Boloniâ, fundatorum ipsius novae Ecclesiae de Menus, ños, mandatum Apostolicum nobis factum, prout in duabus bullatis super hoc habitis, quarum unius, scilicet tenor, alterius vero principium et finis inferiùs describentur, et pleniùs continetur, per posse, ut tenemur, adimplere volentes, ipsam Parochialem Ecclesiam de Menus, cum omnibus juribus et pertinentiis suis, ad requestam etiam et preces dictorum confratrum, eidem magistro Petro, ad hoc idoneo, contulimus et confirmamus, auctoritate Apostolicâ supradictâ, ipsumque de eâ investivimus et investimus, ac in corporalem possessionem indicimus praesentialiter de eisdem, recepto ab eo juramento de obedientiâ et reverentiâ nobis praestandis ac de residentiâ faciendâ in dictâ Ecclesiâ et custodiendis et defensandis juribus ejusdem, ut est in talibus consuetum ; protestamus tamen quod, per provisionem seu collationem ipsam, sic per nos auctoritate

res de labour. En conséquence, ladite abbaye, restant sur la paroisse des Menus, et ladite grange sur celle d'Auteuil, ni le curé des Menus, en dehors desdites bornes vers Auteuil, ni le curé d'Auteuil, en dehors des mêmes bornes vers les Menus, n'auront ou ne pourront avoir aucun autre droit paroissial, et chacun d'eux se maintiendra dans les limites ci-dessus. Aussitôt, en notre présence, eut lieu une assemblée composée de personnages prudents et distingués, Humbert de Bellot, receveur de la vicomté de Paris, Nicolas Miette et maître *Pierre d'Alnet (Danet)*, plusieurs autres bourgeois de Paris et les procureurs des confrères de la confrérie de Boulogne, fondateurs de la nouvelle église des Menus, et nous, voulant accomplir, comme nous sommes tenu de le faire, le mandat apostolique qui nous a été confié, tel qu'il est entièrement contenu dans les deux bulles données à ce sujet, dont la teneur de l'une et le commencement et la fin de l'autre sont rapportés ci-dessous, nous avons attribué, d'après la demande et les prières desdits confrères, la nouvelle église paroissiale des Menus, avec tous ses droits et tout ce qui lui appartient, au même maître *Pierre*, qui en est digne, et en vertu de l'autorité apostolique susdite, nous le confirmons dans ces droits, nous l'en avons investi et l'investissons, et nous le mettons présentement en possession réelle de ces droits, ayant reçu son serment relatif à l'obéissance

Apostolicâ factam, nullum nobis in Episcopalibus juribus nostris, vel etiam in patronali jure quod habemus in eâdem Ecclesiâ praejudicium generetur. Post quod, incontinenter, procuratores et confratres praedicti, ex unâ parte, et idem magister Petrus, Curatus, ex aliâ, pro bono pacis et concordiâ inter eos nutriendo, ordinationes per ipsos coram officiali nostro Parisiensi factas de et super oblationibus et legatis quae eidem Ecclesiae à Christifidelibus de caetero facere continget, prout continetur in quibusdam litteris Sigillo antedicti officialis nostri sigillatis, quarum tenor inferiùs describetur, iteratò coram nobis, approbaverunt et ratificaverunt et ipsas bonâ fide sub obligatione bonorum suorum servare promiserunt, supplicantes nobis ut ordinationes ipsas decreto et auctoritate nostris confirmare vellemus. Nos, igitur, dissensionibus et scandalis quae ex oblationibus et legatis ipsis inter eos in futurum oriri possent obviare volentes, visis et diligenter inspectis ordinationibus antedictis, quia ipsas justè et benè ac pro communi utilitate Ecclesiae et Curati praedictorum invenimus esse factas, ipsas salvis juribus nostris praedictis et quibuslibet aliis volumus, laudamus et approbamus, decretoque nostro et auctoritate, pariter confirmamus eisdem Curato et confratribus, qui sunt et pro tempore erunt, et quibuslibet aliis, sub excommunicationis poenâ mandantes, ne contrà ordinationes ipsas vel aliquam earum aliqualiter venire

et au respect qu'il nous doit, à la résidence dans son église et aux droits à garder et à défendre, conformément aux coutumes; nous déclarons toutefois vouloir, en ce qui concerne la provision ou la collation, ainsi faite par nous d'autorité apostolique, qu'aucune atteinte ne soit portée à nos droits épiscopaux ou au droit de patronat que nous possédons sur la même église. Après quoi, les procureurs et les confrères susdits, d'une part, et le même maître *Pierre*, curé, d'autre part, pour le bien de la paix et la concorde à entretenir entre eux, ont aussitôt approuvé et ratifié de nouveau, en notre présence, les règlements établis par eux devant notre official de Paris, pour les oblations et les legs que les fidèles chrétiens ont l'habitude de faire à cette église, ainsi que cela est relaté dans les lettres scellées du sceau de notre susdit official, dont la teneur est ci-dessous, et ils ont promis de les observer sincèrement, en s'obligeant sur leurs propres biens, nous suppliant de vouloir bien confirmer ces règlements par décret et en vertu de notre autorité. Nous donc, voulant obvier aux dissensions et aux scandales qui pourraient s'élever entre eux dans l'avenir pour ces oblations et ces legs, après avoir examiné attentivement lesdits règlements, avons trouvé qu'ils avaient été établis d'une manière juste et raisonnable et pour l'utilité commune desdits curé et église, et, sauf nos droits revendiqués ci-dessus et tous autres,

praesumant, sed ipsas perpetuò integrè observare procurent ».

Miette est pour *Myette* ; de *Alneto* se traduit par *d'Alnet, d'Aulnay, Danet:* ce *Pierre Danet* est bien désigné comme le 1ᵉʳ curé (en 1330) de la paroisse érigée à Boulogne. — Voir à 1469 la consécration.

nous voulons qu'ils restent tels, nous les louons et les approuvons par notre ordonnance et en vertu de notre autorité ; nous les confirmons de même pour le curé et les confrères, qui sont et seront dans l'avenir, et pour tous les autres, ordonnant, sous peine d'excommunication, qu'ils n'osent faire quoi que ce soit contre ces règlements ou contre un seul de ces règlements, mais qu'ils s'appliquent à les observer toujours dans leur intégrité ».

Dans cette ordonnance (vidimus de 1341), on voit tout ce qui a été fait le 1ᵉʳ juillet 1330. Lebeuf (tome III) s'est donc étrangement trompé en mettant à 1343 la séparation de l'église de Boulogne de celle d'Auteuil ; il a confondu l'accord de 1343 avec l'érection de la paroisse en 1330, et il a été suivi par un certain nombre d'auteurs parmi lesquels je citerai Hurtaut et Magny, à la page 663, tome Iᵉʳ, de leur « Dictionnaire historique de la Ville de Paris et de ses environs..., dédié à M. le Maréchal duc de Brissac. Paris, 4 in-12°, 1779 » ; G. D., dans sa « Notice sur le bois de Boulogne, Paris 1855 », et surtout Doniol, dans son « Histoire du XVIᵉ arrondissement de Paris, Paris, 1902 ». A la page 238 de cette Histoire, M. Doniol, non seulement donne 1343 comme vrai, mais il condamne ainsi les écrivains qui ont donné la date de 1330 : « Le 1ᵉʳ dimanche de juillet 1343 (et non 1330 comme le *disent à tort tous les auteurs*), Foulques de Chanac sépara les deux paroisses ». C'est précisément M. Doniol qui a tort ; aucun doute n'est possible, les textes de l'ordonnance sont formels, et l'évêque Hugues de Besançon, non Foulques de Chanac, a eu soin de dire ce qu'il a fait avant et pour la séparation des deux églises, le même jour, c'est-à-dire le *1ᵉʳ dimanche de juillet 1330*: «... Hugo... Noveritis quod nos hodie, scilicet die Dominicâ primâ Julii, anno Domini millesimo trecentesimo tricesimo ».

A la suite des deux derniers mots *observare procurent*, sans aucune séparation, suivant l'usage de l'époque, le parchemin reproduit, en latin bien entendu, les actes dont il est question au cours de l'ordonnance : 1° le texte de la bulle d'érection de la nouvelle paroisse, signée par Jean XXII le jour des ides d'août de la 13ᵉ année de son pontificat, soit le 13 août 1329, Jean XXII ayant été pape à Avignon du 7 août 1316 (sacré le 5 septembre) à 1334 : les papes légitimes résidèrent à Avignon de 1309 à 1377. Les Papes, qui commencent leurs bulles par les mots « N..., Episcopus, servus servorum Dei, N., Evêque, serviteur des serviteurs de Dieu », formule en usage depuis saint Grégoire le Grand, pape de 590 à 604, les datent dans l'ancien style des Romains, dont le calendrier comprenait des mois divisés en *calendes* (1er jour du mois), *nones* (le 5e ou le 7e jour du mois), *ides* (le 13e ou le 15e jour du mois), et en janvier, en août, le jour des ides était le 13 ; 2° un extrait de la bulle du 7e jour des ides (avant les ides) de janvier, de la 14e année de son pontificat, soit du 7 janvier 1330, pour accorder dispense au nouveau curé, qui était chanoine prébendier de St-Paul, à Paris ; 3° le texte de la transaction du 1er juillet 1330, devant l'évêque, entre les procureurs ou mandataires des confrères et le curé.

Aux termes de cette transaction furent approuvées les règles suivantes : le curé aura et prendra, pour toujours, la cire, les oblations, les legs et autres dons quelconques, de quelque nature qu'ils soient, qui seront offerts et légués à l'église et au curé, par les personnes demeurant en dedans ou hors des bornes de la paroisse, sans faire mention de l'*œuvre*, à l'exception des oblations qui se feront aux cinq fêtes de la Vierge et dans leurs octaves, dont le curé n'aura que la moitié et l'*œuvre* l'autre ; le curé n'aura rien de ce qui se trouvera dans le tronc à mettre dans ladite église ; le curé n'aura rien dans les dons et les legs qui seront faits à l'église seulement ; au surplus, les droits curiaux accoutumés seront réservés au curé, tant dans lesdites fêtes que dans les autres temps de l'année (Voir l'accord de 1335, 1336 ci-après). L'*œuvre* est synonyme de l'*œuvre de l'église*, de son temporel ; les *membres de l'œuvre* (conseil de Fabrique actuel) seront les membres chargés de ce temporel et ils auront leur place au *banc de l'œuvre, au banc d'œuvre*: voir le conseil de Fabrique au chapitre XVII. Les 5 fêtes étaient la *Nativité*, 8 septembre, la *Visitation*, 2 juillet, l'*Immaculée Conception*, 8 décembre, la *Purification* ou *Chandeleur*, 2 février, l'*Annonciation*, 25 mars : voir à 1811 la fête patronale (*Visitation* au lieu de la *Nativité*).

L'abbaye des bénédictines de Montmartre (1133, 1134), donatrice en 1320 des 5 arpents pour la nouvelle église, eut d'importantes possessions à Boulogne, dont elle était suzeraine (voir 1674, 1676, 2e Partie), et elle intervint dans différents actes avec les administrateurs de l'église et les particuliers dont on peut voir les détails dans les cartons suivants des *Archives nationales*, que je résume en quelques lignes : 1° biens de l'abbaye à Boulogne, baux et rentes de 1245 à 1739, baux à loyers de 1359 à 1733, échanges de 1506 à 1696 (S. 4441) ; 2° baux, rentes, biens à Boulogne et ailleurs, du XIVe au XVIIIe s. (S. 4442) ; 3° états ou registres des cens et rentes à Boulogne : cueilleret (*cueiller* = *cueillir, recueillir*) de 1530, registre commençant par le nommé *Ruelle*, de Billecourt (Billancourt) ; censiers ou registres semblables au précédent, de 1409 et de 1668 ; cueilloir ou censier, commencé en 1693, avec noms des débiteurs en marge (S. 4477) ; 4° terriers ou registres descriptifs, véritables cadastres, des héritages relevant de l'abbaye, des droits, dîmes, rentes, qui s'y rapportaient: terrier de 1472 ; vieil (vieux) terrier de Boullongne ou extrait du papier-terrier (registre terrier) de la terre et seigneurie de Mesnus et Boulogne, visé en 1593, et commençant par *Jehanne Compagnon ;* déclarations pour le terrier de Mesnus-lez-Boulogne, de 1582 ; terriers de 1692 et de 1694 (S. 4490). Voir aussi les biens en général de l'abbaye de Montmartre (S. 4419 à 4498), sa prévôté et son bailliage, de 1512 à 1790 (Z². 2380 à 1479), son cartulaire du XVe s. (LL. 1605), ses statuts modifiés en 1504 (LL. 1606).

Voici, publiée pour la 1re fois, la liste des 44 abbesses de Montmartre, que j'ai dressée d'après les cartons des *Archives nationales* (S. 4418, 4419, 4441, 4442, 4477, 4490, etc.), le *Gallia christiana*, tome VII (voir ch. Ier), et divers documents, avec les dates d'élection ou de nomination et divers renseignements utiles :

I. 1res Abbesses

Adélaïde, venue de Reims. 1133
Christine, Chrétienne de Courtebronne 1137
Adèle, Adile, Adde 1154
Elisabeth. Figure dans des échanges de 1175, 1182, 1199, 1175
Héloïse, Hélissende, Elissende 1re. Figure dans des actes de 1216 1216
Pétronille 1re. Figure dans deux actes de 1239, 1240 ... 1239
Agnès 1re 1247
Emmeline, Emeline 1260
Héloïse II, sans date précise. .... 126.
Mathilde du Frénoy, Fresnoy († janvier 1280, 1281) 1270
Alips († 1er dimanche de carême 1284, 1285). janvier 1280 .... (1281)
Adeline d'Aucilly, d'Ancilly 1285
Philippe 1299
Ade de Mincy 1305
Jeanne 1re *de Repentie*, etc. (Voir à 1320 ci-dessus)...... 1317

Jeanne II de Valengoujart 1328
Jeanne III de Morteri, de Morten 1354
Isabelle de Rieux 1376
Jeanne IV du Coudray.. 1398
Simonne d'Herville 1429
Agnès II des Jardins ... 1438
Pétronille II de Harasse, la Harasse 1463
Marguerite 1re *Langlesche, Langlois* († 1503).......... 1477

II. Abbesses triennales.

A la mort de Marguerite 1re, et à la suite de réformes, les abbesses furent nommées pour 3 ans (rééligibles).

Marie 1re *Cornu*, venue de Fontevrault avec plusieurs religieuses. Le 5 des ides de février 1504 (9 février), le légat Georges 1er d'Amboise, cardinal-archevêque de Rouen, approuva les nouveaux statuts de Montmartre, dressés par Etienne V de Poncher (Stephanus Poncerius), évêque de Paris

(LL. 1606, anc. L. 1613)... 1503
Martine du Moulin, venue de Chelles (Seine-et-Marne).. 1510
Claudine Mahielle, Mayelle, venue de Chelles 1515
Antoinette Auger, Augier, religieuse à Chelles, puis (1517) abbesse de Gif (S.-et-Oise)... 1518
Catherine Ire de Charran, de Charan 1526
Antoinette Auger, 2e fois. Sous son 2e abbatiat (1532 à 1539) : saint Ignace de Loyola et ses compagnons prononcèrent leurs vœux à Montmartre le 15 août 1534 ; une belle cuve baptismale orna l'église en 1537 1532
Marie II Cathin 1540
Jeanne V le Lièvre 1541
Marguerite II de Havard. Quitta sa charge en 1548 et mourut le 18 juillet 1552. 20 mars 1542 (1543)

III. Abbesses de nomination royale.

Catherine II de Clermont. Eut *Elisabeth de Crussol* comme coadjutrice, de 1587 à 1589 ... 1548
Claude de Beauvilliers... 1589
Catherine III de Havard. 1590
N. de Cenante, sans date précise .... 159.
Marie III de Beauvilliers. Restaura l'abbaye. Mourut à 83 ans le 21 avril 1657, après 59 ans d'abbatiat. Eut comme coadjutrices, successivement : *Henriette-Catherine de Beauvilliers*, obtenue en 1633, entrée effectivement en charge le 13 août 1637, morte le 15 septembre 1638 ; *Marie-Catherine - Henriette d'Escoubleau de Sourdis*, en 1639, morte en 1643 ; *François-Renée de Lorraine*, qu'avait dirigée Renée de Lorraine, abbesse de Reims, et qui sera coadjutrice de 1644 à 1657, puis abbesse 1598
Françoise-Renée de Lorraine de Guise, Mlle de Guise (✝ à 63 ans le 4 décembre 1682). 1657
Marie-Anne de Lorraine d'Harcourt .... février 1683.
Marie-Eléonore Gigault de Bellefonds (✝ à 58 ans le 28 août 1717) 1700
Marguerite III de Rochechouart de Montpipeau. Intervint dans une vente de 1720 ; fut marraine d'une cloche de Boulogne le 3 avril 1727 1717
Louise-Emilie de la Tour d'Auvergne (princesse). Figure dans le récolement du bornage des 13-14 juin et 12 juillet 1730, dans une vente de terrains de Boulogne du 18 janvier 1733. Résigna en 1735 et mourut le 1er juin 1737 1727
Catherine V de la Rochefoucauld de Cousages, Coussages. Figure dans de nombreux actes, notamment dans ceux des 30 août 1736, 12 octobre 1739, 23 novembre 1740, 13 février 1752, 8 décembre 1752 (transaction), 17 janvier 1757. Mourut le 9 septembre 1760, après 25 ans d'abbatiat 1735
Marie-Louise de Montmorency-Laval, de Laval-Montmorency, dernière abbesse. Figure dans des actes du 8 mai 1761, 29 juillet 1761, 16 juin 1771, 18 septembre et 24 octobre 1772, 15 avril 1773, 3 et 6 avril 1783, 3 juillet 1785, etc. On a des lettres d'elle de 1770 au 5 juillet

1792 (S. 4418). Fut marraine d'une cloche de Boulogne en 1763. Elle vit la suppression de l'abbaye (1790). Agée de 71 ans, sourde et aveugle, elle fut arrêtée, conduite à St-Lazare, condamnée à mort par le tribunal révolutionnaire et exécutée le 24 juillet 1794 (non le 23), 3 jours avant la chute de Robespierre (27 juillet 1794), en même temps que M. de Burrelle, ancien premier président du parlement de Grenoble 1760

CHAPITRE III

Histoire de la **grande Confrérie** *depuis sa fondation (1319, 1320) jusqu'à nos jours (1903).*

J'ai réuni en un seul chapitre tout ce qui regarde la célèbre *Confrérie* de Boulogne-sur Seine, sauf à y renvoyer des autres chapitres. On aura ainsi, sans chercher, les divers éléments de son histoire.

En même temps que l'église, on fonda (1319, 1320) la *grande Confrérie de N.-D. de Boulogne-sur-Seine* sur le modèle de celle de Boulogne-sur-Mer. Enrichie d'indulgences dès 1329 par Jean XXII et, le 12 août 1329, par 15 évêques sous son autorité, elle compta parmi ses membres des papes, des rois, des reines, des cardinaux, des seigneurs, d'illustres personnages (voir à la liste ci-après) dont les noms étaient inscrits sur des registres portant en tête ces mots, rappelant la filiation entre Boulogne-sur-Seine et Boulogne-sur-Mer : « Magna Confratria Dominae nostrae Boloniensis justa Mare, constans peregrinis utriusque sexûs, fundata in Ecclesiâ Dominae nostrae Boloniensis Parvae, propè Sanctum Clodoaldum, Grande Confrérie de N.-D. de Boulogne-sur-Mer, composée de pèlerins de l'un et de l'autre sexe, fondée dans l'église de N.-D. de Boulogne la Petite, près St-Cloud ». On trouve parfois *juxta Sequanam*, près de la Seine, -sur-Seine, au lieu de *propè Sanctum Clodoaldum* (ces derniers mots sont aussi dans Le Roy, page 51).

Même avant la bénédiction de l'église (1330), les confrères acquérirent des rentes pour la Confrérie. Ainsi Nicolas Miette, Myette († 1338) intervint dans deux acquisitions de ce genre le dimanche des Brandons 1326 (1327 c'était le 1er dimanche de carême, dimanche où on allumait des feux sur les places publiques avec des *brandons* ou flambeaux de paille), dans une vente faite par Nicolas de Pontoise, et le 19 avril 1328, après Pâques. Le 19 octobre 1329, autre acquisition. Plus tard, les acquisitions se multiplièrent ; mais il fallut plus d'une fois engager des procès pour en assurer le payement, les débiteurs oubliant leurs créanciers, ainsi qu'il résulte des sentences du Châtelet de Paris des 9 décembre 1391, 12 mars 1400 (1401), 30 octobre 1404, 7 avril 1418, après Pâques, 1434, 5 mai 1435, 5 octobre 1436, 15 août 1438, 16 avril 1510, après Pâques, 18 mars 1521 (1522), 15 juillet 1527, 30 octobre 1538, 13 mai 1553, 2 août 1553, etc.

Voir 1326, 1329, 1330, 1334, au chapitre II ; 1335, 1336, 1392, au chapitre V.

Ange, « episcopus Salatinensis » et plusieurs autres évêques accordèrent des indulgences à la Confrérie en 1361 ; Clément VII fit de même en 1390, ou mieux par sa bulle de 1389, la 11e année de son pontificat (fut pape de 1378 à 1394), publiée en 1390.

La Confrérie prit le nom de *Confrérie royale de N.-D. de Boulogne-sur-Seine* à cause de la protection à elle accordée par les rois de France, qui veillaient avec soin sur les assemblées annuelles et les favorisaient de tout leur pouvoir. Aussi voit-on que par délibérations et déclarations des 16 août 1400, 18 juillet 1401, 15 février 1403 (1404), deux setiers de sel sans gabelle (la *gabelle*, impôt sur le sel : tire son nom de l'allemand *Gabe*, don, présent) furent accordés aux confrères et pèlerins de Boulogne-sur-Seine, dits encore de Boulogne-sur-Mer, pour la dépense de leur Confrérie et celle des assemblées et chapitres qui se tenaient annuellement, le dimanche dans l'octave de l'Assomption, à St-Jacques de l'Hôpital, église de Paris démolie en 1808, lieu ordinaire de ces réunions pour les confréries et pèlerinages célèbres. Le setier de sel de Paris valait 208 litres.

Le Roy (pages 265-266) donne le texte suivant de l'ordonnance du 31 juillet 1403, rendue en exécution des ordres de Charles VI, roi de France de 1380 à 1422 : « Les généraux Conseillers, sur le fait des Aydes (Aides) ordonnez (ordonnées) pour la guerre, au Grénetier du Grenier à Sel établi de par le Roy, nostre Sire, à Paris, Salut. Nous vous mandons, de par le Roy, nostre dit Seigneur, et de par nous, que, aux Maistres et Gouverneurs des Confrères et Pèlerins de Nostre-Dame de Boulogne-sur-la Mer, vous bailliez et délivriez deux septiers (setiers) de sel sans gabelle, pour la dépense de ladite Confrairie, qui sera à Saint-Jacques de l'Hospital, en la grande ruë St-Denis, le Dimanche d'après la my-Aoust, etc. Donné à Paris, sous nostre seing, le 31e jour de juillet 1403 ». — Les *Aides* étaient des subsides, des impôts à prélever pour les dépenses de l'Etat, des seigneurs. *Bailler* veut dire *fournir, donner*.

Voir les 4 administrateurs à 1420, 1469 (chapitre V).

Charles VII, roi de France de 1422 à 1461, donna plusieurs fois des marques de sa bonté à la Confrérie, car il reconnaissait en la Sainte

Vierge la Protectrice de la France qui lui avait permis de chasser les Anglais d'Orléans (8 mai 1429), avec l'appui de Jeanne d'Arc, et plus tard de Formigny (Calvados, 1450).

Jeanne d'Arc vint en pèlerinage à Boulogne en 1429, avant d'aller attaquer la porte St-Honoré, de Paris, devant laquelle elle fut blessée le 8 septembre 1429.

Le 3 mai 1452, le cardinal Guillaume d'Estouteville *(de Touteville*, du Breul, page 1264), accorda de nouvelles indulgences à la Confrérie. Le cardinal était le légat du St-Siège: il accorda en cette qualité des indulgences à l'ancienne paroisse parisienne de St-Landry (L. 670) le 19 mai de la même année.

Jean de Ste-Susanne, dit le *cardinal d'Angers*, enrichit aussi la Confrérie d'indulgences le 11 décembre 1468.

En 1469, Pierre Hymbert, Himbert, Imbert, supérieur général de l'ordre de Citeaux, dont la Sainte Vierge est la patronne, donna, en réunion générale de son chapitre, des lettres d'affiliation en faveur des confrères, des pèlerins et des bienfaiteurs de *N.-D. de Boulogne la Petite*, pour les rendre tous participants des messes, prières, mortifications et autres bonnes œuvres qui se font et se feront dans l'ordre cistercien. Il déclara agir ainsi parce qu'il se croyait obligé de prendre part aux honneurs rendus à la Sainte Vierge dans cette église « où se fait un grand concours de fidèles de l'un et de l'autre sexe, à cause des grâces singulières qu'on y reçoit, *propter singularem quamdam ipsius loci gratiam, innumerus fidelium utriusque sexûs confluit populus* ». (Ce texte latin est reproduit dans Le Roy, page 49).

Des indulgences furent accordées le 9 mars 1471 par le cardinal-légat Jean, dit le *cardinal d'Alby*, et en 1473 par Louis de Beaumont de la Forêt, 102e évêque de Paris (le 1er juillet) et 3 cardinaux (bulle du 15 décembre).

Avant Urbain VIII, il y a encore à signaler les indulgences accordées à la Confrérie et aux pèlerins par : la bulle de Sixte IV, de 1474 ; dix cardinaux, le 15 décembre 1474, sous Sixte IV ; la bulle de Sixte IV. de 1481 ; les cardinaux-légats Jean Rolin, évêque d'Autun, et Charles de Bourbon, évêque de Clermont-Ferrand et ancien archevêque de Lyon, le 28 avril 1482, sous Sixte IV ; le cardinal de Ste-Sabine, aux calendes de mai 1520 (1er mai 1520), sous Louis X (voir détails à l'église).

Voir ci-dessus 1510, 1521 (1522), 1527, 1538, 1553. Voir 1550 et 1596 à l'église.

En 1605, Nicolas Pijart, administrateur de la Confrérie, lui fit don d'une croix d'argent.

Voir 1612 et 1614 à l'église.

Le tableau des indulgences accordées de 1329 à 1481 était dans la nef, au rapport de Du Breul (page 1264), qui cite les indulgences des papes Jean XXII et Clément VII (onzième année de son pontificat), et celles de 1361, de 1452, de 1468, de 1473 & de 1481 ; mais du Breul a confondu Clément VII d'Avignon (régna de 1378 à 1394, comme on le verra plus loin) avec Clément VII de Rome (1523-1534), dont il fixe la 11e année à 1534, ce qui est exact.

Par son importante bulle de 1631, Urbain VIII, pape de 1623 à 1644, accorda des indulgences à la Confrérie. En voici la traduction, telle qu'elle se trouve dans les lettres de publication (1730) de Mgr de Vintimille, évêque de Paris de 1729 à 1746, le tout reproduit dans un appel au pèlerinage de 1757 conservé dans les archives de la Fabrique :

« URBAIN, EVESQUE, SERVITEUR DES SERVITEURS DE DIEU (voir cette formule à 1330), à tous les Fidèles Chrétiens qui verront ces lettres, salut et bénédiction apostolique.

« Considérant la fragilité de notre nature mortelle, la condition du genre humain et la rigueur du Jugement, Nous souhaitons avec passion que les Fidèles préviennent la sévérité de ce Jugement par leurs prières et bonnes œuvres, afin que leurs péchés étant effacés par ce moyen, ils ayent le bonheur d'arriver au repos éternel.

« Ayant appris que dans l'Eglise paroissiale de Notre-Dame de Boulogne la Petite, située proche St-Cloud, dans le diocèse de Paris, il y a une pieuse et dévote confrairie des Fidèles chrétiens de l'un et de l'autre sexe, canoniquement établie sous l'Invocation de la SAINTE VIERGE, à la louange de Dieu Tout-Puissant, pour le salut des Ames et pour le secours du prochain, non toutes fois pour personnes de quelque condition particulière, de laquelle les confrères, nos bien-aimés, ont accoutumé de s'exercer en plusieurs œuvres de charité, piété et miséricorde. Afin donc d'entretenir et d'exciter davantage ces confrères dans l'exercice de ces œuvres de piété, et de porter les autres Fidèles Chrétiens d'entrer dans cette Confrairie, et que cette Eglise soit dans une particulière vénération, et qu'il y ait un concours de dévotion des Fidèles d'autant plus grand qu'ils obtiendront l'abondance des Grâces spirituelles, Nous confians en la Miséricorde de Dieu Tout-Puissant, de l'authorité de ses bienheureux Apôtres saint Pierre et saint Paul, accordons aux Fidèles Chrétiens vraiment pénitens et confessés, au jour de leur entrée dans ladite Confrairie, s'ils reçoivent le Saint Sacrement, et aux confrères, tant présens qu'à venir, aussi vraiment pénitens et confessés, s'il se peut repus (nourris) de la Sainte Communion, ou tout au moins contrits, qui, à l'article de la mort, invoqueront le Sacré Nom de JÉSUS de cœur, s'ils le peuvent aussi de bouche, *Indulgence plénière* ; et aussi auxdits confrères, vraiment pénitens, confessés et repus de la Sainte Communion, qui, par chaque an, aux jour et fête de la *Nativité de la Sainte Vierge*, depuis les premières Vêpres jusqu'au Soleil couché de ladite fête, visiteront dévotement ladite Eglise ou Chapelle et Autel de ladite Confrairie, et là feront dévotes prières à Dieu pour l'extirpation des Hérésies, réduction des Hérétiques à l'unité de l'Eglise, conversion des Infidèles, exaltation de la Sainte Eglise notre Mère, conservation du Souverain Pontife, et pour la paix, union et concorde des Princes Chrétiens, le jour qu'ils pratiqueront ces choses, Nous leur accordons, de l'authorité apostólique, par la teneur de ces présentes lettres, *Indulgence* et rémission de tous leurs péchés ; et en outre, de l'authorité susdite, Nous relâchons auxdits Confrères, aussi pénitens, confessés et repus de la Sainte Communion, qui, visitant ladite Eglise, Chapelle ou Autel aux jours et Fêtes de la *Purification, Annonciation, Conception de la Sainte Vierge,* et au jour de *sainte Anne,* depuis les premières Vêpres jusqu'au Soleil couché, feront les prières cy-dessus, *sept années et autant de quarantaines d'indulgences;* et toutes les fois qu'ils assisteront à l'Office divin qui se célébrera en ladite Eglise, aux assemblées publiques ou particulières de ladite Confrairie, aux Processions ordinaires et extraordinaires qui se feront suivant la permission de l'Ordinaire (évêque du lieu), à l'inhumation des Trépassés, accompagneront le Saint Sacrement lorsqu'on le portera aux malades, ou, ne le pouvant faire, entendant sonner la cloche, se mettront à genoux et réciteront une fois l'Oraison Dominicale et la Salutation de l'Ange, à l'intention du malade, accorderont les querelles et divisions, recevront ou assisteront les pauvres pellerins, consoleront les malades dans leurs adversités ou réciteront cinq fois l'Oraison Dominicale et la Salutation de l'Ange, pour le repos des Ames des Confrères décédés, et ramèneront quelque dévoyé au chemin du Salut, ou qui enseigneront aux ignorans les commandements de Dieu et les choses du salut, à chaque fois qu'ils feront quelques-unes de ces actions de piété, Nous leur relâchons *soixante jours de pénitence* à eux enjointe, ou autrement par eux due, en quelque manière que ce soit ; les présentes lettres valables à perpétuité.

« Or, Nous voulons que si cette confrairie est unie, ou si après s'unit à quelque archiconfrairie pour jouir des Indulgences d'icelle (ce qui arriva : voir *Prima Primaria* ci-après), les premières Lettres et toutes autres, excepté ces présentes, ne lui puissent valoir, mais dès-lors soient nulles ; que si Nous avons accordé à ladite Eglise ou Chapelle quelqu'autre Indulgence à toujours, ou pour un temps non encore expiré, les présentes soient de nulle force.

« Donné à Rome, à Ste-Marie Majeure, l'an de l'Incarnation de Notre-Seigneur mil six cens trente et un, le jour des ides d'octobre, de notre pontificat l'an neuvième ».

« L'original des présentes est signé de plusieurs seings, et sur le replis (repli) D. Nicolas. Scellé en plomb, avec cordons tissus de filets, de capiton rouge et jaune retors ».

Voir à 1330 les dates des bulles. Les ides d'octobre étaient le 15 : la bulle est donc du 15 octobre 1631.

En 1673, le pape Clément X accorda des indulgences à la Confrérie. Près d'un siècle après 1631, l'archevêque de Paris autorisa ainsi la publication de la bulle d'Urbain VIII :

« Charles-Gaspard-Guillaume de Vintimille, des comtes de Marseille et du Luc, par la miséricorde divine et par la grâce du Saint-Siège apostolique, archevêque de Paris, duc de St-Cloud, pair de France, commandeur de l'ordre du St-Esprit, etc. Vû (vu) les présentes lettres d'Indulgence, nous en avons permis la publication dans notre diocèse.

« Donné à Paris, le 1er août mil sept cens trente.

« ✝ Charles, archevêque de Paris.
« Par Monseigneur, Martin. »

En 1793, la Révolution fit tout disparaître, et des copies de la bulle, datées de 1757 et de 1792, restèrent seules à l'église.

On reproduisait le texte de la bulle de 1631 et de la publication de 1730 dans les appels imprimés, faits chaque année, jusqu'en 1792, pour la fête patronale de Boulogne. Le dernier appel (1792) comprenait : 1° les mots « CONFRÉRIE DE NOTRE-DAME DE BOULOGNE, près Paris. Indulgences accordées par Notre Saint-Père le pape Urbain VIII à perpétuité », suivis de la bulle et de sa publication, ci-dessus ; 2° l'appel aux fidèles, dont voici le texte :

« AUX AMES DÉVOTES A NOTRE-DAME DE BOULOGNE, PRÈS PARIS.

« M. Vous êtes averti que le huitième jour de Septembre 1792, on solemnisera la FESTE DE NOTRE-DAME DE BOULOGNE dans l'Eglise Paroissiale (avant 1792, on mettait *Royale et Paroissiale*) de Notre-Dame de Boulogne, près Paris. Il y aura Exposition du Saint Sacrement, Indulgences pour les Confrères ; le Panégyrique de la Sainte Vierge sera prononcé, partie le matin, pendant la Grand-Messe, après l'Evangile, partie le soir, entre Vêpres et Complies, par M. PICARD, Vicaire de ladite Paroisse. Il y aura Salut et Bénédiction du Saint Sacrement.

« Le dimanche suivant, il y aura Exposition du Saint Sacrement, Salut et Bénédiction après Vêpres.

« Le lundi après l'Octave, il y aura Service à 3 Messes hautes (chantées) pour les Confrères défunts.

« Les Confrères qui visiteront ladite Eglise les jours de la Conception, de la Purification et de l'Annonciation de la Sainte Vierge, et au jour de Sainte Anne, depuis les premières Vêpres jusqu'au Soleil couché, gagneront chaque fois les indulgences.

« Les Confrères auront un Service, des Vigiles et deux hautes Messes, l'une de la Sainte Vierge, et l'autre de *Requiem*, aussitôt qu'on aura eu nouvelle de leur décès.

« Il y a tous les seconds Dimanches de l'Année un Salut de la Sainte Vierge pour les Confrères, avec Exposition du Saint Sacrement.

« *Messire* CHARLES-FRANÇOIS HÉNOCQUE, curé de l'*Eglise Paroissiale* de *Notre-Dame de Boulogne*, Directeur de ladite Confrérie (En 1757, l'appel portait *Confrairie.*)

« *M. Louis-Denis Bérangé*, Marguillier de la Vierge, *Maître en charge et Comptable* en 1792.

« De l'Imprimerie de N. FR. VALLEYRE LE JEUNE, rue Saint-Jacques, n° 240 ».

Des copies de 1757 et de 1792, on se servit pour soumettre une copie de la bulle de 1631 au cardinal Caprara, légat en France en 1805, afin qu'il lui donnât un caractère authentique. Voici le texte latin, d'après l'appel de 1792 (texte au dos de cet appel avec les sceaux), et sa traduction, pour la réponse du cardinal Caprara et la publication.

« Ex Audientiâ Sanctissimi.

« Parisiis, die 6 Februarii 1805.

« Sanctissimus, introscriptas Indulgentias earumque authenticas concessionis Litteras vigore praesentis Rescripti supplendo, iisdem modo et formâ, benignè confirmavit et renovavit. Contrariis quibuscumque non obstantibus.

« J. B., card. Caprara ».

« Joannes Baptista de Belloy, S. R. Ecclesiae Presbyter cardinalis, miseratione divinâ et S. Sedis Apostolicae gratiâ, Archiepiscopus Parisiensis. Viso indulto supra relato, idem excutioni in nostrâ dioecesi mandari permisimus et permittimus per Praesentes. Datum Parisiis, anno Domini millesimo octingentesimo quinto, die verò mensis februarii decimâ tertiâ.

« De mandato,
« J.-A-S. Buée, c. secr. »

« De l'audience du St-Père,

« Pour Paris, du 6 février 1805.

« Le Saint-Père, daignant remplacer, par le présent rescrit, les lettres originales et authentiques de concession des indulgences sus-relatées, les confirme bien volontiers et les renouvelle dans leur même forme et teneur, nonobstant opposition quelconque.

« J.-B., card. Caprara ».

« Nous, Jean-Baptiste de Belloy, prêtre-cardinal de la sainte Église romaine, par la miséricorde divine et la grâce du St-Siège apostolique, archevêque de Paris. Vu l'indult ci-dessus relaté, en avons permis et permettons, par les présentes, la publication dans notre diocèse. Donné à Paris, l'an du Seigneur mil huit cent cinq, le treizième jour de février.

« Par mandement,
« J.-A-S. Buée, c. secr. »

Le cardinal *Jean-Baptiste Caprara*, conseiller et légat de Pie VII, conclut le concordat de 1801 : il mourut en 1810. Le cardinal *Jean-*

Baptiste de Belloy fut archevêque de Paris de 1802 à 1808. Ces deux cardinaux relevèrent la grande Confrérie, qui avait perdu sous la Révolution tous ses biens, devenus biens nationaux, et avait disparu.

Les textes latin et français de ces deux derniers documents, sauf quelques mots, se trouvent avec les lettres d'agrégation à la *Prima Primaria*, le catalogue d'indulgences et les lettres d'indulgences accordées par Pie IX, dans le petit livre rarissime publié en mai 1853 par le curé Le Cot sous le titre : « Précis historique de la fondation de l'église et de l'érection de la grande Confrérie de Notre-Dame de Boulogne la Petite, près St-Cloud, dans le diocèse de Paris, par G. Le Cot, curé de cette paroisse, chanoine honoraire de Blois, ancien professeur de réthorique et sous-principal du collège de Sées ».

En 1852, à la demande du curé Le Cot, la grande Confrérie fut agrégée à la *Prima Primaria* de Rome, dont les détails sont dans les lettres mêmes d'agrégation suivantes, très instructives, données par le P. Roothaan, général des jésuites de 1829 à 1853 (je n'en reproduis que la traduction, avec quelques renseignements) :

« Jean Roothaan, supérieur général de la compagnie de Jésus, à tous ceux qui verront nos présentes lettres, salut en celui qui est le véritable et éternel salut.

« Il a toujours été démontré, et par la raison et par l'expérience, que les associations pieuses, et surtout celles formées sous le patronage de la *très Sainte Vierge*, augmentent puissamment la piété, tant à cause de la protection assurée et toute spéciale de la Mère de Dieu et des exercices particuliers de piété et de religion qui s'y font ordinairement, qu'à cause du mutuel exemple qui agit si fortement sur l'esprit de l'homme et l'entraîne si facilement dans un parti quelconque.

« Or, comme notre société (la compagnie de Jésus) travaille, avec l'aide de Dieu, à faciliter le salut du prochain et à le porter à la perfection par tous les moyens qui rentrent dans ses statuts, elle n'a pas cru devoir négliger ce moyen, dont elle a reconnu l'efficacité. C'est pourquoi, le P. Claude Acquaviva, de pieuse mémoire, notre prédécesseur (il est mort en 1615), ayant exposé au pape Grégoire XIII (fut pape de 1572 à 1585), d'heureuse mémoire, que, depuis quelque temps, il existait, sous le titre de *Notre-Dame de l'Annonciate* (Annonciation), dans notre collège de Rome, une association d'élèves, dont l'exemple avait été suivi par les jeunes gens élevés dans nos autres établissements, et qui en avaient adopté, avec beaucoup d'avantages pour eux, les mêmes règlements et les mêmes pratiques de piété, et que, par conséquent, il avait paru important, pour propager de plus en plus cette œuvre pieuse, de la revêtir de l'autorité du Saint-Siège et de l'enrichir des trésors spirituels, il a plu au même pape Grégoire XIII, d'heureuse mémoire, si ardemment porté de cœur à augmenter par tous les moyens possibles les honneurs dus à Dieu, de souscrire en faveur de cette institution, à la prière de notre prédécesseur, et de la confirmer par ses lettres en date du 5 décembre MDLXXXV (1585) » — Erreur : il faut 1584 (Grégoire XIII † 10 avril 1585).

« Ainsi, d'abord, en vertu de son autorité apostolique, il a érigé et institué dans notre collège de Rome, sous le vocable de *Notre-Dame de l'Annonciation*, la congrégation dite *Primaria*, composée de nos élèves et aussi des autres fidèles, et il lui a accordé des indulgences diverses et des privilèges nombreux, et dans la suite il a accordé au supérieur de notre société, ou à son remplaçant, quel qu'il soit, le pouvoir d'ériger, sous le même titre de *N.-D. de l'Annonciation*, dans tous les collèges de notre société, sans préjudice cependant des collèges ou des églises qui leur seraient annexés, des associations semblables, composées de nos élèves et de tous ceux que l'amour de la piété porterait à y entrer, et de les agréger à cette *Primaria* de Rome, comme des membres à leur chef, de sorte qu'elles puissent jouir des mêmes grâces, indulgences, rémissions des fautes, ainsi que de tous les privilèges dont jouit la *Primaria*.

« Le même pape *Grégoire* a, de plus, confié à notre société la direction de la *Primaria* et de toutes les congrégations qui lui sont agrégées et subordonnées, en sorte que le supérieur, ou son remplaçant, a le droit, non seulement de les inspecter, de faire de nouveaux règlements pour leur bonne administration et d'examiner, mais même de changer, réformer et annuler, selon les circonstances et comme il le jugera convenable en Notre-Seigneur, soit par lui-même, soit par tout autre membre de notre société qu'il lui plaira de déléguer, les règlements qui auraient déjà été portés.

« Le pape *Sixte V* (Sixte-Quint fut pape de 1585 à 1590), d'heureuse mémoire, animé, lui aussi, d'un zèle ardent pour la gloire de Dieu et d'un vif désir du salut spirituel du troupeau du Seigneur confié à sa sollicitude pastorale, a daigné, à la prière du même (le P. Acquaviva), notre prédécesseur, accorder et étendre les pouvoirs et les lettres susdites du pape Grégoire, son prédécesseur, de manière que le supérieur de notre société, ou son remplaçant, quel qu'il soit, puisse, en vertu de l'autorité apostolique, ériger et instituer, sous le titre de *N.-D. de l'Annonciation*, ou sous autres titre et invocation, dans toutes les églises, maisons, collèges, séminaires et autres lieux placés sous la direction ou confiés aux soins de notre société, une ou plusieurs congrégations de nos élèves seulement, ou des autres fidèles seulement, ou même des uns des autres, et d'agréger à la *Primaria* ces congrégations ainsi érigées et instituées, et de communiquer à perpétuité à ces mêmes congrégations toutes les indulgences plénières et non plénières, rémissions, relaxations des peines, développements, immunités, tous autres pouvoirs, indults et privilèges, tant spirituels que temporels, concédés ou à concéder à ladite *Primaria* ou à d'autres congrégations agrégées ou à agréger, et à leurs membres, nos élèves ou non, et d'étendre et d'accorder ces faveurs et privilèges à ces congrégations et à leurs membres, même quand ils ne seraient pas nos élèves, dans la même mesure qu'à la *Primaria* ». La bulle de Sixte V est de 1586.

« Le pape *Benoît XIV* (fut pape de 1740 à 1758), d'heureuse mémoire, a confirmé et augmenté tous ces privilèges, comme en font foi ses lettres apostoliques, expédiées le 27 septembre MDCCXLVII (1747, non 1748), sous la bulle d'or, et celles en date du 8 septembre MDCCLI (1751) ; et le pape *Léon XII* (fut pape de 1823 à 1829), d'heureuse mémoire, par ses lettres apostoliques, expédiées en forme de bref le 17 mai MDCCCXXIV (1824), a reconnu ces privilèges dans tout leur ensemble et il a même daigné, par un rescrit spécial, en date du 7 mars MDCCCXXV (1825), les étendre, en vertu de son autorité apostolique, à toutes les autres associations, sans différence de lieux, bien qu'elles ne soient érigées ni dans les églises, ni dans les maisons appartenant à notre société ou confiées à sa direction.

« En conséquence, nos chers frères en Jésus-Christ, le supérieur et les directeurs de l'association érigée canoniquement pour les fidèles de l'un et l'autre sexe dans l'église paroissiale de *Boulogne la Petite*, diocèse de Paris, animés d'un vif amour pour Dieu et d'une tendre dévotion à la Sainte Vierge, nous ayant fait la demande en leur nom et en celui des autres membres de la susdite association, par eux-mêmes et par l'organe de nos bien-aimés supérieur et directeurs de la *Primaria* de Rome, de vouloir bien ériger, sous l'invocation et le vocable de la VISITATION et de l'IMMACULÉE CONCEPTION DE NOTRE-DAME, une congrégation jouissant des privilèges sus-énumérés et de l'agréger à la *Primaria*, en vertu du pouvoir à nous accordé par le Saint-Siège, nous nous empressons, non seulement de satisfaire, mais aussi de louer leur piété, et, de par l'autorité à nous concédée, ainsi que nous venons de le dire, nous érigeons dans la susdite paroisse, et sous le vocable susdit, une congrégation pour les fidèles de l'un et de l'autre sexe ; nous l'unissons et nous l'agrégeons à la *Primaria* de Rome, et nous lui communiquons, dans la même mesure qu'ils ont été accordés à la *Primaria* et aux autres congrégations, tous les privilèges, indulgences, même plénières, et toutes les autres grâces accordées jusqu'à ce jour ou qui seront accordées à l'avenir à la susdite *Primaria* et aux congrégations qui y sont agrégées.

« AU NOM DE LA TRÈS SAINTE TRINITÉ, DU PÈRE, DU FILS ET DU SAINT-ESPRIT. Prosterné aux pieds de la majesté sainte de Dieu, nous le prions humblement de ratifier du haut des cieux cette concession, de rendre de jour en jour plus agréables à ses yeux les membres de l'association en les enrichissant sans cesse des dons célestes, de faire enfin qu'ils puissent, après l'avoir servi avec piété et religion, entrer dans la gloire éternelle et être admis à jouir à tout jamais de sa vue et de celle de la Bienheureuse Vierge.

« En foi de quoi, nous avons ordonné que les présentes, signées de notre main, fussent revêtues du sceau de notre société.

« Donné à Rome, le 18 novembre 1852,
     « Jean Roothaan ;
        « Joseph-Marie Manfredin, secrétaire ».

Le vicaire général C. Eglée a permis, le 15 mars 1853, la publication des lettres d'agrégation à la *Primaria* dans le diocèse de Paris.

Ces lettres sont complétées par la liste des « Indulgences accordées par les souverains Pontifes, tant à la congrégation dite *Prima Primaria*, érigée, sous le titre de l'*Annonciation de la Sainte Vierge,* dans le collège de la société de Jésus, à Rome, qu'aux autres congrégations identiques, présentes ou à venir, pourvu qu'elles soient canoniquement agrégées à la susdite *Prima Primaria* ». Voici ces listes, en français :

1° Tous les fidèles chrétiens de l'un et de l'autre sexe, confrères ou non, qui, vraiment pénitents, confessés et communiés, visiteront dévotement, depuis les premières vêpres jusqu'au coucher du soleil du jour de leur fête, ou de la fête titulaire de l'association, l'église ou chapelle ou oratoire où elle est érigée, et y prieront pour la conservation et l'exaltation de la sainte Eglise catholique, pour l'extirpation des hérésies, pour la paix et la concorde entre tous les princes chrétiens, pour le Saint-Père le Pape, ou y adresseront à Dieu d'autres prières, chacun suivant sa dévotion, gagneront l'indulgence plénière.

2° Si une confrérie n'a pas la sainte Vierge pour vocable ou patronne, la même indulgence plénière lui est accordée, aux mêmes conditions, pour le jour où est célébrée la fête de son patron ; et si une association n'a pas de vocable, son supérieur peut, chaque année, avec la permission de l'ordinaire, choisir celui qu'il voudra.

3° On peut également, avec la permission de l'ordinaire, transférer l'une et l'autre fête à un autre jour de l'année, et même à un dimanche, et alors les susdites indulgences sont accordées au jour de la célébration de ces fêtes, quand même elles coïncideraient avec une fête double : dans ce dernier cas, on pourra célébrer une messe votive solennelle de ces fêtes transférées.

4° Quiconque, le jour de sa réception dans la confrérie, vraiment pénitent et confessé, communie dans l'église où elle est établie ou dans toute autre où il le pourra, gagne l'indulgence plénière et obtient la rémission de tous ses péchés.

5° Mêmes grâces à l'article de la mort.

6° Mêmes faveurs pour les associés qui, aux fêtes de la Nativité et de l'Ascension de Notre-Seigneur, de l'Annonciation, de l'Assomption, de la Conception et de la Nativité de la Sainte Vierge, étant vraiment pénitents et confessés, communient dans l'église de la confrérie.

7° Mêmes faveurs encore, mais une fois seulement dans la même semaine, pour les associés qui, les jours où il y a réunion des confrères, d'après les statuts, règlements ou coutumes de la *Prima Primaria* ou des autres congrégations et associations érigées ou à ériger, étant vraiment pénitents, confessés et communiés, visiteront l'église ou chapelle, ou l'oratoire ou le lieu de chaque congrégation ou association, et y prieront aux fins ordinaires. Toutes les fois que dans la même semaine il y a deux ou trois réunions d'associés, le jour pour gagner l'indulgence est au choix de chacun. Cependant, il faut observer que dans ce cas, comme en tout autre, les associés doivent se conformer aux ordres des supérieurs dont ils dépendent.

8° Quant aux associations dont les membres ont coutume de se réunir le soir, la nuit ou à une heure quelconque de l'après-midi, le jour pour gagner l'indulgence plénière sera ou le jour même de l'assemblée, ou le suivant, à leur choix.

9° Les prêtres directeurs de la même confrérie, pourvu qu'ils en aient obtenu une fois pour toutes la permission de l'ordinaire, toutes les fois qu'ils auront visité des membres de congrégations ou des employés malades et que, par leurs pieuses exhortations, ils les auront aidés, soit à supporter patiemment les douleurs de la maladie, soit à accepter volontiers la mort des mains du Seigneur, et leur auront fait réciter, devant une image quelconque de Jésus en croix, au moins trois fois l'Oraison dominicale et la Salutation angélique, à l'intention du souverain Pontife et de la sainte Église notre mère, pourront appliquer à ces mêmes infirmes l'indulgences plénière, après leur avoir donné la sainte communion.

10° L'indulgence plénière, accordée une fois seulement dans la même semaine, peut être gagnée deux fois par an par les associés, qui, bien qu'ils n'aient pas visité le lieu où est établie l'association, visiteront une autre église dans laquelle ils communieront, après avoir fait une confession générale, ou de toute leur vie, ou à partir de la dernière confession générale qu'ils ont faite ;

11° En pareille occasion, l'usage de la confession générale est on ne peut plus approuvé, de même que la dévotion particulière envers la Sainte Vierge est singulièrement recommandée par les souverains Pontifes. De plus, il est enjoint aux associés d'exécuter toujours, sans retard et de bonne grâce, les ordres et de suivre les avis de leurs directeurs ;

12° Qui assisteront à la cérémonie religieuse de l'inhumation des associés ou des autres fidèles défunts ;

13° Qui, avertis par le son de la clochette, de l'agonie ou du trépas de quelque fidèle, prieront Dieu ou pour la guérison du malade ou pour qu'il fasse une bonne mort, ou pour le repos de son âme ;

14° Qui assisteront aux assemblées tant publiques que particulières, soit aux offices divins, soit aux instructions et conférences spirituelles ;

15° Soit à de pieux offices approuvés par la congrégation même, et du consentement des directeurs, pour le repos de l'âme des associés et des autres fidèles défunts ;

16° Qui assisteront à la sainte messe les jours ouvrables ;

17° Qui, le soir, avant de se coucher, feront avec soin l'examen de leur conscience ;

18° Qui visiteront les malades pauvres, associés ou non, soit dans les hôpitaux, soit dans les maisons particulières ;

19° Qui visiteront les prisonniers ;

20° Qui rétabliront la paix entre des personnes ennemies.

21° Pourront gagner toutes ces susdites indulgences les associés, en quelque endroit qu'ils demeurent, s'ils accomplissent, dans l'église de leur paroisse ou ailleurs, selon leur possibilité, les œuvres prescrites pour ces sortes d'indulgences.

22° Les associés pourront gagner toutes les indulgences attachées aux stations des églises de la ville, *intra et extra muros*, en visitant dévotement, pendant le temps du carême et autres époques de l'année, ainsi que pendant les jours de ces stations, l'église ou chapelle, ou l'oratoire privé, là où il y en a, autrement une église ou chapelle dans l'endroit où ils se trouvent temporairement, en y récitant sept fois l'Oraison dominicale et la Salutation angélique.

23° Toutes les indulgences susénumérées peuvent être appliquées, par voie de suffrage, à tous les fidèles défunts.

24° Tout autel d'une congrégation ou d'une association de ce genre est privilégié, et ce privilège s'étend à tous les prêtres qui y offrent le saint sacrifice pour le repos de l'âme des associés seulement.

25° Ces mêmes prêtres peuvent également célébrer la sainte messe pour le repos de l'âme de leurs associés, avec le même privilège, à un autel quelconque de n'importe quelle église.

26° Les mêmes indulgences et rémissions que ci-dessus sont également accordées, dans le désir qu'ils en profitent, à tous les rois, princes, ducs et comtes, souverains, ainsi qu'à leurs parents et alliés du premier et du deuxième degré seulement, qui demanderont à être inscrits dans une congrégation quelconque, érigée ou à ériger, ou dans celle de la *Prima Primaria,* et qui, bien qu'éloignés, accompliront les œuvres de piété, ainsi qu'il est enjoint plus haut, et visiteront une église à leur convenance et de leur choix.

27° De plus, tous les fidèles chrétiens qui passeront quelques moments en prière dans la chapelle de la *Prima Primaria* ou dans celles des congrégations susdésignées, agrégées ou à agréger, devant le Saint Sacrement qui y sera exposé pendant trois jours consécutifs, avec la permission de l'ordinaire, et y accompliront les autres œuvres prescrites, pourront gagner les mêmes indulgences, rémissions de fautes et relaxations des peines qu'ils gagneraient en visitant les églises où se fait l'exposition des Quarante-Heures.

28° Enfin, comme il arrive fréquemment que les exercices spirituels (retraites), qui durent ordinairement huit jours, ne peuvent, dans certains endroits, pour des motifs raisonnables, tant à cause des temps et des lieux que de la position des personnes, être intégralement suivis, mais seulement pendant cinq, six ou sept jours, il résulte, des présents privilèges, que les indulgences accordées à ceux-là seuls qui font les huit jours de retraite spirituelle peuvent être également gagnées par ceux qui en font consécutivement sept, six et même cinq pour le moins.

« Le 6 mars 1776, la sacrée congrégation des Indulgences et des saintes Reliques a été d'avis qu'on pouvait livrer le sommaire sus-énoncé à l'imprimerie de la révérende Chambre apostolique.

« Donné à Rome, en la secrétairerie de la sacrée congrégation des Indulgences.

« *Jules-César de Somalia (Somaglia)*, secrétaire de la
sacrée congrégation des Indulgences ».
(Ici place du Sceau).

L'agrégation à la *Prima Primaria* de la *grande Confrérie* avait pour but le rétablissement de cette célèbre confrérie, que les malheurs du temps avaient fait abandonner. Avant ce rétablissement, le curé Le Cot s'était adressé au Pape à l'effet d'obtenir des faveurs spéciales, qui furent accordées. Voici, latin et français, le texte des suppliques et celui des réponses faites par Pie IX, pape de 1846 à 1878, sous forme de rescrits :

1° « Beatissime Pater,

« *Guillelmus Lecot*, parochus loci vulgò dicti *Notre-Dame de Boulogne la Petite*, dioecesis parisiensis, in Galliâ, ad Sanctitatis vestrae pedes provolutus, humiliter cum deprecatur pro Concessione in perpetuum indulgentiae plenariae lucrandae, per modum suffragii, omnibus Christi fidelibus (etiam pro sodalitate quâ sit in eâdem ecclesiâ), qui, ritè confessi et sacra synaxi refecti, devotè visitaverint supradictam ecclesiam diebus quibus celebrantur festa patronalia Visitationis B. M. V. (Beatae Mariae Virginis) et per

1° Très Saint-Père,

« *Guillaume Le Cot*, curé de *Notre-Dame de Boulogne la Petite*, au diocèse de Paris, en France, prosterné aux pieds de Votre Sainteté, demande humblement et avec prière l'indulgence plénière à perpétuité, pour être gagnée, par voie de suffrage, par tous les fidèles chrétiens, ainsi que par les membres de la confrérie érigée dans ladite église, qui, dûment confessés et communiés, visiteront dévotement la susdite église, non seulement le jour où y est célébrée la *Visitation de la Ste Vierge*, fête patronale, mais

totam octavam ejusdem festivitatis, et in diebus festis tantum Assumptionis et Immaculatae Conceptionis B. M. Virginis.

« Orator exoptat indulgentiam septem annorum et totidem quadraginta dierum diebus festis B. M. V.

« Quod Deus, etc. »

« Ex Aud.^{tiâ} SS mi (Audientiâ Sanctissimi).

« SS mùs Dnùs Nr (Sanctissimus Dominus Noster) Pius PP. IX omnibus utriusque sexûs Christifidelibus plenariam indulgentiam, tum die, quo in supraenunciatâ Ecclesiâ Festivitas Visitationis B. M. V. debitis cum Licentiis celebrabitur, vel in ejus Octiduo, incipiendam ab ipsius diei primis vesperis usque ad ultimi diei dicti Octidui solis occasum, pro unicâ dumtaxat vice iis diebus acquirendam, tum diebus, quibus ipsâ in Ecclesiâ Conceptionis et Assumptionis ejusdem B. M. V. pariter debitis cum Licentiis celebrabuntur, incipiendam à primis vesperis usque ad eorum dierum solis occasum, si verè poenitentes, confessi sacrâque Communione refecti, dictam Ecclesiam visitaverint, ibique, per aliquod temporis spatium, juxta mentem Sanctitatis Suae, pias ad Deum preces effuderint ; ac septem Annorum totidemque Quadragenarum Indulgentiam, semel tantum lucrifaciendam in unâquaque ex aliis, ut infra, ipsius B. M. V. (Beatae Mariae Virginis) Festivitatibus, Nativitatis nempe, Praesentationis, Annuntiationis et Purificationis,

tous les jours de l'octave de cette fête, et le jour seulement des fêtes de l'*Assomption* et de l'*Immaculée Conception de la S. Vierge.*

« Le suppliant sollicite encore une indulgence de sept années et de sept quarantaines pour les autres fêtes de la Sainte Vierge.

« Que Dieu, etc. » , ,,

« De l'audience du Saint-Père.

« Notre très Saint-Père le pape Pie IX a daigné accorder l'indulgence plénière à tous les fidèles chrétiens de l'un et de l'autre sexe, qui, vraiment pénitents, confessés et communiés, visiteront l'église ci-dessus énoncée, et y prieront un certain temps avec piété et selon les intentions de Sa Sainteté, soit le jour où sera célébrée, avec permission de l'ordinaire, la fête de la *Visitation de la Sainte Vierge*, soit pendant l'octave de ladite fête, à partir des premières vêpres jusqu'au coucher du soleil du jour de l'octave, mais pour une fois seulement pendant les huit jours ; de plus, Il a daigné accorder l'indulgence plénière, et aux mêmes conditions que ci-dessus, pour les jours où seront célébrées dans ladite église les fêtes de l'*Immaculée Conception* et de l'*Assomption de la Sainte Vierge*, à partir des premières vêpres jusqu'au coucher du soleil du jour de ces mêmes fêtes ; et enfin Il a accordé sept années et sept quarantaines d'indulgences, susceptibles d'être gagnées une fois seulement, les autres jours des fêtes de la Sainte Vierge, savoir : la *Na-*

dummodo praefatam Ecclesiam corde saltem contrito, et devotè visitent, benignè concessit. Praesentibus in perpetuum valituris, absque ullâ Brevis expeditione, et cum facultate easdem Indulgentias in suffragium Fidelium defunctorum applicandi.

« Datum Romae, ex Sec.^{riâ} S. Cong. nis (Secretariâ Sacrae Congregationis) Indulgentiarum, die 29 Novembris 1852.
 « *J. Card. Asquinius*, Praef;
(Sceau) « *A. Colombo*, Secret.

 « Visum, et usui datum,
 « Parisiis, die 15^â martii 1853,
 (Sceau   « *C. Eglée*,
archiépiscopal) « V. g. »

2° « Beatissime Pater.
« *Guillelmus Lecot*, parochus loci vulgò dicti *Notre-Dame de Boulogne la Petite*, dioecesis parisiensis, in Galliâ, ad Sanctitatis vestrae provolutus humiliter, ad augendam fidem parochialis ecclesiae suae fidelium, etiam confraternitatis utriusque sexûs, in eâdem ecclesiâ supradictâ, supplicat ut Sanctitas vestra benignè concedere dignetur indulgentiam plenariam, et per modum suffragii, lucrandam, sive fidelibus, sive sodalibus quibus visitaverint ecclesiam supradictam et oraverint spatio secundum mentem Sanctitatis in die Sabbathi, in singulis mensibus, et indulgentiam septem annorum et totidem quadraginta dierum aliis Sabbathis.
« Quod Deus, etc. ».

tivité, la *Présentation*, l'*Annonciation* et la *Purification*, pourvu qu'on visite, dévotement et avec un cœur contrit, ladite église. Les présentes valables à perpétuité, sans aucune expédition de bref, et avec faculté d'appliquer, par voie de suffrage, lesdites indulgences aux fidèles défunts.

« Donné à Rome, en la secrétairerie de la sacrée congrégation des Indulgences, le 29 novembre 1852.
« *J. cardinal Asquinius*, président ; *A. Colombo*, secrétaire.

« Vu et donné pour l'exécution,
« Paris, le 15° jour de mars 1853,
« *C. Eglée*,
« vicaire général ».

2° « Très Saint-Père.
« *Guillaume Le Cot*, curé de *Notre-Dame de Boulogne la Petite*, au diocèse de Paris, en France, humblement prosterné aux pieds de Votre Sainteté, dans le désir d'augmenter la foi de ses paroissiens et des membres de l'un et de l'autre sexe de la confrérie érigée dans la susdite église, supplie Votre Sainteté de daigner accorder l'indulgence plénière, et par voie de suffrage, tant aux fidèles en général qu'aux confrères de l'un et de l'autre sexe qui visiteront ladite église et y prieront, l'espace d'un certain temps, aux intentions de Votre Sainteté, un samedi de chaque mois, et une indulgence de sept années et de sept quarantaines pour les autres samedis de l'année.
« Que Dieu, etc. ».

« Ex Aud^{tiâ} SS mi.
« SS. mùs Dnùs Nr Pius PP. IX omnibus utriusque sexûs Christifidelibus Indulgentiam tantum septem Annorum totidemque Quadragenarum, pro unicâ dumtaxat vice in singulis Anni Sabbatis acquirendam, dummodo parochialem, de quâ in precibus, Ecclesiam, corde saltem contrito et devotè visitent, benignè concessit. Praesentibus in perpetuum valituris absque ullâ Brevis expeditione, et cum facultate eamdem indulgentiam in suffragium Fidelium defunctorum applicandi.
« Datum Romae, ex Sec.^{riâ} S. Cong. nis indulgentiarum, die 15 x^{bris} 1852.

(Sceau ici)

« *J. Card. Asquinius,*
   « Praefectus.
« Visum, et usui datum.
« Parisiis, die 15^a martii 1853,

« *C. Eglée,*
   « V. g.
« *A. Colombo, Secr.* »

« De l'audience du Saint-Père.
« Notre très Saint-Père le pape Pie IX a daigné accorder une indulgence de sept années et de sept quarantaines, pour une fois seulement chaque samedi de l'année, à tous les fidèles chrétiens de l'un et de l'autre sexe qui visiteront dévotement la susdite église et y prieront avec un cœur contrit. Les présentes valables à perpétuité, sans aucune expédition de bref, et avec faculté d'appliquer, par voie de suffrage, ladite indulgence aux fidèles défunts.
« Donné à Rome, en la secrétairerie de la sacrée congrégation des Indulgences, le 15 décembre 1852.

« *J. Cardinal Asquinius,*
   « Président.
« Vu et donné pour l'exécution,
« Paris, le 15e jour de mars 1853,

« *C. Eglée,*
   « vicaire général.
« *A. Colombo,* secrétaire »

Sur ce 2e document, la signature *Colombo* se trouve après celle de M. Eglée.

Six semaines après le 15 mars 1853, l'abbé Lequeux, archidiacre de St-Denis, vicaire général de Paris, rétablit la *grande Confrérie* dans l'église de Boulogne-sur-Seine le dimanche 1er mai 1853 : le 3 juillet 1853, jour de l'érection solennelle de la Confrérie, une magnifique procession traversa les rues de Boulogne avec la *Vierge de Boulogne*. En même temps parut le règlement ci-après :

1º Tout fidèle chrétien, sans distinction d'âge, de sexe, de profession et de domicile, peut être membre de ladite Confrérie.

2º Le registre d'inscription est ouvert à la sacristie tous les jours, depuis 7 heures du matin jusqu'à midi, et les dimanches et fêtes toute la journée.

3º Les exercices publics de cette Confrérie ont lieu régulièrement, après les offices de l'après-midi, non seulement à toutes les fêtes de la Sainte Vierge, le jour de leur solennité, mais encore le deuxième dimanche de chaque mois, et sont suivis du salut solennel du très saint Sacrement, en vertu d'une autorisation spéciale de Mgr Sibour, archevêque de Paris, en date du 13 avril 1853. — N'existent plus. Le 1er dimanche du mois, il y a procession du Rosaire, et, après le salut, exercices pour la confrérie des jeunes filles.

4° Tous les jours, dans l'octave de la fête patronale de Notre-Dame de Boulogne (Visitation), il y a grand'messe et vêpres solennelles célébrées par messieurs les membres du clergé de diverses paroisses de Paris et des environs, qui y viennent en pèlerinage avec les fidèles de leurs paroisses. — N'existent plus depuis 1891 : voir après 1811.

5° Le samedi de chaque semaine de l'année, à 9 heures précises, il est dit une messe pour tous les confrères vivants et décédés. — Il n'y a plus que deux messes par mois à 8 heures : voir ci-après.

6° Tout membre de cette confrérie, dès que le décès en est annoncé, est recommandé nominativement le dimanche suivant aux prières du prône de la grand'messe. — Ne se fait plus.

7° Tout confrère décédé sur la paroisse, et par conséquent présenté à l'église, a droit, moyennant 3 francs, au guidon ou bannière de la confrérie. Le guidon lui est accordé gratuitement, si le service religieux est gratuit. — Ne se fait plus.

8° Chaque membre donne par an 1 franc pour les frais de la Confrérie, sans quoi il cesse d'avoir part à la messe du samedi de chaque semaine et perd ses droits au guidon en cas de décès. — Ne se fait plus.

Par acte Corrard, notaire à Boulogne, du 20 juillet 1863, le curé Le Cot fit don à la Fabrique (acceptation du 23 juillet 1863) de 120 francs de rente 3 o/o, à charge de faire dire une messe chaque semaine, le samedi, en faveur des membres vivants et décédés de la grande Confrérie, et d'y affecter 80 fr. pour les honoraires, 20 fr. par trimestre, le reste étant pour la Fabrique. Sanctionnée par décret impérial du 20 janvier 1864, la donation fut l'objet d'une ordonnance de Mgr Darboy, du 22 juillet 1864, qui fixa à 1 fr. 50 les honoraires de chaque messe ; mais Mgr Richard, en vertu des pouvoirs à lui conférés par les papes Pie IX et Léon XIII relativement aux messes, décida, par son ordonnance du 16 mars 1887, qu'il serait célébré chaque mois et à perpétuité, dans l'église N.-D. de Boulogne-sur-Seine, *deux messes basses*, soit une chacun des deux premiers samedis du mois, pour les membres vivants et défunts de la grande Confrérie, selon les intentions du curé Le Cot, et que les honoraires des messes seraient de 3 fr., le reste de la donation demeurant acquis à la Fabrique. D'après l'acte de 1863, il y avait 20 fr. d'honoraires trimestriels pour 12 messes (4 par mois), tarifées à 1 fr. 50, ce qui réduisait la somme à 18 fr. ; la nouvelle ordonnance admettant seulement 2 messes par mois, 6 messes par trimestre, à 3 fr. l'une, le montant du trimestre revient aussi à 18 fr.

La bannière de la *grande Confrérie*, qu'on expose encore aux jours de fête, est blanche. Elle représente la *Vierge Mère de Boulogne* sur son bateau, avec *deux Anges*, est brodée d'or sur le tout et porte les mots *Patrona nostra singularis, ora pro nobis* (chapitres II et XVII). On la portait en procession pour aller, avant la Révolution, de la place du Parchamp à l'abbaye de Longchamp et en passant par la *rue de la Procession*, dite aussi *rue de la Procession de la Fête-Dieu, du St-Sacrement*, à cause des processions de ce nom : cette rue allait de la Grande-Rue à la route de Longchamp ; elle fait partie de la *rue du Parchamp* (Voir chapitre 1er).

Au *Livre d'or* de la Confrérie, disparu, étaient écrits en lettres d'or les sept premiers noms, savoir (du Breul, page 1264) : « Charles, Roy de France et de Navarre, le Roy Philippes, le Roy Jean, le Roy Charles le Quint, le roi Charles sixiesme, le Roy Charles septiesme, Isabel de Bavières ».

Avant la liste de la Confrérie, je crois utile de reproduire l'ancien avis ci-après, relatif aux actes de 1631 et de 1805 :

« Avis. — Grande Confrérie
de Notre-Dame de Boulogne, près Paris.

« Les indulgences accordées par Notre Saint-Père le pape Urbain VIII (il fut pape de 1623 à 1644), aux jours et fêtes de la Nativité, de la Purification, de l'Annonciation et de la Conception de la Sainte Vierge, au jour de sainte Anne, ont été confirmées par Notre Saint-Père Pie VII, le 6 février 1805, et la permission de les publier accordée par son excellence Monseigneur le cardinal de Belloy, archevêque de Paris, le 13 février de ladite année (voir ci-dessus). Les femmes qui faisaient de fréquents pèlerinages à Notre-Dame de Boulogne étaient nommées *Boulognètes* ».

Voici la liste des « Noms des fondateurs et bienfaiteurs de l'église royale et paroissiale du pèlerinage et de la *grande Confrérie* de Boulogne », des pèlerins de marque, des membres principaux de la grande Confrérie, papes, cardinaux, rois, reines, princes, princesses, grands seigneurs, personnages célèbres, d'après le « Livre d'or de Notre-Dame de Boulogne (diocèse de Paris) », disparu, les archives de la Fabrique et autres documents, avec dates et renseignements nécessaires (voir inscription de 1745 au chapitre IV) :

1° Avant 1793.

Février 1319 (1320). Fondation de l'église et de la grande Confrérie. *Philippe V le Long*, roi de 1316 à 1322, et les seigneurs de la Cour. A la pose de la 1ʳᵉ pierre de l'église, le roi était accompagné de son frère Charles et de son cousin Philippe de Valois.

Jeanne de Bourgogne, femme du roi.

1320. *Girard de la Croix*, garde du scel du Châtelet de Paris, et *Jehan de la Croix*, son frère.

1326. Charles IV le Bel, roi de 1322 à 1328, et les seigneurs de la Cour.

Blanche de Bourgogne, femme du roi.

1326. *Nicolas de Pontoise*. Vendit une rente à la confrérie en 1327.

1329, 1330. *Hughes de Besançon*, évêque de Paris de 1326 à 1332 (voir 1330).

1330. *Jean de St-Omer*, donateur en 1328.

Jean XXII, pape de 1316 à 1334, et 15 cardinaux et évêques, sous son autorité.

1332. *Philippe VI de Valois*, roi de 1328 à 1350, et les princes, seigneurs et dames de la Cour.

Jeanne de Bourgogne, 1ʳᵉ femme du roi.

1344. *Jean le Charost de Milvy* et sa femme : lettres de réception du 19 décembre 1344.

1350. *Jean II le Bon*, roi de 1350 à 1364, fils et successeur de Philippe VI. Donna à l'église en 1360 un navire d'argent doré (chapitre V).

Le *dauphin*, depuis Charles V,

et *Bonne de Luxembourg*, femme du roi.

Jean III, comte de Tancarville, non *Trancarville*, vicomte de *Melun*, gouverneur de Bourgogne, de Champagne et de Languedoc. Participa à la conclusion du traité de Brétigny en 1360.

1364. *Charles V, le Quint, le Sage*, roi de 1364 à 1380.

Jeanne de Bourbon, sa femme.

Le connétable *Bertrand du Guesclin* († 1380).

1380. *Charles VI le Bien-Aimé, l'Insensé*, roi de 1380 à 1422.

La reine *Isabel (Isabelle), Isabeau, Elisabeth de « Bavières »*, sa femme.

1390. *Clément VII*, non VI, pape d'Avignon de 1378 à 1394.

1422. *Charles VII le Victorieux, le Vainqueur*, roi de 1422 à 1461. Tenta inutilement de prendre Paris en 1430.

1429. *Jeanne d'Arc, Darc*, la *Pucelle d'Orléans*. Délivra Orléans en 1429 († 1431).

1474. *Sixte IV*, pape de 1471 à 1484, et 10 cardinaux.

1480. *Louis XI*, roi de 1461 à 1483. Donna un cœur d'or à Boulogne-sur-Mer (chapitre II).

Marguerite d'Ecosse, sa 1ʳᵉ femme.

Charlotte de Savoie, sa 2ᵉ femme.

1495. *Charles VIII l'Affable*, roi de 1483 à 1498.

Anne de Bretagne, sa femme.

1512. *Louis XII, le Père du Peuple*, roi de 1498 à 1515, et les grands dignitaires de la Cour.

Anne de Bretagne, femme du roi.

Pierre du Terrail, seigneur de Bayard, le « Chevalier sans Peur et sans Reproche » (✝ 1524).

1526. *Marguerite d'Angoulême*, de *Navarre*.

1578, 1584. *Henry*. *Henri III*, roi de 1574 à 1589.

Louise de Lorraine sa femme.

La reine *Marguerite de Valois*, *Margot*, femme d'Henri IV (✝ 1615).

Le cardinal-légat *de Gondi*, 1ᵉʳ archevêque de Paris (une bulle de 1622, qui eut son effet en 1623, érigea Paris en archevêché), et tous les abbés des monastères de France.

1640. *Louis XIII le Juste*, roi de 1610 à 1643.

XVIIᵉ s. *Anne d'Autriche*, sa femme, divers personnages, des dames de la Cour, le cardinal *Mazarin* (✝ 1661).

XVIIIᵉ s. *Louis XIV*, les princes et princesses de la cour, *Bossuet* (✝ 1704) et nombre d'éminents personnages religieux, civils et militaires.

1704. *Louis XIV le Grand*, roi de 1643 à 1715.

1735. *La reine Marie « Leczinski » Leczinska*, femme de Louis XV (voir inscription de 1745, chapitre IV).

Le cardinal *d'Albert de Luynes*, archevêque de Sens de 1753 à 1788.

2° Depuis le rétablissement en 1853.

Le curé *Le Cot*, de Boulogne ; l'abbé *Drach*, son 1ᵉʳ vicaire ; l'abbé *Gentil*, son 2ᵉ vicaire (1852), puis 1ᵉʳ vicaire (1855), jusqu'à sa nomination à la cure de Billancourt en 1860.

Le vicaire général *Lequeux*, vu à 1853 ci-dessus.

Les curés Saïler, de St-Cloud, et *Hanicle*, de St-Séverin, à Paris (voir curé *Hanicle* à 1856).

Des vicaires de Paris (Auteuil, St-Séverin, St-Joseph, Batignolles, etc.) et de St-Cloud.

Des vicaires de Boulogne, dont les abbés *Duval* (voir à 1856), *Kercas*, *Coignat*, *Binz* (voir à 1892), *Beuscher*, *Dastarac*, *Léon Runner* (voir à 1903), etc.

Alphonse Orange, prélat romain, chanoine de la basilique de Lorette.

L'abbé Dalton, missionnaire en Amérique.

Les curés de Boulogne *Esnault* (nommé en 1868), *Guiral*, *Lesmayoux* (✝ 1892), *Leclercq*.

L'abbé *Ch. Gérard*, curé de Boulogne depuis 1898, un des continuateurs de l'abbé Le Cot pour les inscriptions au registre de la Confrérie.

Mgr le *comte d'Eu* et Mme la *comtesse d'Eu*, etc.

CHAPITRE IV

Mémoire de 1839 et inscription de 1745.

L'historique de la fondation de l'église de Boulogne-sur-Seine se trouve dans un mémoire du maire de Boulogne présenté en 1839 au conseil municipal. Le préambule est un éloge de la religion nationale de la France, car on y lit:

« Une heureuse réaction se fait sentir dans les esprits. Naguère encore, on affectait un orgueilleux scepticisme ; on se targuait de ne croire à rien ; l'impiété était de mode ; chacun avait la vanité sotte de passer pour un esprit fort. C'était un reste déplorable de la philosophie du siècle dernier, philosophie qui a fait son temps, qui, ayant renversé les institutions d'autrefois, après l'achèvement de sa tâche de destruction, peut-être nécessaire à l'établissement d'un ordre social meilleur, se voit heureusement supplantée chaque jour par une philosophie proclamant, sans craindre le ridicule, que la religion bien comprise, exempte de superstitions et d'abus, est la source de toute morale, comme aussi la base solide de toute organisation politique et sociale ».

Le maire résume ensuite ce qui est relatif à la dévotion à la Vierge de Boulogne, et constate que notre église précéda même l'existence de la ville, puisqu'elle fut construite dans un hameau « de 40 maisons » (il faut 48), près de la commune de St-Cloud, connu sous le nom de *Menus de St-Cloud*. Et voici comment est décrite la fondation :

« Ce fut en 1319 (1320), sous Philippe V dit *le Long*, que Girard de la Croix, garde des sceaux du Châtelet, Jean de la Croix, son frère, et quelques bourgeois de Paris, pour satisfaire à l'engagement religieux qu'ils avaient eux-mêmes contracté d'aller chaque année en pèlerinage à Notre-Dame de Boulogne-sur-Mer, obtinrent du roi la permission de bâtir une église sur un plan exactement semblable et de former une confrérie.

« Dans ces temps reculés et de piété profonde, Notre-Dame de *Boulogne la Petite* fut célèbre par des miracles qu'on attribuait à son intercession ; de toutes parts, on affluait à ses autels. Des lettres d'affiliation, accordées par l'ordre de Cîteaux en 1469, et une bulle du pape Clément VI, font allusion à ce concours de pèlerins et à la cause surnaturelle qui les attirait à Boulogne la Petite ». C'est Clément VII qu'il faut lire (voir à 1392).

M. *Dupont* (✝ 1876) a reproduit ce mémoire dans ses « Pèlerinages aux sanctuaires de la Mère de Dieu », tome II, page 187, édition de 1894-1895.

La fondation de l'église, sa confrérie, etc., sont rappelées sur une plaque de marbre noir, à l'entrée de l'église, à gauche, autrefois près du porche méridional de l'église et à côté de son bénitier : elle remplace la 1re (voir 1469), qui était près de l'ancienne chapelle du Sépulcre. Fut prise par Bridard sous la Révolution ; voir 1793). Cette plaque a 1 m. 27 de haut sur 0 m. 65 de large, et date du 8 septembre 1745 (non 1740 : voir *vœu* à 1744). Voici l'inscription qu'elle contient en lettres majuscules, avec le style et l'orthographe de l'époque (il y a aussi plusieurs erreurs) :

« L'an mil trois cens dix neuf, cette église fut bâtie Sous l'invocation de N.-D. de Boulogne. Philippe V le Long, Roy de France & de Navarre, en posa la première pierre à la Purification ; Me Jeanne de Repentie, abbesse du monastère de N.-D. de Montmartre & toute la communauté y donnèrent leur Consentement l'an 1320. La forest de Rouvroy et le lieu Appellé Menus changèrent de nom & s'appellèrent le bois De N.-D. de Boulogne et le village de N.-D. de Boulogne. La Con-Frairie fut établie par le Roy Philippe le Long. Nos très Sts Pères les Papes y ont accordés de grandes indulgences, surtout Jean 22 par sa bulle de 1329. Les jours destinés pour les Gagner sont l'Immaculée Conception, la Purification et l'Annon-Ciation. Fulco, célèbre évêque de Paris, l'an 1335 rapporte Plusieurs miracles que la très Sainte Vierge a opérée Icy, dans son église. Elle fut consacrée le 10 juillet, l'an 1469, par l'illustre Guillaume Chartier, évêque de Paris. Cette église porte le nom de N.-D. de Boulogne, parce qu'elle Est fille de N.-D. de Boulogne-sur-Mer. Les habitans et Bourgeois de Paris, ayant étés, par ordre du Roy, chercher L'image miraculeuse ditte de N.-D. de Boulogne, dans laquelle Il y a un morceau de l'ancienne et vénérable image de N.-D. De Boulogne-sur-Mer, cette relique est sous la protec-Tion du Roy, comme celles du Thrésor de la Ste-Chapelle. Elle ne peut sortir de l'église que par arrest de la Chambre des Comptes, comme appartenant originairement Au Roy, qui a permis qu'on la portât une fois par an, sous Un dais et pieds nuds, avec flambeaux et encens, à l'abbaye De l'Humilité de la Ste Vierge, bâtie par ste Elisabelle & Ditte N.-D. de Long-Champ : Nicolas Myette, l'un des Fondateurs de cette église, est enterré en cette basili-Que dans la chapelle de l'Assomption. Les Confrères de N.-D. de Boulogne sont participans de tous les mérites & bonnes œuvres de l'ordre de Citeaux. La Confrairie De N.-D. de Boulogne a reçu un accroissement considérable par Les soins de Mre Claude Jule du Val, docteur de Sorbonne, curé de

Cette église &, en cette qualité, prieur perpétuel de lad' Confrairie, pasteur zélé, qui a fait de grands biens à la Fabrique, & singulièrement attaché au culte de la Mère De Dieu. Les titres qui regardent la Confrairie royale De cette église sont en dépost en la chambre des Comptes de Paris, à celle de l'Isle et dans les archives Du chapitre de N.-D. de Boulogne-sur-Mer. L'histoire En a été écrite par M^r Le Roy, archidiacre de Boulogne-Sur-Mer. Cette pierre a été posée en la fête de la Nativité, qui est la fête titulaire de ce temple, l'an 6 du pontificat de N. S.-Père le pape Benoît XIV & le 1745 31 du règne de Louis XV le Conquérant, le Victorieux Et le Bien-Aimé. Marie Lezinski, princesse de Franc. Pologne, reyne de France, Mre Charles Hénoc, curé Et prieur de l'église royale et paroissiale et Directeur de la Confrairie de N.-D. de Boulogne ».

M^e est pour *Madame ; M^{re}* pour *Messire ; M^r* pour *Monsieur ; Elisabelle* pour *Isabelle ;* l'*Isle* pour *Lille.*

L'Immaculée Conception, dont le dogme a été proclamé en 1854, était fêtée depuis longtemps par l'Eglise : Grégoire XV défendra le 24 mai 1622 de soutenir une opinion contraire à la croyance de l'Eglise.

Voir *Fulco* ou *Foulques de Chanac* au chapitre V ; la statue à 1793 ; la bienheureuse *Isabelle* au chapitre 1er ; *Cîteaux* (1469) au chapitre III ; la *consécration* au chapitre V ; les curés *Duval* et *Hénocque* à leurs dates, 1724 et 1744 ; le livre de *Le Roy* au chapitre II ; la *fête patronale* à 1811 ; 1355 à 1343, 1344, et le 9 juillet (non 10) à la *consécration*.

La chapelle de l'*Assomption* était dans le croisillon septentrional. Voir *N. Myette* à 1327, 1328, chapitre III ; à 1338, chapitre V, et aux inscriptions de l'église, chapitre XVII.

Les archives de la chambre des Comptes de Paris ont été incendiées en 1776, et celles du chapitre de N.-D. de Boulogne-sur-Mer détruites par la Révolution.

Benoît XIV fut pape du 17 août 1740 à 1758, et Louis XV roi du 1er septembre 1715 à 1774. La reine Marie Leczinska, pèlerine en 1735, mourut en 1768.

CHAPITRE V

L'église de Boulogne-sur-Seine de 1330 à 1789. — 1re Période, de 1330 à 1469 Bulle de 1392. Le Cordelier Richard, 1429. Consécration, 1469.

On a vu au chapitre II la fondation de l'église en 1319, 1320, son érection en paroisse en 1330 et la nomination, 1er juillet 1330, de son 1er curé, *Petrus de Alneto, Pierre d'Aulnay, d'Alnet, Danet.* Dans ce chapitre sera parcourue, de 1330 à 1469, la suite de l'histoire de l'église, laquelle eut le titre d'*église royale.*

De 1320 à la fermeture de l'église en 1793, l'administration de l'église et de la grande Confrérie fut confiée à des gouverneurs, à des marguilliers, fabriciens ou procureurs, nommés d'abord et tous les ans par les confrères bourgeois de Paris (1320 à 1696), à charge de rendre annuellement compte de leur gestion, ensuite par les habitants de Boulogne. Ce conseil dit « d'administration, des administrateurs », prit encore le titre de « Conseil de l'Œuvre et Fabrique de N.-D. de Boulogne-sur-Seine » (on trouve parfois *N.-D. des Menus*). On a vu le mot *œuvre* à 1330. Le mot *Fabrique* vient du latin *fabrica*, construction, la construction des églises étant l'objet principal de l'administration temporelle du *conseil*, lequel avait autrefois, en dehors du culte, le soin des pauvres, la direction et l'entretien des écoles de charité (gratuites). Voir les nouveaux conseils de Fabrique à 1803, 1804, 1809 et au chapitre XVIII. Voir à 1420.

Le 1er curé resta en fonctions de 1330 à 1338. Voir accords de mai et juillet 1330, 1334, au chapitre II ; acte du 20 décembre 1332, après 1428 (Poissonnerie) ; accord de 1335, 1336, ci-après à 1343 (1344).

Par lettres patentes de décembre 1332, Philippe VI de Valois permit de doter une chapelle ou un autel que les premiers fondateurs désiraient élever dans l'église. A l'origine, l'église devait avoir deux transepts ; par suite de ressources insuffisantes, la construction en fut retardée jusqu'à la restauration de 1860-1863 ; mais on y éleva deux chapelles.

L'abbé *Pierre Danet* fut enterré dans l'église ; mais sous la Révolution, sa sépulture, comme tant d'autres, fut profanée. On en retrouva la pierre tombale dans la propriété Lemoine lorsqu'on y traça en 1893-1894 la rue Lemoine, et M. Petibon, rédacteur en chef de la *Gazette de Boulogne*, la fit enchâsser dans les murs de son jardin. Cette pierre porte le buste du curé, prébendier de St-Paul, la tête surmontée d'une sorte de mitre, marque de sa charge : il est à souhaiter qu'elle fasse retour à l'église. La *Gazette* a fait connaître ces détails dans le numéro du 15 septembre 1898, qui renferme diverses erreurs sur les curés de Boulogne.

Le 2e curé fut le chanoine *Nicolas Myette* (1338-1383), appelé quelquefois le *fondateur de l'église*, soit parce que Lebeuf (voir 1319, 1320) dit à tort que la paroisse ne date que de 1343, soit parce qu'on a confondu le curé avec son parent *Nicolas Myette*, bourgeois de Paris, qui prit part aux transactions de 1327, 1328, vues au chapitre III, et mourut en mai 1338 (voir épitaphe au chapitre XVII).

Voir vidimus de 1339 à 1224. D'autres vidimus furent délivrés sous l'abbé Myette, savoir : en 1341, de la bulle du 13 août 1329 sur la présentation à la cure et de l'ordonnance du 1er juillet 1330 sur l'érection de la paroisse et sa délimitation ; en 1342, des lettres du 18 février 1328 (1329) du chapitre de St-Germain l'Auxerrois ; en 1344, de la sentence de février 1343 (1344) ; en 1348, de l'acquisition de rentes pour la cure en avril 1330.

Favorisé par les rois, les princes et les seigneurs, le pèlerinage ne tarda pas à acquérir de la célébrité et à attirer des foules nombreuses, ce qui porta les habitants à bâtir des hôtels et des auberges pour loger et nourrir les voyageurs et les pèlerins. Plusieurs hôtels sont mentionnés dans des actes postérieurs, passés entre les administrateurs de l'église et des particuliers, comme les suivants : 1º bail des 20 juillet et 14 août 1428, relatant une maison avec cour et jardin « assise » à Boulogne la Petite, « entre les quatre croix devant la petite chapelle où pend pour enseigne l'Image de Nostre-Dame... et l'hostel où est pour enseigne l'*Escu de France*..., deux arpens de terre près l'abreuvoir des Menus » ; une pièce de terre entre les quatre croix limitatives du territoire de Boulogne... La *petite chapelle* est encore mentionnée, près de l'église, dans un bail du 31 janvier 1455 (1456), dans un titre nouvel du 12 octobre 1562 : voir chapelle *Ste-Gemme* au chapitre II ; — 2º trois actes des 5 mai 1435, 5 octobre 1436 et 15 août 1438, desquels il résulte que Gilles Choquet fut condamné à payer des rentes aux administrateurs de l'église, avec le droit pour ces derniers de les percevoir sur « son hostel, cour, grange, jardin à Boulogne-lez-St-Cloud, où pend pour enseigne l'*Image St Julien* », sous peine de saisie (1435) ; qu'il y eut saisie (1436), puis transaction (1438) : dans ces trois actes apparaissent des terrains voisins soit du « port des Menus », soit de la « Maladrie, Maladrerie ». Aux XIVe-XVIIIe s., l'« hostellerie de la Nef d'Argent » attirait les principaux pèlerins et visiteurs de Boulogne : fréquentée dès le XIIIe s. (voir après 1236), elle avait groupé autour d'elle quelques habitations.

Cette prospérité (voir 1516) est attestée par Foulques II de Chanac,

Fulco, 88ᵉ évêque de Paris (1392 à 1349). L'érudit Gérard Dubois (✝ 1696) publie la relation épiscopale dans son « Historia Ecclesiae Parisiensis », continuée après lui, histoire latine de 1696-1700 en 2 in-folio, qui renferme de précieux renseignements sur le diocèse de Paris, et M. Hamon, curé de St-Sulpice de Paris, à la page 97 du 1ᵉʳ volume de son grand ouvrage de « Notre-Dame de France » a traduit ainsi le passage de Dubois concernant les miracles : « Par l'intercession de la Mère de Dieu, des miracles s'opèrent journellement dans la nouvelle Eglise de Notre-Dame de Boulogne. On y voit grossir le concours des populations pieuses, et en même temps le produit des offrandes, legs et autres donations pieuses. Les ressources et les biens de cette église, croissant de jour en jour, permettent de donner plus d'éclat au service divin et font naître l'espoir qu'on pourra y fonder plusieurs chapellenies (*Historia Eccl. Par.*, II, page 635) ». Le texte latin se trouve ci-après dans la bulle de 1392, et le chanoine Le Roy (page 50 de son *Histoire*) s'exprime ainsi sur la lettre de Fulco, qu'il met indûment à l'année 1335 (voir ci-après), et des miracles de Notre-Dame. « J'y ay remarqué plusieurs faveurs signalées, obtenuës par divers particuliers, qui, dans leurs besoins, ont invoqué Nostre-Dame de Boulogne, représentée dans un navire, au milieu du Maistre Autel de cette Eglise. Les uns ont esté garantis du naufrage, tant sur la mer que sur la rivière de Seine ; d'autres ont évité plusieurs sortes de périls sur la terre ; quantité de femmes, en travail d'enfant, ont esté divinement secouruës, et quelques-unes mesme, qui avoient accouché d'enfans morts, ont eu la consolation de les voir revivre pour quelques momens et recevoir la grâce du saint baptesme ».

Voir erreur de 1343 à 1330.

Foulques II de Chanac termina heureusement le 10 février 1343 (1344) les différends soulevés entre son oncle et prédécesseur Guillaume V de Chanac, 87ᵉ évêque de Paris (1332 à 1342), fondateur du collège de *Chanac*, à Paris, le curé et les administrateurs de notre église : l'affaire avait été portée devant Benoît XII, pape de 1334 à 1342, ainsi que le prouvent des actes de 1335 et de 1336. Guillaume de Chanac prétendait que la collation de la cure et de tous les bénéfices fondés ou à fonder à N.-D. de Boulogne-sur-Seine lui appartenait ; qu'on devait lui rendre compte de tous les deniers et revenus de l'église, et qu'il devait avoir le droit de procuration dans ladite église ; — les confrères et administrateurs prétendaient au contraire qu'en qualité de fondateurs, ils devaient être les Patrons de l'église et de tous les bénéfices qui y étaient et y seraient fondés ; que l'évêque n'avait rien à voir dans les comptes de l'église ; enfin que l'évêque, n'ayant point le droit de procuration dans l'église d'Auteuil, parce qu'elle était dans la banlieue de Paris (ce qui sera jusqu'en 1860), il n'en devait pas avoir dans celle de Boulogne pour la même raison ; — le curé se plaignait de la modicité des revenus à lui attribués par les confrères et administrateurs de l'église.

Après accord intervenu entre les parties en cause, il fut décidé ceci : 1° à la 1re vacance de la cure, l'évêque y nommera de plein droit ; à la 2e vacance, les confrères présenteront un candidat, et ainsi alternativement dans la suite ; quand le curé désirera permuter, l'évêque recevra la permutation et nommera à la cure de plein droit, sans préjudice de l'alternative dans les autres vacances, alternative qui s'étendra aux vicaireries, chapellenies ou bénéfices fondés où à fonder dans l'église ; 2° le curé assistera aux comptes de la Fabrique, et ce au nom de l'évêque ; les délégués des confrères y assisteront également ; 3° l'église demeurera quitte du droit de procuration moyennant une rente de 20 livres parisis, assignée à l'évêque de Paris ; 4° quant au curé, on s'en tiendra à la transaction passée en 1335, 1336 (voir ci-après) entre les confrères et le curé, aux termes de laquelle le curé aura, en outre de 30 livres de rente parisis, la moitié des oblations et offrandes, les ornements donnés à l'église devant appartenir à la Fabrique (voir l'accord de juillet 1330 au chapitre II).

Cette sentence, approuvée par Clément VI, pape de 1342 à 1352, fut reproduite, avec les lettres de Foulques de Chanac de 1343, 1344, dans un vidimus du 17 septembre 1344.

De nouvelles difficultés surgirent, car on voit à la date du 5 février 1380 (1381) : 1° une sentence du Châtelet de Paris, approbative de la sentence ci-dessus pour la répartition des oblations, 1/2 au curé, 1/2 à la Fabrique ; 2° une supplique des administrateurs à Clément VII, pape d'Avignon de 1378 à 1394, non Clément VI, relative au droit de patronage et aux oblations. Un vidimus du 2 mars 1387 (1388) reproduisit : 1° la bulle du 13 août 1329 à l'archidiacre de Paris, sur le droit de présentation à la cure ; les lettres du 5 février 1385 (1386) de l'official de Paris, sur les droits du curé ; et l'acte par lequel le curé G.-J. de la Chanolle reconnaissait que les legs faits à l'église de Boulogne-sur-Seine par les paroissiens ou les confrères, dans lesquels ne seraient nommés ni les administrateurs de l'église, ni le curé, appartiendraient à la Fabrique et à la Confrérie.

Clément VII, la 14e année de son pontificat, confirma définitivement, par sa bulle du 10 mai 1392, l'accord de février 1343 (1344) ; mais avant de donner le texte de la bulle, je tiens à faire remarquer l'erreur des historiens qui ont confondu *Clément VI*, pape de 1342 à 1352 il n'avait pu avoir une 14e année de pontificat), et *Clément VII*. Cette erreur provient de ce qu'il y eut en même temps au XIVe s. un pape à Rome et un autre à Avignon : Clément VII, pape d'Avignon, régna de 1378 à 1394, reconnu par une partie de la chrétienté ; mais comme il ne figure pas au catalogue des papes légitimes, Clément VII de Rome ayant régné de 1523 à 1534, on a attribué, sans se rendre compte des années de pontificat, des actes de Clément VII à Clément VI. D'ailleurs, Clément VI, contemporain de Foulques, n'aurait pas dit « autrefois (olim) Foulques », et la date de la bulle, 1392, est conforme à la chronologie, puisque cette bulle ne devint nécessaire qu'après les événements de 1381, 1385, 1387 : elle se trouve très exactement analysée à 1392 dans l'inventaire de 1691 possédé par la Fabrique, et le « Messager de l'Archiconfrérie de N.-D. de la Mer », dont j'ai déjà parlé, après la publication d'une note de rectifications de dates que j'avais envoyée à M. l'abbé Ducatel, contient ces mots qui renforcent encore mon argumentation : « Ces observations sont confirmées par les dates que nous avons trouvées dans le *Series episcoporum* de Gams, édité à Ratisbonne en 1873 » (n° du 7 février 1903, page 41).

Voici la bulle du 10 mai 1392, d'après le texte latin de Le Roy (page 265), que je traduis comme précédemment :

« CLEMENS, Episcopus, etc. Ad perpetuam rei memoriam. His quae pro divini cultûs augmento, et maximè ad B. Mariae Virginis Matris gloriam et honorem piè et laudabiliter facta sunt, ut illibata persistant, firmitatem libenter adjicimus, etc. Certè pro parte dilectorum filiorum Rectoris Parochialis Ecclesiae B. Mariae de Boloniâ, aliàs de Menus, Parisiensis Dioecesis, et Confratrum Confratriae in honorem ejusdem B. Mariae Virginis, in eâdem Ecclesiâ institutae, nobis postulatio exhibita continebat quod olim Fulco, Episcopus Parisiensis, nonnullas compositiones inter Rectorem ipsius Ecclesiae, quae tunc de novo aedificata fuerat, et ipsos Confratres, etc. Nos igitur, ista statuta grata habentes, prout in instrumento publico, ipsius Episcopi sigillo habentur, confirmamus ; cujus tenor hic est :

« In nomine Domini. Amen. Universis praesentes litteras ins-

« CLÉMENT, Evêque, etc. En perpétuel souvenir. Nous confirmons volontiers ce qui a été fait de pieux et de louable pour l'accroissement du culte divin, et principalement pour la gloire et l'honneur de la B. Vierge Marie, Mère de Dieu, afin que rien n'y soit changé. Relativement aux paroissiens du curé de l'église paroissiale de N.-D. de Boulogne, autrement dite des *Menus*, du diocèse de Paris, et aux confrères de la confrérie établie dans cette église en l'honneur de la même B. Vierge Marie, il nous a été présenté une requête faisant connaître qu'autrefois Foulques, évêque de Paris, approuva les transactions passées entre le curé de cette église, nouvellement construite, et les confrères, etc. Nous donc, ayant pour agréables ces décrets, tels qu'ils se trouvent dans un acte public, revêtus du sceau du même évêque, nous les confirmons. En voici la teneur :

« Au nom du Seigneur. Ainsi soit-il. A tous ceux qui verront

pecturis, Fulco, Dei gratiâ, Episcopus Parisiensis, salutem, etc. Ad supplicationem dilectorum filiorum Confratrum novae Ecclesiae B. Mariae de Boloniâ, aliàs de Menus, propè Sanctum Clodoaldum Villam, nostrae Dioecesis, dudùm in Parochialem Ecclesiam in honorem Dei et B. Mariae Virginis Matris ejus, erectae, ubi per ipsam dei Genitricem, multa de die in diem panduntur miracula, et in ipsam Ecclesiam Deo devotus affluit populus; et de bonis sibi à Deo collatis, multas oblationes, legata et alia pia donaria, felici proposito, per Dei gratiam, largiuntur, in tantùm ut de die in diem facultates et bona augentur ibidem, cultus augmentatur divinus, et speratur verisimiliter aliquas Capellas perpetuas in ibi posse fundari, etc. Et licet ipsius Ecclesiae et status ejus ordinatio per Praedecessores nostros aliquando incepta fuerit, multa tamen restabant agenda, etc. Ideò, de assensu Curati et quatuor Gubernatorum seu Magistrorum dictae Confratriae, etc. Datum anno 1335, mense Martio, Pontificatûs Benedicti XII, 2, etc.

les présentes lettres, Foulques, par la grâce de Dieu, évêque de Paris, salut, etc. Vu la requête de nos chers fils, les confrères de la nouvelle église de N.-D. de Boulogne, autrement dite des *Menus*, près du village de St-Cloud, de notre diocèse, érigée récemment en église paroissiale en l'honneur de Dieu et de la B. Vierge Marie, sa Mère, où, par l'intercession de la Mère de Dieu, beaucoup de miracles s'opèrent journellement et où l'on voit un grand concours de peuple pieux ; aussi, en actions de grâces des bienfaits qu'ils ont reçus de Dieu, les pèlerins reconnaissants font-ils de nombreuses offrandes, des legs et autres donations pieuses, de sorte que les ressources et les biens de l'église, augmentant de jour en jour et permettant de donner plus d'éclat au culte divin, on espère y pouvoir fonder bientôt d'autres chapellenies, etc. Et bien que l'organisation de cette église et de ses ressources ait été entreprise par nos prédécesseurs, il restait encore beaucoup à faire, etc. C'est pourquoi, du consentement du curé et des quatre gouverneurs ou maîtres de ladite confrérie, etc. Donné en l'an 1335, au mois de mars, la 2ᵉ année du pontificat de Benoit XII, etc.

« Nulli ergo hominum liceat hanc paginam confirmationis infringere, etc.

« Datum Avenioni, 6 id. Maii, Pontificatûs nostri anno 14 ». Le 6 des ides de mai était le 10 mai.

« Qu'il ne soit donc permis à personne d'enfreindre ce décret de confirmation, etc.

« Donné à Avignon, le 6 des ides de Mai, de notre pontificat la 14ᵉ année ».

Autrefois on mettait sans transition les actes les uns à la suite des autres, source d'erreurs pour ceux qui lisent trop vite ces actes.

Le datum 1335 ne peut être de Foulques de Chanac, évêque de Paris seulement de 1342 à 1349 : c'est la date de la transaction, dont il a été parlé plusieurs fois, ratifiée en février 1343 (1344) par Foulques, mais dont le texte n'est pas reproduit ici (le voir plus haut à 1343, 1344). Le mois de mars 1335 est réellement 1336 (voir à 1319, 1320). Benoît XII fut élu pape le 20 décembre 1334 ; mars de sa 2ᵉ année de pontificat ne pouvait être qu'en 1336. L'année 1335 figure encore dans l'inscription de 1745 (chapitre IV) : ici, comme ailleurs, elle a été confondue avec 1343 (1344), date de l'accord ci-dessus, comme cette dernière a été confondue avec celle de 1330 (érection de l'église). Voir à 1420 les gouverneurs.

On délivra en 1393, après Pâques, en 1397 et en 1404, des vidimus de l'accord ci-dessus. De son côté, le Parlement s'occupa de l'affaire le 14 février 1404 (1405), et le Châtelet, à propos d'oblations, rendit le 6 septembre 1515 une sentence contraire aux prétentions du curé J. Mondinot (archives de la Fabrique), qui avait signé le 3 mars 1514 (1515) un acte avec les administrateurs de l'église : précédemment, le Châtelet avait rendu les 11 décembre 1395 et 15 février 1464 (1465) deux sentences en faveur du chapitre de St-Germain l'Auxerrois, relativement au droit de présentation à la cure (S. 160).

Voir 1345, exemption, à l'abbaye de Longchamp. Voir 1446.

Les 7 avril 1345, après Pâques, et 26 avril 1346, les administrateurs de l'église et les religieuses de Montmartre signèrent une convention pour le placement de 4 bornes-croix (voir 1523) destinées à servir de limites aux propriétés de la paroisse et à celles de l'abbaye. Voir un bornage à 1510, 2ᵉ Partie.

Par testament du 8 mars 1348 (1349), Jean de Senlis, époux de Laurence et ancien bourgeois de Paris, donna 19 livres à l'effet de fonder plusieurs services à son décès et au décès de sa sœur Péronelle, veuve de Raoul Le Cerf, soit à N.-D. de Boulogne-lez-St-Cloud, soit ailleurs. L'église de Boulogne n'en profita pas, car Jean du Buc, chantre de Senlis, ancien bourgeois de Paris, et Laurence, qui, avec le notaire Henri de Lanne, s'étaient chargés de l'exécution du testament, concédèrent le legs à St-Jacques de l'Hôpital, de Paris.

Jean II le Bon, prisonnier en Angleterre de 1356 à 1360, rendu à la liberté par le traité de Brétigny, hameau de Sours (Eure-et-Loire), signé le 8 mai 1360 et dont on attribua la conclusion à la protection de la Sainte Vierge, offrit en 1360 à notre église, en actions de grâces de sa délivrance, un navire en argent doré, avec la statue de la *Vierge* et deux *Anges* à ses côtés.

Voir 1361 à la grande Confrérie ; avril 1376 au 3ᵉ curé.

Par lettres patentes de janvier 1376 (1377), Charles V autorisa son conseiller Jean Le Mercier à fonder une chapellenie dans l'église de N.-D. de Boulogne la Petite, au moyen de rentes assignées sur plusieurs maisons de Paris appartenant au roi. Le Mercier fut inhumé dans notre église en 1397 : voir sa dalle funéraire au chapitre XVII. — Au rapport de Lebeuf, son contemporain *Grancolas* (+ 1732), au tome II, page 250, de son « Histoire de l'Eglise de Paris », donne Charles V comme fondateur de l'église ; il a confondu une fondation quelconque avec la construction de l'église, ou Charles V avec Philippe V.

Voir après 1343 (1344) les actes de février 1380 (1381).

Dans des lettres de 1382 est le bail consenti par les administrateurs de l'église, à Jean de Longchamp, d'une maison sise à Boulogne et appartenant auxdits administrateurs. Une sentence de condamnation contre Jean de Longchamp, pour non-payement, sera rendue par le Châtelet de Paris le 9 décembre 1391, et sa succession interviendra dans une autre affaire jugée le 30 octobre 1404.

Vers la fin du XIVe s., peut-être sous le 2e curé, on construisit sur la rue de Longchamp, contre l'abside de l'église, une salle voûtée pour servir de sacristie.

Le 3e curé de Boulogne-sur-Seine, de *Boulogne la Petite*, fut l'abbé *Guillaume J. de la Chanolle* (1383 à janvier 1394, 1395), dit *G. de la Chesnel* (Le Roy 51), *du Chesnel*. Le Roy dit qu'il fit un don en argent à la Fabrique de Boulogne-sur-Mer par testament du dernier jour d'avril 1376, bien longtemps par conséquent avant sa nomination à la cure de Boulogne la Petite. Voici ci-dessus à 1385, à 1392, les vidimus de 1387 (1388), de 1393, et son acte concernant divers legs. Voir 1389-1391 à la grande Confrérie.

Après G.-J. de la Chanolle, on trouve *Etienne Péruelle, Péruolle* (1395-1398), nommé curé le 24 janvier 1394 (1395) et qui prit possession de la cure le lendemain : voir 11 décembre 1395 ci-dessus. L'official de l'archidiacre de Paris lui délivra le 6 décembre 1397 un vidimus des bulles de Jean XXII, de 1329, sur le droit de présentation à la cure, et de Clément VII, de 1392, sur la confirmation de l'accord de 1343 (1344). Voir 1397 à J. Le Mercier ci-dessus.

Fiacre de la Fontaine, successeur d'E. Péruelle, eut une administration éphémère (1398-1399).

Le 6e curé, *Jacques Nivelle* (1399 janvier 1403, 1404), eut le titre de *chanoine d'Auxerre :* Lebeuf le donne à tort comme curé de Boulogne la Petite-lez-St-Cloud en 1407, puisque R. Lyotte le remplaça en 1404. Sous lui, les administrateurs de l'église intervinrent dans plusieurs transactions, notamment le 30 décembre 1399 pour des vignes du « Petit-Val, quartier des Menus ». Voir 1400, 1401, 1403 à la grande Confrérie.

Le 7e curé, *Robert Lyotte, Lejote* (1404-1439), fut nommé « le

28 janvier 1403 (1404) à la cure de Boulogne, vacante par la mort de Jacques Nivelle » (archives fabriciennes). Voir l'*Introduction* pour l'erreur Grenet.

Par lettres patentes du 15 février 1403 (1404), les administrateurs de l'église obtinrent de voir leurs causes commises aux requêtes du Palais, au sujet des violences, injures et rapt qui marquèrent les offrandes et les oblations la veille, le jour et le lendemain de la Purification, les 1er, 2, 3 février 1403 (1404), où il y eut quelques troubles.

Voir 15 février 1403 (1404), 1404, à la grande Confrérie.

Le 14 février 1404 (1405), un arrêt du Parlement traita encore de la perception des offrandes: un vidimus de la bulle de 1392 avait été délivré au curé R. Lyotte le 15 avril 1404, après Pâques.

En 1412, un grand pèlerinage de Parisiens vint à Boulogne pour obtenir la cessation des fléaux et de la guerre qui désolaient la France. Il est rapporté ainsi dans le « *Journal d'un bourgeois de Paris* », sous Charles VII (en partie), 1405-1449, publié en 1881 chez Champion par Alexandre Tuetey : « Le jeudi IXe jour de juing ou (au) dit an 1412, plusieurs paroisses de Paris, accompagnées de très grant peuple d'église et de commun, tous nuds piez (pieds nus), à grant reliquaire et luminaire, et en ce point allèrent à Boullogne la Petite, là firent leur dévocion et dirent la grant messe, puis s'en revindrent ». Dans le même journal, au 20 juin 1412, on voit un pèlerinage à Boulogne pour les paroisses parisiennes de St-Nicolas, de St-Sauveur et de St-Laurent.

En 1418 mourut à Paris *Nicolas Flamel*, célèbre écrivain juré, bienfaiteur de notre église de 1393 à 1413.

Voir 1418 à la grande Confrérie.

Le 18 août 1420, cent ans après la fondation de l'église, furent élus les 4 gouverneurs, marguilliers, administrateurs de l'église et de la Confrérie : voir ci-dessus à 1330, 1392 ; ci-après à 1469.

En décembre 1420, le roi accorda des lettres de rémission, sous condition d'un pèlerinage à « Nostre-Dame de Boulongne la Petite », à Colette, nourrice de 17 ans, femme du tripier Jean Mingois, laquelle avait fui de Paris après avoir trouvé mort le 3 décembre 1420, à 4 heures du matin, le fils de Jean Cordier, qu'elle nourrissait depuis 7 mois (« Paris sous la domination anglaise, 1420-1436, par Auguste Longnon, Paris, Champion, 1878 »).

Voir 1428, hôtels, après 1338.

Dans un acte du 16 novembre 1428, le chapitre de St-Cloud accorda au médecin Guillaume Lévis la chapelle St-Eustache de l'hospice ou Hôtel-Dieu de St-Cloud (chapellenie fondée vers 1208), que Pierre Longes lui avait cédée en échange d'une chapelle de l'église St-Benoît à Paris et de celle de Ste-Catherine de l'église de N.-D. de Boulogne la Petite (voir 1498).

Voir 1428, procession, après 885.

Au XVe s., on construisait une petite sacristie dans l'église, et des écoles, encouragées par le clergé, fonctionnèrent à l'abbaye de Longchamp et près de l'église. Voir 1714, 1729.

Dans le même siècle, les grandes fêtes des pèlerinages, surtout en mai, étaient fréquentées par les poissonnières de Paris : la Poissonnerie des Halles de Paris, riche et puissante, jouissait de grands privilèges et les rois y assignaient souvent des rentes, témoin les chartes ci-dessus de janvier 1313, de janvier 1314 et de mai 1315, et un acte d'échange du 20 décembre 1332. De leur côté, les habitants de Boulogne-sur-Seine se rendaient à Boulogne-sur-Mer.

Au XVe s. encore, des foules empressées accouraient aux sermons des aumôniers de Longchamp et à ceux des Cordeliers, dont le plus célèbre fut le frère Richard à son retour de la Terre sainte. Or, le jour de saint Marc, 25 avril 1429, non 1425, un mois environ après Pâques, frère Richard prêcha si éloquemment sur les vanités du monde, aux Parisiens venus à Boulogne, que les fidèles, sortis de l'église, se répandirent dans les auberges et les hôtels de Boulogne et de Paris, s'emparèrent des cartes, jeux, boules et billards, y mirent le feu et en firent un immense brasier dans lequel les femmes jetèrent à qui mieux mieux leurs parures, leurs bijoux et leurs diamants, au rapport du « Journal de Charles VII, page 511 », est-il dit à la page 811 du tome II de l' « Histoire de la ville de Paris, par dom Félibien et dom Lobineau », magnifique ouvrage en 5 in-folio, 1725 : dom *Félibien* mourut en 1695 ; dom *Lobineau* en 1727. On lit ceci dans cette *Histoire*, où est constatée la présence de 5 à 6.000 personnes aux sermons prêchés en avril 1429 par le frère Richard à l'église des Innocents, de Paris :

« Il fit aussi un sermon à N.-D. de Boulogne, au retour duquel on vit allumer dans Paris plus de cent feux où les hommes jettèrent les dez (dés), les cartes, les billes et billards, les boules et tous les autres instrumens de jeu, et les femmes y jettèrent les vains ajustemens de leurs testes (têtes), qu'elles appelloient *bourreaux* et *truffes*, et les pièces de cuir ou de baleine dont elles se servoient à leurs chaperons. Elles abandonnèrent leurs cornes, qu'on appelloit *hennins* en Flandre (le *hennin* était un bonnet large et élevé dont se moquèrent plus d'une fois les prédicateurs du XVe s.), retranchèrent leurs queues et renoncèrent à la superfluité des ornemens. Le prédicateur vint aussi à bout de faire brûler plusieurs madagoires, mandragores ou mains de gloire, que beaucoup de gens gardoient sottement et superstitieusement, dans la persuasion qu'ils ne seroient jamais pauvres tant qu'ils les conserveroient nettement dans du linge propre ou des estoffes de soie. Frère Richard devoit prescher son dernier sermon un Dimanche à Montmartre, et dès le samedi au soir, un nombre prodigieux d'hommes et de femmes sortit de la ville et coucha aux champs, dans la crainte qu'on avoit de manquer de places si l'on arrivoit tard ; mais le sermon fut empesché ».

Dans ses « Essais historiques sur Paris, 1754 », l'historien Poullain de St-Foix († 1776) reproduit les mêmes faits, que j'ai trouvés ainsi relatés à l'année 1429 du « Journal de Charles VII, » ou mieux « Journal d'un bourgeois de Paris, 1405-1449 », sous Charles VI et Charles VII : « ... Au revenir (retour) dudit sermon furent les gens de Paris tellement tournez en dévocion et esmeuz (émus) que, en mains (moins) de trois heures ou de quatre, vous eussiez veu (vu) plus de cent feux en quoy (dans lesquels) les hommes ardoient (brûlaient) tables et tabliers, dés, quartes (cartes), billes, billars, nurelis et toutes choses à quoy (avec lesquelles) on se povoit courcer (pouvait se courroucer, s'emporter) à maugréer à jeu convoiteux. Item, les femmes, cellui jour (ce jour-là) et le lendemain, ardoient, devant tous, les attours de leurs testes, comme bourreaux, truffaux, pièces de cuir ou de balaine qu'ilz (qu'elles) mettoient en leurs chapperons pour estre (être) plus roides ou rebras (repli d'étoffe, parement) davant ; (les damoiselles laissèrent leurs cornes) et leurs queues et grant foison de leurs pompes, et vraiement dix sermons qu'il fist à Paris et ung à Boulongne tournèrent plus le peuple à dévocion que tous les sermonneurs qui puis (depuis) cent ans avoient presché à Paris ».

Ce ne fut d'ailleurs qu'un feu de paille. Peu de jours après, ce beau zèle avait disparu, et les aubergistes et hôteliers, plus rassurés, purent vaquer tranquillement à leurs occupations.

Voir *Jeanne d'Arc* à Boulogne en 1429, à la grande Confrérie, comme 1434-1438. Voir 1435, 1436, 1438, hôtels, après 1338.

Dans le rigoureux hiver de 1438, les Parisiens se rendirent à Boulogne pour demander à la Vierge Marie un adoucissement à la température.

Sous le 8e curé, *Jean Godard, Godart* (1439-1467), des difficultés s'élevèrent entre le curé et l'abbaye de Longchamp, au sujet de l'administration des sacrements et de la sépulture des serviteurs de l'abbaye (voir exemption à 1345), et l'abbaye obtint le 18 avril 1442, après Pâques, l'autorisation d'assigner le curé Godard. L'affaire ayant été examinée par le Parlement, celui-ci rendit le 30 juillet 1446, en présence de Charles VII, un arrêt qui donna gain de cause à l'abbaye et lui concéda le droit de faire administrer, par les frères Mineurs, confesseurs du couvent, les sacrements d'Eucharistie, de Confession (Pénitence) et d'Extrême-Onction à ses serviteurs nécessaires et à ses domestiques demeurant dans la clôture de l'église ou de la maison de Longchamp, et de les enterrer dans les cimetières abbatiaux, à moins qu'eux-mêmes n'aient choisi ailleurs un autre lieu de sépulture.

Voir 1443 (1444), procession, après 885 ; 1450, Formigny, à 1429, grande Confrérie ; 1452, à la grande Confrérie ; 1455, 1456, chapelle, après 1338 ; 1461 à 1702.

Dans un acte de mars 1463 (1464) est la renonciation en faveur de la Fabrique d'une maison, cour et jardin, « assise » à Boulogne et faisant « le coing de la rue des Menus ».

Voir 1465, sentence, après l'accord de 1343 (1344).

Le curé *André de Mellet* (1467-1469) succéda au curé Godard. Voir 1468 à la grande Confrérie.

Sous *Pierre Charpentier*, curé dès 1469, eut lieu la consécration de l'église bénite en 1330.

A la demande des gouverneurs de la confrérie de N.-D. de Boulogne-sur-Mer établie à Boulogne-sur-Seine, Guillaume VI Chartier, 101e évêque de Paris (1447 à 1472), consacra l'église de N.-D. de Boulogne la Petite le dimanche 9 juillet 1469, Louis XI régnant, 139 ans après sa bénédiction, et il ordonna d'en célébrer la dédicace le 2º dimanche de juillet : en 1469, Pâques étant le 2 avril, le 9 juillet était le 2e dimanche du mois. La consécration fut rappelée par l'inscription gravée sur une pierre placée près de l'entrée de l'église et de la chapelle du Sépulcre, dans la nef septentrionale, disparue malheureusement. Du Breul (page 1265) en a donné le texte, qui est le suivant (l'inscription de 1745 donne à tort 10 juillet) :

« En la nef d'icelle église, auprès la Chapelle du Sépulchre, est engravé en une pierre ce qui s'ensuit :

« L'an de grâce 1469, le Dimanche, neufiesme jour du mois de Juillet, fut dédiée et consacrée cette présente Eglise par Révérend Père en Dieu, Maistre Guillaume Chartier, Evesque de Paris, à la requeste et supplication de discrettes et honorables personnes, Maistre Pierre Charpentier, Prestre, Chapellain et Procureur, Guillaume Barbedor, Nicolas de la Feuillée, Jean Boileauc et Nicolas Ménard, Maistres Gouverneurs et Marguilliers d'icelle Eglise et de la grande Confrairie aux pèlerins et pèlerines de Nostre-Dame de Boulogne sur la Mer, fondée en icelle. De laquelle dédicace et consécration la solennité sera célébrée chacun an à toujours le second Dimanche dudict mois de Juillet. Et à tous vrais Confessez (confessés) et repentans, visitans icelle Eglise ledict jour, ledict Révérend Père en Dieu donne et octroye quarante jours de pardon, et par chacun jour de l'an autant, et aussi à ladicte solennité, et octaves d'icelle, s'estendent pareillement les grands pardons donnez (donnés) par plusieurs saincts Pères jà pieça (il y a déjà longtemps), et aux bien-faicteurs de ladicte Eglise. Et si sont associez en tous les bien-faicts de l'ordre de Cisteaux ».

L'inscription de 1745, ci-dessus, rappelle la consécration en quelques mots, et Lebeuf la résume (tome III). Voir 1469, Citeaux, à la grande Confrérie ; les 4 gouverneurs à 1330, 1392, 1420.

CHAPITRE VI

L'église de Boulogne-sur-Seine de 1330 à 1789. — 2ᵉ Période, de 1469 à 1600. Parties de Boulogne. Protestantisme.

Le chapitre V s'arrête à la consécration de l'église, 9 juillet 1469, l'abbé P. Charpentier étant curé depuis 1469.

De 1469 à 1481, on trouve les curés *Pierre Charpentier* et *Mathieu Berthault;* on ignore la date où le 2ᵉ succéda au 1ᵉʳ, seule lacune qui existe dans mon histoire de l'église de 1320 à 1903.

Voir 1471, 1473, 1474, à la grande Confrérie.

Par lettres du 30 janvier 1474 (1475), Louis XI donna « la pierre de la rupture du pont de St-Cloud qui empeschait le cours de l'eau du fleuve », à l'église de Boulogne-sur-Seine, pour être employée à la construction de la « croisée » de l'église, et la chambre des Comptes, par ordonnance du 16 avril 1477, après Pâques, chargea Louis le Blanc de la délivrance de la dite pierre.

A M. Berthault succéda le curé *Jean-Baptiste Viallon* (1481-1514).

Voir 1481, 1482, à la grande Confrérie.

Le « chemin de St-Denis », à Boulogne, apparait dans des actes des 5 février 1490 (1491), 18 mai 1513, 19 juin 1550 (grande rue St-Denis), 25 avril 1587. Dans une déclaration d'héritages où intervinrent les administrateurs de l'église le 8 avril 1491, après Pâques, on voit figurer plusieurs anciennes parties du territoire de Boulogne, désignées sous les noms de « Sous-le-Val, le Grand-Sault, le Cul des Vignes, les Pierruches ou Perruches, le Bout des Vignes » ; et dans un autre, du 6 mai 1491, apparaissent les lieux dits « le Val, les Vignes-Blanches, les Morillons, la Porte des Vignes », ce qui prouve l'importance des vignes de l'époque. Dans un bail du 11 avril 1505, après Pâques, se retrouvent « le Val, la Porte des Vignes, les Morillons, les Vignes-Blanches, du quartier des Vignes ». Les « Pierruches, Perruches » se retrouvent dans un titre nouvel du 30 septembre 1513.

Lebeuf (tome III) dit avoir vu au 28 novembre 1498 la collation de la chapellenie de *N.-D.* à l'église de Boulogne. L'évêque la conféra le 14 février 1520 sous le titre de l'*Annonciation de N.-D.*, sur la présentation du seigneur Fiacre de Harville de Palaiseau, héritier de son oncle Louis de Concies, qui en était le patron. Elle était différente de la chapelle *Ste-Catherine* (voir 1428), que Jean Chuffart avait permutée en 1437 pour le doyenné de St-Marcel, de Paris. Plus tard cependant, dans le pouillé de 1626, il n'y a qu'une chapelle *N.-D.-et-Ste-Catherine* à la présentation des héritiers de Jean Nicier. Les pouillés (relevés, états de bénéfices ecclésiastiques) de 1626, 1648, 1692, diffèrent sur le mode de nomination à la cure : celle-ci dépendait de l'archiprêtré de la Madeleine et du chapitre de St-Germain l'Auxerrois (Lebeuf, tome III).

Voir 1510 à la grande Confrérie.

Dans les actes possédés avant 1793 par la Fabrique étaient les bulles de Léon X, d'avril 1513, après Pâques, accordant une pension à un certain François Maurice, et lui conférant la chapelle de St-Thiébault de Gourville, au diocèse de Chartres.

Voir ci-dessus 18 mai et 30 septembre 1513. Voir aussi 1513 à Billancourt.

Après l'abbé Viallon, on trouve le curé *Jean Mondinot* (1514-1524), dont j'ai parlé après 1343 (1344) pour l'acte du 3 mars 1514 (1515) et la sentence rendue contre lui le 6 septembre 1515.

Voir 14 février 1520 à 1498, chapelles.

Le cardinal de Ste-Sabine accorda le 1er jour des calendes de mai 1520, 1er mai, des indulgences pour les fêtes de la Nativité, 8 septembre, de l'Immaculée Conception, de l'Assomption, de Pâques et de la Pentecôte. Voir 1550.

Dans un titre nouvel du 17 janvier 1521 (1522), au profit de la Fabrique, figurent « le quartier des Menus, près ledit Boulogne », et les parties connues sous les noms de « le Val, Champoton ou Champuton, le Gros-Buisson ». Dans un autre titre nouvel du même jour sont « le Val, la Porte des Vignes, les Vignes-Blanches, la Grande ou Grosse-Pierre ».

Le 29 janvier 1521 (1522), le Châtelet de Paris, sur requête des administrateurs de l'église contre un des gouverneurs, condamna ce dernier à rendre les archives qui étaient en sa possession.

Voir 18 mars 1521 (1522) à la grande Confrérie.

Le 10 décembre 1523, le Châtelet rendit une ordonnance concernant les administrateurs de l'église et l'abbaye de Montmartre, pour le rétablissement des 4 croix-limites en pierres de taille, qui avaient été brisées : voir 1345, 1346.

Au XVIe s., le pèlerinage de N.-D. de Boulogne la Petite était très prospère, car le poète Michel de Tours (Guillaume) en parle élogieusement en 1516, et la grande Confrérie, les confréries des huchers ou huchiers, fabricants de coffres ou huches, des pêcheurs et des autres corps de métiers assistaient parfois aux cérémonies de Paris, avec leurs belles bannières brodées. — Michel de Tours a composé le curieux poème de la « Forest de Conscience, 1516-1520, in-8 », où *Contrition*,

Confession et *Restitution*, changées en *lévriers*, mettent *Péché* en fuite.

Au XVIᵉ s. également prit naissance le *protestantisme*, avec Luther et Calvin. *Martin Luther*, moine augustin allemand, attaqua les indulgences en 1517 et publia ensuite un programme en 95 propositions contre le célibat des prêtres, les vœux monastiques, la transsubstantiation, la messe, etc. Condamné en 1520 par le pape, il brûla la bulle pontificale et donna ainsi le signal de la *Réforme*, qui devait mettre l'Allemagne à feu et à sang : sa doctrine ou le *luthéranisme* pénétra relativement peu en France.

Après Luther, *J. Calvin*, le même qui fera brûler *Michel Servet* en 1558, leva l'étendard de la révolte contre le catholicisme par la publication de son « Institution de la Religion chrétienne », parue en latin à Bâle en 1535, en français en 1541. La France adopta la doctrine de Calvin ou le *calvinisme*, cause des guerres de religion des XVIᵉ-XVIIᵉ s.

Le clergé de Boulogne combattit pacifiquement la nouvelle secte, qui avait recruté quelques adhérents autour d'un *pasteur* ou *prédicant* ; mais les religionnaires ne furent jamais nombreux à Boulogne. Voir détails à 1872 et à 1897, 2ᵉ Partie.

Au XVIᵉ s. était attaché à notre église, à une date incertaine, le vicaire *P.-F.-Antoine Desjardins*, « prêtre du diocèse de Paris, du vicariat de Boulogne », d'après sa pierre tombale, avec épitaphe latine, trouvée sur l'emplacement de l'ancienne église de l'*Avé Maria*, à Paris, et transportée au musée Carnavalet.

Au XVIᵉ s., l'évêque de Paris possédait une partie du bois de Boulogne.

Le curé *Fulbert Desprès* (1524-1555) administra l'église après J. Mondinot.

En mai 1526, Marguerite d'Angoulême, la future Marguerite de Navarre, vint à Boulogne pour une messe en mémoire du troubadour Catelan : voir ce troubadour, XIIIᵉ s., à la 2ᵉ Partie (bois).

Voir 1527 à la grande Confrérie.

Dans un titre nouvel du 3 janvier 1527 (1528), en faveur de la Fabrique, figure un propriétaire de la grande arche du pont de St-Cloud, dite « maîtresse arche ». Dans un autre, des 30 juillet 1528 et 17 décembre 1554, se retrouve le *Val*. Dans un 3ᵉ, du 1ᵉʳ février 1530 (1531), est l'ancienne rue du *Carrefour*, au quartier des Menus : une sentence de condamnation sera rendue contre le débiteur le 2 août 1553.

Voir 1528, 1531, à 1702 ; 1538 à la grande Confrérie ; 1541 à 1320.

Dans des actes des 26 novembre 1541, 13 septembre 1542, 2 avril 1544 (1545) figure la *Folie, Follie*, d'Auteuil, du terroir des Menus ou de Boulogne : voir à *Billancourt.* L'*Abreuvoir* se trouve dans un acte du 2 juin 1547.

A la suite d'un vol de reliques en 1548, un procès avait été engagé ; mais une transaction termina l'affaire sans ennuis pour la Fabrique.

Le 17 mai et 1er novembre 1550, six cardinaux, sous Jules III, accordèrent 100 jours d'indulgences aux fidèles qui visiteront l'église de Boulogne-sur-Seine et y feront des aumônes : l'évêque de Troyes, grand vicaire du cardinal J. du Bellay, évêque de Paris, puis archevêque de Bordeaux, confirma ces indulgences. Voir indulgences à 1520, 1596, 1612, 1614, 1631, 1673.

Le 2 décembre 1551, la Fabrique loua (bail de 6 ans) à la veuve Hugues Compagnon une place pour la vente de la bougie, des cierges. Voir autre bail à 1560.

Voir 1553 à la grande Confrérie.

Différentes parties de notre ville figurent dans les actes suivants : 19 juin 1550, « grande rue St-Denis, Bout des Vignes » ; 10 avril 1553, après Pâques, et 22 février 1554 (1555), les « Perruches, Pierruches » ; 9 janvier 1554 (1555), la « Folie, Follie », ci-dessus. Voir 2 août 1553 à 1531, ci-dessus ; 1554 à 1528.

Sous le curé *B. Le Loyer, Le Loger* (1555-1561), Guillaume le Saulnier, peintre à Paris, par promesse notariée du 5 août 1556, s'engagea à exécuter des peintures à l'huile dans l'église de Boulogne, en particulier aux trois images qui étaient sur l'autel, pour un prix de 20 livres. — Voir 1559, état civil, à 1792.

Par bail de 9 ans, consenti le 8 juin 1560 par la Fabrique, Jean Le Comte, dut s'engager, entre autres conditions, à entretenir d'huile la lampe de l'église, pendant 9 ans, et à fournir en même temps le pain et les autres choses nécessaires à la célébration des messes ; par contre, il obtint le droit de vendre de la chandelle de cire, de la bougie, sur la place louée par lui et attenante à la grande porte de l'église. A cette époque, des maisons entouraient l'église.

Voir 14 février 1561 à 1702.

Après B. Le Loyer vinrent les curés *Jacques Girot* (1561-1562), installé le 14 juillet 1561, et *Gilles Bataille* (1562-1567), installé le 8 juin 1562, avec accord spécial.

Voir 1562 après 1338 ; 1563, 1564, à 1319, 1320, calendrier ; 20 mars 1564 à 1702.

Dans une vente faite le 5 mars 1565 par Mathieu Juppin, vendeur de poisson et sa femme, à Antoine Boursin, vendeur de poisson, on voit les « Garennes », de Boulogne-sur-Seine, qu'on retrouve dans une autre vente du 4 mai 1622, ratifiée le 28 avril 1623, faite devant Le Moyne, tabellion de la prévôté des Menus.

Le curé *Gilles Guillier* administra l'église de 1567 à 1572.

Le 16 septembre 1568, la chambre des Comptes de Paris délivra un extrait comprenant les comptes du « Trésorier-payeur des offrandes et aumosnes du Roy de 1530 à 1568 », relativement aux offrandes et aux aumônes faites au curé de Boulogne-sur-Seine.

Voir 10 mars 1568 à 1702.

A G. Guillier succéda, comme curé de Boulogne-sur-Seine, *Germain Huron* (1572-1600).

Voir 31 juillet 1572 à 1702.

D'après un extrait des registres de la chambre des Comptes de Paris, délivré le 1er août 1572, on voit qu'une ordonnance de cette chambre adjugea au curé G. Huron, en vertu de certains privilèges, la moitié de diverses dîmes perçues sur les lieux, villes, territoires, lesdits avantages ayant été stipulés à Gilles Guillier, prédécesseur de l'abbé G. Huron (archives fabriciennes).

Le 30 décembre 1573 eut lieu, comme le 8 juin 1562, un accord entre le curé et les administrateurs de l'église.

Voir 1575, 1577, à 1702.

Le 2 mars 1584, Henri III, sa cour, des princes et des seigneurs, accompagnés de Pénitents, de Minimes, vinrent à N.-D. de Boulogne pour les pratiques du jubilé, le roi ayant revêtu l'habit de la confrérie des Pénitents.

A la fin du XVIe s. on éleva, à la façade méridionale de l'église, un petit porche, avec 1er étage servant d'habitation : sera remplacé par le porche actuel dans la restauration de 1860-1863.

Voir 1587 après 1491 ; 1589 à 2e Partie ; *Gritte* à Billancourt.

Dans un acte du 12 décembre 1595 intervinrent deux laboureurs de Boulogne, Pierre Regnault et Pierre Vallier, syndics des habitants, pour faire bénéficier les administrateurs de l'église de la rente d'un terrain sis au lieu dit l'« Abreuvoir des Menus ». Dans un acte du 27 décembre 1595, on parle d'une « maison de la rue des Menus ».

Le 11 mars 1596, le cardinal Pierre V de Gondi, évêque de Paris, accorda des indulgences de 100 jours aux fidèles qui visiteront l'église de Boulogne-sur-Seine aux jours de fêtes. Voir à 1550.

Voir 1598 à 1702.

CHAPITRE VII

L'église de Boulogne-sur-Seine de 1330 à 1789. — 3ᵉ Période, de 1600 à 1700. Vœu de Louis XIII, 1637-1638. Confrérie de la **Charité**, *1667. Inventaire, 1691.*

L'abbé *Thomas l'Esbagy, Lesbagy* (1600-1624) fut le 1ᵉʳ curé de cette période.

Le 16 décembre 1600, dans la vente d'une rente à charge de messes, faite à la Fabrique en vertu d'un testament reçu en 1600 par le curé l'Esbagy, apparaissent les *Pointes*, partie de Boulogne.

Voir 1605 à la grande Confrérie ; 1611 à 1702.

En 1612 et en 1614, Paul V accorda des indulgences pour la visite de l'église de Boulogne-sur-Seine.

On trouve la *Grande-Cour*, partie de Boulogne, dans un titre nouvel du 1ᵉʳ mai 1620, et les *Garennes* dans un acte des 4 mai 1622 et 18 avril 1623.

Le 20 avril 1623, les administrateurs de l'église reconnurent à nouveau la rente de 7 livres parisis à payer au curé d'Auteuil : voir détails à mai 1330 ; voir l'augmentation à 1757, 1763.

Sous le pastorat du curé *Jacques Wallon, Guallon* (1624-1626), je n'ai trouvé que les actes suivants qui méritent d'être rapportés : acte de baptême de 1625, où figure *François de Rebours de Laleu*, écuyer de la reine mère ; acte de baptême du 15 avril 1625, où figure *Anne Hébert*, femme du docteur *Charles de l'Orme ;* acte de baptême du 20 octobre 1625, où figure *Michel Gille de la Colombière*, des chevau-légers ; acte de décès du 19 mai 1626, du marguillier *Lecompte, Le Conte*, enterré dans l'église.

Voir le pouillé de 1626 à 1498.

Jacques Wallon, Vuallon (le 10 juin 1626 : acte de décès à la Mairie) fut enterré dans l'église. Son successeur, *Pierre Pillet, Pillict* (1626-1627), promu dès le 9 juin 1626, résigna ses fonctions en 1627 : dans un acte de décès du 28 septembre 1626 figure *Nicolas de Villiers*, enterré dans l'église.

Sous le curé *Nicolas Pelletier* (1627-1629), promu en mars 1627, sont à relater : l'acte de baptême du 22 juin 1627, où figure *Louis Bruslart (Brûlart) de Sillery*, fils du conseiller Pierre Bruslart ; l'acte du 5 avril 1628, constatant l'inhumation de *Jean Meusnier*, mort de fièvre chaude et frénétique ; l'acte de baptême du 11 décembre 1628, où figure *De la Fosse*, maître d'hôtel du roi ; l'acte de baptême de cloches, du 24 mai 1629 (voir à 1763).

Jean Carbonnel, Carbonnet (1629-1646, devint curé le 18 novembre 1629. Je signalerai sous son administration, avant le vœu de Louis XIII : le 20 juillet 1631, l'acte de baptême où figurent *Edouard Molé*, fils du procureur général, et *Marie de Belliepvre (Bellièvre)*, fille du conseiller d'Etat Nicolas de Belliepvre ; le 15 octobre 1631, la bulle vue au chapitre III ; le 8 mars 1632, l'acte de décès de *Guillaume Millet*, secrétaire du cardinal de Richelieu qui fut enterré dans l'église ; le 2 novembre 1632, celui du marchand *Pierre Constant*, aussi inhumé dans l'église ; en 1634, l'acte de baptême où figure *Claude Bigot*, trésorier de France en Berry ; la donation à la Fabrique, du 20 juin 1634, où se trouvent les *Grandes-Pointes*, de Boulogne.

Du pastorat de J. Carbonnel date le célèbre *vœu de Louis XIII*, en actions de grâces des victoires remportées par le roi avec la protection de la Sainte Vierge (1636-1637). Se trouvant à Abbeville en 1637, le roi s'y rendit à l'église des Minimes pour la cérémonie solennelle du *vœu* (15 août 1637), par lequel il mit sa personne, la Cour et la France, sous la protection de la Sainte Vierge, reconnue patronne de la France. L'édit de St-Germain en Laye, du 10 février 1638, fit connaître ce vœu et demanda pour le 15 août de chaque année une procession commémorative. Louis XIII renouvela son vœu à N.-D. des Aydes, de Vienne-lez-Blois (Loir-et-Cher) et donna à cette église un ex-voto de la consécration ; Louis XIV le renouvela le 25 mai 1650 à N.-D. de Pontoise.

En accomplissement du vœu, l'église de Boulogne-sur-Seine, comme toutes les églises du diocèse de Paris, fait la procession le 15 août et célèbre, le dimanche dans l'octave de l'Assomption, la fête de la « Bienheureuse Vierge Marie du Vœu de Louis XIII » : à la procession, on porte, comme avant 1793, la statue de N.-D. de Boulogne.

L'édit de 1638 étant peu connu, j'ai cru utile de le reproduire, à titre de document historique, d'après le texte authentique possédé par la Fabrique. Le voici :

« Déclaration du roy LOUIS XIII.

« LOUIS, par la grâce de Dieu, Roy de France et de Navarre, à tous ceux qui ces présentes lettres verront SALUT. Dieu, qui élève les Roys au trône de leur grandeur, non content de nous avoir donné l'esprit qu'il départ à tous les Princes de la terre pour la conduite de leurs peuples, a voulu prendre un soin si spécial, et de notre personne et de notre Etat, que nous ne pouvons considérer le bonheur du cours de notre règne, sans y voir autant d'effets merveilleux de sa bonté, que d'accidens qui nous pouvoient perdre. Lorsque nous sommes entré au gouvernement de cette couronne, la foiblesse de notre âge donna sujet à quelques mauvais esprits d'en troubler la tranquillité ; mais cette main divine soutint avec tant de force la justice de notre cause, que l'on vit en même temps la naissance et la fin de ces pernicieux desseins. En divers autres temps, l'artifice des hommes et la malice du diable ayant suscité et fomenté des divisions non moins dangereuses pour notre couronne, que préjudiciables au repos de notre maison, il lui a plu en détourner le mal, avec autant de douceur que de justice ; la rébellion de l'hérésie ayant aussi formé un parti dans l'Etat qui n'avoit pour but que de partager notre autorité, il s'est servi de nous pour en abattre l'orgueil, et a permis que nous ayons relevé ses Autels, en tous les lieux où la violence de cet injuste parti en avoit ôté les marques. Si nous avons entrepris la protection de nos alliés, il a donné des succès si heureux à nos armes, qu'à la vue de toute l'Europe, contre l'espérance de tout le monde, nous les avons rétablis en la possession de leurs Etats, dont ils avoient été dépouillés ; si les plus grandes forces des ennemis de cette couronne se sont ralliées pour en conspirer la ruine, il a confondu leurs ambitieux desseins, pour faire voir à toutes les nations que, comme sa Providence a fondé cet Etat, sa bonté le conserve, et sa toute-puissance le défend. Tant de grâces si évidentes font que, pour n'en différer pas la reconnoissance, sans attendre la paix, qui nous viendra, sans doute, de la même main dont nous les avons reçues, et que nous attendons avec ardeur pour en faire sentir les fruits aux peuples qui nous sont commis, nous avons cru être obligé, nous prosternant aux pieds de sa majesté divine, que nous adorons en trois personnes, à ceux de la Sainte Vierge et de la sacrée Croix, où nous révérons l'accomplissement des mystères de notre rédemption, par la vie et la mort du Fils de Dieu en notre chair, nous consacrer à la grandeur de Dieu par son Fils rabaissé jusqu'à nous, et à ce Fils par sa Mère élevée jusqu'à lui, en la protection de laquelle nous mettons particulièrement notre personne, notre Etat, notre couronne et tous nos sujets, pour obtenir, par ce moyen, celle de la sainte Trinité, par son intercession, et de toute la cour céleste, par son autorité et exemple : nos mains n'étant pas assez pures pour présenter nos offrandes à la pureté même, nous croyons que celles qui ont été dignes de les porter les rendront hosties agréables ; et c'est chose bien raisonnable, qu'ayant été médiatrice de ses bienfaits, elle le soit de nos actions de grâces.

« A CES CAUSES, nous avons déclaré et déclarons que, prenant la très sainte et très glorieuse Vierge pour protectrice spéciale de notre Royaume, nous lui consacrons particulièrement notre personne, notre Etat, notre couronne et nos sujets, la suppliant de nous vouloir inspirer une si sainte conduite, et défendre, avec tant de soin, ce

Royaume contre l'effort de tous ses ennemis, que, soit qu'il souffre le fléau le la guerre, ou jouisse de la douceur de la paix, que nous demandons à Dieu de tout notre cœur, il ne sorte pas des voies de la grâce, qui conduisent à celles de la gloire. Et afin que la postérité ne puisse manquer à suivre nos volontés en ce sujet, pour monument et marque immortelle de la consécration présente que nous faisons, nous ferons construire de nouveau le grand Autel de l'Eglise Cathédrale de Paris (ce fut fait par Louis XIV, non par Louis XIII), avec une image de la Vierge, qui tiendra entre ses bras celle de son précieux Fils descendu de la Croix ; nous serons représenté aux pieds du Fils et de la Mère, comme leur offrant notre couronne et notre sceptre. Nous admonétons le sieur Archevêque de Paris, et néanmoins lui enjoignons que tous les ans, les jour et fête de l'Assomption, il fasse faire commémoration de notre présente Déclaration à la Grand'Messe, qui se dira en son Eglise Cathédrale, et qu'après les Vêpres dudit jour, il soit fait une Procession en ladite église, à laquelle assisteront toutes les compagnies souveraines et le Corps de Ville, avec pareilles Cérémonies que celles qui s'observent aux Processions générales plus solennelles. Ce que nous voulons aussi être fait en toutes les Eglises, tant Paroissiales que celles des Monastères de ladite ville et faubourgs, et en toutes les villes, bourgs et villages dudit Diocèse de Paris. Exhortons pareillement tous les Archevêques et Evêques de notre Royaume, et néanmoins leur enjoignons de faire célébrer la même solennité en leurs Eglises épiscopales et autres Eglises de leurs Diocèses, entendant qu'à ladite Cérémonie, les Cours de Parlement et autres compagnies souveraines, les principaux officiers des villes y soient présens. Et d'autant qu'il y a plusieurs Eglises Episcopales qui ne sont point dédiées à la Vierge, nous exhortons lesdits Archevêques et Evêques, en ce cas, de lui dédier la principale Chapelle desdites Eglises, pour y faire ladite Cérémonie, et d'y élever un Autel avec un ornement convenable à une action si célèbre, et d'admonéter tous nos peuples d'avoir une dévotion particulière à la Vierge, d'implorer en ce jour sa protection, afin que, sous une si puissante Patronne, notre Royaume soit à couvert de toutes les entreprises de ses ennemis ; qu'il jouisse longuement d'une bonne paix ; que Dieu y soit servi et révéré si saintement que nous et nos sujets puissions arriver heureusement à la dernière fin, pour laquelle nous avons tous été créés : car tel est notre plaisir.

« Donné à Saint-Germain en Laye, le dixième jour de février, l'an de grâce mil six cent trente-huit, et de notre règne le vingt-huit (Louis XIII régna de 1610 à 1643) ».

« LOUIS ».

Sur le repli. « Par le roy, Sublet ».

En août 1638, le curé Carbonnel reçut à vie une donation à titre de fondation (archives fabriciennes).

Dans un titre nouvel du 5 septembre 1639, on trouve une acquisition de terrain à la *Garenne*, de Boulogne.

Voir 1640, 1643, 1644, 1645, à 1702.

A *Jean Carbonnel*, mort le 17 décembre 1646 et inhumé dans l'église le 18, succéda le curé *Marin Manuel* (20 décembre 1646-6 décembre 1666), originaire du diocèse de Chartres.

Voir le pouillé de 1648 à 1498 ; la *St-Fiacre*, 1652, 1656, au chapitre XIX (œuvres) ; les actes de 1660-1662 à 1702.

Le 15 mai 1663, l'évêque de Césarée administra dans l'église de Boulogne-sur-Seine le sacrement de Confirmation à tous les paroissiens, depuis l'âge de 7 ans accomplis, qui ne l'avaient pas encore reçu : on administre aujourd'hui ce sacrement après la 1re Communion.

Voir 1665, 1666, à 1702.

Après M. Manuel, on trouve le curé *Guillaume Leclerc, Le Clerc* (1666-1682), du diocèse d'Evreux, licencié en droit canon, présenté le 7 décembre 1666 et promu le lendemain 8 (et non 8 novembre).

Dans un acte de baptême de 1667 figure *Jean Quesnot*, piqueur des équipages des petits chiens du roi.

Le curé Leclerc, M. Fillot, prêtre de la congrégation de la Mission, délégué à cet effet, et M. Macloud, lieutenant de Boulogne, signèrent le 7 août 1667 les lettres qui établissaient à l'autel de la Sainte Vierge de notre église la « Confrairie de la Charité » pour le soulagement des pauvres malades : les lettres portent que les personnes enrôlées pour la visite des pauvres malades avaient procédé, conformément au règlement, à l'élection de leurs officières et du lieutenant de Boulogne comme procureur. (On appela *Sœurs* les membres de l'œuvre).

Voici un extrait du Règlement : « La Confrairie de la *Charité* est instituée pour honorer Nostre Seigneur JÉSUS-CHRIST et sa Sainte Mère, et pour assister les pauvres malades corporellement et spirituellement... Ladite Confrairie sera composée d'un nombre certain et limité de femmes et de filles, et celles-cy du consentement de leurs pères et mères, celles-là de leurs maris ; lesquelles en éliront trois d'entre elles en présence de Monsieur le Curé, à la pluralité des voix, de deux ans en deux ans, le lendemain de la Pentecoste, qui seront leurs officières, dont la première s'appellera *Supérieure* ou *Directrice*, la seconde *Trésorière* ou *première Assistante*, et la troisième *Garde-meubles* ou *seconde Assistante*. Ces trois officières auront l'entière direction de ladite Confrairie : de l'advis de Monsieur le Curé, elles éliront aussi un homme de la parroisse, pieux et charitable, qui sera leur *Procureur*, lequel tiendra un controlle des questes, des dons, donnera les quittances, dressera les comptes de la Trésorière, si besoin est, copiera dans un registre le présent règlement, le catalogue des femmes et filles receuës (reçues) à ladite Confrairie, les élections des officières, le nom des pauvres malades qui auront été assistés par ladite Confrairie...

« Les Sœurs de ladite Confrairie serviront chacune leur jour les pauvres malades qui auront esté receus (reçus) par la Supérieure, leur porteront chez eux leur boire et manger appresté, questeront, donneront la queste à la Trésorière... Elles s'entrechériront comme personnes que Nostre Seigneur a unies et liées par son amour.... Il sera donné à chaque pauvre malade, pour chaque repas, autant de pain qu'il en pourra suffisamment manger, cinq onces de veau ou de mouton, un potage et demy-septier de vin, mesure de Paris (environ 1/8 de litre). Aux jours maigres, on leur donnera, outre le pain, le vin et le potage, un couple d'œufs et un peu de beurre... Il sera donné une garde à ceux qui seront en extrémité et qui n'auront personne pour les veiller... Au mesme instant qu'on reçoit un malade, il faut advertir Monsieur le Curé et le prier de l'aller confesser... On prestera des draps et des chemises du garde-meubles aux malades... Il faudra faire dire une messe tous les ans le 14 janvier, qui est la feste du saint Nom de JÉSUS, patron des Sœurs de la Charité de ladite Confrairie ».

A la suite, il y a des listes des membres, des officières élues le 7 août 1667 (3 femmes mariées), du procureur élu le même jour, des dons, des meubles, d'un traité avec le chirurgien.

Disparue avec les malheurs des temps, la confrérie a été remplacée en partie par les Sœurs de Charité, les Dames de Charité et la Société de St-Vincent de Paul, dont les très modiques ressources ne permettent que la distribution mensuelle de quelques bons de pain, de viande, de chauffage.

En novembre 1667, le curé G. Leclerc demanda une portion congrue au chapitre de St-Germain l'Auxerrois. Celui-ci refusa ; mais deux sentences des 17 mars 1668, 9 mai 1669, le condamnèrent à payer au curé 300 livres, puis 200 livres (S. 160, ancien L. 455).

Le 18 mars 1668, le curé G. Leclerc et son vicaire Pierre Vannier déposèrent une plainte au prévôt de Boulogne, au sujet d'un vol de deux ciboires d'hosties, dont un en cuivre doré, commis « la nuit dernière ». En 1670, autre vol d'un ciboire d'hosties. A la suite de ce dernier vol, René Poirier fit le 30 avril 1670 une donation de 30 livres, à charge par la Fabrique, le 1ᵉʳ mai de chaque année, d'une messe solennelle, le saint Sacrement exposé, d'un salut et d'une procession du saint Sacrement autour de l'église, avec reposoir dans le cimetière à côté de l'église, le tout comme acte de réparation : ces cérémonies ont duré jusqu'en 1793.

Au 26 avril 1668, on trouve l'inhumation de *Claude Fournier*, mort d'accident le 18 décembre 1667 et retiré de l'eau seulement le 24 avril 1668.

Voir juin 1668 après 1308.

Le 28 novembre 1671 fut inhumé *Jean de Villiers*, procureur fiscal de l'église ; et dans l'acte de décès du berger *Gorron*, du 25 mars 1672, on voit que ce dernier fut enterré dans l'église.

Le 6 janvier 1673, âgée de 45 ans, Marie Le Drant, veuve de Gabriel Prampaint, signa son acte d'abjuration.

En 1673, Clément X accorda des indulgences à l'église et à la grande Confrérie.

Voir 1673 à 1702.

Dans l'acte de décès du 13 mai 1674, on trouve l'inhumation dans l'église de *Pierre Dominé*, officier, garde de la chasse et des plaisirs du roi. Voir à 1903 M. *Dominé*, président de la Conférence de St-Vincent de Paul, et au tableau des notaires (2ᵉ volume) un autre *Dominé*.

Au 8 juillet 1678, on trouve l'inhumation de *Martine Hincque*, morte au moulin de Longchamp.

Voir 1679 à 1702.

Guillaume Leclerc, mort le 22 août 1682 à 65 ans, fut enterré le 23 dans le cimetière : il eut en août pour successeur *Louis Leclerc*, du diocèse d'Evreux, lequel administrera l'église de 1682 à 1724.

Par actes des 20 octobre 1682 et 15 mars 1683, le nouveau curé fit délivrance d'un legs contenu dans le testament de son prédécesseur en date du 1ᵉʳ juin 1681.

Le 26 juin 1686, la foudre causa quelques dégâts à l'église. Voir 1772, 1903.

Voir 1687, 1689, cloches à 1763 ; 1688, constitution, à 1724.

Dans un acte de 1688 figure *Henri Provost*, maître des petites écoles de Boulogne.

Voir la St-Fiacre, 1690, à œuvres, chapitre XIX.

Au 24 janvier 1691 est l'acte de décès de *Pierre Vallier*, inhumé dans l'église.

En 1691, on dressa un *inventaire* détaillé des titres de l'église de Boulogne-sur-Seine, c'est-à-dire de ses actes authentiques (dont ceux de 1319, 1320), chartes, bulles, arrêts, sentences, donations, legs, baux, ventes, fondations, titres nouvels, indulgences, contrats divers. J'ai compté sur cet inventaire 278 titres analysés, copies ou traductions d'actes qui ont disparu presque tous en 1793. A cet inventaire est annexé celui des comptes des administrateurs de la Confrérie, de son établissement à 1690. J'ai vu aux *Archives départementales* un inventaire de 1785, moins détaillé que celui de 1691 : ce dernier, très précieux pour la chronologie, est en possession de la Fabrique.

Voir arrêts de 1691, 1692, à 1763 ; pouillé de 1692 à 1498.

Dans un acte de décès de 1694, on trouve l'inhumation dans l'église de *Marie Pasdelou, Pasdelon*.

L'administration de l'église (voir 1330) était confiée à des bourgeois, habitants de Paris, élus annuellement par les confrères. Or la pauvreté causée par les guerres et la cherté des grains, en 1693 et en 1694, amenèrent de grandes difficultés, car les administrateurs-marguilliers refusèrent la charge et, comme l'église avait peu de revenus fixes, l'unique vicaire chapelain qui restait, n'étant pas payé, dut abandonner son poste au grand détriment du service divin. Privés du vicaire, les Boulonnais, convoqués par leurs syndics et chefs de corporations, envoyèrent en 1694 une requête au Châtelet de Paris, à l'effet d'obliger les anciens administrateurs soit à continuer leur administration, soit à quitter leur charge. Après une longue procédure, le Châtelet rendit les arrêts des 19 novembre 1694, 23 juin et 16 octobre 1696, en vertu desquels, faute par les administrateurs de continuer leur administration, les habitants de Boulogne auraient le droit de nommer eux-mêmes les marguilliers-administrateurs : ce droit, exercé immédiatement, ainsi qu'il résulte d'une délibération des habitants du 4 décembre 1696, ne sera pas modifié avant la nouvelle organisation des fabriques (1803, 1804, 1809). La déclaration de 1763 mentionne le changement de 1696, et le maire Pance délivra le 21 messidor an VIII, 10 juillet 1800, une copie de la délibération du 4 décembre 1696.

Dans l'acte de décès du 26 mars 1695 est l'inhumation de *Jeanne Gallot*, femme *Camin*.

Voir accord de novembre 1696 à 1702.

Par actes Prévost, greffier et tabellion de Boulogne-sur-Seine, des 18 mai et 1er juin 1698, les époux Deschiens firent des donations à la Fabrique, à charge de 14 saluts du saint Sacrement, de 24 messes basses et d'une messe solennelle du St-Esprit, pour le roi et la famille royale, le lendemain (26 août) de la St-Louis, qui était la fête du roi.

Voir février 1699 à 1702.

Dans l'acte de décès du 6 août 1699 est relatée l'inhumation dans l'église de *Catherine-Marie Lecat, Le Cat*, fille du notaire parisien Lecat, Le Cat.

CHAPITRE VIII

L'église de Boulogne-sur-Seine de 1330 à 1789. — 4e Période, de 1701 à 1744. — Rente de 600 livres, 1702. 1res écoles publiques, 1714, 1729.

Voir 1701 à 1702.

En 1702, les droits de pâturage et de bois des habitants de Boulogne (1224, 1236) furent convertis en une rente annuelle de 600 livres, concédée à la Fabrique, grâce à l'intervention du chancelier Henri d'Aguesseau († 1751), propriétaire à Boulogne. Voici les lettres royales de commutation, très curieuses au point de vue historique, sans les abréviations, mais avec des alinéas et des explications (l'orthographe n'est pas constante).

« LOUIS (Louis XIV), *par la grâce de Dieu, Roy de France et de Navarre.* A nos amez et féaux (aimés et fidèles) conseillers, les Gens tenans nostre chambre des comptes à Paris, et les Présidents et Trésoriers généraux de France au bureau de nos Finances en ladite Ville, Salut.

« Les habitans et communauté de *Menus-et-Boulogne-sous-St-Cloud* Nous ayant Représenté que depuis plus de cinq cens ans, ils sont en droit de faire pâturer leurs bestiaux et prendre du bois mort et sec dans la forest de Rouvroy appellé *Parc du bois de Boulogne*, à l'exception des taillis non deffensables, comme ils justifioient par des Chartres et Lettres pattentes que Nous, les Roys, nos prédécesseurs, leurs avions accordez, et plusieurs arrests et sentences par eux obtenus, et qu'ayant fait procéder à la réformation de ladite forest par le Sieur de Barillon, Maistre des Requestes ordinaire de nostre hôtel, il confirma les suppliants (il y a tantôt des mots en *ans, ants, ens, ents,* etc.) en la pocession et jouissance desdits drois, par son jugement du 28 septembre 1665. Cependant, il en suspendit la jouissance pendant 10 années, après l'expiration desquelles, s'estant mis en devoir d'exercer leurs drois, les officiers des eaux et forests les y avvoient troublés, ce qui avvoit obligé les suppliants de se pourvoir en nostre Conseil, où, par arrest rendu en icelluy le 19 août 1679, il fut ordonné que, par le Sieur de Saumery (écrit ailleurs *Sommery*), grand maistre desdites eaux et forests, il seroit dressé procès-verbal des titres des supliants, lequel arrest n'ayant pas eu son exécution, par autre arrest de nostre Conseil, du 24 février 1699, le Sieur Forget de Bruslevert (*Bruillevert* dans d'autres actes), grand maistre des eaux et forests du département de Paris, fut commis au lieu dudit Sieur de Saumery, pour voir et examiner lesdits titres et donner son avis, par devant lequel Sieur de Bruslevert lesdits habitans, ayans représenté leurs titres, ils les avvoit trouvés bons et vallables, et fait entendre aux supliants que notre intention estant de conserver ledit parc de Rouvroy, tant pour y faire des ventes ordinaires de bois que pour servir à nos plaisirs de chasse, et de nôtre Famille Royalle, ils devoient indiquer les héritages propres pour pasturer leurs bestiaux, et que nous leurs ferions acquérir. Mais ne s'en estant trouvés aucuns dans la proximité dudit lieu, et que d'ailleurs il nous coûteroit une somme considérable pour ce faire, les habitans avvoient, par leur acte d'assemblée du 15 août 1701, demandé qu'il nous plût commuer et convertir les droits d'usages qu'ils avvoient dans lesdits bois en six cens livres par an, et les faire employer dans la dépence de l'estat de nos domaines et bois à Paris, au chappitre des fiefs et aumosnes, pour estre payées par chacun an sur les quittances des marguilliers en charge, et par eux employez sans divertissement (*divertir*, détourner, soustraire), sçavoir : *cent livres* au vicaire de ladite parroisse, *cent livres* au sindic en charge, attendu que la communauté est déjà chargée de pareille somme de cent livres pour partie des honoraires du vicaire, suivant l'acte homologué en justice le 20 novembre 1696, et le surplus, montant à *quatre cens livres*, pour les réparations des couvertures, vitres, corps d'Esglise, en ce que les habitans en sont tenus, et autres entretènements, achapts d'ornements, luminaires, cloches et autres charges, à condition d'en rendre compte par les marguilliers comme des autres deniers de la fabrique, au moyen de quoy ils se tiendroient pour indemnisez, et nous deschargés, des pasturages, usages et autres drois que lesdits habitans avvoient dans ladite forest, à condition néanmoins qu'ils ne payeroient pour le présent, n'y pour l'avenir, aucun droit d'amortissement, n'y nouvel acquest, et qu'à l'esgard des non-jouissances, qu'il leur seroit pourvû, ainsy qu'il nous Plairoit.

« Sur lesquels titres représentés, sçavoir :

« Une *sentence* de la *Table de marbre de Paris* (Tribunal des eaux et forêts où était autrefois une longue table de marbre), du 15 juin 1531, par laquelle, sur les pièces y esnoncées, nottament une chartre (charte) en latin du roy saint Louis, du mois de juin 1224 (erreur : voir à sa date. 1224 est de Louis VIII ; saint Louis l'a visée en 1236 ; 1236 est dans l'arrêt du 24 février 1699), transcritte dans ladite sentence, il fut fait délivrance aux habitans de Menus, dit *Boulogne*, des drois d'usages et de pâturages audit bois de Rouvroy, dit *Boulogne*, et à eux permis d'y envoyer paistre et pâturer, hors les taillis deffensables (*défensables :* étaient défendus à certains momens, à certaines personnes), des vaches et leurs suittes (suites) sous deux ans (au-dessous de 2 ans) pour chacune des quarante-huit maisons y esnoncées, pourvû que ces bestes soit de leur noury ezdites (par eux nourries dans lesdites) maisons et leurs appartiennent de leur chef, sans association, n'y loüage ferme n'y moitié, sinon d'usagers à usagers, à peine d'amande et confiscation, comme aussy permis pour lesdites maisons, à chacune, pour un feu seullement, excepté celles où estoient hôtelleries ou tavernes, de prendre pour leur chauffage du bois mort et sec, et souches mortes, sans verdure au crochet, et maillet sans fer, excepté qu'ils n'entreroient point dans les nouveaux taillis, à peine de confiscation des outils, ferrements, et d'amande, et que les autres maisons n'y avvoient aucun droit ». — Dans un procès-verbal concernant les droits usagers des Boulonnais dans le bois, du 17 avril 1666, il est question de la sentence du 15 juin 1531, reconnaissant à « 47 maisons » désignées spécialement les droits d'usages et de pâturages : j'ai vu dans ce procès-verbal la liste des 47 maisons, le n° 47 appartenant à l'abbaye de Longchamp, une liste complémentaire de 11 autres maisons, détaillées comme les précédentes, une à une, ajoutées en vertu d'une sentence du 15 mars 1577, et un arrêt du 23 mars 1662 sur les mêmes droits. Je ferai remarquer que le rédacteur a écrit 47 maisons et n'a donné que 47 numéros d'ordre pour la 1re liste, tandis qu'en réalité, il y a 49 maisons et plusieurs autres provenant d'une autre (S. 4442).

« *Coppie d'acte* du grüier de la grurie (*gruerie, grurie*, section du service des eaux et forêts chargée de la surveillance des bois, des eaux et des viviers, confiée à des *gruyers*) dudit *Rouvroy*, du 29 mars 1461. Portant qu'il consentoit que les abbesses et religieuses de Montmartre et les habitants de Mesnus, qu'elles disoient estre leurs hommes (hommes de Boulogne dépendant de leur suzeraineté), jouissent des droits de pâturages comme ils avvoient accoûtumé, sans abus, et en gardant les ordonnances.

« *Autre sentence* de ladite Table de marbre de Paris, du 14 aoust 1528. Sur l'appel interjecté par les habitans de Menus-et-Boulogne de la sentence du capitaine de St-Cloud, portant qu'il avoit esté bien appellé, et mal appointé (mis au point) et inhibé (latin *inhibere*, empêcher de), et permis ausdits habitans de mener leurs bestiaux en ladite forest de Rouvroy-et-Boulogne, excepté dans les nouveaux taillis, et deffenses audit capitaine de les empescher.

« *Autre sentence* de ladite Table de marbre du 14 Febvrier 1561. Portant que lesdits habitants jouiront du droit de pasturage pour leurs bestiaux à corne ez (dans le) bois de Rouvroy dit *Boulogne*, suivant la sentence du 15 juin 1531, avec deffenses aux capitaine et gruyer, son lieutenant, sergent et garde desdits bois, de les troubler.

« *Autre sentence* de ladite Table de marbre du 20 mars 1564. Portant que les amandes, auxquelles les particuliers et habitans de Mesnus-et-Boulogne avvoient esté condamnez, leurs seroient rendues, avec deffenses audit gruyer de les troubler dans leurs drois de chauffages.

« *Arrest de nostre Conseil* du 23 mars 1575. Portant qu'à l'esgard des habitans de Mesnus-et-Boulogne, les deffenses faites aux grands maistres et officiers de la Table de marbre par lettres pattentes des 10 mars 1568 et dernier juillet (31) 1572 de prendre connoissance du fait du bois de Rouvroy et règlement d'iceux *(iceluy,* celui, ce, cet) furent levées et ostez, et les parties renvoyées par devant lesdits grands maistres, cependant mainlevée desdits drois d'usages, sans en abuser.

« *Autre sentence* de ladite Table de marbre du 15 mars 1577. Portant mainlevée et délivrance aux habitans de Menus des drois usagers comme ils avvoient accoûtume (coutume) d'en jouir, ainsy qu'il est plus amplement porté par icelle (celle-ci).

« *Autre sentence* de ladite Table de marbre du 4 juin 1598. Sur l'appel interjectté par lesdits habitans dudit Menus, de la saisye faite de quatre-vings-seize vaches et quatre veaux, trouvés paissants dans le bois de Boulogne, portant mainlevée de ladite saisie et permis de jouir de leurs drois d'usages.

« *Lettres pattentes* de nôtre très honnoré Père Louis Treize, d'heureuse mémoire, du 11 décembre 1611 .Portant confirmation aux habitans de Menus-et-Boulogne des drois d'usages, pâturages du parc de Rouvroy.

« *Quittance* de quatre cens livres payées par lesdits habitans de Menus-et-Boulogne le 4 avril 1640, pour droit d'amortissement desdits usages et pasturages.

« *Imprimé* de la déclaration de Sa Majesté du 24 octobre 1643 (Louis XIV devint roi le 14 mai 1643). Portant confirmation des drois et privillèges desdites communautez, en payant le droit de confirmation.

« *Quittance* de deux cens livres payées pour ledit droit le seize décembre 1644.

« *Lettres pattentes* par nous accordées le 28 mars 1645 ausdits habitans de Menus-et-Boulogne, par lesquelles Nous les avvions confirmés en tous leurs privillèges et exemptions, lesdites lettres registrées (enregistrées) en nostre Parlement de Paris le 2 juin 1660.

« *Arrest* dudit Parlement du 22 janvier 1661. Par lequel il fut fait itératifves deffences de faire aucune exaction sur lesdits habitans de Boulogne, en passant par ledit bois, tant à pied, charette, qu'autrement.

« *Jugement* rendu par le Sieur de Barillon ledit jour 28 septembre 1665.

« *Extrait de l'estat arresté* au Conseil, le 2 décembre 1673, des chauffages et autres drois d'usages du département de l'Isle (Ile) de

France. Portant que lesdits habitans de Menus, appellé de *Boulogne*, demeurans dans les quarante-huit maisons usagères dudit lieu, jouiroient du droit de pasturage pour deux bestes aumaille (*aumaille*, bête à cornes : latin *animalia*, animaux, bétail) et leurs suivantes d'un an, pour chacune maison, et que ledit droit seroit suspendu pour dix années.

« *Lesdits arrests* du Conseil des 19 aoust 1679 et 24 Febvrier 1699.

« *La délibération* desdits habitans dudit jour 15 aoust 1701 (écrit *août*, ci-dessus).

« Le procès-verbal dudit Sieur de Bruslevert du 6 septembre audit an mil sept cens un des titres représentés par devant luy. Portant qu'il estimoit qu'il seroit plus expédient pour le bien de nostre service et utilité du bois, qui est un parc Royal clos de murs, que la proximité de Paris et du Louvre rend considérable, d'indemniser lesdits habitans de leurs drois de pâturages en leur donnant quelques terres à portée d'eux pour leur servir de commune, que Nous pouvions prendre entre ledit Boulogne et Longchamp, en les payant aux propriétaires, ce qui tiendroit aussy lieu d'indemnité aux habitans du droit de prendre du bois mort et secq dans ladite forest, ce qui pouvoit coûter quatorze à quinze mil livres, ou, suivant que lesdits habitans le requéroient, convertir leurs drois d'usages en six cens livres par an, et en faire le fond (fonds) dans l'estat des bois ou du domaine de Paris, au chappitre des fiefs et aumosnes pour estre payez et employez suivant la demande desdits habitans.

« Les *placets* (un *placet*, du latin *placere*, plaire, est une demande écrite pour l'obtention d'une faveur, d'un jugement) à nous présentez par lesdits habitans, tendans à ce qu'il Nous plût ordonner ladite indemnité ou commutation desdits drois d'usages et pâturages, conformément à l'avis dudit Sieur de Bruslevert, « Nous avons, par arrest de notre Conseil » du xxb 111e (28) mars 1702, ordonné qu'à l'avenir, à commancer en la présente année 1702, il sera « annuellement fait fond » dans nos estats des « bois de la généralité (grande circonscription financière) de Paris, sous le nom desdits habitans de Menus-et-Boulogne », de la somme de *six cens livres*, à laquelle nous avons réglé et évalué leurs drois de prendre du bois mort et sec en la forest de *Rouvroy*, dite *parc de Boulogne*, et d'y envoyer leurs bestiaux au pâturage, pour estre ladite somme payée aux marguilliers de l'esglise dudit lieu, et employée, sçavoir *deux cens livres* à payer le vicaire de ses honnoraires (voir 1757, 1763), dont *cent livres* à la descharge du sindic de la communauté, qui en estoit tenu par acte du xxix (29) novembre 1696 (il y a 20 plus haut), et les *quatre cens livres* restans aux réparations des couvertures, vitres et bâtiments de l'esglise, en ce que les habitans en sont tenus, et autres entretiens, achapts d'ornements, luminaires, cloches et autres charges de l'esglise, à condition par lesdits marguilliers d'en compter (rendre compte), ainsy que des autres deniers de la fabrique, et en conséquence que ladite forest sera et demeurera deschargée de tous lesdits drois et prétentions desdits habitans, sans qu'ils soient tenus à présent, n'y à l'avenir, de nous payer, pour raison de ce (cela), aucuns drois d'amortissements et nouveaux acquests, avons débouté lesdits habitans du surplus des demandes portées par ladite requeste, « et désirant que ledit arrest soit exécuté selon sa forme et teneur ».

« *A ces causes, Nous vous mandons et enjoignons* par ces présentes, signées de nostre Main, que ces présentes et ledit arrest de nôtre (il y a tantôt nostre, notre, nôtre) Conseil dudit jour vingt-huit mars dernier, cy-attaché sous le contre-scel *(scel,* sceau) de notre chancellerie, vous ayez à faire registrer purement et simplement, pour en jouir, par lesdits habitans de Boulogne, selon leur forme et teneur, et ce faisant, passer, et allouer sans difficulté, la somme de six cens livres par chacun an dans les estats et comptes qui seront rendus par devant vous, de la recepte génerale des bois de la généralité de Paris et Isle de France.

« *A commencer la présente année mil sept cens deux;* sur la quittance des marguilliers en charge de l'Esglise de Nostre-Dame de Boulogne, cessant et faisant cesser tous troubles qui pourroient survenir, et nonobstant toutes oppositions, appellations et autres empeschements quelqonques, et sans préjudice d'iceux.

« *Car tel est notre plaisir.*

« *Donné à Versailles,* le douzième jour de May, l'an de grâce mil sept cent deux, et de nostre reigne le soixantiesme.

« PAR LE ROY,
« PHÉLYPEAUX ».

« Registrées au bureau des Finances de la généralité de Paris, ouy le Procureur du Roy, pour estre exécutées selon leur forme et teneur, suivant nostre ordonnance de ce jourd'huy, premier aoust mil sept cent deux. Collationné ».

Il y a six signatures.

« Enregistré au 37ᵉ registre du greffe des Domaines des gens de mainmorte du diocèse de Paris, fol. 135. Receu (reçu) quatre livres pour l'enregistrement et quarante sols pour le controlle,

« Registrées en la chambre des Comptes, ouy le Procureur général du Roy pour joüir, par les impétrans, de l'effet et contenu en icelles, le vingt-neuf may mil sept cent deux.

« Richer ».

suivant les édits et règlements, laquelle présente quittance, avec celle donnée au bas d'une expédition en papier, ne servira que d'une seule et mesme. A Paris, le vingt-huit septembre mil sept cent treize.

« Magny ».

« Quittance de six livres ».

Ces lettres durent être présentées plus tard à la chambre des Comptes, ainsi qu'il résulte de la mention suivante, mise en marge :

« Représentées le 31 décembre gbij^c (1700) quarante-trois, transcrittes et insérées dans les registres de la Chambre des Comptes, en exécution de la déclaration du Roy du quatorze mars gbij^c (1700) quarante-un et suivant arrest de la Chambre dudit jour trente-un décembre gbij^c (1700) quarante-trois, intervenue sur requeste à elle présentée à cette fin. Dont acte. Noblet ».

La Fabrique possède encore, sur parchemin, l'arrêt du Conseil rappelé dans les lettres ci-dessus. Cet arrêt donne tout ce qui se trouve dans les lettres patentes, avec une orthographe différente pour certains mots et des dates en lettres : sont à la 3e personne les passages où intervient le roi dans les lettres patentes. Il peut être résumé ainsi :

« Extrait des registres du Conseil d'Etat :

« VEU (vu) PAR LE ROY EN SON CONSEIL,

« la requeste présentée à Sa Majesté par les habitans et communauté de Menus-et-Boulogne-sous-St-Cloud. Contenant que depuis plus de cinq cens ans... », et le reste comme ci-dessus. Vers la fin, après les *placets* et les mots « conformément à l'avis dudit Sieur de Bruslevert », au lieu de « Nous avons », il y a : « lesquelles requeste, titres et pièces ayant été veues (vues) et examinées au Conseil, ouy (oui) le raport du Sieur Roville du Coudray, conseiller ordinaire au Conseil Royal, directeur des finances, SA MAJESTÉ EN SON CONSEIL, ayant égard à la requeste, a ordonné qu'à l'avenir, à commencer la présente année », et le reste comme ci-dessus jusqu'à « du surplus des demandes portées par laditte requeste ». Après ces mots, l'arrêt se termine ainsi :

« Et pour l'expédition du présent arrest, seront toutes lettres nécessaires

« Expédiées ; fait au Conseil d'Etat du Roy, tenu à Marly le vingt-huitiesme jour de mars 1702. Collationné.

« GOUSON ».

« Registré au Bureau des Finances de la généralité de Paris, ouy le procureur du Roy, pour estre exécuté selon sa forme et teneur, sui-

vant l'ordonnance de ce jourd'huy, premier aoust 1702. Collationné »
Est signé par 4 personnes.

La rente de 600 livres sera rappelée à 1757, à 1788. Voir 1705, non-payement de rentes, à 1308 ; 1707, bureau de bienfaisance, à la 2ᵉ Partie.

Le 27 mai 1712 fut baptisée *Marie Sageret*, fille de Pierre Sageret, portier du bois de Boulogne, porte d'Auteuil, ondoyée « par la sage-femme Marie Griminy ».

Voir novembre 1712, cloches, à 1763.

Dans l'assemblée des marguilliers du 29 janvier 1713, on accepta la fondation de feu Pierre Deschiens (des Chiens) de Valcourt, secrétaire du roi, à charge d'un service annuel, et on accorda une concession de 4 places « pour y être faits des bancs, de la petite porte de l'église jusqu'à l'escalier des orgues », lesdits bancs « de la même structure que celui de la dame Deschiens ». Suivant l'usage du temps, la délibération fut publiée à la porte de l'église le 19 février 1713, et reproduite en forme authentique par le tabellion (notaire) de Boulogne.

Voir septembre 1713 à 1702.

Provost, tabellion de Boulogne, rédigea le 26 juin 1714 l'acte important du don de 100 livres fait à la Fabrique par Mme Veuve Pierre Deschiens de Valcourt, née Moriset, pour l'installation d'une maîtresse d'école, à la nomination du curé, chargée d'instruire les jeunes filles de la paroisse moyennant un traitement annuel de 100 livres et une rétribution mensuelle de 5 sols par enfant : ainsi fut créée la 1ʳᵉ école publique de filles, paroissiale comme toutes les écoles de l'époque (voir XVᵉ s.) ; mais la véritable école sera bâtie seulement en 1745-1746, à côté de celle des garçons (voir 1729) et reconstruite en 1766 : le 15 mai 1735, les habitants autorisèrent le curé « Claude-Julles Duval » à construire une maison pour la maîtresse d'école sur la place du Parchamp.

La difficulté de trouver une personne séculière pour cette école, au profit de laquelle le curé Duval avait ajouté 120 livres aux 100 livres ci-dessus, engagea le curé Hénocque à remplacer l'institutrice laïque par deux Sœurs de charité de Sainville (diocèse de Chartres), lesquelles s'installèrent définitivement à Boulogne en 1763. En 1782, une 3ᵉ Sœur s'adjoignit aux deux autres, sans que les émoluments dépassassent 220 livres, en dehors de la rétribution de quelques élèves payantes, et en 1783, 60 élèves fréquentèrent l'école.

Malgré le maigre budget des Sœurs, il se trouva un marguillier parcimonieux et peu commode, qui prétendit retenir, sur la rente payée aux Sœurs, 1/20 pour le débiteur de la rente et diverses impositions, ce qui n'avait jamais été fait. D'où réclamation au Procureur général, protecteur né des Fabriques, par mémoire du curé Hénocque, qui n'avait « pu faire entendre raison au marguillier », et pétition (1783) des trois Sœurs, sollicitant l'exonération de ces droits et aussi l'exemption du payement des chaises à l'église, exigé d'elles par le même marguillier. Cette pétition, dont le résultat ne fut pas favorable au marguillier, se terminait par ces mots très dignes, sans flatterie : « C'est avec l'agrément de Monsieur le Curé de Boulogne, et de concert avec lui, que les Sœurs osent implorer la protection de votre Grandeur, pleines de confiance qu'elle voudra bien les écouter avec bonté, et leur accorder la justice qu'elles demandent. La reconnaissance leur dictera les vœux les plus sincères pour la conservation de votre Grandeur ». — Voir les écoles à 1757, 1763; à 2ᵉ Partie, 1804, 1832.

Voir octobre 1714, Hamarc et cloche, à 1763; 1717, czar, à 2ᵉ Partie.

Ont été baptisés à Boulogne: *Charles-François d'Angennes*, né le 26 juin 1718, fils du marquis Gabriel-Charles François d'Angennes et de Marie-Françoise de Mailly (acte du 26 septembre 1718); *Anne-Angélique Reculé* (1720), dont le parrain fut le chevalier Fouquet de Belle-Isle, neveu du célèbre Fouquet, et la marraine Anne-Angélique d'Artus de Vertilly, duchesse d'Olonne.

A L. Leclerc, démissionnaire en 1724, succéda le curé *Claude-Jules Duval, du Val* (1724-1744), docteur en Sorbonne, originaire du diocèse de Rouen, promu le 23 août 1724, appelé à tort *Claude-Gilles Duval* dans l'Almanach royal de 1741, et probablement aussi dans les suivants (je n'ai vu que celui de 1741): voir son nom à l'inscription de 1745, chapitre IV. L'Almanach ci-dessus donne sa nomination à 1725.

Sous le nouveau curé fut mise à exécution la bulle *Omnium Saluti* de Benoît XIII, pape de 1724 à 1730, datée du 20 juillet 1724. Elle concerne les *autels privilégiés*, et accorde des indulgences toutes les fois qu'un prêtre, soit séculier, soit d'un ordre, d'une congrégation, d'un institut régulier quelconque, sur un autel privilégié, désigné par les évêques dans leurs églises cathédrales ou ailleurs, célèbre la messe pour l'âme d'un fidèle chrétien, unie à Dieu par l'amour et qui a quitté ce monde, afin que cette âme jouisse des indulgences du trésor de l'Église et soit délivrée du Purgatoire par les mérites de Jésus-Christ, de la Sainte Vierge et de tous les Saints. Le privilège est perpétuel et quotidien pour les églises cathédrales ; de 7 ans, sauf renouvellement, pour les autres. — Un *nota benè* porte, en latin comme le reste : les messes célébrées le jour d'une fête occurrente sur les autels privilégiés, les jours où il n'est pas permis de dire des messes de *Requiem*, ont la même valeur et les mêmes indulgences que si (perinde ac si) elles étaient des messes de *Requiem* ou des défunts... Ainsi en a-t-il été expressément défini, le 4 mai 1688, par Innocent XI dans sa Constitution commençant par *Aliàs*, confirmative, explicative et déclarative de la Constitution d'Alexandre VII commençant par *Cum felicis*, « sic expressè definitum ab Innocentio XI, die 4 maii 1688, in suâ Constitutione incipiente *Aliàs*, confirmativa, explicativa et déclarativa Constitutionis Alexandri VII incipientis *Cum felicis* ».

Alexandre VII fut pape de 1655 à 1667 ; Innocent XI, de 1671 à 1689. Voir autels privilégiés à 1853, 1863.

Voir 1727, cloche, à 1763.

On a vu à 1714 l'établissement d'une école publique de filles ; en 1729 ce fut le tour d'une école de garçons. Celle-ci fut fondée par la Fabrique et les habitants, en vertu d'une délibération du 31 juillet et de l'acte du même jour devant Cordier, greffier-tabellion de Boulogne, contenant l'arrangement entre Amiot, Amyot, bailli général des terres et seigneurie de l'abbaye de Montmartre, et les habitants de Boulogne-sur-Seine, aux termes duquel la Fabrique devait payer chaque année 75 livres au maître d'école et le syndic également 75 livres. Ledit acte reçut les approbations de Mgr de Vintimille du Luc, archevêque de Paris, les 8 février 1730, 27 février 1733, et de De Harlay, intendant de la généralité de Paris, le 21 février 1733. Il y avait auparavant un maître peu payé, connu sous le nom de « maître des petites écoles » (Voir 1688). Voici le texte officiel de l'acte du 31 juillet 1729, avec la délibération des habitants :

« Aujourd'hui, dimanche, trente-un juillet mil sept cent vingt-neuf, issue de la messe paroissiale, les habitants et communauté de Menus-et-Boulogne étant assemblés au son de la cloche, en la manière accoutumée, en la salle de M. Claude-Jules Duval, prêtre, docteur de Sorbonne, curé dudit lieu, où étaient led. (ledit) Sieur curé, M. Pierre-Claude Amyot, avocat au Parlement, bailly général des terres et seigneurie de Mme l'Abbesse de Montmartre, M. Jean-Henry Marchand, avocat au Parlement, exerçant la juridiction pour l'absence de M. le Procureur général fiscal, s. (sieur) Jean Marin, procureur, sindic des habitants, Jean Chaudet, marguillier de l'œuvre en charge, s. François Martin, procureur fiscal de cette prévôté, Pierre Perré, marguillier de la Vierge, Simon Héret, ancien procureur fiscal et marguillier, Charles Patry, Brice Petit, Jacques Farcy, François Rayé, Louis Mil, Etienne Chairfix, Adrien Rayé, Simon Jannot, Gaucher Visbecq, Jean Petit, Claude Guillaume, Simon Hivet, Simon Dédouville et Louis Petit, tous habitants et anciens marguilliers, faisant et représentant le corps des habitants et communauté, et led. S. curé, portant la parole, a requis qu'il soit établi un maître d'école, en forme de clerc, pour la paroisse, qui se trouvera pour chanter l'office à l'église et qui sera gagé 150 livres par an, suivant déclaration du Roy, à l'effet de quoi il convenoit faire construire une petite habitation pour led. maître d'école, sur une place de trois ou quatre perches (valeur à 1796) à prendre dans le Parchamp, suivant la mesure qui en sera donnée suivant les règlements ; et après que lesd. habitans ont mûrement délibéré, ils sont convenus et a été arrêté d'une commune voix qu'il sera établi un maître d'école en forme de clerc, pour la paroisse, qui sera assidu à l'office pour y faire fonction de chantre ; pourquoi il sera bâty une petite habitation pour le logement dud. maître d'école sur trois ou quatre perches ou environ dedans la place du Parchamp, telle qu'elle sera trouvée à propos suivant l'alignement qui en sera donné par telles règles de la voyerie (voirie), et sera led. bâtiment construit des profits d'une quête générale qui sera pour ce faite, et dont led. Curé veut bien se charger, et pour subvenir aux gages dud. maître d'école jusqu'à la somme de cent cinquante livres ; moitié de lad. somme sera prise des revenus de la Fabrique, et l'autre moitié des revenus de la commune. Quoi faisant, la commune et la Fabrique seront déchargées de ce qu'ils avoient accoutumé de payer ci-devant, tant au maître d'école qu'aux chantres de la paroisse, et seront les sommes passées et allouées en dépense dans les comptes des marguilliers et sindics. En conséquence de ce, le maître d'école ne pourra prendre pour chaque élève que 5 sols, sinon que pour écolier qui apprendra à écrire, le droit sera double.

« Car ainsi il a été convenu et arrêté.

« Fait et passé au dit Boulogne, en la maison curiale, et par devant le Tabellion en la prévôté dud. lieu soussigné, présence de M. Henry Dupont, procureur en lad. (ladite) prévôté, demeurant à St-Cloud, et de Nicolas-Joseph Devigne, huissier, demeurant à Montmartre, ce jour, en ce lieu, témoins qui ont signé avec ceux des susnommés qui le savent, et ont ceux qui n'ont signé déclarés ne le savoir, de ce interpellés.

« Suivent les signatures :

« C.-J. Duval, Amyot, Marchand, F. Martin, Simon Héret, Perré, Chairfix, J. Chaudet, S. Hivet, S. Jannot, A. Rayé, Dupont, Devigne (MM. Jean Marin, C. Patry, Brice Petit, J. Farcy, L. Mil, F. Rayé, S. Dédouville, L. Petit, J. Petit, Visbecq, Claude Guillaume, n'ont pas signé) et Cordier.

« Contrôlé à St-Cloud le 12 août suivant ; homologué par Louis-Auguste-Achille de Harlay, intendant de Paris, le vingt et un février mil sept cent trente-trois, et autorisé par Guillaume de Vintimille, archevêque de Paris, le 27 février 1733 ».

Le 21 messidor an VIII (10 juillet 1800), le maire Pancé délivra une copie de la délibération ci-dessus *(Archives départementales)*.

La maison d'école des garçons fut commencée en 1730 à côté de l'église (voir filles à 1714). Le 18 septembre 1791, les marguilliers dressèrent un inventaire de cette école alors tenue par un sieur Duvaux. Voir écoles à 1757, 1763, et à 2e Partie, 1804, 1832.

Dans un acte du 30 avril 1730 intervint le syndic *Nicolas Mégret, Maigret*.
Voir 1er août 1730 à la grande Confrérie.

Le 3 février 1732 fut inhumée dans notre église « Marie-Louise-Constance Terrier, veuve de Charles-Prosper Bauyn, marquis de Perreuse », décédée le 1er février, et le 11 juillet 1733, on trouve l'inhumation du chirurgien *Jean Icard*, ancien marguillier, procureur fiscal de la prévôté de Boulogne.

Le 17 septembre 1735, la reine *Marie Leczinska* vint en pèlerinage à Boulogne-sur-Seine en revenant de St-Cloud.
Voir 1738, 1740, après 1776; 1741, 31 décembre 1743, à 1702; 1742, 1743, à 1744. Voir aussi 1735, école, à 1714.

Le curé *Duval* mourut le 2 mai 1744 à 68 ans : il avait donné tous ses soins à la grande Confrérie, laquelle avait périclité depuis longtemps déjà. Voir 1714 à l'école.

CHAPITRE IX

L'église de Boulogne-sur-Seine de 1330 à 1789. — 5e Période, de 1741 à 1789. Le curé **Hénocque**. *Inscription de 1745. Déclarations de revenus, 1757, 1763. Cloches. Inventaires, 1782, 1783.*

L'administration du curé *Hénocque, Hénoc, Hénoque* (1744-1793) sera féconde pour la paroisse ; mais la Révolution viendra semer à Boulogne la désolation, et le curé prêtera en 1791 le fameux serment constitutionnel.

Le curé *Charles-François Hénocque*, du diocèse d'Amiens, nommé le 18 mai 1744 par Mgr de Vintimille du Luc, était un savant, un *maître ès arts*, ainsi qu'en témoigne le diplôme à lui délivré le 8 octobre 1742 par le monastère de St-Martin des Champs, de Paris, de l'ordre de Cluny, dont une expédition du 19 mars 1743, conservée par la Fabrique, porte que le diplôme a été « insinué le 30 mars 1744 sur le registre des insinuations du diocèse de Paris ». De même, une expédition de la nomination à la cure, délivrée le 20 mai 1744 par l'archidiacre Regnauld, porte qu'elle a été insinuée sur le même registre le 22 mai 1744: l'insinuation (latin *insinuare*, notifier) était la publication d'un acte, avec son enregistrement, et le greffe des insinuations ecclésiastiques était à l'officialité diocésaine ou tribunal épiscopal.

Le curé Hénocque ne prit possession de son poste qu'en 1745 : l'abbé *Jean Louis* desservit la paroisse en 1744-1745, ainsi qu'il résulte de documents de la collection Z², Archives nationales, savoir : d'un procès-verbal du 9 juin 1744, à la suite de levée de scellés chez le curé Duval, dans lequel est l'inventaire des 69 registres de baptêmes, mariages et sépultures, livrés au « prêtre Jean Louis, desservant la cure de Boulogne » ; 2° de la déclaration du curé Hénocque, du 18 mai 1745, constatant la remise desdits registres, à lui faite par l'abbé Louis.

La première année de son administration, l'abbé Hénocque participa à la pose de la célèbre inscription lapidaire du 8 septembre 1745 (chapitre IV, détails), mise à la suite du vœu de Louis XV pour son retour à la santé : Louis XV, atteint de la fièvre typhoïde à Metz en 1744, et rapidement guéri, fut surnommé le *Bien-Aimé*, et son vœu valut encore à l'église la « Glorification de la Vierge » par Charles de la Fosse, Delafosse, peintre du roi, tableau magnifique, qui, placé jusqu'en 1862 au-dessus du banc d'œuvre du St-Sacrement, a été transporté au musée du Havre de Grâce lors de la restauration de l'église. Ce tableau représente la *Sainte Vierge*, entourée d'*Anges*, le peintre et sa femme étant en extase.

Voir 1745-1746, à 1714, école ; 1756-1757, ci-après et à œuvres.

En 1756, on trouve les comptes relatifs à l'école des filles.

Conformément à une délibération du 12 août 1756, de la chambre des Comptes de Paris, les marguilliers firent le 22 juillet 1757 une déclaration des revenus et des dépenses de la Fabrique, qui contient des renseignements très précieux, même au point de vue historique. La voici résumée :

« Déclaration que donnent à Monseigneur et messieurs les députez et sindic de la Chambre Ecclésiastique du Diocèse de Paris, les Curé et marguilliers de la fabrique de la paroisse de Notre-Dame de Boulogne, banlicuë de Paris, des biens et revenus de laditte fabrique, pour satisfaire à la délibération de la Chambre du 12 août 1756 :/:

« Chapitre des Revenus.

1. « Premièrement. Il y a au dit lieu de Boulogne cinq arpens de terre, sable, donnés en 1319 (c'est 1320. Voir 1320, 1796, 1858) par les Dames de Montmartre, dames du lieu, sur partie desquels l'Eglise de Notre-Dame de Boulogne, le Cimetière, la petite Chapelle de Ste-Gemme (1316), sans titre ny revenû, les deux maisons du maître et de la maîtresse d'Ecolle (voir 1714, 1729), le Presbytère et une maison dépendante de laditte Eglise, sont bâtis, le surplus desdits cinq arpens

occupé en une grande place communément appellée le *Parchamp*, qui sert au chemin public, et ne peut être d'aucune utilité (voir 1804, 2ᵉ Partie). Voir les 5 arpents à 1796, 1858.

2. « La maison dépendante de laditte église est louée par chacun an au sʳ Géromme, pour 3, 6 ou 9 années, suivant le bail passé par devant Dupont-Desjardins, notaire à Boulogne, le mois d'octobre dernier, 1756 (voir 1858), pour la somme de quatre cens livres, payable au premier avril prochain 1758. Laditte maison étant de vieille construction, il a fallut y faire des réparations considérables cette présente année 1757 ; dix années de loyer ne suffiront pour les payer, attendû que les mémoires du maçon, charpentier, menuisier, serrurier et autres montent à plus de quatre mil et trois cens livres.

3. « Les bourgeois de Paris, administrateurs de laditte église, ayant été forcés en 1696 (voir 1696) d'en abandonner le Gouvernement aux habitans à cause de leur mauvaise administration, les habitans de Boulogne supplièrent Sa Majesté (voir 1701, 1702) de convertir les droits de chauffage et pâturage, qu'ils avoient dans le bois de Boulogne, en telle rente qu'il plairoit à Sa Majesté leur accorder pour être employée aux nécessités de laditte Eglise, voulant bien sacrifier leurs propres intérêts en faveur de laditte Eglise, le Roy leur donna en 1702, à prendre, sur le domaine des bois de la généralité de Paris, six cens livres de rente pour être employées aux réparations, achapts d'ornements, linges et autres choses nécessaires ».

4 à 45. Le n° 4 vise les rentes de 1312, 1313, 1315, 1326, vues plus haut, attribuées à l'église par ordonnance du 28 juin 1668 et contestées en partie en 1705. Les nᵒˢ 5 à 45 énumèrent les fondations, les donations, de 1620 à 1755, avec les obligations imposées à la Fabrique : la 6ᵉ est celle des 18 mai et 1ᵉʳ juin 1698, la 10ᵉ, du 30 avril 1670, vues à leurs dates.

46. Le numéro 46 et dernier concerne la vente annuelle de la vieille cire, par le marguillier qui en est chargé, estimée à environ 40 livres.

Après ce numéro est le *nota* suivant. « Qu'il est rare que les habitans se fassent enterrer dans l'église, que l'on ne peut constater aucune somme là-dessus, et que les Cloches ne raportent aucun revenu, attendu qu'on ne fait point payer la sonnerie ».

Le total général ressort à 1.524 livres 16 sols 2 deniers, et les marguilliers font remarquer que ce chiffre est une évaluation trop forte, parce que des sommes portées, s'élevant à 135 L. 19 s. 11 d., étaient irrécouvrables par suite d'insolvabilité ou de mauvais arrangements.

Viennent ensuite les dépenses en 19 articles, où je relève : 200 livres pour les honoraires du vicaire (voir 1702), 81 livres pour les 3 chantres, 27 livres chacun, 81 livres 8 sols pour le bedeau (voir *suisse* à 1783, 1805), 75 livres pour le maître d'école (voir 1729), 28 livres pour le sonneur ou carillonneur, 6 livres pour le porte-bannière,

4 livres 10 sols que prélèvent les receveurs sur la rente de 600 livres ci-dessus, 8 livres 15 sols de rente annuelle au curé « d'Autheüil » (voir mai 1330, 1623). Total des dépenses 1685 livres 12 sols 2 deniers.

Il est fait observer que depuis 9 ans, les dépenses en Couverture, Charpente, Serrurerie, Vitrerie, meubles et ustensiles pour le Vicariat, et autres choses, se sont élevées à la somme de « six mil trois cens cinquante-quatre livres six sols », justifiés dans les comptes des marguilliers, et que depuis octobre 1756, on a dépensé plus de « quatre mil trois cens livres », notamment pour les réparations à la couverture de l'église, où les plombs avaient été enlevés par les vents, et à la maison appartenant à la Fabrique et qui tombait en ruine, d'où une dépense en dix ans de « dix mil six cens cinquante-quatre livres 6 sols ».

Finalement, les comptes font ressortir un déficit de (1.685 L. 12 s. 2 d. — 1.524, 16, 2) 160 livres 16 sols, la livre valant 20 sols ou sous, le sol 12 deniers. C'est pourquoi les marguilliers ont soin d'ajouter : « Sans les bienfaits et les aumônes des particuliers, laditte fabrique n'auroit jamais été en état de faire ces dépenses, qui toutes étoient indispensables ».

De 1758 à 1760 datent les débats relatifs à l'établissement d'un 2ᵉ vicaire à Boulogne. Jusqu'en 1758, l'unique vicaire recevait un traitement de la Fabrique, auquel venaient s'ajouter les émoluments de la desserte de la confrérie de N.-D. ; il avait en outre le logement, et le chapitre de St-Germain l'Auxerrois, uni à celui de N.-D. de Paris, n'avait jamais été appelé à lui fournir quoi que ce fût.

Or en 1758, Parent, conseiller à la Grand-Chambre, invita le vicaire à solliciter du chapitre la somme de 150 livres à titre de *portion congrue* (partie de biens d'un chapitre ou de tout autre bénéficiaire accordée à un curé, à un vicaire) ; mais le curé Hénocque engagea le vicaire à s'abstenir de toute démarche dans ce sens. Parent agit alors de lui-même, et présenta à la chancellerie de l'Eglise de Paris une requête signée par le vicaire (l'abbé *Long*), la population de Boulogne, de 1.200 communiants, disait-il, occupant beaucoup le vicaire. La chancellerie opposa un refus catégorique à Parent. Celui-ci ne se tint pas pour battu, car il adressa une nouvelle demande le 1ᵉʳ mars 1759 : nouvel échec.

A la suite de cet insuccès, le curé « Hénoque », Jean Collard, « sindic actuel », Denis-Martin Béranger, marguillier de l'œuvre et fabrique, Jean Chauvel, marguillier de la Confrérie, envoyèrent le 15 ou 17 décembre 1759 (les deux dates sont dans l'acte) une supplique à l'archevêque de Paris pour l'obtention d'un 2ᵉ vicaire : on pensait que si l'archevêque accordait le 2ᵉ vicaire, le 1ᵉʳ obtiendrait la portion congrue réclamée. L'archevêque fit étudier l'affaire, et un mémoire, très bien rédigé, conclut à l'inutilité de la création d'un nouveau vicariat.

Dans ce mémoire, du 27 janvier 1760, on lit : « Les villages d'Auteuil et de Boulogne sont considérables, d'après Piganiol de la Force (« Description de la France, 1718, tome II, page 406) », par la quantité de maisons que plusieurs particuliers ont fait bâtir pour y passer agréablement la belle saison de l'année ». *Piganiol de la Force* († 1753) a publié la « Nouvelle description géographique et historique de la France », 1715, 5 in-12 ; 1751-1753, 15 in-12. — Le mémoire dit que notre ville doit le nom de *Boulogne* à la célèbre confrérie établie, en vertu des lettres patentes de Philippe le Long en 1319 (1320), par des bourgeois de Paris, pèlerins de N.-D. de Boulogne-sur-Mer ; que l'église est devenue paroisse en 1343 (erreur : voir 1330) ; que le service paroissial ne s'étend pas à Longchamp, l'abbaye ayant reçu des lettres d'exemption de Foulques de Chanac en 1345, et les Pères Cordeliers administrant les sacrements aux personnes du couvent (voir 1446) ; que la paroisse est unie, sans écarts, ni annexes, ni hameaux nécessitant des déplacements ; que le curé et le vicaire suffisent à assurer le service de 1.200 communiants et plus dont on a parlé. Le mémoire mentionne l'accord du 10 février 1343 (1344) et, insistant sur le chiffre de 1.200 communiants donné par Parent et le curé pour la population de Boulogne, il cite les chiffres officiels de 1709 (205 feux), de 1745 (206 feux) et de 1726 (668 habitants).

Sur avis conforme de l'avocat Le Merre, du 27 février 1760, reconnaissant le personnel de l'église comme suffisant, il fut décidé de procéder à une enquête par un commissaire spécial.

Voir à 1777 l'entrée en fonctions d'un 2e vicaire, dont la dotation avait été assurée par Cochet de St-Vallier.

Les détails sont aux *Archives nationales*, carton S. 160 (non 193 ni 196, ancien L. 455), lequel renferme des actes relatifs à l'érection de la paroisse de Boulogne (1329, 2 mai et 1er juillet 1330), au droit de patronage, aux démêlés entre l'église et son curé et le chapitre de St-Germain l'Auxerrois (11 décembre 1395, 15 février 1464, 1465, novembre 1667, 17 mars 1668, 9 mai 1669, comme ceux des 3 mars 1514, 1515, 8 juin 1562, 30 décembre 1573, etc., vus ci-dessus à leurs dates).

Voir 1762, réparations, bail, à 1763 ci-après ; 1763, école, à 1714.

Dans les inventaires de 1782-1783, on voit que les cloches de Boulogne avaient été bénites, savoir : la petite cloche, le 10 juin 1763 : à cette occasion, l'abbesse de Montmartre donna une pièce de toile fine, qui fut convertie en ornements ; — la seconde cloche, le 12 août 1777 : l'abbé prince de Lorraine donna une pièce de fine toile batiste et une chasuble qui figurent aux dits inventaires.

Différentes cloches avaient été données auparavant à l'église et changées, savoir : 1° deux petites cloches, bénites le 24 mai 1629 : *Léonor*, la moins petite, par Léonor Chabot de Bassompierre, marraine, et Claude de Lorraine, duc de Chevreuse, parrain ; *Marie*, par Marie-Charlotte de Balsac (Balzac), marquise de Beuvron, et Charles de Lorraine, duc d'Elbeuf ; — 2° *Marie-Magdeleine*, bénite le 17 août 1687 : Louis de Beauvais, baron de Gentilly, etc., gouverneur de châteaux, etc , parrain ; Barbe-Magdeleine de Maynon, fille du conseiller du roi Vincent de Maynon, marraine ; — 3° *Jeanne-Martine*, bénite le 21 août 1689 : Martin Raguenet, bourgeois de Paris et administrateur de l'église, parrain ; Jeanne-Françoise Crevon, femme de Thomas Marandon, autre bourgeois et administrateur, marraine ; — 4° *Julienne-Elisabeth*, bénite le 13 novembre 1712 : Julien Hamarc, avocat, parrain ; Elisabeth Charpy, veuve du Bourg, marraine ; — 5° *Catherine-Antoinette*, bénite le 20 novembre 1712 : Antoine-Artus des Chiens de Luzy, trésorier de France, parrain ; Catherine Charmolu de la Garde, femme du conseiller Lemée de la Frette, marraine ; — 6° *Marie-Catherine-Julienne*, bénite le 15 octobre 1714 : Julien Hamarc, avocat, prévôt de Boulogne, parrain ; Marie-Catherine Baroy, femme d'Etienne Perichon, ancien échevin, conseiller, marraine ; — 7° *Marguerite-Antoinette*, cloche de 445 livres, bénite le jeudi 3 avril 1727 : Antoinette-Artus des Chiens de Luzy, parrain ; Marguerite de Rochechouart de Montpipeau, abbesse de Montmartre, marraine.

Les 23 juillet et 3 septembre 1793, il fut décidé qu'il n'y aurait qu'une cloche par paroisse, et le 29 brumaire an II, 19 novembre 1793, le comité de Salut public donna à la municipalité de Boulogne l'ordre de se conformer à cette prescription.

Voir les cloches aux déclarations de 1757, de 1763, à 1805, et, pour les 3 cloches actuelles, à 1861-1862 et au chapitre XVII.

Le 21 septembre 1763 fut faite une nouvelle déclaration des revenus de la Fabrique sous le titre de : « Déclaration générale, donnée au greffe des Domaines des gens de Mainmorte du Diocèse de Paris, par Jean-Joseph Olivier, Marguillier en charge de l'œuvre et fabrique de l'Eglise Royale et paroissiale de Nôtre-Dame de Boulogne-et-Menuls, Banlieuë Ecclésiastique de Paris, et Jacques L'Avril, Marguillier de la Confrairie Royale de Nôtre-Dame de Boulogne, de tous ses biens et revenûs, charges et redevances, le tout pour satisfaire aux Edits et Arrêts du Conseil d'Etat du Roy, des mois de décembre 1691 ; 18 mars, 19 juillet et deux septembre 1692 ».

Le chapitre des revenus est analogue à celui de 1757. Les n°s 1 à 46 parlent: des 5 arpens, de l'église, du cimetière, de la chapelle de Ste-Gemme (Ste-Jemme), des deux maisons d'école (1714, 1729), du Presbytère, de la maison « dépendante de laditte Eglise », louée 450 livres, suivant bail passé devant Desvoir, notaire à Boulogne, le

22 avril 1762 (voir 1858), à la duchesse de Montmorency, mais dont les dépenses absorbent le montant de la location, et de la place du Parchamp (voir 1757) ; des 600 livres de rente ; des rentes contestées en 1705 ; des fondations et donations (5 à 45), la 6e, de 1698, et la 8e (au lieu de 10e) de 1670, vues déjà, et quelques-unes plus détaillées qu'en 1757 ; de la vente annuelle de la vieille cire pour 40 livres (n° 46).

Il y a un n° 47 avec : « Lesdits Marguilliers déclarent qu'il est très rare que les habitans se fassent enterrer dans l'église, que l'on ne peut constater aucune somme sur cet objet, et que l'on ne paye pas d'ouverture de fosse dans le cimetière ; 2° que les cloches ne rapportent aucuns revenûs, attendu que l'on ne fait point payer la sonnerie ; 3° que les Bourgeois ne font plus aucun bien à la Fabrique, qu'ils refusent même de rendre le pain bénit, suivant la décence de leurs conditions, et qu'ils se mettent dans l'usage de le faire rendre par des domestiques, comme de simples habitans, sans rien donner à l'Œuvre, en mettant seulement vingt-quatre sols à l'offrande, de sorte que tout casuel est entièrement tombé à tous égards depuis plus de cinq ans, et que les plus distingués et les plus riches envoyent environ 12 livres au marguillier en charge pour le faire rendre ».

Le total des revenus s'élève à 1729 L. 15 s. 8 d., dont 193 l.. 14 s. 5 d. irrecouvrables comme en 1757, ce qui ramène les revenus à 1.536 L. 1 s. 3 d.

Les dépenses comprennent 25 articles, plus complets qu'en 1757, où plusieurs ne figuraient pas. On y trouve : 146 livres 10 sols au curé pour l'acquit des fondations, 200 livres d'honoraires au vicaire (1702), 45 livres au vicaire pour l'acquit des fondations, 15 livres 10 sols au chanoine de St-Cloud qui servait à Boulogne de 3e prêtre pour l'acquit des fondations, 185 livres 10 sols aux 3 chantres réunis (100 livres de gages ; le reste pour casuel), 16 livres 14 sols aux enfants de chœur, 82 livres au bedeau (voir suisse à 1783, 1805), 75 livres au maître d'école (voir 1729), 29 livres 10 sols au carillonneur, 8 livres 15 sols au curé d'Auteuil (voir à 1757), 6 livres au porte-bannière, 4 livres 10 sols prélevés sur la rente de 600 livres (voir 1702). Au total 2052 L. 3 s. 11 d.

Les déclarants font observer : 1° que depuis la déclaration du 22 juillet 1757, la Fabrique a dépensé, tant pour les couvertures de l'église et de ses chapelles et des maisons de l'article 1er, que pour charpentes du clocher, ferrures et maçonnerie, la somme de « cinq mille six cens quatre-vingt-deux livres, quatre sols, 3 deniers » ; 2° qu'en 1762 et en 1763, on a fait fondre une cloche cassée, fait faire des réparations de charpente au clocher et de maçonnerie dans la nef et les chapelles de l'église, dans la maison appartenant à l'église, sur la couverture de l'église et autres, où les vents « font des ravages étonnans », fait réparer les ornements et le linge d'église, ce qui monte à 1.000 écus, que la Fabrique n'est pas en état de payer ; 3° que les Bourgeois ne font plus d'aumônes et de présents à l'église ; que tous ces motifs ont porté « les Marguilliers, avec l'agrément de M. le Procureur général, d'ôter les bancs de la nef et de mettre des chaises à la place, pour parvenir à acquitter les dettes de la Fabrique et subvenir aux dépenses extraordinaires qui se montent année commune à plus de huit cens livres... Déclarent enfin, lesdits Marguilliers, que les chaises qui ont été mises l'année dernière, 1762, ne sont point encore affermées et qu'ils n'ont pû évaluer, jusqu'à présent, le produit qu'elles pourroient rapporter ».

La déclaration présente un déficit de (2052 L. 3 s. 11 d. — 1729, 15,8) 322 livres 8 sols 3 deniers, et se termine ainsi : « D'où il est très facile à juger que si l'entretien de laditte église a subsisté jusqu'à présent, ce n'a été que par les aumônes et quêtes qui se sont faits par les dits Marguilliers les Dimanches et festes, qui sont aujourd'hui tombés parce que les Bourgeois et les Peuples ne donnent plus rien, eû égard à la misère des tems.

« C'est à quoi les dits Marguilliers supplient très humblement d'avoir égard, déclarans au surplus n'avoir, quant à présent, connoissance d'autres revenûs, ce qu'ils ont certifiés et affirmés véritable : fait à Boulogne, ce vingt et un Septembre mil sept cent soixante-trois. Le double de la présente déclaration a été remis à Monsieur Gaye, commis à l'exercice du greffe du Domaine des gens de Mainmorte du Diocèse de Paris.

« J. Olivier, Jacques L'Avril ».

Suit l'attestation qu'un double de la déclaration a été fournie « pour les dix années qui ont commencé en mil sept cent cinquante-un et qui ont fini en mil sept cent soixante-un, dont quittance à Paris ce 22 septembre 1763 », avec la signature Gaye.

Enfin, il y a la mention : « Contrôlé les dits jour et an.

« Brillon Duperon ».

Voir 1766 à 1714, école, et 1768 à Longchamp.

A la demande de l'abbaye de Montmartre, on fit en 1770-1771 le relevé du plan de la paroisse de Boulogne. Celui-ci accusa 1090 arpents 25 perches 1/3 (voir l'arpent à 1796). Un procès-verbal d'arpentage, du 10 septembre 1778, compléta ce plan par les indications suivantes, que j'ai trouvées aux *Archives départementales* : paroisse limitée au nord-ouest par le territoire de la paroisse d'Auteuil ; au nord-est et au nord par le mur de clôture du bois de Boulogne ; au couchant par la Seine et le territoire de la paroisse de St-Cloud. — Voir 1791, 1861.

Le sieur Hivet signa en 1771 un titre nouvel au profit de la Fabrique.

En septembre 1772, un orage épouvantable, avec pluie, vent et foudre, s'abattit sur Paris et les environs, sur les Tuileries, la place Louis XV (Concorde), Boulogne-sur-Seine, etc. Les dégâts causés par le tonnerre à notre église sont rapportés dans « Mes Loisirs ou Journal d'Evénemens Tels qu'ils parviennent à ma Connoissance », très intéressant manuscrit, en 5 in-folio, des événements accomplis de 1753, non 1764, à 1790, écrit très correctement par l'ancien libraire parisien Hardy, et que M. Lazard, savant archiviste, a eu l'amabilité de signaler à mon attention : ce *Journal* fait partie du *fonds français* à la *Bibliothèque nationale*.

La relation de M. Hardy, que j'ai trouvée, d'après les indications de M. Lazard, à la page 94 du 2e volume du manuscrit (va du 1er janvier 1772 au 31 décembre 1774), cote 6681, fait très bien connaître l'église en 1772. Après avoir dit que dans la nuit du dimanche 6 septembre 1772 au lundi 7, le tonnerre était tombé à une heure du matin sur le clocher de l'église de N.-D. de Boulogne, près Paris, où on sonnait les cloches ; que les 4 sonneurs étaient tombés évanouis, du clocher sur la voûte, de 12 pieds environ, et que l'un d'eux était mort le « surlendemain du saisissement », M. Hardy continue ainsi : « Le tonnerre, après avoir dépouillé en partie la flèche de sa couverture et fondu une grosse poutre dans le clocher, descend dans l'Eglise le long de la chaine qui soutient le Christ de la grille du Chœur, puis se promène dans les deux Chapelles collatérales, où il gâte de la dorure en différents endroits, noircit les deux tableaux du fonds des autels, qui avoient été posés la veille ; enlève un assez gros morceau de pierre d'un des piliers montants de la grille du Chœur, qu'il porte sur les marches du Maître Autel, dont il brunit aussi le tableau, noircit également la dorure de cet Autel, qui venoit d'être réparé à neuf, en différents endroits, enlève un morceau de bois du retable et sort ensuite par un trou qu'il fait dans la muraille et qu'on eût dit avoir été percé avec une vrille. Il avoit encore endommagé plusieurs toises de la couverture du chevet de l'Eglise, qui avoit été achevée la veille. On évaluoit le dégât fait dans l'Eglise à la somme de mille à douze cents livres ». — Le tonnerre avait malencontreusement visité l'église, qui venait d'être restaurée et qui avait, comme aujourd'hui, le maître autel et deux chapelles. Voir 1686, 1903.

Voir 1776 à 1852, grande Confrérie ; 1777 à 1763, cloche ; 1778 à 1770, plan.

En vertu d'une donation faite le 18 août 1738 par le président Cochet de St-Vallier (+ 19 décembre 1738), réduite par le Parlement le 16 mai 1740, avec arrérages affectés depuis 1770 à la constitution des émoluments d'un 2e vicaire à Boulogne-sur-Seine, le curé Hénocque reçut à partir de 1775 des arrérages en faveur de ce vicaire, lequel n'entra en fonctions que le 1er mai 1777. Pour loger son nouveau vicaire, M. Hénocque fit construire en 1779 une petite maison à côté de l'église, maison que la Révolution convertira en corps de garde. Les fonctions de 2e vicaire durèrent jusqu'en 1793, et le curé tient un compte très minutieux des dépenses, non seulement pour ce vicaire, mais encore pour le 1er, de 1738 et des arrérages de 1770 à juin 1791 : deux pièces, de 1787, 1788, concernant le 2e vicaire, sont aux *Archives départementales*. Ce compte est accompagné d'un mémoire des fondations dues « au ci-devant curé Hénocque », de Boulogne, district de la Franciade (St-Denis en France sous la Révolution), du 11 novembre 1791 au 11 novembre 1792, le marguillier comptable n'ayant rien payé « au ci-devant curé ».

Pierre Rufin, marguillier en charge, dressa en 1782 un inventaire du linge de la sacristie où figurent : 46 nappes, la plupart pour le grand autel du chœur et les autels de la Sainte Vierge et des Apôtres, 16 aubes, dont 4 pour les deux vicaires quand « ils font diacre et soudiacre », 27 amicts, 16 ceintures, 24 surplis, 7 rochers (rochets), pour les 3 chantres et les vicaires, 16 soutanes, 18 camails, deux pièces de toile données en 1763 et en 1777 (voir 1763, cloches), différents linges, un baldaquin en velours bleu « garni de galons d'or fin, avec ses plumets et son tapis, aussi garni de franges d'or », 2 enveloppes pour les 2 lustres en cristal.

Voir 1782, 1783, école, à 1714.

Le 23 août 1783, autre « Inventaire de l'argenterie, Reliques, ornemens, cuivre, estain (étain), livres, linges et autres meubles, appartenans à l'Eglise Royale et paroissiale de Nôtre-Dame de Boulogne-et-Menuls, Banlieuë Ecclésiastique de Paris », très complet pour les richesses et les reliques, disparues presque toutes sous la Révolution. On y trouve :

1. *Argenterie et reliques*. « L'image de *Nôtre-Dame de Boulogne*, vermeïl et argent doré, posée sur un pied de cuivre doré, au devant de laquelle il y a une relique de la vraïe Croix enchâssée dans une croix aussi de vermeil et argent doré ». Voir 1805, 1807, 1821 et au chapitre XVII pour les reliques.

L'image de *St Joseph*, aussi d'argent, exposée sur un pied de bois peint en noir, au devant de laquelle image il y a aussi quelques reliques posées dans un petit châssi d'argent : il pèse 6 mars (marcs) 6 onces ». A disparu. Le marc = 244 gr. 752 et l'once = 1/8 de marc ou 30 gr. 594 ; le poids était de $(48+6) \times 30$ gr. $594 = 1.652$ gr.

« L'image de *Ste Gemme*, aussi d'argent et posée sur un pied de bois peint en noir, au devant de laquelle image il y a quelques reliques posées dans un châssis et boëtte (boite) d'argent ». Voir la chapelle Ste-Gemme à 1316.

« Un soleil d'argent doré, accompagné de deux Anges d'argent doré, et autour duquel il y a plusieurs pierres qui ne sont pas de grande valleur.

« Un grand reliquaire de cuivre, qui a été doré, orné de quelques petites placques d'argent, dans lequel il y a plusieurs reliques, ycelui (ce, celui-là, celui-ci) soutenu d'un pied de bois peint en noir ; quelques petites plaques d'argent s'en trouvent détachées et qu'il est nécessaire de faire récoler et ratacher.

« Une épée à garde d'argent et une canne à pomme d'argent qui servent au suisse de l'Eglise ». En 1763 (voir ci-dessus), il n'y avait encore qu'un bedeau ; après le rétablissement du culte, il n'y aura d'abord qu'un bedeau : voir le suisse à 1805.

« Deux truelles à viroles d'argent, fleurs de lys (lis), dont on dit que le Roy s'est servi lors de la fondation de l'Eglise ». Il y en avait trois ; une avait disparu. Voir 1319, 1320, 1792.

Dans cet article il y a en argent des croix, des calices, des ciboires, des boîtes pour les saintes hosties, des chandeliers, une couronne.

2. *Cuivre et étain*. Il y a en cuivre 31 chandeliers, 5 croix, une ancienne couronne, etc. ; en étain, 4 plats, etc.

Viennent ensuite les ornements blancs (3ᵉ article), rouges (4ᵉ), gris de lin (5ᵉ), violets (6ᵉ), verts (7ᵉ), noirs (8ᵉ), comprenant principalement les chasubles, étoles, manipules, dalmatiques, tuniques, « chappes ». A signaler dans le 3ᵉ article : « un pavillon en forme de dais, fort ancien, d'étoffe d'or et d'argent, avec galonds d'or, pour exposer le Saint Sacrement au Salut ; un grand dais pour la procession du Saint Sacrement, d'étoffe de gros de Tours, fond blanc à fleurs vertes et or, mêlées de violet, consistant en quatre pièces doublées de croisées de soïe rouge, garnies de franges et galonds d'or faux, avec six aigrettes de plumes vertes et blanches, et leurs pommes couvertes de satin d'Hollande, fond vert, or et argent, donné par Mᵈᵉ Marquet, lequel, garni de son châssis de bois peint en rouge, et le ciel de satin rouge ; un poil (poêle) de Damas blanc, avec galonds et franges d'or faux, qui sert pour les bénédictions nuptiales ». Ce poêle, en usage pour les mariages, a été supprimé après le retour complet (1874) du diocèse à la liturgie romaine. On voit dans cet article 3 que : 1º des étoles ont été faites, 1779-1780, avec ce qui restait des robes de la Sainte Vierge et de sainte Anne, données autrefois à l'église, et d'autres étoffes ; 2º que des ornements proviennent des dons de 1763, 1777, vus ci-dessus.

Le 9ᵉ et dernier article comprend les livres, peu nombreux, savoir : un graduel, un « antiphonier », un psautier, trois missels parisiens, trois missels romains, deux missels pour les Epitres et Evangiles, trois petits missels pour les messes des Morts, trois petits livres pour les Enterrements, un livre de l'ancien Bréviaire avec les quatre Passions notées, six processionnaux, trois rituels.

Dans la collection Z² (472), on trouve des plaintes déposées par le curé au greffe de la prévôté des Menus-et-Boulogne contre les marguilliers, 3 février 1783, diverses personnes, 29 novembre 1784, et un certain Remy (13 juillet 1787).

Aux *Archives départementales* est un inventaire des titres, papiers, etc., de la Fabrique, dressé les 27 septembre-28 octobre 1785, moins complet que celui de 1691.

Sur les registres de l'état civil de la paroisse de Boulogne de 1786, Berriat St-Prix, dans ses « Recherches sur la législation et la tenue des actes de l'état civil, Paris, 1842 », a constaté 261 actes, dont 20 actes fautifs et 1 avec blancs non croisés.

Voir 1787-1788, 2º vicaire, à 1777.

Le 9 février 1788, on trouve l'acte constatant la prestation du serment, devant le curé, de la sage-femme Félicité Taulé.

Le 16 novembre 1788, le conseil de l'Œuvre et Fabrique de Boulogne-sur-Seine et les habitants réunis élurent un marguillier de la « Confrairie » royale de Boulogne, pour exercer ses fonctions de marguillier jusqu'au 2º dimanche de novembre 1789, et ensuite celles de marguillier en chef et comptable de l'Œuvre et Fabrique du 2º dimanche de novembre 1789 au 2º dimanche de novembre 1790, à l'effet de recevoir tous les revenus à échoir, et notamment les 600 livres concédées par le « Roy au mois de may 1702 ». Une expédition de la délibération, délivrée à ce même comptable le 1ᵉʳ juin 1791 par le notaire Pance, est possédée par la Fabrique : elle fait ainsi connaître le mode de nomination des marguilliers de la Fabrique et de la grande Confrérie. Dans les mêmes archives fabriciennes, il y a un certificat du receveur des domaines nationaux du 13 janvier 1792, constatant que ledit receveur n'avait pas payé en 1791 à la Fabrique des « Menus de Boulogne » la rente de 600 livres constituée à la Fabrique en mai 1702 et qui lui était due pour 1790 : voir ci-après la confiscation par la Révolution des biens du clergé et des Fabriques.

CHAPITRE X

L'église de Boulogne-sur-Seine de 1789 à 1859. — 1re Période, de la Révolution de 1789 à 1804. Biens du clergé. Constitution civile du clergé, 1790. Trésor. Inventaire, 1792. Persécution, 1793. Cultes. Biens aliénés en 1796. Inventaire, 1802.

La Révolution, libérale en 1789, ne tarda pas à être dirigée par les partis extrêmes et révolutionnaires qui vinrent semer partout la ruine et la désolation. Après la mort du roi Louis XVI, 21 janvier 1793, ils s'en prirent à la religion, qu'ils persécutèrent et supprimèrent, et à toutes les classes de la société. Le village de Boulogne ne fut pas épargné, comme on le verra ci-après.

Durant cette période troublée, nous retrouvons le curé Hénocque : il sera réduit à la misère en 1793.

Le 2 novembre 1789, l'assemblée Nationale décréta biens nationaux tous les biens ecclésiastiques, à charge par la nation de pourvoir aux frais du culte, à l'entretien de ses ministres et au soulagement des pauvres : un curé devait avoir au minimum 1.200 livres par an et le logement. Le roi sanctionna le 4 novembre le décret du 2, que compléta la loi du 28 octobre-5 novembre 1790, déclarant biens nationaux les biens du clergé et des séminaires. Engagé dans cette voie, la Révolution ne ménagea rien et on trouve les décisions suivantes : décret du 10-18 février 1791, ordonnant la vente des immeubles réels affectés à l'acquit des fondations pieuses paroissiales ; loi du 24 août 1793, supprimant les rentes et intérêts dus aux Fabriques, la République devant être chargée des frais du culte à partir du 1er janvier 1794 (art .24 ; mais la République n'eut rien à payer, puisque la religion fut proscrite), lesdits intérêts et rentes dus aux Fabriques en vertu des décrets précédents (la loi du 19 août 1792, art. 1, 2, avait ordonné la vente des biens des Fabriques, contre payement d'un intérêt de 4 o/o sur le prix net) ; enfin, loi du 13 brumaire an II, 3 novembre 1793, décidant que tout l'actif des Fabriques faisait partie des domaines nationaux, et que les meubles ou immeubles de cet actif seraient administrés ou vendus comme les autres domaines nationaux (art. 1, 2). Voir 1796, vente des biens de la Fabrique ; 1797 à 1858, consultation ; plus loin après 1793, cultes.

En outre, la *constitution civile du clergé*, 12 juillet 1790, 24 août et 26 décembre 1790, loi du 17 avril 1791, en imposant aux membres du clergé un serment contraire à la religion et à leur conscience, causa une profonde perturbation en France, où les prêtres et les évêques, en immense majorité, dits *insermentés* (avaient refusé le serment) ou *réfractaires* durent céder la place aux *assermentés* (avaient prêté le serment) et se cacher, après le décret de proscription du 26 août 1792, pour exercer leur pieux ministère : beaucoup d'entre eux, découverts, payèrent de l'exil et de la mort leur soumission à l'Eglise (les *insermentés* avaient été privés de traitement par le décret du 27 novembre 1791, accepté par le roi le 19 décembre). — Par brefs des 10 mars et 13 avril 1791, Pie VI condamna la constitution civile du clergé et le serment exigé ; il envoya en même temps ses consolations aux persécutés.

Dans les états de rentes à percevoir par l'église, établis par les marguilliers en charge en 1790, 1791, pour les années 1790, 1791, figurent aux 1ers articles : les 600 livres de 1702 ; 10 livres pour la Confrérie royale, sur les domaines (au 31 décembre 1791, il devait être payé 3 ans, 1789, 1790, 1791) ; 100 livres pour les maitresses d'école (voir 1714). Pour les 10 livres de la grande Confrérie, le curé Hénocque, en qualité de « Prieur et Directeur perpétuel de la Confrairie Royale de N.-D. de Boulogne », délivra le 28 juin 1791 un certificat constatant que le service et la fondation y relatifs avaient été acquittés en 1790 en la manière ordinaire.

Le 28 juin 1791, le curé Hénocque signa encore une déclaration pour l'acquit d'une ancienne fondation.

Voir au chapitre IX les dépenses du 2ᵉ vicaire jusqu'en 1791 ; l'expédition, 1791, et le certificat de non-payement, 1792. Voir à 1729 l'inventaire de 1791 ; au chapitre III, l'invitation de 1792.

L'année 1792 fut un deuil pour notre église. Les révolutionnaires détruisirent les statues extérieures et les peintures murales, renversèrent les confessionnaux et le banc d'œuvre, brisèrent les vitraux et les orgues, volèrent le Trésor.

Le Trésor (voir 1783) renfermait : le *Livre d'or* (chapitre III), à couverture en or, avec signatures des rois, princes, grands seigneurs, etc., pèlerins de N.-D. de Boulogne ; deux truelles en argent massif et à manche d'argent, ornées de fleurs de lis, qui avaient servi à Philippe le Long et à son frère Charles (voir 1319, 1320), la 3ᵉ, celle de Philippe de Valois, disparue ; un superbe reliquaire, rehaussé de pierreries, contenant un morceau de la *vraie Croix*, regardé à tort par divers auteurs comme un présent de saint Louis, d'Isabelle à l'église, tous deux étant morts en 1270, 50 ans avant la fondation (voir 1805) ; une *Vierge* en argent massif, dite parfois de *Jean le Bon*, constellée de pierres précieuses, avec reliques de la Sainte Vierge (un morceau de la statue de Boulogne-sur-Mer) et des Saints: elle provenait de la chapelle du roi et on ne pouvait la sortir en procession qu'avec une permission spéciale (chapitre IV), etc. Tout cela disparut: en 1793, on fit fondre à la Monnaie, non seulement la Vierge ci-dessus, traînée jusqu'à Paris, une corde au cou, au milieu des vociférations d'une foule impie et criarde, mais encore les encensoirs, la navette pour l'encens, les chandeliers, un très beau crucifix, le tout en argent, et les autres objets de l'église en or et en argent. Aux *Archives départementales*, j'ai trouvé les documents relatifs à l'inventaire de l'argenterie, 15 novembre 1792, à la remise faite par le vicaire Picard, 24 novembre 1792, etc.

Quant à l'église, que la plupart voulaient démolir comme gênante et inutile, on en fit un grenier à fourrages et un lieu de plaisirs, ce qui en assura la conservation : en 1793, le peintre Bridard prit la plaque en marbre noir (inscription de 1745), s'en servit pour broyer ses couleurs et ne la rendit qu'à la paix de l'Eglise (note de M. A. Barbu).

Voir 22 septembre 1792 à 1805, calendrier: la *République* fut proclamée le 21 septembre 1792.

La loi du 20 septembre 1792, ayant décidé que les registres de l'état civil, — tenus par les curés, en vertu des ordonnances de Villers-Cotterets, août 1539, de Blois, mai 1579, et en double depuis le code Louis, 1667, un exemplaire étant réservé au juge royal, — seraient tenus par les municipalités, tous les registres de baptêmes, mariages, sépultures, furent enlevés du presbytère, après inventaire et perquisition.

Voici l'inventaire : « Inventaire de tous les Registres existans, tant anciens que nouveaux, de la paroisse de Nôtre-Dame de Boulogne, Menuls et Longchamp, ci-devant de la Banlieue Ecclésiastique de Paris, et présentement du Département de Paris, District de St-Denis, restés toujours en dépôt au Presbytère, à l'effet de retirer des mains du citoyen Ch. Franc. Hénocque, Prêtre, curé de la susditte paroisse depuis le 18 mai 1744, tous ces susdits registres, tant anciens que nouveaux, pour être portés et déposés dans la Maison commune de la Municipalité, conformément à la loi qui détermine le mode de constater l'Etat civil des citoyens, en date du 20 septembre 1792, l'an quatrième de la Liberté, le 1er de la République (l'ère de la *Liberté*, créée en janvier 1792 par l'assemblée Législative, partait du 1er janvier 1789), et en conséquence de décharger valablement ledit citoyen Hénocque, Curé, de tous ces Registres, tant anciens que nouveaux, dont il a toujours été dépositaire jusqu'à ce jour ». Suit le relevé des différents actes et registres de 1559 au 28 octobre 1792, jour où ils ont été arrêtés et emportés à la Mairie, avec cette mention : « Et le citoyen Hénocque s'en trouve valablement déchargé ». Ont signé : le maire *Vauthier*, le procureur de la commune *Taulé*, le conseiller municipal *Doucet* et le greffier *Lejeune*. J'ai constaté à la Mairie la présence des registres depuis 1624 ; que sont devenus les autres ? Les actes de 1792 sont signés par le curé ou par l'un des vicaires *Picard, Chapuis;* le dernier acte du registre arrêté le 28 octobre 1792 est celui du 25 octobre 1792 pour la sépulture de *Marie-Claude Compoint*, âgée de 17 mois, en présence du bedeau « Nicolas Agoard Duprès », qui a signé *Duprez*, ledit acte signé par le vicaire *Chapuis*. A la suite de cet acte est la mention de clôture, et immédiatement après est le 1er acte de l'état civil municipal, du 30 octobre 1792, pour la naissance de *Pierre-Félix Brochay*. — Les églises ont continué pour elles des registres de baptêmes, de mariages et de sépultures.

Le procès-verbal de perquisition au presbytère, 1793, observe : « 1° que dans la visite faite par le citoyen Lourau, président du Comité de surveillance, Marguery et autres, chez le citoyen Hénocque, ex-Curé de Boulogne, où ils ont enlevés tous ses papiers, après avoir fait chez lui une recherche exacte partout, en deux différents jours, il s'est trouvé, dans une vieille armoire de la chambre, sur la cuisine, quatre Registres depuis l'établissement de la *Charité* (1667), avec toutes les pièces justificatives des redditions des comptes des trésorières comptables, d'années en années ; que ledit citoyen Hénocque, ex-Curé, est demeurant depuis 50 ans au susdit Boulogne ; 2° parmi lesquelles pièces, il s'est trouvé mêlé les pièces justificatives des redditions des comptes des citoyens Georges Bosselet et Jean-Antoine Chaudet, tous deux Marguilliers de l'œuvre et fabrique de la paroisse du susdit Boulogne, et un Registre des redditions des comptes des Marguilliers de laditte œuvre et fabrique, commençant le 26 novembre 1758 et finissant le 7 février 1779, contenant 250 feuillets non cotés et paraphés, et inventorié cote 40 ; 3° plus un Registre des délibérations du Curé et Marguilliers de la paroisse de Boulogne, des nominations et des arrêtés des comptes des Marguilliers de l'œuvre et fabrique, commençant le 21 janvier 1757 et finissant le 11 novembre 1777, contenant 100 feuillets cotés et paraphés par M^{re} (Messire) Etienne Rousselot, avocat au Parlement et prévôt du susdit Boulogne, et inventorié cotte (cote) 39. Plus s'est trouvé aussi le Registre des Baptêmes, Mariages et Sépultures de l'année 1791, servant de 2e Minute pour être déposé dans le temps au Châtelet de Paris, qu'il a été envoyé plusieurs fois, sans trouver le greffier, Registre qui doit être présentement déposé au bureau du district de Franciade, ci-devant St-Denis (voir le calendrier républicain à 1805), commençant le 5 janvier 1791 et finissant le 30 décembre de laditte année, contenant 70 feuillets, cotés et paraphés par Dupont, lieutenant particulier pour la vacance de l'office du Lieutenant civil ».

Le vieux curé Hénocque, bien qu'ayant prêté en 1791 le serment constitutionnel, se trouva en 1793 parmi les suspects (voir détails divers à la 2e partie). Il devait être emmené à Paris et emprisonné ; mais les anciens du pays ne voulurent pas le laisser partir, et les autorités le réduisirent à la misère, à la mendicité : il mourra en 1806 (acte du 24 novembre) dans une mansarde de la Grande-Rue, devenu presque fou de chagrin. Voir sa signature comme témoin à 1805. Ceux qui donnent sa mort en 1793 l'ont confondu avec l'abbé *Hénoque*, professeur à Paris, tué dans les massacres de septembre 1792, non 1793.

Voir 1793, cloches, à 1763 et à église ci-dessus ; 1er août 1793, système métrique, à 1805 ; 24 août, 3 novembre 1793, biens, à 1789 ; 22 septembre, 5 octobre, 24 novembre 1793, calendrier, à 1805.

De la Terreur, 1793, à la paix de l'Eglise, 1801-1802, divers actes ont été promulgués pour les cultes, ne laissant jusqu'en 1799 qu'une liberté relative aux exercices religieux. Les voici :

Loi du 3 ventôse an III, 21 février 1795 : la Convention déclara ne salarier aucun culte, ne concéder aucun local pour les cultes ou pour le logement de leurs ministres (art. 1 à 3), et défendit toute dotation, toute taxe pour les dépenses du culte (art. 9) ;

Loi du 11 prairial an III, 30 mai 1795 : rendit provisoirement aux cultes les édifices y destinés antérieurement au 1er jour de l'an II, 1er vendémiaire an II, 22 septembre 1793 (date où les églises profanées furent affectées à différents usages) et non aliénés, assujettit les exercices à la surveillance des autorités (art. 1er), et exigea des ministres du culte, sous peine d'amende, la présentation d'un acte constatant leur soumission aux lois de la République (art. 5) ;

Loi du 20 fructidor an III, 6 septembre 1795 : exigea dans son intégralité la présentation de l'acte ci-dessus, punit d'amende les délinquants et prononça le bannissement contre les prêtres déportés qui étaient rentrés ;

Loi du 7 vendémiaire an IV, 29 septembre 1795, peu avant la fin de la Convention (dernière séance le 4 brumaire an IV, 26 octobre 1795), « sur la liberté des cultes » : autorisa l'exercice des cultes sous la surveillance des autorités et sur la production, par les ministres du culte, du fameux acte de déclaration de soumission aux lois, sans modification, restriction ou rétractation, sous peine d'amende ou de bannissement (art. 5 à 8) ; interdit toute convocation publique (art. 7) ; défendit toute dotation, toute taxe (art. 10, 11) ; prohiba tout emblème tout signe, tout costume extérieur, tout habit de ministre du culte, toute cérémonie extérieure (art. 13 à 19) ;

Loi du 3 brumaire an IV, 25 octobre 1795 : ordonna l'exécution dans les 24 heures des lois de 1792-1793 contre les prêtres ;

Loi du 22 germinal an IV, 11 avril 1796 : défendit l'usage des cloches pour les convocations aux exercices des cultes, ainsi que cela avait lieu. En 1796, les exécutions contre les prêtres continuèrent, et un projet de bref du 5 juillet 1796, pour le ralliement à la République, eut peu de succès ;

Décret des Anciens, du 7 fructidor an V, 24 août 1797 : abolit les peines édictées contre les prêtres réfractaires. Conplété par le décret du 14 fructidor an V, il fut rapporté, après le coup d'Etat du 18 fructidor an V, 4 septembre 1797, par la loi du 19 fructidor an V, et le théophilanthrope Laréveillère-Lepeaux, en haine du catholicisme, fera déporter de nombreux prêtres en 1797-1798;

Arrêtés des 8 frimaire an VIII, 29 novembre 1799, et 28 vendémiaire an IX, 20 octobre 1800 : amnistièrent les prêtres ;

Arrêtés des consuls du 7 nivôse an VIII, 28 décembre 1799 : le 1er autorisa l'exercice des cultes dans les édifices y destinés au 1er jour de l'an II et non aliénés, sous la surveillance des autorités et aux termes des lois des 11 prairial an III et 7 vendémiaire an IV ; le 2e décida que les ministres du culte prêteraient le serment de fidélité à la Constitution du 22 frimaire an VIII, 13 décembre 1799 (ne contenait rien qui pût froisser la religion catholique) ; le 3e, à la suite du refus de certaines administrations d'ouvrir les églises en dehors des jours des décadis, décida que les lois sur la liberté des cultes seraient exécutées selon leur forme et teneur ;

Arrêté des consuls du 2 pluviôse an VIII, 22 janvier 1800 : décida que les cérémonies civiles continueraient à être célébrées dans les édifices des cultes, mais à des heures différentes de celles des offices religieux ;

Concordat et loi de germinal an X, 1801-1802.

Le *Concordat* du 26 messidor an IX, 15 juillet 1801, ratifié le 23 fructidor an IX, 10 septembre 1801, et promulgué par la loi du 18 germinal an X, 8 avril 1802, avec 77 articles organiques, contre lesquels protesta le Pape, qui n'y avait pas collaboré, procura la paix à l'Eglise et à la France. L'art. 12 du Concordat attribua au culte toutes les églises non aliénées ; l'art. organique 75 affecta au culte un édifice par cure et succursale ; l'article organique 76 établit des Fabriques pour l'administration temporelle des paroisses. Le cardinal-légat Caprara rendit exécutoire le Concordat par son décret du 9 avril 1802. Voir 1858.

En exécution du Concordat, le 1er consul devait nommer, dans les trois mois de la publication de la bulle du Pape, à tous les sièges épiscopaux de la circonscription nouvelle des évêchés, et le Pape devait donner l'institution canonique aux évêques (art. 4). De même, les évêques devaient faire une nouvelle circonscription des paroisses et nommer les titulaires desdites paroisses (art. 9, 10). Voir à 1802 le curé Legrand et à 1858.

Voir 7 avril et 23 septembre 1795 à 1805, système métrique ; 1795-1796, à 1795, cultes.

Des recherches faites aux *Archives nationales*, il résulte qu'on n'a vendu à Boulogne en 1796, comme biens nationaux ecclésiastiques, en dehors de 3 arpents de terre appartenant à l'abbaye de Saint-Cloud, que les biens suivants de la Fabrique de Boulogne (voir à 1798 pour l'immeuble des écoles) :

1° le 15 thermidor an IV, 2 août 1796, le *Presbytère* (voir au chapitre XIX) et ses dépendances, comprenant un corps de logis, avec caves, rez-de-chaussée, 1ᵉʳ étage, carré, cour, petite basse-cour, jardin clos de haies, le tout d'une contenance de 50 perches environ, vendu 11160 francs au sieur Ruffet. Immeuble borné au levant par le citoyen Bounod, au couchant par une maison provenant de la ci-devant Fabrique (ci-après), au midi par la Grande-Rue, au nord par la rue de la Procession ; — 2° le 18 thermidor an IV, 5 août 1796, une maison et ses dépendances, de la ci-devant Fabrique, comprenant un corps de logis, avec cour, petite basse-cour, jardin clos de murs, le tout d'une contenance de 70 perches environ, vendu 12960 francs au sieur Legrand. Immeuble borné au levant par le Presbytère susindiqué, au couchant par la rue de l'Eglise et la place publique dite le *Perchant*, au midi par la Grande-Rue et au nord par la rue de la Procession ; — 3° le même mois, 50 perches de terrain dépendant de la cure de Boulogne, terre et vignes, au lieu dit les *Vignes*, de Boulogne, ledit terrain tenu en bail par Antoine Puteaux, vigneron à Boulogne, vendu 264 francs. Terrain borné au levant par le chemin de Longchamp, au couchant par une sente, au nord par la citoyenne Potel et autres, au midi par Etienne Leriche.

On a vu en 1757, 1763, les constructions élevées sur les arpents donnés en 1320 pour l'église par l'abbaye de Montmartre. — On fit les calculs suivants : furent vendus en 1796, sur 5 arpents, 50 (Presbytère) et 70 (maison) ou 120 perches, ou 72 ares, ou 2 arpents et 4 ares environ, l'arpent des environs de Paris valant 34 ares 18 ou un peu plus d'un 1/3 d'hectare, 5 arpents = 170 ares 90 ; donc il restait 170,90 — 72 ou 98 ares, ou 2 arpents (68 ares) et 30 ares environ, terrain sur lequel seront les constructions et places dont il sera parlé à 1804, 2ᵉ Partie. L'arpent valant bien 34 ares 18 et aussi 100 perches, 120 perches ne font que 41 ares : les calculs ci-dessus étaient contraires aux intérêts de la Fabrique et ne s'expliqueraient que par des ventes s'élevant à 210 perches environ, ce qui n'existe pas. (Voir 1858).

Les Fabriques ont pu rentrer en possession de leurs biens non aliénés, et quittes des rentes dont il étaient grevés (Conseil d'Etat, 9 décembre 1810, 19 février 1823), en vertu des actes suivants : arrêté du 7 thermidor an XI, 26 juillet 1803, qui confia en même temps l'administration des biens à 3 marguilliers nommés par les Préfets sur une liste double présentée par les maires et les curés (voir 1804, 1809) ; décision du 25 frimaire an XII, 17 décembre 1803 ; décrets des 15 ventôse an XIII, 6 mars 1805, 28 messidor an XIII, 17 juillet 1805, 22 fructidor an XIII, 9 septembre 1805, 30 mai 1806, 19 juin 1806, 31 juillet 1806 ; arrêt du conseil d'Etat des 23 décembre 1806, 25 janvier 1807 ; décrets des 17 mars 1809 et 8 novembre 1810 ; ordonnance du 28 mars 1820 et décision ministérielle du 26 septembre 1822. Voir à 1858 la consultation ; à 1881 les fonds libres.

Voir 1797-1798 à 1795, cultes ; 1800, copies, à 1696, 1729.

Un calme relatif permit à un certain nombre de prêtres de remplir leurs délicates fonctions. A Boulogne, l'abbé *Tessier*, *Teissier*, prêtre constitutionnel, ancien curé assermenté de Saint-Germain en Laye, desservira la paroisse depuis 1798 jusqu'à nouvelle organisation des succursales en 1802 : l'église possède sur des feuilles détachées, — l'église, n'étant pas rendue au culte, n'avait pas de registres, — les actes de baptême, signés par le curé Teissier, du 19 pluviôse an VI, 7 février 1798, au 28 prairial an X, 17 juin 1802. — Le 23 nivôse an VI, 12 janvier 1798, l'ancien curé Hénocque avait signé un résumé détaillé sur les écoles, le vicariat et l'église de Boulogne : est aux *Archives départementales*.

En l'an VII, 1798, l'immeuble des écoles fut vendu 1/2 à Doucet et 1/2 à Jean : voir 1804, 2ᵉ Partie.

Voir 1799-1800 à 1805, système métrique ; 1799-1802 à 1795, cultes.

L'église de Boulogne, dégradée et profanée, ayant été rendue au culte après le Concordat de 1801, fut purifiée, et on la badigeonna le mieux qu'on put. Le 7 floréal an X, 27 avril 1802, on procéda à un inventaire dont la copie porte : « Inventaire des vases sacrés, ornemens et autres objets servant à l'exercice du culte dans l'église de Boulogne, fait par nous, Maire de la dite commune, en présence du citoyen Tessier, prêtre desservant l'église du dit lieu, et des citoyens Antoine Perrée et Etienne Le Riche (Leriche), administrateurs. Ce jourd'hui sept floréal an X de la République française ».

A signaler dans l'inventaire et dans le supplément qui l'accompagne : un soleil en cuivre argenté, acheté depuis l'inventaire du 7 floréal, 2 chandeliers à 3 branches, en cuivre doré, des calices, des croix, dont la croix processionnelle, 12 « chandelliers », etc., en cuivre argenté, un ciboire argenté, offert par le curé ; 7 soutanes, 2 tuniques, 13 « chappes », 7 chasubles, 6 surplis, 9 aubes, 6 aubes d'enfants de chœur, 3 étoles, 7 nappes d'autel, dont celles des deux chapelles latérales, un grand dais, 2 petits dais, une bannière avec les images de la Vierge et de Saint-Roch ; 5 livres de chant, un missel, 2 rituels ; des meubles, comme 3 armoires de sacristie, 2 grandes planches couvrant les bancs en pierre, un confessionnal ; un grand tableau, 2 petits tableaux, 400 chaises de paille, etc.

L'inventaire se termine ainsi : « Après cet inventaire, lesdits citoyens Tessier, desservant, Perrée et Leriche ont déclaré que tout le contenu en icelui provient tant des dons qui ont été faits à l'église depuis que le culte a commencé d'y être exercé que du produit des quêtes qui se sont faites pendant la célébration ». Puis suivent les sommes dues pour fournitures d'ornements, pour réparations faites à l'église, « qui avait été dévastée », pour le rétablissement des fonts baptismaux, et pour autres réparations s'élevant à 454 francs, « qu'ils espèrent acquitter ces sommes sur le produit des chaises et des quêtes. Tous les objets contenus au présent inventaire ont été laissés à la garde dudit citoyen Tessier, desservant, et des citoyens Perrée et Leriche, qui s'en sont volontairement chargés et rendus gardiens et responsables. Signé Perrée, Tessier et Pance », le citoyen Leriche ne sachant ni écrire ni signer.

L'original de l'inventaire fut déposé à la Mairie, et le maire Pance en délivra le 14 floréal an XI, 4 mai 1803, une copie terminée par ces mots : « Pour Coppie Conforme à l'original étant aux Archives de la Mairie, Ce 14 floréal an onze, Pance ».

Deux jours après l'inventaire fut signée la décision du 9 floréal an X, 29 avril 1802, qui autorisa les évêques à faire des règlements provisoires pour les Fabriques et à nommer les fabriciens : voir 1804.

Le curé *Teissier* résigna ses fonctions en juin 1802 (il signa le 17 juin 1802 le dernier acte de baptême de sa gestion) et fut remplacé par l'abbé *J.-G. Legrand* (1802-1832), nommé desservant de Boulogne dans l'ordonnance de Mgr. de Belloy, cardinal-archevêque de Paris, du 28 floréal an X, 18 mai 1802, promulguant la nouvelle circonscription des paroisses de la banlieue de Paris et supprimant tous les titres ecclésiastiques non énumérés dans ladite ordonnance.

L'abbé *Jean-Gratien Legrand*, né en 1757, vicaire de Saint-Leu, à Paris, en 1790, refusa le serment constitutionnel, s'exila en Belgique, où il remplit à Anvers les fonctions de précepteur, et revint en France à la paix de l'Eglise. Il prit possession de son église le 30 juin 1802 et signa comme curé, le même jour, son 1er acte de baptême : il contribuera à la restauration de l'église. Voir le Presbytère au chapitre XIX.

Boulogne était et est toujours une église succursaliste : le décret du 28 août 1808 approuva la nouvelle circonscription des succursales faite en exécution des décrets du 11 prairial an XII, 31 mai 1804, et 30 septembre 1807. Voir ci-après 8 février 1833.

Voir 4 mai 1803 à 1802, inventaire ; 26 juillet 1803 à 1796, 1804, Fabriques ; 17 décembre 1803 à 1796, biens aliénés ; 1803, tarif, à 1843.

CHAPITRE XI

L'église de Boulogne-sur-Seine de 1789 à 1859. — 2ᵉ Période, de 1804 à 1830. Fabrique, 1804. Calendrier républicain. Reliques, 1805, 1807. Fête, 1811. Le **saint Voile,** *1821.*

Pour l'administration temporelle de l'église, le 1ᵉʳ *conseil de Fabrique* des temps modernes fonctionna en 1804, après avoir été nommé d'après les prescriptions de l'arrêté du 7 thermidor an XI, 26 juillet 1803, vu à 1796, du Concordat et de la loi du 18 germinal an X, ci-dessus à 1795, de la décision du 9 floréal an X, ci-dessus. Voir 30 décembre 1809.

Ce conseil, dit aussi « Conseil général d'administration de l'église », était composé de 5 paroissiens nommés par le cardinal de Belloy le 28 ventôse an XII, 19 mars 1804, et parmi eux se trouvaient les 3 marguilliers nommés par le Préfet de la Seine le 14 pluviôse an XII, 4 février 1804. Sous la présidence du curé, le conseil tint sa 1ʳᵉ réunion le 13 floréal an XII, 3 mai 1804 : on y lut le règlement archiépiscopal du 3 pluviôse an XII, 24 janvier 1804, pour l'institution des Fabriques.

Voir 31 mai 1804 à 1802, circonscriptions ; 12 juin 1804 à 1898, Pompes funèbres.

Les délibérations du conseil prouvent la pénurie des ressources de la Fabrique. Voici celles qui présentent un certain intérêt : 23 floréal an XII, 13 mai 1804, le conseil vote le déplacement de la chaire (voir 1864, 1888), qui était alors à côté du pilier le plus près du chœur, pour la mettre près du pilier du milieu de la nef, à droite en entrant ; 5 messidor an XII, 24 juin 1804, 3 thermidor an XII, 22 juillet 1804, il vote la réparation urgente de la toiture, en mauvais état, au moyen d'une quête à domicile ; 3 germinal an XIII, 24 mars 1805, il décide une quête pour la réparation de la cloche cassée ; 17 germinal an XIII, 7 avril 1805, 1ᵉʳ floréal an XIII, 21 avril 1805, il se ravise, vote la vente de la cloche, l'achat de 3 cloches et un tarif de sonnerie pour les services et les mariages (voir cloches à 1763) ; 1ᵉʳ floréal an XIII, 21 avril 1805, il vote l'adjonction au bedeau d'un suisse « pour contribuer à la décence et au respect et au maintien de l'ordre dans l'église », avec honoraires annuels de 60 livres, les honoraires du bedeau étant portés à 150 livres ; 20 prairial an XIII, 9 juin 1805, il adopte le budget de l'année écoulée, 2510 livres 4 sols pour les recettes, 2877 livres 5 sols pour les dépenses, soit un déficit de 367 livres 1 sol .

On comptait encore par livres, sols et deniers, bien que le système métrique et décimal eût été adopté par le décret du 1er août 1793, les lois des 18 germinal an III, 7 avril 1795, 1er vendémiaire an IV, 23 septembre 1795, et 19 frimaire an VIII, 10 décembre 1799, l'arrêté des consuls du 13 brumaire an IX, 4 novembre 1800 : ce système devint obligatoire d'une manière absolue le 1er janvier 1840 (loi du 4 juillet 1837). La loi du 11 juillet 1903 et le décret du 28 juillet 1903 ont admis le mètre et le kilogramme comme unités fondamentales internationales.

La séance du 20 prairial an XIII, ci-dessus, fut la dernière de l'ère républicaine tenue par le conseil. Cette ère (1792-1805) fut imposée à la France par les décrets de la Convention des 5 octobre et 24 novembre 1793, qui la firent remonter au 22 septembre 1792 (an Ier), lendemain de la proclamation de la République. Le nouveau calendrier se composait de 12 mois de 30 jours, les mois étant partagés en trois décades ou périodes de 10 jours chacune, et de 5 ou 6 jours complémentaires ou *sans-culottides* suivant les années : la période de 4 ans était appelée *franciade;* le jour intercalaire qui venait après cette période, dit « jour de la République, de la Révolution », était placé comme 6e jour, dans les années bissextiles, après les 5 jours complémentaires ordinaires, et l'année devait toujours commencer à l'équinoxe de septembre, qui pouvait, par conséquent, ne pas être le 22 septembre.

Les jours de la décade portaient les noms de « primidi, duodi, tridi, quartidi, quintidi, sextidi, septidi, octidi, nonidi, décadi » ; le décadi, 10e jour, était le jour du repos ; les 12 mois, répartis entre les quatre saisons, étaient appelés « vendémiaire, brumaire et frimaire (automne), nivôse, pluviôse et ventôse (hiver), germinal, floréal et prairial (printemps), messidor, thermidor et fructidor (été) » ; les noms des saints étaient remplacés par les noms de plantes, de fruits, de racines, de fleurs, de produits végétaux ou minéraux, d'animaux (ceux-ci pour le 5e jour de chaque décade), d'instruments (pour le 10e jour de chaque décade) ; les jours complémentaires étaient des *fêtes sans-culottides.*

Le calendrier républicain dura effectivement du 1er vendémiaire an II, 22 septembre 1793, au 10 nivôse an XIV, 31 décembre 1805, et le calendrier grégorien fut de nouveau remis en usage le 11 nivôse an XIV, 1er janvier 1806, en vertu du sénatus-consulte du 22 fructidor an XIV, 9 septembre 1805. Voir au 2e volume mon calendrier républicain complet.

Voir 6, 13 février 1805, à la grande Confrérie ; 6 mars 1805 à 1796, biens aliénés.

Le 12 mars 1805 on authentiqua une relique de la *vraie Croix* et des *ossements de saints,* ainsi qu'en font foi les deux procès-verbaux suivants, modèles du genre :

1° « Authentique de la vraie Croix
et d'une parcelle d'ossement de Saint.
« Paroisse de Notre-Dame de Boulogne.
« Procès-verbal.

« à l'effet de constater qu'une Relique de la *vraie Croix*, et ossements de *st Sébastien* et de *st Guillaume du Désert*, qui, à l'époque où les églises furent fermées et dépouillées de leurs effets, fut sauvée et conservée par Monsieur Grossin, marchand épicier au dit Boulogne, et qu'il vient de nous remettre en notre qualité de desservant de la paroisse du dit Boulogne.

« à l'effet, dis-je, de constater que cette Relique est la même qui a été de temps immémorial exposée à la vénération des fidèles et enfermée dans une châsse appelée le « Vaisseau de Notre-Dame de Boulogne ».

« en conséquence, nous avons fait voir la dite Relique à Monsieur Hénoque, ancien curé du dit Boulogne, et y demeurant, et sans être prévenu il s'est écrié : Voilà notre Relique de la *vraie Croix !* qui l'a sauvée ? Comment vous est-elle parvenue ? il a ajouté que cette relique était un présent de ste Isabelle, fondatrice du Couvent de Longchamps, et qu'il avoit lu plusieurs fois le titre de cette donation (erreur absolue : Isabelle mourut 50 ans avant la fondation de l'église, en 1270 : voir 1792).

« Nous l'avons aussi fait voir à Monsieur Pance, actuellement maire du dit lieu et depuis longues années y exerçant les fonctions de Notaire, et en cette qualité, ayant eu connoissance des affaires de la Fabrique avant la Révolution ; il nous a dit : point de doute, c'est véritablement la Relique qui, de mon temps, a toujours été exposée les grandes fêtes sur le banc d'œuvre.

« De plus, nous l'avons fait voir à plusieurs Marguilliers et habitans de la dite paroisse, qui tous ont reconnus que cette relique étoit vraiment celle enfermée dans la châsse cy-dessus désignée, et tous se sont empressés de signer le présent procès-verbal, afin que cette Relique puisse être de nouveau exposée à leurs adorations.

« Fait au dit Boulogne, près Paris, le douze mars mil huit cent cinq-21 ventôse an XIII.

« Pance, Hénocque, ancien curé de Boulogne, Pinson, ancien marguillier, Bérangé, ancien marguillier, Bouzenot, Encient Sindic, Chocarne, Dusaux, Lafosse, Grossin, Hébert Ennée, J.-G. Legrand, desservant ».

2° « Nous, Vicaire Général de son Eminence Monseigneur le Cardinal De Belloy, Archevêque de Paris, déclarons et certifions à qui il appartiendra que, lecture prise du procès-verbal et attestations ci-dessus, vu aussi lesd[es] (lesdites) reliques y mentionnées, lesquelles nous ont été exhibées par M. Le Grand (Legrand), Desservant de la Succursale de Boulogne, rédacteur et signataire dud^t (dudit) procès-verbal, nous avons reconnu lesd^{es} précieuses reliques pour authentiques. En conséquence, et à la réquisition dud^t Sieur Desservant, nous avons détaché les précieuses parcelles du bois de la vraie Croix, telles qu'elles nous ont été présentées, c'est-à-dire fixées au nombre de trois, en forme de croix, sur une croix de papier, roussi par sa vétusté, et les ayant attachés sur un carton recouvert de tafetas violet avec des soies de même couleur, nous les avons renfermées dans un reliquaire d'argent de forme ovale, surmonté d'un anneau, haut d'environ un pouce (o m. 027) et 10 lignes (1 ligne = o m. 00225), non compris l'anneau, et large d'environ un pouce et 7 lignes (0,027 + 0,015 = 0^{m}042), fermé d'un verre à sa partie antérieure et à sa partie postérieure par un fond mobile. Cette opération terminée, nous avons fait passer derrière led^t carton des fils de soie de la même couleur, attachés à la partie antérieure dud^t reliquaire par le moyen de trous percés dans la bande qui en forme la partie latérale, et ayant noué ces fils, nous les avons recouverts du Sceau de Sad^{te} (Sadite) Eminence.

« Ce fait, nous avons remis led^t reliquaire aud^t Sr Desservant de la Succursale de Boulogne, et nous avons permis et permettons, par ces présentes, d'exposer la précieuse relique qu'il contient à la vénération des fidèles dans l'Eglise dud^t lieu.

« Quant à une parcelle d'ossement qui nous a été exhibée en même temps par led^t Sr Desservant, laquelle étoit fixée au-dessous de la croix dont nous venons de parler, sur la même étoffe, à côté d'une autre qui y étoit autrefois également fixée, et qui ne s'y trouve plus, attendu que l'inscription placée au-dessous indique deux parcelles d'ossements, l'une du corps de *S. Sébastien*, l'autre, du corps de *St Guillaume du Désert* ; qu'il nous a été en conséquence impossible de connoître auquel des deux corps la parcelle restante appartient, et, que d'ailleurs on ne nous a présenté aucun reliquaire pour la renfermer, nous l'avons enveloppée dans un papier que nous avons scellé du Sceau de Sad^{te} Eminence, et l'avons remise aud^t Sieur Desservant, lui recommandant de la conserver dans un endroit décent.

« De tout ce que dessus, nous avons dressé le présent procès-verbal, icelui avons signé, y avons fait apposer le Sceau de Sad^{te} Eminence et l'avons fait contresigner par le Secrétaire de l'Archevêché. Donné à Paris, le vingt-neuf mars mil huit cent cinq ./.

Ici sceau de	« Mons, vic. gén.
l'Archevêché,	« Par Mandement,
en cire rouge.	« Buée, secr. ».

Voir 17 juillet et 9 septembre 1805, biens, à 1796 ; 31 décembre 1805 et 1er janvier 1806, calendrier, après 9 juin 1805 ; 30 mai, 19 juin et

31 juillet 1806, biens, à 1796; 18 mai 1806, Pompes funèbres, à 1898; 6 août 1806, ci-après. Voir aussi 9 septembre 1805 à calendrier.

A la séance du 2 novembre 1806, le conseil de Fabrique consigna sur le registre des délibérations le don fait par le Gouvernement du beau tableau de l'*Immaculée Conception*, par Ch. de la Fosse, destiné à la décoration du maître autel : a été vendu lors de la Restauration de 1860-1863.

Voir 24 novembre 1806, Hénocque, à 1793; 23 décembre 1806, 25 janvier et 7 février 1807, biens, à 1858; 1806, 1807, chemin, à ch. XIX.

Le 19 février 1807, le vicaire général Jalabert délivra en latin une attestation concernant une parcelle de la sainte Couronne d'épines, déclarée authentique le 6 août 1806. En voici le texte, que je traduis comme précédemment.

« Archevêché de Paris.

« Nos, vicarius generalis E^{mi} et Rev.^{mi} DDⁱ (Eminentissimi et Reverendissimi Domini) Cardinalis De Belloy, archiepiscopi Parisiensis, universis praesentes litteras inspecturis, notum facimus ac Testamur, quòd particulam unam extractam, ut testimonio fide digno nobis constitit, de Praetiosissimâ D. N. (Domini Nostri) Jesu Christi Coronâ Spineâ, quam Praefatus E^{mus} ac Rev^{mus} DD^{us} Cardinalis archiepiscopus Parisiensis, die sextâ Augusti 1806, anni 1806, solemniter recognovit atque authenticam declaravit, antequam in metropolitanae Ecclesiae Parisiensis Sacrarium transferretur, in capsulâ argenteâ, formae ovalis, pollicem unum cum unâ circiter lineâ longâ, utroque ab anteriori parte clausâ, recondi, ibique, super pannum sericum auro intextum affigi, tùm retrò filis sericis rubri coloris religari, et parvo praefati E^{mi} et Rev.^{mi} DDⁱ Cardinalis archiepiscopi Parisiensis sigillo muniri et obsignari curavimus.

« Nous, vicaire général de l'éminentissime et révérendissime Seigneur le cardinal de Belloy, archevêque de Paris, à tous ceux qui verront les présentes lettres, déclarons et certifions qu'une parcelle détachée, — ainsi qu'il est certain pour nous d'une attestation digne de foi, de la très précieuse Couronne d'épines de Notre Seigneur Jésus-Christ, que ledit Em. et Rév. Seigneur le cardinal-archevêque de Paris, le 6 août de l'année 1806, a reconnue solennellement et a déclarée authentique, avant qu'elle fût transportée dans le trésor de l'église métropolitaine de Paris, — a été renfermée dans une petite boîte en argent, de forme ovale, longue d'environ un pouce et une ligne (0 m. 03), fermée des deux côtés à la partie antérieure, qu'elle y a été fixée sur un morceau d'étoffe de soie, tissé d'or, et attachée ensuite par derrière au moyen de fils de soie de couleur rouge, que nous avons fait revêtir et sceller du petit sceau dudit Em. et Rév. Seigneur le cardinal-archevêque de Paris.

1804 A 1830

« Datum Parisiis, sub Signo nostro, Sigillo ejusdem E^mi et Rev.^mi DD^i Cardinalis archiepiscopi Parisiensis, ac Secretarii Parisiensis archiepiscopatûs Subscriptione, anno Domini millesimo octingentesimo Septimo, die autem mensis februarii decimâ nonâ,
« Jalabert,
Ici sceau « vic. gén.
de l'Ar- « De Mandato,
chevêché. « Buée, secr. »

« Donné à Paris, sous notre seing, le sceau du même Em. et Rév. Seigneur le cardinal-archevêque de Paris, et le contreseing du secrétaire de l'archevêché de Paris, l'an du Seigneur mil huit cent sept, le dix-neuvième jour du mois de février,
« Jalabert,
« vic. gén.
« Par mandement,
« Buée, secr. »

Voici un autre authentique, en latin, du 6 décembre 1820, que je traduis comme le précédent.
« Authentique de la Couronne d'épines. »

« ALEXANDER-ANGELICUS, Sanctae Romanae Ecclesiae Presbyter Cardinalis DE TALLEYRAND-PERIGORD, miseratione divinâ et Sanctae Sedis Apostolicae gratiâ, Archiepiscopus Parisiensis, Dux et Par Franciae, magnus Galliarum Eleemosynarius, Regii Ordinis Sancti Spiritûs Commendator, Capituli Regii Sancti Dionysii Primicerius, etc., etc. Universis praesentes Litteras inspecturis, Salutem in Domino.
« Notum facimus et Testamur quòd, cùm testimonio fide digno nobis constiterit, plures Sacrarum Reliquiarum particulas oculis nostris exhibitas, extractas fuisse omnes ex Sacro-sanctâ Coronâ Spineâ D. N. Jesu Christi, quam E^mus et R^mus DD^us Cardinalis De Belloy, Decessor noster, die sextâ Augusti, anno 1806°, solemniter recognovit et authenticam declaravit, eas intrà capsulam (dicta capsula aptatur mediae cruci, ex cupro argentato confectae, septem et decem pollices cum tribus ferè

« ALEXANDRE-ANGÉLIQUE DE TALLEYRAND-PÉRIGORD, cardinal-prêtre de la sainte Église romaine, par la miséricorde divine et la grâce du St-Siège apostolique, archevêque de Paris, duc et pair de France, grand Aumônier des Gaules, commandeur de l'ordre royal du St-Esprit, Primicier du chapitre royal de St-Denis, etc., etc. A tous ceux qui verront les présentes lettres, salut dans le Seigneur.
« Nous déclarons et certifions, ainsi qu'il est certain pour nous d'une attestation digne de foi, que plusieurs parcelles des saintes Reliques, à nous montrées, ont toutes été détachées de la très sainte Couronne d'épines de N.-S. Jésus-Christ, reconnue solennellement et déclarée authentique par l'Em. et Rév. Seigneur le cardinal de Belloy, notre prédécesseur, le 6 août 1806; qu'elles ont été renfermées dans une petite boîte (ladite petite boîte a été placée au milieu d'une croix en cuivre ar-

lineis altae) ex argento aurato confectam formâ rotundam, cujus diameter à parte anteriori, quae formam Coronae Spineae exhibet, ad pollicem unum cum quinque lineis extenditur, vitro ab anteriori parte et dorso mobili à posteriori clausam recondi, ibique, super frustulum chartae panno serico auro intexto applicatum et imaginem Coronae Spineae delineatam exhibens, simul junctas affigi ; tùm retrò filis sericis flavis colligari, et sigillo nostro obsignari fecimus, dictumque Sacrosanctum Redemptionis nostrae pignus à nobis sic recognitum fidelium venerationi in quâlibet nostrae Dioecesis Ecclesiâ offerri et exponi permisimus ac permittimus per Praesentes.

« Datum Parisiis, in Palatio nostro Archiepiscopali, sub signo Vicarii nostri Generalis, sigillo nostro ac Secretarii Archiepiscopatûs nostri subscriptione, anno Domini millesimo octingentesimo vigesimo, die verò mensis Decembris sextâ.

« Ph. Des Jardins, vic. Gén.

« De Mandato Eminentissimi et Reverendissimi DD. Cardinalis Archiepiscopi Parisiensis,

« Buée, can. Secr. ».

genté, haute d'environ dix-sept pouces et trois lignes, o m. 46) en argent doré, de forme ronde, dont le diamètre à la partie antérieure, qui montre la forme de la Couronne d'épines, est d'environ un pouce et cinq lignes (o m. 04), fermée par un verre à la partie antérieure et un fond mobile à la partie postérieure ; que lesdites parcelles y ont été fixées ensemble sur une petite bande de papier, appliquée sur un morceau d'étoffe de soie tissé d'or et montrant l'image de la sainte Couronne d'épines, et attachées ensuite par derrière avec des fils de soie jaune ; que nous les avons fait sceller de notre sceau, et que, par les présentes, nous avons permis et permettons d'offrir et d'exposer à la vénération des fidèles, dans n'importe quelle église de notre diocèse, ce gage sacré de notre Rédemption ainsi reconnu par nous.

« Donné à Paris, en notre Palais archiépiscopal, sous le seing de notre vicaire général, notre sceau et le contreseing du secrétaire de notre archevêché, l'an du Seigneur mil huit cent vingt, le sixième jour du mois de décembre.

« Ph. Des Jardins, vic. gén.

« Par mandement de l'Eminentissime et Révérendissime Seigneur le cardinal-archevêque de Paris.

« Buée, chan. secr. »

Le 5 avril 1807, le conseil de Fabrique vota l'établissement d'un banc d'œuvre « simple et descens » à la place où était l'ancien, détruit par la Révolution. Voir 1863, 1888.

Du fait de la Révolution, les Fabriques avaient perdu beaucoup de leurs titres de propriété et ne pouvaient, par conséquent, pour rentrer en possession de leurs biens non aliénés, que produire des comptes, des renseignements, des pièces se rapportant auxdits biens. C'est pourquoi le *Journal de l'Empire*, du 17 avril 1807, publia un avis aux termes duquel les tribunaux seuls auraient le droit d'apprécier les documents présentés aux lieu et place des originaux.

Voir 30 septembre 1807, 28 août 1808, circonscriptions, à 1802.

Le curé Legrand ayant annoncé un don pour la restauration du maître autel, le conseil de Fabrique décida le 3 juillet 1808 de refaire en bois cet autel. Voir 1867.

Voir 17 mars 1809, biens, à 1858 ; 7 septembre 1809, fonds, à 1881 ; 30 décembre 1809, Fabriques, à 1883, 1884, et aux chapitres XVIII, XIX ; 14 février 1810, cultes, à 1884 ; 8 novembre et 9 décembre 1810, biens, à 1796, 1858.

A cause des inconvénients que présentait la célébration de la Nativité, 8 septembre, fête patronale de Boulogne, celle-ci fut fixée au 2 juillet, Visitation, par le cardinal Maury, qui s'était installé sur le siège archiépiscopal de Paris malgré les brefs de Pie VII. Voici l'importante ordonnance de 1811, relative à la fête.

« Jean Sifrein Maury, par la grâce de Dieu et du Saint-Siège apostolique, cardinal-prêtre de la sainte Eglise romaine, du titre de la « Très sainte Trinité au mont Pincius », archevêque-évêque de Montefiascone-et-de-Corneto, nommé archevêque de Paris, administrateur capitulaire de cette Eglise métropolitaine pendant la vacance du Siège, comte de l'Empire, etc.

« Sur l'Exposé qui nous a été fait par le sieur Legrand, Desservant de la Succursale de Boulogne, du diocèse de Paris, tant en son nom qu'au nom des sieurs Maire et Adjoint, membres du conseil d'administration de la Fabrique et notables de 'lad^e (ladite) commune, portant :

« Que la Fête Patronale de lad^e Paroisse, qui est celle de la Nativité de la Sainte Vierge, concordant avec les fêtes de St-Cloud, village qui n'est séparé de Boulogne que par la Rivière et avec lequel il ne fait qu'un, pour ainsi dire, par la communication facile que procure le pont, il en résulte que la fête patronale de Boulogne est presque généralement méconnue ;

« Que cette fâcheuse conséquence est facile à saisir, si l'on fait attention, que dans la circonstance ci-dessus mentionnée, les habitans de Boulogne, Bourgeois et autres, se trouvent dans le cas de recevoir beaucoup de monde de Paris ; que le concours des personnes qui se rendent à St-Cloud est si grand qu'une partie des maisons de la Grande-Rue sert à des établissemens de marchands de vins et de comestibles, pour lesquels beaucoup de gens sont employés, en sorte que l'Eglise est abandonnée par ceux qui la fréquenteroient à toute autre époque.

« Que néanmoins l'office s'y célèbre, mais qu'il est indécemment troublé par le bruit et des voitures et des passans, les vociférations des vendeurs et acheteurs de comestibles, et les fréquentes incursions de ces derniers dans l'église, dans laquelle ils n'entrent que par curiosité, ou pour s'y reposer de leurs fatigues, sans y donner aucune marque de dévotion, et y apportent quelques fois, jusqu'aux pieds du Sanctuaire, où le très saint Sacrement se trouve exposé, leurs bâtons auxquels sont appendues les provisions de bouche qu'ils se sont procurées.

« Qu'en conséquence, il nous prioit auxd[ts] (auxdits) noms de vouloir bien transférer lad[e] fête patronale, et d'en assigner la célébration au jour de la fête de la Visitation de la Ste Vierge, fixée dans le calendrier au deuxième jour de juillet, et de lui en faire délivrer un acte.

« Après avoir mûrement pesé les motifs énoncés dans lad[e] requête,

« Nous avons statué et ordonné, statuons et ordonnons par ces présentes, ce qui suit :

« 1º La fête Patronale de l'église Succursale de Boulogne, Diocèse de Paris, qui se célébroit ci-devant à la fête de la Nativité de la Ste Vierge, au mois de Septembre, sera transférée à l'avenir, à compter de la présente année inclusivement, à celle de la Visitation de la Ste Vierge, au mois de juillet.

« 2º Si le deuxième jour de juillet, jour auquel est fixée la fête de la Visitation, est un dimanche, la fête Patronale de Boulogne sera célébrée led[t] jour, avec son Octave ; dans l'autre cas, elle sera célébrée le dimanche qui suivra immédiatement le 2 juillet, avec son octave pareillement, conformément aux décrets et ordonnances approuvées (sic) par le Gouvernement relativement à la translation des fêtes.

« Donné à Paris, au Palais Archiépiscopal, sous notre seing et notre sceau et le contreseing du secrétaire de l'Archevêché.

« Je. Sif., cardinal Maury ».

La nouvelle fête patronale, la Visitation, et son octave furent célébrées en grande pompe à Boulogne, et elle attira de grands pèlerinages pendant la neuvaine. Elle avait une belle prose, dont je n'ai trouvé qu'un seul exemplaire noté en plain-chant, possédé par la Fabrique, et dont voici le texte, que je traduis comme les actes précédents :

1 Ut Matris utero
Salvator clauditur,
Afferre misero
Statim aggreditur,
Salutem homini.

2 In ventre sterilis
Ad huc nil sapiens,
Joannes subsilis,
Praesentis sentiens
Vim primus Domini.

3 Deum se gerere
Maria conscia,
Festinat currere
Quò rapit gratia,
Morarum nescia.

4 Fit salus domui
Quò fert vestigium :
Dat vox auditui
Parentis gaudium,
Infanti gratiam.

5 Dat prolis spiritus
Quod matres disserunt ;
Imò divinitus
Eodem conferunt
Edoctae lumine.

6 Coelestis consciae
Ambae consilii,
Impleti nuntiae
Primae mysterii,
Afflantur numine.

7 Dilecta caeteris
Prae mulieribus ;
Quibus exciperis,
Maria, plausibus
Quos plausus referes !

8 E coelis oritur,
Quâ fulges, gratia,
Coelo reducitur :
Sit uni gloria
Qui ditat pauperes.

9 Donum dum praedicat,
Se tota despicit :
Deum magnificat,
Qui bonus respicit
Ancillam humilem.

1 Dès que le Sauveur s'est renfermé dans le sein de sa Mère, il apporte le salut à l'humanité malheureuse.

2 Dans le sein de votre mère, jadis stérile, et ignorant du mystère, vous tressaillez, ô Jean, en éprouvant le premier la puissance de la présence de Dieu.

3 Marie sait qu'elle porte son Dieu, et, sans retard, elle s'empresse d'aller où la pousse la grâce.

4 Marie procure le salut à la maison vers laquelle elle dirige ses pas ; à sa voix naissent la joie pour la mère qui l'a entendue et la grâce pour l'enfant.

5 Divinement instruites par une même lumière, les deux mères se racontent mutuellement les merveilles de l'Esprit-Saint.

6 Toutes deux témoins des décrets célestes et premières messagères du mystère accompli, elles sont inspirées par la Divinité.

7 Vous êtes aimée entre toutes les femmes, ô Marie, et digne de toutes louanges !

8 La grâce dont vous brillez vient du ciel et y retourne : gloire à celui qui enrichit les pauvres.

9 En publiant le don de Dieu, Marie s'abaisse entièrement : elle glorifie Dieu, qui, dans sa bonté, a jeté ses regards sur son humble servante.

10 Es exultatio,
    Tu, Deus, animae,
    Qui forti brachio
    Das thronum infimae,
    Et spernis nobilem.
11 O qui nos, Oriens,
    Ex alto visitas,
    Sol non deficiens,
    In pacis semitas
    Da semper currere.
12 Solem justitiae
    Quae nube temperas,
    Maria, gratiae
    In nos frugiferas
    Aquas fac pluere. Amen.
	10 O Dieu ! vous êtes la joie de l'âme, vous qui, par la puissance de votre bras, donnez un trône au faible et méprisez le puissant.
	11 O Orient ! qui du haut des cieux venez nous visiter. O soleil éternel ! faites que nous marchions toujours dans les sentiers de la paix.
	12 O Marie ! vous qui savez tempérer les rigueurs du Soleil de justice, faites descendre en nous les eaux fécondes de la grâce. Ainsi soit-il.

L'affluence des pèlerins ne fit que s'accroître avec le temps, facilitée par le développement des moyens de communication. Une œuvre nouvelle contribua aussi à l'éclat des cérémonies, l'œuvre de l'« Adoration perpétuelle du très saint Sacrement », avec « adoration nocturne », fondée à Paris le 6 décembre 1848 à N.-D. des Victoires. L'adoration perpétuelle dure 3 jours et 3 nuits dans chaque église du diocèse de Paris ; l'adoration nocturne, par les hommes, va de 10 heures du soir à 5-6 heures du matin ; les exercices de l'adoration, coïncidant à Boulogne avec l'octave de la Visitation, donnaient plus d'éclat aux fêtes, dont les dernières eurent lieu en 1891, et pendant la neuvaine venaient les fidèles de Paris et des environs, accompagnés du clergé de leurs paroisses respectives.

A titre de souvenir, voici le dernier avis publié, conservé par la Fabrique :

« ANNÉE 1891 ».

« PÈLERINAGE

« ANNUEL
« DE
N.-D. DE BOULOGNE-SUR-SEINE ».

« LA VISITATION

« Fête patronale de cette paroisse et de sa grande Confrérie,
« avec octave solennelle.

« ADORATION PERPÉTUELLE. »

« Prédicateur de la station et de l'Adoration perpétuelle,
le R. P. SAILLAT, des Pères de la Miséricorde ».

« NOTA. — Le R. P. SAILLAT prêchera à deux heures et demie les dimanches 28 juin et 5 juillet. En semaine, les vêpres et le sermon auront lieu, tous les jours, à 8 heures du soir.

« ORDRE DES OFFICES PENDANT L'OCTAVE ET L'ADORATION

« Dimanche 28 juin, par anticipation, la Solennité de la Visitation et ouverture du Pèlerinage.

« Messes basses à 6, 7 et 8 heures.

« A 9 heures, Messe solennelle, Prône.

« A 10 heures, Grand'Messe en musique, Messe du Sacre, de Chérubini.

« A midi, dernière messe.

« A 2 heures 1/2, vêpres, sermon, récitation du Chapelet.

« Lundi 29 juin : Messes à 6, 7, 8 et 9 heures. Messes basses.

« A 10 heures, Messe solennelle pour les Pèlerins, en musique.

« A 8 heures du soir, Vêpres de l'Octave, Sermon, ensuite exposition du Très Saint Sacrement et Ouverture de l'Adoration.

« Mardi 30 juin, 1er jour de l'Adoration.

« Messes basses à 5, 6, 7, 8 et 9 heures.

« A 10 heures, Messe solennelle pour les Pèlerins.

« A 8 heures du soir, Vêpres, sermon et Amende honorable.

« Mercredi 1er juillet, les exercices comme la veille.

« Jeudi 2 juillet, Fête de la Visitation, les exercices comme les deux jours précédents.

« Le soir, à 8 heures, après le sermon, Salut solennel et Clôture de l'Adoration.

« Vendredi 3 juillet, suite de l'Octave, Messes basses à 6, 7, 8 et 9 heures.

« A 10 heures, Messe solennelle pour les Pèlerins.

« A 8 heures du soir, Vêpres de l'Octave, sermon et salut.

« Samedi 4 juillet, tout comme la veille.

« Dimanche 5 juillet, solennité des saints apôtres Pierre et Paul. Messes basses à 6, 7 et 8 heures.

« A 9 heures, Messe solennelle et Prône.

« A 10 heures, Grand'Messe et Prône.

« A 2 heures 1/2, sermon, Salut solennel.

« *Te Deum*. Clôture du Pèlerinage. »

« NOTA. Pendant toute l'Octave, le registre de la Grande Confrérie restera ouvert à la Sacristie, à la disposition des Pèlerins désireux de s'enrôler dans cette Association, qui existe à Boulogne depuis 1319 (1320) et dont les prières obtinrent Jeanne d'Arc à la France. La grande héroïne voulut faire partie de notre Grande Confrérie ; son nom figure sur nos registres à côté de celui de Charles VII. »

« Une portion du voile de la Très Sainte Vierge (insigne relique conservée à Chartres), une relique de la vraie Croix, une de la couronne d'épines, une de la Crèche de Bethléem et d'autres reliques de Saints, notamment des ossements de tous les apôtres et évangélistes, seront exposés à la vénération des Pèlerins. »

« Toute personne qui, après avoir fait la *Sainte Communion*, n'importe où, va prier dans le Sanctuaire de Notre-Dame de Boulogne pendant cette Octave, gagne une Indulgence plénière applicable aux défunts (Pie IX, 1852).

« Même faveur est accordée, le jour de son inscription, à tout fidèle qui demande à faire partie de la *Grande Confrérie*, à la condition de se confesser, de communier et de réciter *cinq Pater* et *cinq Avé* (Urbain VIII, 1631) ». Voir 1631 et 1852 au chapitre III.

« On se fait inscrire à la Sacristie.

« Vu et approuvé,
« H. PELGÉ,
« V. G. »

« Paris-Auteuil. — Imprimerie Roussel, 40, Rue La Fontaine. »

Pour la fête transférée de saint Martial, voir 1893.

Voir 1811, 1812, biens, à 1858; 1811, décret, à 1898.

En 1815, la reconstitution du clocher (voir le vote de 1853) avait coûté 8.401 fr. 63 : le 11 juillet 1818, le conseil municipal votera l'urgence de sa réfection.

Le 26 novembre 1818, le conseil décida d'adjoindre au curé un vicaire, pour lequel le curé offrit 500 fr. et la Fabrique 250 fr. Consulté, le conseil municipal reconnut le 30 janvier 1819 le bien-fondé du vote, vu l'état de la population (3.325 habitants).

Voir 1819 et 1820, biens, à 1796, 1858 ; 6 décembre 1820, reliques à 1807 ; 1819, à Œuvres, chapitre XIX.

Notre église reçut en 1821 une petite partie du *Voile* de la Sainte Vierge, donnée le 14 novembre 1821 par l'évêque de Versailles; elle est conservée dans un reliquaire en bois doré. En voici l'attestation, que j'ai traduite comme ci-dessus :

« Ludovicus CHARRIER DE LA ROCHE, miseratione divinâ et Sanctae Sedis Apostolicâ autoritate (auctoritate), Episcopus Versaliensis, etc.	« Nous, Louis CHARRIER DE LA ROCHE, par la miséricorde divine et l'autorité apostolique du Saint-Siège, évêque de Versailles, etc.
« Universis et singulis praesentes litteras inspecturis, fidem facimus et testamur, quòd nos, ad majorem Omnipotentis Dei Gloriam, Suorumque Sanctorum Venerationem, Recognovimus Sacras	« A tous et chacun de ceux qui verront les présentes lettres, déclarons et certifions que, pour la plus grande gloire de Dieu tout-puissant et le culte de ses saints, nous avons reconnu les saintes re-

Reliquias ex velo olim conservato in Ecclesiâ Cathedrali Beatae Mariae Carnutensis oppidi, quod velum SS. (Sanctissimae) Dei Genetricis (Genitricis) dicebatur, quas ex locis authenticis extractas reverenter collocavimus super panno serico caeruleo in thecâ argenteâ, formae ovalis, unicâ crystallo munitâ, benè clausâ et funiculo serico coloris flavi colligatâ, ac sigillo nostro signatâ, easque consignavimus, cum facultate apud se retinendi, aliis donandi, et in quâcumque Ecclesiâ, Oratorio aut Cappellâ publicae Venerationi fidelium exponendi. In quorum fidem, has litteras testimoniales, manu nostrâ subscriptas nostroque parvo sigillo firmatas, per infrascriptum Secretarium nostrum expediri mandavimus.

« Datum Versaliis, die 14ᵃ 9bris anno Domini 1821.

« Lagrolé, V. g.
Ici petit « De Mandato,
sceau en « Chauvet,
cire rouge. « Can. Secret. »

liques du voile conservé depuis longtemps dans l'église cathédrale de Notre-Dame de Chartres, voile dit de la *Très sainte Mère de Dieu;* que nous les avons retirées de leur reliquaire, et placées avec respect sur un morceau d'étoffe de soie bleue dans une boîte en argent, de forme ovale, munie d'un seul verre, bien fermée et attachée avec un cordon en soie de couleur jaune, revêtue de notre sceau, et que nous les avons scellées, avec la faculté de les conserver près de soi, de les donner aux autres, et de les exposer à la vénération publique des fidèles dans une église, un oratoire ou une chapelle quelconque. En foi de quoi, nous avons ordonné que les présentes lettres testimoniales, signées de notre main et revêtues de notre petit sceau, soient expédiées par notre secrétaire soussigné.

« Donné à Versailles, le 14ᵉ jour de novembre de l'an du Seigneur 1821.

« Lagrolé, vicaire général.
« Par mandement,
« Chauvet,
« Chanoine, secrétaire ».

L'attestation est complétée par l'authentique suivant du 8 décembre 1862, que je traduis également :

« FRANCISCUS NICOLAUS MAGDALENA MORLOT, miseratione divinâ et sanctae Sedis Apostolicae gratiâ, CARDINALIS PRESBYTER SANCTAE ROMANAE ECCLESIAE, TITULI SS. (*Sanctorum*) NEREI ET ACHILLEI, ARCHIEPISCOPUS PARISIENSIS.

« Notum facimus ac testamur

« NOUS, FRANÇOIS-NICOLAS-MADELEINE MORLOT, par la miséricorde divine et la grâce du St-Siège apostolique, CARDINAL-PRÊTRE DE LA SAINTE EGLISE ROMAINE, DU TITRE DES SAINTS-NÉRÉE ET ACHILLÉE, ARCHEVÊQUE DE PARIS.

« Déclarons et certifions qu'il

quòd, viso testimonio authentico per Illᵘᵐ ac Revᵘᵐ DD. (Illustrissimum ac Reverendissimum Dominum) Episcopum Versaliensem dato, die 14ᵃ Novembris 1821, débitè signàto et ejus sigillo obsignato, quo nobis constitit particulam unam Sacrarum Reliquiarum *ex Velo scilicet Beatae Mariae Virginis,* inclusam in parvâ thecâ argenteâ, formâ ovali, fusiùs descriptâ in praefato testimonio, et ejusdem Illᵐⁱ et Rev.ᵐⁱ Praesulis sigillo obsignatâ, ab eo recognitam declaratam fuisse ; praedictam Sacrarum Reliquiarum particulam agnovimus et agnoscimus ut authenticam, eamque Fidelium venerationi et offerri et exponi permisimus ac permittimus, per Praesentes, in Ecclesiâ succursali Beatae Mariae Bolonii (Boulogne), nostrae dioecesis, postquam theca, quae illam continet, in stylobatâ statuae Beatae Mariae Virginis, in navi collocatae (vulgò Notre-Dame de Boulogne) reposita fuerit.

« Datum Parisiis, sub signo Vicarii Nostri Generalis, sigillo nostro ac Secretarii Archiepiscopatûs nostri subscriptione, anno Domini millesimo octingentesimo sexagesimo secundo, die verò mensis Decembris octavâ.

« P. Veron,
« v. g.

« De mandato Eminentissimi ac Reverendissimi DD. Cardinalis Archiepiscopi Parisiensis.
  Ici le   « Petit,
  sceau.   « secret. »

est certain pour nous, d'après l'attestation authentique de l'illustrissime et révérendissime Seigneur l'évêque de Versailles donnée le 14ᵉ jour de novembre 1821, dûment signée par lui et scellée de son sceau, qu'une petite partie des saintes reliques *du Voile de la Bienheureuse Vierge Marie*, renfermée dans une boîte en argent, de forme ovale, décrite plus amplement dans la susdite attestation, et scellée du sceau du même Ill. et Rév. prélat, a été reconnue et déclarée authentique par lui ; que nous avons reconnu et reconnaissons comme authentique ladite petite partie, et que nous avons permis et permettons, par les présentes, de l'offrir et de l'exposer à la vénération des fidèles, dans l'église succursale de Notre-Dame (la B. Marie) de Boulogne, de notre diocèse, après que la boîte qui la renferme aura été déposée dans le piédestal de la statue de la Bienheureuse Vierge Marie placée sur un vaisseau (vulgairement *Notre-Dame de Boulogne*).

« Donné à Paris sous le seing de notre vicaire génral, notre sceau et le contreseing du secrétaire de notre archevêché, l'an du Seigneur mil huit cent soixante-deux, le huitième jour du mois de décembre.

« P. Véron,
  « vicaire général.

« Par mandement de l'éminentissime et révérendissime Seigneur le cardinal-archevêque de Paris.
  « Petit,
    « Secrétaire. »

1804 A 1830

A la suite du don de l'évêque de Versailles, une congrégation, avec ses marguillières, fondée par le curé Legrand, fut érigée dans la paroisse le 12 mai 1822 sous le titre de « Congrégation du Reliquaire de la Sainte Vierge, du Voile de la Sainte Vierge » : a disparu depuis longtemps. On possède un exemplaire des diplômes des congréganistes : il représente la Vierge Marie, debout sur piédestal, les mains étendues, avec deux vases de fleurs autour du piédestal. Au-dessous de la gravure, il y a :

« Congrégation du Reliquaire de la Sainte Vierge ».

« Sainte Marie, Reine du Ciel, Mère de Notre-Seigneur Jésus-Christ, Souveraine Maîtresse de l'Univers, qui ne repoussez et n'abandonnez personne, daignez jeter sur moi un œil de tendresse, et obtenez-moi, de votre cher fils, le pardon de tous mes péchés, afin qu'ayant honoré, comme je le fais de tout mon cœur, la précieuse relique de votre Voile, que nous possédons dans notre Eglise de Boulogne, je puisse jouir du bonheur éternel, par la miséricorde de votre fils Notre-Seigneur Jésus-Christ, qui vit et règne dans tous les siècles des siècles. Ainsi soit-il.

« Congrégation du Reliquaire de la Ste Vierge, érigée dans la Paroisse de Notre-Dame-de-Boulogne, le 12 mai 1822, du tems de M. Legrand, curé de la dite Paroisse.

« Cette précieuse Relique a été donnée à l'Eglise de Notre-Dame de Boulogne, avec l'Authentique de Mgr l'Archevêque de Paris et de Mgr l'Evêque de Versailles, à la sollicitation de M. l'abbé Franche (voir 1849), Vicaire de la Paroisse de Boulogne.

« Les Marguillières sont, pendant l'année… »

« A Paris, chez Pillot, rue St-Jacques, N° 6, au St N. de M. ».

Le *saint Voile*. — Les juives portaient un *voile* ou vêtement intérieur qui couvrait la tête, se croisait sur la poitrine et enveloppait le corps à l'intérieur sous le manteau. La Sainte Vierge donna à une veuve pauvre son voile, qui vint en 640 de la Palestine à Constantinople. De Constantinople, l'impératrice Irène l'envoya à Charlemagne en 800, la même année du don de la sainte Tunique d'Argenteuil. En 876, Charles le Chauve l'offrit à l'église de N.-D. de Chartres, où on le connut sous les noms de « Chemisette, sancta Camisia, sainte Tunique, Voile, vêtement intérieur de la Sainte Vierge ». Sauvé en 962 lors de la destruction de l'église et de la ville par les Normands, qui en avaient été éloignés en 911 par sa protection, le saint Voile le fut encore en 1194 dans l'incendie de l'église haute (il était alors dans la crypte). En 1712, on l'apporta dans une châsse de cèdre, or et argent, à Mgr Ch. -F. des Monstiers de Mérinville, qui remplaça la châsse par une boîte d'argent. Dans la dévastation de 1793, on coupa le saint Voile en morceaux, dont on en sauva deux. En 1820-1821, un coffret de vermeil abrita la relique, et celle-ci, portée le 26 août 1832 en procession à travers la ville, arrêta les progrès du choléra : une médaille commémorative fut exposée devant *N.-D. du Pilier*, célèbre statue de N.-D. de Chartres. En 1849, une châsse dorée remplaça le coffret de vermeil. Enfin le 12 septembre 1876, Chartres fêta le millénaire du *saint Voile*, en présence du nonce, Mgr. Meglia, de 2 archevêques, de 10 évêques, de prélats, de supérieurs d'ordres religieux : on bénit en même temps une nouvelle châsse pour la précieuse relique..

Voir 26 septembre 1822, 19 février 1823, biens, à 1796 ; 1824, 1825, Presbytère, au chapitre XIX ; 12 janvier 1825, Fabriques, au chapitre XVIII ; 3 mars 1825, Fabriques, à 1858 ; 1825, école, à la 2ᵉ Partie ; 1829, Presbytère, au chapitre XIX.

CHAPITRE XII

L'église de Boulogne-sur-Seine, de 1789 à 1859. — 3ᵉ Période, de la Révolution de 1830 à 1848. L'abbé **Chatel** *et l'*Église **catholique française.**

La Révolution de 1830 n'apporta aucun trouble religieux à Boulogne ; mais ses idées prévalurent en partie avec les adeptes de Chatel dès 1831-1832. — Voir 1832, ordonnance, à 1898.

L'abbé *Legrand*, curé de Boulogne depuis 1802, démissionna en juin 1832 et se retira à Auteuil, où il mourra du choléra le 26 juillet 1832, à 75 ans : d'abord inhumé au cimetière de Longchamp, il sera transporté au cimetière de la rue de la Reine (date de 1855) dans une concession perpétuelle votée par la ville de Boulogne. — Il a légué 3.000 fr. aux pauvres de notre bureau de bienfaisance (testament du 1ᵉʳ janvier 1832) et 8.000 fr. pour un hospice de vieillards à établir à Boulogne : voir l'hospice à 1849, 2ᵉ Partie.

Au mois de juin 1832, l'archevêque de Paris nomma curé-desservant de Boulogne, en remplacement de l'abbé Legrand, l'abbé *Jean-Baptiste Duchaine*, non *Duchêne, Duchesne*, qui administrera l'église de 1832 à 1838.

Né en 1791 dans le diocèse de la Rochelle, l'abbé *Duchaine*, incorporé dans le diocèse de Paris, y remplit les fonctions de vicaire à St-Merri et à St-Médard, de Paris. Après la Révolution de 1830, les esprits étaient assez montés, et l'opinion publique se passionnait à cause du procès des ministres de Charles X. Or, le 21 décembre 1830, jour où la Cour des Pairs, siégeant au Luxembourg, condamna à la prison perpétuelle les ministres De Polignac, De Peyronnet, De Chantelauze et De Guernon-Ranville, l'abbé Duchaine prononça, devant la foule qui stationnait devant le Luxembourg, des paroles qui furent trouvées séditieuses. Arrêté aussitôt et emprisonné pendant trois semaines, il passa en cour d'assises et fut acquitté le 29 avril 1831.

D'après le recensement en vigueur depuis 1832, la population officielle de Boulogne étant de 5,391 habitants, le conseil de Fabrique devra avoir 9 membres : voir 1834 et chapitre XVIII. C'est en 1832 que commencèrent les incidents *Chatel*.

Né à Gannat en 1795, l'abbé *Ferdinand-Toussaint-François Chatel* termina ses études à Clermont-Ferrand, devint vicaire à la cathédrale de Moulins, puis curé de Monétay-sur-Loire, aumônier du 20e régiment de ligne, enfin aumônier de la garde royale à Versailles. Indépendant et ambitieux, il se crut appelé sous Charles X, roi de 1824 à 1830, au rôle de réformateur de l'Eglise et du clergé, parla en chaire et écrivit dans ce sens, se posa en victime du haut clergé dans le *Réformateur* ou l'*Echo de la Religion et du Siècle*, et afficha la prétention de fonder une religion nouvelle résumée dans « la loi naturelle, toute la loi naturelle, rien que la loi naturelle », rejetant la confession, le jeûne, l'abstinence, le célibat des prêtres, l'infaillibilité pontificale, le culte des saints, etc., et niant la divinité du Christ.

La nouvelle secte prit les noms d' « Eglise unitaire, d'Eglise française, d'Eglise catholique française », et remplaça dans les offices le latin par le français.

Chatel ouvrit chez lui, rue des Sept-Voies, à Paris, le 1er temple de son Eglise, qu'il transféra, à la Révolution de 1830, rue de la Sourdière, au 3e étage. La Révolution, accueillie avec enthousiasme par le novateur, supprima les aumôniers des régiments : beaucoup de ces aumôniers émigrèrent à Paris, et Chatel se mit à leur tête pour s'en faire un parti, lequel se grossit de laïques, hommes et femmes. Les principaux adhérents de Chatel furent *Louis-Napoléon Auzou*, prêtre interdit, et *Blachère*, que Poulard, ex-évêque constitutionnel d'Autun, ordonna prêtres de la nouvelle religion : voir ci-après *Auzou*, etc.

Chatel avait organisé son Eglise le 15 janvier 1831, et il désirait en être l'évêque; mais personne ne voulait le sacrer, lorsqu'il rencontra le docteur Fabré-Palaprat, pontife des *Joannites*, secte occulte, maçonnique et religieuse, appelé « grand maître des Templiers », qui, se disant évêque, offrit de le sacrer à la condition qu'il s'engageât à se faire Templier et à propager la doctrine joannite, ce à quoi souscrivit le renégat. Le sacre eut lieu le 4 mai 1831, et Chatel s'intitula « Evêque coadjuteur des Gaules, Primat de l'Eglise des Gaules ». On lui offrit un bazar de la rue de Cléry pour son Eglise; Auzou et Blachère devinrent ses vicaires primatiaux.

A la fin de 1831, Chatel secoua le joug des Joannites, qui l'excommunièrent, et dut quitter la rue de Cléry. Il retourna rue de la Sourdière, établit en 1832 son temple rue de la Basse-Porte-St-Denis, puis, la même année, au n° 59 de la rue du faubourg St-Martin, où il fixa définitivement le nouveau culte dans les écuries des Pompes funèbres, ancien temple méthodiste, ainsi qu'en fit foi l'inscription suivante, placée au frontispice de la maison : « L'Eglise française fut fondée à Paris le 15 janvier 1831 par M. l'abbé Chatel, et ce temple fut dédié par lui au Dieu unique, et non triple, en 1832, restauré en 1839 ». En 1832, Chatel publia sa profession de foi, que Rome condamna naturellement.

Au début, tout fut gratuit ; mais bientôt on tarifa les chaises et le reste, ce qui mécontenta des partisans de l'Eglise française, et Chatel, par son caractère peu aimable, perdit ses plus chauds admirateurs, surtout après sa circulaire insolente du 29 juillet 1831 contre l'archevêque de Paris et ses attaques contre le Pape, le clergé et les Bourbons : un des principaux séparatistes fut *Auzou*, qui, chassé de Clichy la Garenne, fonda une Eglise rivale en 1833 (voir ci-après).

Le 18 novembre 1842, la police fit fermer le temple de la rue du faubourg St-Martin pour outrage à la morale publique. Chatel s'enfuit en Belgique, protesta en 1843 contre la fermeture du temple et obtint un emploi dans les Postes. En 1843, l'abbé *Bandelier* se sépara de lui pour établir une Eglise opposée à la sienne (1843-1849), l'*Eglise chrétienne française*, rue du faubourg St-Martin, 135.

A partir de 1843, Chatel ne fit que végéter, non sans être connu par son immoralité. Il publia des ouvrages sur sa doctrine, donna des leçons et, sur la fin de sa vie, tint un commerce d'épicerie dans le quartier Mouffetard. Il pontifia même dans son *Eglise provisoire*, rue de Fleurus, 5, de 1846 à 1848, et, sous la Révolution de 1848, il crut pouvoir se ressaisir et s'abaissa au rôle d'orateur d'un club de femmes de 1848, dirigé par Mme Niboyet, où il prêcha le divorce. Un arrêté du préfet de Police de 1850 le rendit à la vie privée, et il mourut à Paris le 13 février 1857 : son corps fut déposé dans le tombeau de la famille Laverdet.

Des blanchisseurs de Boulogne avaient connu (1831) le culte d'Auzou à Clichy la Garenne, d'où le curé Heuqueville avait été chassé à l'instigation du blanchisseur Desgré, qui l'avait vu à Paris au service du duc de Berry. Auzou s'était attaché le jeune Laverdet : *Laverdet*, ordonné prêtre par Chatel le 27 septembre 1831, jouera un certain rôle dans l'Eglise fondée par Auzou sous le titre d' « Eglise française catholique apostolique de Clichy », qui deviendra l'« Eglise évangélique française ».

Ces blanchisseurs, unis à des propriétaires, à des vignerons, à des cultivateurs de Boulogne, imbus des principes de la Révolution de

1830, fondèrent le nouveau culte (1831) et songèrent à avoir en résidence à Boulogne un prêtre de la nouvelle Eglise, en opposition avec le curé Duchaine. Dans ce but, ils s'adressèrent à l'abbé Auzou, qui leur donna l'abbé *Heurtault*, venu on ne sait trop d'où : c'était à la fin de 1832. Quand Auzou eut rompu avec Chatel en 1833, les Boulonnais lui firent bon accueil.

Les 1res réunions du nouveau culte eurent lieu sur le chemin (avenue) de Longchamp, dans un abri de blanchisserie, près de l'église, dont l'emplacement est occupé par le pensionnat de St-Joseph. Ensuite le culte s'établit *rue d'Aguesseau*, au coin de la rue de Verdun, dans une maison où les fortes têtes du parti avaient fait construire une chapelle ou salle voûtée à côté du local du futur bal de Léveillé : au-dessus de la porte était peint un ostensoir avec deux anges adorateurs, et au fronton l'inscription : « Eglise catholique française, fondée à perpétuité dans cette commune, année 1831 »; à l'intérieur, on voyait des vases sacrés, un lustre, des vêtements sacerdotaux, dus aux fervents adeptes de Chatel, et en particulier à *Guillaume Héret*, propriétaire et vigneron, qui avait largement financé pour l'achat du terrain et la construction, et dont la fille devint sacristine du temple. Sous l'abbé Legrand, Héret était un excellent fidèle ; passé à la nouvelle religion, il alla à la chapelle d'Aguesseau pour y chanter en français la messe,, avec le *Credo*, les hymnes, les psaumes, secondé par le chantre *Langot;* et non content de se faire entendre dans la chapelle, il se plaisait à chanter dans sa vigne le *Credo* et les psaumes à haute voix et en français. Héret attira beaucoup de monde aux messes du dimanche, dites après celles de la paroisse, et où on distribuait de superbes pains bénits que le sacristain allait recueillir la semaine pour le dimanche suivant, non sans recevoir des malédictions de bien des familles, écœurées de la lutte ridicule engagée par quelques-uns contre le culte romain. La famille Barbu ferma sa porte au sacristain quémandeur ; mais on raconte que les familles Brivois et Chaudey le reçurent avec enthousiasme.

Par la délibération du conseil municipal du 18 mai 1832, on voit que le maire Guillaume était disposé à interdire les cérémonies extérieures des deux cultes. Après avoir constaté le calme relatif qui avait duré jusqu'à la fin de mars 1832, il manifesta ses craintes pour l'avenir et demanda au préfet de Police son avis. Celui-ci pencha pour l'interdiction des cérémonies extérieures aux « sectaires de l'abbé Chatel », mais non aux catholiques romains. Or, en avril 1832, deux enterrements, un de chaque culte, se rencontrèrent et des troubles en résultèrent, à la suite desquels le temple fut fermé et une instruction judiciaire ouverte. Quelques jours après, le temple fut rouvert, mais avec certaines restrictions : défense de sonner, de célébrer en habits sacerdotaux et de laisser les portes ouvertes durant les exercices du culte. — A la même séance, le conseil demanda : 1° le compte de la Fabrique, pour savoir si la commune ne pourrait pas supprimer les 200 fr. qu'elle donnait pour les réparations de la toiture et du Presbytère ; 2° la régularisation du Conseil de Fabrique, qui devrait être de 9 membres, vu la population de 5,391 habitants (voir 1834).

Pour la Fête-Dieu de 1833, l'abbé Heurtault organisa une procession en même temps que celle de l'église. Les deux processions se rencontrèrent : des paroles désagréables furent d'abord échangées ; un peu plus tard, on se battit à coups de pierres rue de la Rochefoucauld : le résultat fut la suppression de toutes les processions en vertu d'un arrêté du maire Collas.

Le nouveau culte restait stationnaire. Afin de lui attirer de nouvelles recrues, l'abbé Heurtault essaya d'établir des confréries de *Ste-Véronique*, blanchisseurs, de *St-Fiacre*, jardiniers, de *St-Vincent de Paul*, pour la visite des pauvres. Peine perdue : peu de personnes bougèrent, Mlle Héret, elle-même, négligea les messes de l'intrus, et le culte déclina rapidement, car les gens sérieux ne se laissèrent pas prendre aux belles paroles du pasteur qui cherchait à leur persuader qu'ils ne changeaient pas de religion en adoptant la doctrine hérétique et schismatique de l'Église française. Aussi le vide se fit peu à peu autour de la chapelle d'Aguesseau, et l'abbé Heurtault eut le loisir de s'occuper d'autres pays.

Une occasion favorable se présenta à Guerville, à 6 k. de Mantes la Jolie. Là, 87 frondeurs, mécontents du curé, s'adressèrent à l'abbé Heurtault, par l'intermédiaire de leur maire, à l'effet d'avoir un « prêtre catholique français » dans le village de Senneville, commune de Guerville. La lettre du maire, du 14 septembre 1835, disait : « Les habitants de la commune de Guerville ont l'intention d'avoir un prêtre catholique français, vu que le prêtre catholique romain produit dans notre commune une désunion considérable... Nous vous prions de faire pour nous et en notre nom une démarche auprès du roi Louis-Philippe, en sorte qu'on nous donne un prêtre français, attendu que la commune possède deux églises et deux presbytères, dont une église et un presbytère ne sont point occupés ».

L'abbé Heurtault leur envoya l'abbé *Caillard*, mauvais prêtre : chassé pour immoralité par les habitants de Senneville, il y fut remplacé par *Mirandel*, incrédule et non moins immoral, puis par *Laverdet*, envoyé par Auzou. — Auzou, révolté contre Chatel en 1833, avait établi en 1833 le centre de son culte à Paris, boulevard St-Denis, 10, et avait pris le titre de « Président de l'Église évangélique française » : c'est là qu'il établit la doctrine du plaisir ; qu'il tourna en ridicule la morale du Christ, des apôtres, des martyrs, des religieux, etc., conviant les chrétiens aux bals, aux spectacles, aux danses. Le journal le *Bon*

Pasteur résumait la doctrine d'Auzou, qui, dans des mandements, commençait ainsi : « Louis-Napoléon Auzou, par la miséricorde divine et le choix des fidèles, premier pasteur de l'Eglise catholique réformée (en France), sous la dénomination d'*Eglise évangélique française*, au clergé et aux fidèles de notre communion », etc. Mais les disciples de l'abbé Auzou l'abandonnèrent, et l'abbé Mirandel lui renvoya le 3 février 1837 l'ostensoir de Senneville, en niant la présence réelle ; en même temps, des plaintes nombreuses étaient parvenues aux autorités contre l'immoralité et les prédications plus ou moins politiques des prêtres de la secte, ce qui porta le Gouvernement à ordonner en 1837 la fermeture des églises des abbés Chatel et Auzou. Pour Senneville, l'abbé Laverdet, poursuivi devant le tribunal civil de Mantes, fut condamné à 50 fr. d'amende, malgré l'éloquence de Ferdinand Barrot.

Découragé, Auzou se rétracta et rentra (1839) dans le sein de l'Eglise romaine, en écrivant deux lettres de repentir à l'évêque de Versailles et à l'archevêque de Paris ; il se retira un moment à la Grande-Chartreuse. Laverdet déplora « cette chute » le 10 septembre 1839, se fit nommer le 1er décembre 1839 premier pasteur de l'Eglise évangélique française, transportée rue du Caire, 24, et publia des lettres pastorales de 1839 à 1846, bien que le Gouvernement eût fermé les églises de son culte. Laverdet mourut à Paris le 30 novembre 1865, et fut enterré à Clichy dans le tombeau de la famille Laverdet, dans lequel avait été déposé le corps de Chatel.

Quant aux sectateurs boulonnais, ils s'étaient comme éclipsés, et Guillaume Héret († 1852), aux convictions peu solides, dira plus tard au vicaire Gentil : « Si je vous avais connu plus tôt, bien des choses ne seraient pas arrivées ».

La *Bibliothèque nationale* possède un grand nombre d'écrits sur l'Eglise catholique française de Chatel, d'Auzou et de Bandelier (Ld¹⁹¹) ; l'*Ami de la Religion* en a parlé de 1831 à 1848 ; et l'abbé C. Narbey a publié en 24 pages in-8° une relation du culte français à Boulogne (Besançon et Clichy, 1890), très résumée dans le « Bulletin de la société de l'Histoire de Paris et de l'Ile de France », à la page 128 du tome XVII.

Les 8 février 1833 et 8 février 1834, le conseil municipal demanda inutilement l'érection de la succursale de Boulogne en cure de 2ᵉ classe, la population étant de 5.391 habitants. Les curés de 1ʳᵉ classe sont pour les communes de 5.000 habitants et au-dessus, en nombre égal aux justices de paix, et pour tous les chefs-lieux de département (ordonnance du 6 avril 1832). Boulogne est restée *succursale* avec un *desservant* comme titulaire. Les desservants ont 900 fr. de traitement de l'Etat, jusqu'à l'âge de 60 ans ; au delà de 60 ans, le traitement est augmenté et varie suivant l'âge.

En 1833, le curé Duchaine publia le « Mémorial du Chrétien, suivi d'une notice sur la fondation de l'église de Notre-Dame de Boulogne-sur-Seine, Paris, in-12 », livre de prières et de pratiques de piété, avec quelques détails sur l'origine de l'église.

En 1834, la population ayant dépassé plus de 5.000 âmes, le conseil de Fabrique fut porté de 5 à 9 membres : voir chapitre XVIII.

Le 6 août 1835, le conseil municipal vota l'assurance de l'église pour 45.000 fr. ; il rejeta les 6 mai et 6 août 1835 une allocation pour la réparation des vitraux ; le 2 février 1835, il avait voté des réparations pour l'église, le clocher, le presbytère, et le 5 février, ajourné celles de l'église.

Voir 6 décembre 1836, 18 juillet 1837, biens, à 1858 ; 4 juillet 1837, système métrique, à 1805 ; 1838, 1839, chemin, à ch. XIX.

Au curé Duchaine, démissionnaire en août 1838, succéda comme curé de Boulogne l'abbé *Pierre-François Dufort* (1838-1848), 2e vicaire de Ste-Elisabeth, de Paris, qui fut installé le 12 août 1838. — L'abbé *Duchaine* fut curé de Champigny-sur-Marne d'octobre 1839 à septembre 1844 ; il démissionna et devint diacre d'office à St-Leu, de Paris, poste qu'il conserva jusqu'à sa dernière maladie. Il mourut le 1er mai 1850 (acte de décès du 2) à la maison de Charenton, où il avait été interné à la fin d'avril 1850, à la suite de plusieurs accès de folie. Dans l'un de ces accès, il avait brisé une partie de son mobilier ; dans un autre, il avait donné des coups de poing et de bâton au tableau peint à l'huile de l'*église de Boulogne*, lequel devait, après sa mort, être offert à la Mairie pour la *salle de la Mairie*, en vertu de son testament du 29 juin 1848. L'avocat Amédée Dauchez, exécuteur testamentaire, mit ce tableau, dans l'état où il se trouvait, à la disposition du maire (lettre du 25 mai 1850). Le 10 juin 1850, le conseil municipal accepta l'offre : le tableau a été mis de nos jours dans la *salle des Adjoints*.

Sous le pastorat du curé Dufort, je signalerai les faits suivants : 1839, rapport, vu au chapitre IV ; 13 août 1839, arrêt sur les biens des Fabriques (voir 1858) ; 1er janvier 1840, adoption du système métrique (voir à 1805) ; 1840, changement d'itinéraire des processions (voir 2e Partie, château Rothschild) ; 16 juillet 1841, circulaire de Mgr Affre sur le rétablissement des maîtrises paroissiales (voir 1880, 1892) et sur les bourses du petit Séminaire ; 11 (non 10) septembre 1842, ordonnance sur le tarif des cercueils (voir 1898) ; 2 juillet 1843, la Fabrique se prononce sur l'achat de fournitures facultatives pour les Pompes funèbres ; 13 juillet 1843, circulaire du sous-préfet de St-Denis sur les tarifs des Pompes funèbres, approuvés 40 ans auparavant par le cardinal de Belloy ; 1844, moyennant 20 fr. par an, location par la Fa-

1848 A 1859   185

brique à la Ville d'un local contigu à la sacristie, pour lequel la Fabrique votera 2.400 fr. de réparations en 1844-1845 (voir 1857); 3 décembre 1844, arrêt sur les biens des Fabriques (voir 1858); 1846, vote par la Fabriques des fonds nécessaires pour l'installation d'un 2e vicaire; 1847, location par la curé et la Fabrique d'une partie de l'ancienne Mairie pour le logement d'un vicaire (voir 1858); 1er novembre 1847, le conseil municipal vote 243 fr. pour la réparation du clocher; 20 novembre 1847, délibération du conseil de Fabrique approuvant un traité pour le transport des corps avec M. Lenglé, directeur des Pompes funèbres de la banlieue, et accordant (ce que condamnera le préfet de la Seine) 25 % au curé sur les remises faites par les Pompes funèbres; 29 novembre 1847, circulaire du préfet de la Seine sur la confection des tarifs des Pompes funèbres et la conclusion des traités y relatifs. Voir 1842-1847 à Presbytère, ch. XIX.

CHAPITRE XIII

L'église de Boulogne-sur-Seine de 1789 à 1859. — 4e Période, de la République de 1848 à 1859. Autel privilégié, 1853. Rapport de 1854. Affaire Duval, 1856. Pèlerinage de Boulogne-sur-Mer, 1856. Pétition, 1858. Consultation, 1857-1858. Les 5 arpents.

La Révolution du 24 février 1848 n'eut guère de répercussion à Boulogne; mais il y a lieu de signaler la plantation d'un *arbre de la Liberté* en 1848, et sa bénédiction par le curé Le Cot : voir détails à la 2e Partie.

Profondément affecté par la mort tragique de Mgr Affre, archevêque de Paris (25 juin 1848), le curé Dufort, ami de Mgr Affre, donna sa démission et eut pour successeur (1848-1868) l'abbé *Guillaume Le Cot*, dont le fécond pastorat verra la transformation de l'église.

Né au diocèse de Séez (Orne) le 26 juillet 1796, l'abbé Le Cot, admirablement doué, fut professeur au collège de Séez de 1818 à 1824, puis vicaire à St-Germain des Prés, de Paris, où il ne resta que quelques mois, et 3e vicaire à N.-D. de Bonne-Nouvelle (novembre). M. l'abbé *de Cagny*, curé de N.-D. de Bonne-Nouvelle, étant mort en février 1826, l'abbé Le Cot prononça son oraison funèbre, ce qui lui valut le titre de *chanoine honoraire de Blois* de la part de Mgr de Sauzin, évêque de Blois et ami de M. de Cagny. En 1828, il devint vicaire trésorier de St-Germain des Prés, église qu'il quitta définitivement pour la cure de Clichy, août 1841, et de Clichy il passa le 30 novembre 1848 à la cure de Boulogne.

Voir 29 juin 1848, Duchaine, ci-dessus.

En 1849-1850, on trouve vicaire de Boulogne, l'abbé *Testory*, qui deviendra aumônier militaire en Crimée, en Italie, au Mexique, et plus tard chanoine de St-Denis en France († 1901).

Le 30 mai 1849, la Ville ayant adopté le tarif parisien des cercueils (de 1842), décida le 1er juin le transport des corps par corbillards et comètes, et traita directement pour ce service avec M. Lenglé, directeur des Pompes funèbres de la Banlieue, sans soumettre le tout à la Fabrique. Celle-ci présenta alors un nouveau projet, que le préfet refusa de sanctionner le 4 juin 1850 ; puis par conciliation, elle accepta le 27 avril 1851 le projet Lenglé et le tarif des cercueils (1842), mais en se chargeant de fournir elle-même ces derniers, ce qui fut approuvé par le Préfet. Voir 1851, 1859, 1898 (en 1859, M. Lenglé cessera le service du transport des corps).

Le 1er juin 1849 mourut l'abbé *Jacques-Nicolas Franche*, vicaire de Boulogne, l'apôtre des pauvres du quartier des Menus. Né en 1758, il était chanoine de Gap au moment de la Révolution. Vicaire de Nanterre de 1804 à 1815 et de Boulogne de 1815 à 1846, il fut nommé vicaire honoraire en 1846 et vécut jusqu'à l'âge de 90 ans et 9 mois : voir à 1822, Reliquaire. — M. l'abbé Franche, ancien curé de Ste-Elisabeth, de Paris, retiré à Boulogne, est son neveu (voir 1896).

En 1849, le conseil de Fabrique acheta 1.260 fr. un petit orgue, que remplaceront successivement un autre de 2.400 fr. en 1855 et un de 10.000 fr. en 1877, ce dernier restauré en 1903.

Le 23 août 1849, les Beaux-Arts envoyèrent *l'Évanouissement de la Vierge*, tableau de Dulong destiné à l'église de Boulogne ; vendu lors de la restauration de 1860-1863.

Voir arrêt du 11 avril 1850 après 1898 ; 1er mai 1850, Duchaine, ci-dessus.

De 1850 à 1855, l'église de Boulogne eut comme vicaire l'abbé *Drach*, qui remplaça l'abbé Testory le 1er octobre 1850. Ce savant orientaliste cédera à M. Gentil la place de 1er vicaire en 1855, deviendra curé de Sceaux et mourra en 1894 chanoine de la cathédrale de Paris.

Le curé présida le conseil de Fabrique en 1850-1851, et en 1851 le conseil nomma M. *Foullon* comme président.

Le 27 avril 1851, ce conseil revendiqua pour lui les droits concédés aux Fabriques par l'art. 22 du décret du 23 prairial an XII (12 juin 1804), concernant la fourniture des bières et des cercueils (voir 1849), d'après les tarifs en vigueur (elle sera faite par la maison Parin, sans interruption) ; il se chargera à partir du 1er mai 1859 (délibération du 25 janvier) de la fourniture des corbillards et des comètes, à l'expiration de son traité avec les *Pompes funèbres de la banlieue*, qui en étaient chargées, et le 17 août 1860 la Fabrique votera le maintien de ses tarifs. Voir 1897-1898.

En 1851, le curé fit refaire à neuf, et dans le style de l'église, les deux chapelles latérales, et édifier à ses frais, au-dessus du maître autel, un groupe sculpté de *N.-D. de Boulogne* assise, disparu depuis.

On entreprit quelques travaux à l'église à la suite du vœu émis le 8 août 1852 par le conseil municipal.

Voir 1852 à 1898 et à la grande Confrérie ; 1852, Gentil, à 1855 ; 8 mars 1853, Fabriques, à 1858 ; 15 mars 1853, à la grande Confrérie.

Le 10 avril 1853, le conseil municipal vota 499 fr. pour la réparation du clocher (voir chapitre XVII), à la réparation duquel la Fabrique contribuera pour moitié (vote des dépenses en 1855-1856).

Le curé Le Cot (voir 1853 à la grande Confrérie) demanda au pape et en obtint les faveurs de l'autel privilégié pour l'autel de la Sainte Vierge (voir 1724, 1863). Voici les deux pièces latines, que je traduis fidèlement.

1° « Bme (Beatissime) Pater.

« Sacerdos Guillelmus Lecot, Parochus de Notre-Dame de Boulogne la Petite, Archidiœcesis Parisiensis, ad S. V. (S. V. est pour Sanctitatis Vestrae) pedes provolutus, devotè supplicat ut altare B. M. (Beatae Mariae) Virgini septem saeclorum dicatum, atque in suâ Parochiali Ecclesiâ existens, privilegiatum in perpetuum, quamvis portatile, sit declarare velit.

« Quod.... »

2° « Ex Audientiâ SS mi (Sanctissimi).

« SSmus Dnus Nr (Sanctissimus Dominus Noster) Pius PP (Papa) IX benignè declaravit Privilegiatum quotidianum Altare praefatum, B. Mariae Virgini dicatum in supradictâ Ecclesiâ, licet portatile, pro Missis, quae in eodem à quocumque Sacerdote, sive Saeculari, sive Regulari, in suffragium

1° « Très Saint-Père,

« Le prêtre Guillaume Lecot, curé de Notre-Dame de Boulogne la Petite, de l'archidiocèse de Paris, prosterné aux pieds de Votre Sainteté, la supplie pieusement de vouloir bien déclarer privilégié à perpétuité, bien qu'il soit portatif, l'autel dédié il y a sept siècles (c'est exagéré) à la Bienheureuse Vierge Marie et qui se trouve dans son église paroissiale.

« Que .... »

2° « De l'audience du Saint-Père.

« Notre très Saint-Père le pape Pie IX a bien voulu déclarer privilégié chaque jour ledit Autel, dédié à la Bienheureuse Vierge Marie dans l'église susdite, quoi qu'il soit portatif, pour les messes qui y seront célébrées par tout prêtre, soit séculier, soit régulier, par voie de suffrage en faveur des

Defunctorum Fidelium celebrabuntur, dummodo tamen in ipsâ Ecclesiâ nullum aliud Altare simili privilegio jam decoratum existat. Praesenti in Perpetuum valituro, absque ullâ brevis expeditione. = Datum Romae ex Secretariâ S. Congnis indulgen um (Sacrae Congregationis Indulgentiarum), die 12. Aprilis 1853.

fidèles défunts, pourvu cependant que dans cette église il n'y ait aucun autre autel déjà enrichi d'un semblable privilège Le présent valable à perpétuité, sans aucune expédition de bref. = Donné à Rome, en la secrétairerie de la sacrée congrégation des Indulgences, le 12ᵉ jour d'avril 1853.

^{Pas de sceau ici.} « J. Card Asquinius, Praef.
« Visum, et usui datum,
« Parisiis, die decimâ
« Maii 1853,
« C Eglée,
^{Ici, sceau de l'Archevêché.} « Vic. gén.
« A. Colombo, Secret. »

« J. Card. Asquinius, Président.
« Vu, et donné pour l'exécution,
« à Paris, le dixième jour de
« mai 1853,
« C. Eglée,
« Vic. gén.
« A. Colombo, secrétaire
  (de la Congrégation). »

Le 30 mai 1853, le préfet de la Seine consulté, condamna la prétention de la Fabrique d'allouer au curé 50 % sur les Pompes funèbres.

Voir 3 juillet 1853, procession, à la grande Confrérie.

Le 18 septembre 1853, le vicaire général Lequeux, archidiacre de St-Denis, délégué à cet effet par l'ordonnance archiépiscopale du 12 septembre, inaugura solennellement dans l'église un chemin de croix et ses 14 tableaux, don anonyme. Voir 1879.

En exécution d'une circulaire du 18 mars 1854, envoyée par l'archevêque de Paris aux curés du diocèse à l'effet d'avoir des renseignements sur les églises, leurs œuvres, leur budget, la situation du clergé, les réparations à faire, etc., le curé transmit à l'Archevêché en 1854 un rapport détaillé, où je relève les renseignements suivants (Voir chapitre XIX, œuvres): 1° la seule église de Boulogne est N.-D. ; 2° elle est desservie par un curé et deux vicaires, et n'a aucun prêtre habitué ; 3° la seule œuvre de Charité est celle des *Dames de Charité*, lesquelles font partie du bureau de bienfaisance ; 4° les reliques sont des parcelles de la vraie Croix et de la sainte Couronne d'épines (oubli du saint Voile) ; 5° à l'autel privilégié, de 1853, on dit chaque vendredi une messe pour les défunts, spécialement pour ceux dont les parents sont pauvres ou oublient de faire dire des messes ; 6° les offices des dimanches et fêtes ont lieu ainsi: messes basses à 8 et 9 heures (aujourd'hui à 6, 7, 8, 9, 11 heures 1/2, midi) ; grand'messe à 10 heures ; vêpres à 3 heures (auj. 2 1/2) ; après complies (ne se disent plus), salut du saint Sacrement le 1ᵉʳ dimanche, exercices de la grande Confrérie et salut le 2ᵉ dimanche, suivant l'ancien usage et en vertu de l'autorisation récente de Mgr Sibour, exercices du chemin de la croix le 3ᵉ dimanche et exercices de l'association de la Sainte Vierge le 4ᵉ dimanche (aujourd'hui, le salut suit les vêpres ; le 1ᵉʳ dimanche, il y a procession du Rosaire et, après le salut, réunion des *Enfants de Marie* ; le 3ᵉ dimanche, procession du saint Sacrement ; après le salut, récitation du chapelet) ; 7° la grande Confrérie, rétablie en 1853, agrégée à la *Prima Primaria*, compte 900 membres : messes le samedi de chaque semaine ; exercices le 2ᵉ dimanche du mois et à toutes les fêtes de la Sainte Vierge, surtout à la Visitation et dans son octave (il n'y a plus que deux messes par mois ; voir grande Confrérie) ; grande procession dans l'octave de l'Assomption, *vœu de Louis XIII* (voir à 1637-1638), avec la statue de *N.-D. de Boulogne*, comme avant 1793.

On voit encore dans ce rapport la restauration de l'église en 1851 ; — sa situation, l'église étant gênée par les constructions qui l'entouraient : les écoles communales et l'asile, obstruant le côté septentrional tout entier ; le bâtiment adhérent au côté méridional, servant autrefois au logement des vicaires, pris et exploité par la Ville (voir 1858).

Voir 1854, église, à 1860 ; 1854, biens, à 1858 ; 1855, location, à 1857 ; 1855, orgue, à 1849 ; 1855, à Œuvres, ch. XIX.

En 1855, le 12 juillet, eut lieu à Boulogne la bénédiction de la chapelle domestique du comte de Guaïta, avenue de la Reine (château devenu la Mairie).

Le 30 septembre 1855, le curé installa comme 1ᵉʳ vicaire, en remplacement de l'abbé Drach (voir 1850), l'abbé Gentil, 2ᵉ vicaire depuis juin 1852, dévoué aux pauvres des Menus, et qui deviendra curé de Billancourt en 1860. — Voir 1855-1856 à 10 avril 1853.

En 1856, l'abbé Duval eut affaire à deux citoyens irascibles, *Jean Harmand*, charbonnier, et *Nicolas Grandjean*, maçon. Le 9 mai était décédé *Nicolas Harmand*, et l'abbé Duval avait fait la levée du corps le 11 mai ; mais vu la putréfaction du cadavre, après avoir pris l'avis de la famille et de l'ordonnateur des Pompes funèbres, le prêtre conduisit directement le corps au cimetière, sans passer par l'église. D'où plainte des deux Boulonnais au ministre des Cultes et enquête. Celle-ci fut entièrement favorable à l'abbé Duval : on y disait que l'accusé avait agi après avis ; que l'ordonnateur, ayant rendu compte de sa conduite à l'adjoint, celui-ci l'avait approuvé ; qu'il eût été dangereux de mener le corps à l'église le 11 mai, jour de la Pentecôte, à cause de l'affluence du peuple ; mais qu'il était regrettable de constater l'absence de mesures prescrites directement par la municipalité (Lettre des Cultes, 26 septembre 1856).

L'année 1856 renoua la chaîne interrompue des pèlerinages de Boulogne-sur-Seine à Boulogne-sur-Mer. Sous la direction de l'abbé Hanicle, curé de St-Séverin et chanoine de plusieurs cathédrales, la paroisse de Boulogne-sur-Seine et celle de St-Séverin se réunirent pour aller porter leurs hommages à N.-D. de Boulogne-sur-Mer : le contingent des deux églises forma 600 personnes. Le chanoine Lefebvre en parle ainsi dans l' « Histoire de Notre-Dame de Boulogne », aux pages 341-345 :

« Les pèlerins arrivèrent à Boulogne, par le chemin de fer, le 26 août, à 6 heures du soir.

« La réception à la gare fut magnifique ; plus de cinquante prêtres de la ville et des environs attendaient les pèlerins pour les conduire processionnellement, avec croix et bannières, à l'église de Notre-Dame. Dans le cortège, outre la bannière de Notre-Dame de Sainte-Espérance, suivie d'une députation de l'Archiconfrérie de ce nom, érigée dans l'église de St-Séverin, la bannière de la paroisse de Boulogne-sur-Seine, avec l'image de Notre-Dame dans son bateau et deux *ex-voto* portés sur des coussins de soie blanche, on remarquait, sur un char richement orné et traîné par quatre chevaux, une cloche, offrande de la paroisse de St-Séverin. Notre cité tout entière s'était portée au-devant des pèlerins parisiens, qui, lentement, s'acheminèrent vers la colline sacrée, au milieu des chants liturgiques et des joyeuses volées des cloches de toutes les paroisses.

« Dans l'église, M. le curé de Boulogne-sur-Seine prit la parole, et, après avoir célébré la magnificence du temple élevé à la gloire de la Sainte-Vierge « et le génie sacerdotal du nouveau Salomon qui en a conçu et si heureusement exécuté le plan », il ajoutait :

« Mes frères, ce qui doit nous rendre, à nous surtout enfants de Notre-Dame de Boulogne-sur-Seine, ce superbe édifice et plus précieux et plus cher, c'est qu'il est le nouveau sanctuaire de notre Mère, de notre patronne spéciale, de cette bien-aimée Suzeraine qu'il nous est si doux de vénérer en ce moment, et d'invoquer dans le lieu même qu'elle s'est miraculeusement choisi pour y manifester les mille et mille prodiges de sa puissance et de sa bonté.

« Ne nous contentons donc pas de rétablir aujourd'hui, par notre pèlerinage, de pieux rapports, de séculaires liens de famille, déposons au pied de notre bonne Mère le faible tribut de nos prières et de notre amour filial. Déjà je vois, dans un prochain avenir, le Seigneur lui donner pouvoir de surpasser par de nouveaux bienfaits ceux qu'ont reçus d'Elle nos ancêtres. Déjà je vois ce temple devenu le canal des grâces et des bénédictions les plus salutaires et les plus abondantes.

« Oui, puissante et miséricordieuse Patronne, vous vérifierez ce présage ! Du haut de ce dôme majestueux où vous êtes attendue avec une si sainte impatience, vous promènerez vos regards tutélaires sur la France, et, dans votre immense miséricorde, vous les abaisserez aussi sur ce sol voisin, qui, autrefois mérita le titre glorieux de PATRIE DES SAINTS. Vous penserez surtout à nous, vos petits-enfants de Boulogne-sur-Seine, et c'est dans cette intime confiance que nous vous prions humblement d'agréer cet emblème de l'amour et de la reconnaissance dont nos cœurs sont pénétrés pour vous ».

« Après cette allocution, les *ex-voto* furent déposés sur l'autel et le curé de Boulogne-sur-Seine chanta le salut, puis les pèlerins se donnèrent rendez-vous pour le lendemain aux pieds de Notre-Dame. A la messe du matin, le 27, plus de 500 des pèlerins parisiens s'approchèrent de la sainte table, magnifique manifestation qui donnait au pèlerinage son caractère franchement religieux.

« L'*ex-voto* offert par les paroissiens de St-Séverin, un cœur d'or, sur lequel est représentée une locomotive, porte l'inscription suivante (est en majuscules):

« Mémorial du rétablissement solennel
Des anciens pèlerinages de Paris
A Notre-Dame de Boulogne-sur-Mer,
Effectué en chemin de fer
Le 26 août 1856 ».

« La paroisse de Boulogne-sur-Seine donna, comme offrande, un cœur de vermeil, entouré de rayons. On y lit (M. Lefebvre n'ayant donné que le latin, je l'ai traduit comme précédemment) :

« Almae Virgini Boloniae propè Mare.	« A Notre-Dame de Boulogne-sur-Mer
Sodales Almae Virginis Boloniae propè Parisios hocce amoris Pignus sacrà in Peregrinatione VII Kal. sept. MDCCCLVI ».	Les paroissiens de Notre-Dame de Boulogne près Paris (ont offert) ce gage de leur amour dans leur pieux pèlerinage du viie jour des calendes de septembre MDCCCLVI (26 août 1856) ».

« La cloche donnée par l'archiconfrérie de la Sainte-Espérance fut bénite par le curé de Saint-Séverin, délégué de Mgr l'évêque d'Arras. Cette cloche, fondue à Angers, pèse 375 kilogrammes et porte le nom de *Marie-Immaculée de la Sainte-Espérance*, avec cette devise: *Spes nostra, salve* ». A la suite sont la longue inscription de la cloche et sa traduction.

A la page 395, le chanoine Lefebvre, se faisant l'écho des faveurs obtenues par les pèlerins, s'exprime ainsi: « En 1856, à la suite du pèlerinage de la paroisse de Saint-Séverin de Paris et de Boulogne-sur-Seine, on apprit que plusieurs pèlerins avaient obtenu des faveurs signalées par l'intercession de Notre-Dame. Une personne restée inconnue envoya un cœur de vermeil en actions de grâces pour la « réussite d'une affaire importante », et on cite la guérison inespérée d'une « jeune fille de Montmorency, âgée de 14 ans, depuis 92 jours couchée sur un lit de douleur, par suite d'une fièvre typhoïde, compliquée d'une autre maladie ».

Un souvenir bien précieux, conséquence du pèlerinage de 1856, fut l'offrande à notre église d'une extrémité de la main droite de l'ancienne statue en bois de N.-D. de Boulogne-sur-Mer, sauvée en 1793 et conservée dans un reliquaire. En voici le procès-verbal, lequel renferme une erreur, car M. Haffreingue n'a jamais été vicaire général, ainsi que me l'a fait remarquer M. l'abbé Ducatel par sa lettre du 27 janvier 1903 (est reproduit sans l'erreur dans le « Messager de l'Archiconfrérie de N.-D. de la Mer », 7 février 1903) :

« Nous, Soussignés, M^{re} (Messire) Henri-François-Marie Dubois, doyen du Chapitre d'Arras, Mre Nicolas-Juste Hanicle, Curé de St-Séverin, à Paris, et Chanoine honoraire de Séez, de Paris, etc., et D^{elle} Marie Muller, Sacristine de la grande Chapelle de N.-D. de Boulogne-sur-Mer, attestons que :

« Le deux Septembre mil huit Cent Cinquante-Six, la main droite de la Statue miraculeuse (en bois) de Notre-Dame de Boulogne-sur-Mer a été extraite du Cœur en vermeil qui lui sert de reliquaire, et que M. l'abbé Haffreingue, Agathon-Benoit, Vicaire général et Chanoine honoraire d'Arras, en a détaché l'extrémité du doigt du milieu ci-incluse, en notre présence, pour être offerte, en son nom, par les mains de M. l'abbé Hanicle, à Mre Guillaume Lecot, curé de Boulogne-sur-Seine, en souvenir du grand et mémorable pèlerinage fait du 26 au 28 août de la même année par cette paroisse, jointe à celle de St-Séverin, et comme mémorial de l'antique dévotion qui unissait la paroisse de Boulogne-sur-Seine au Sanctuaire privilégié de N.-D. de Boulogne-sur-Mer.

« En foi de quoi, le présent acte a été signé par nous lesdits jour et an que dessus. »

   « Hanicle,   « Haffreingue ».
   « curé   « H. Dubois ».
  « de Saint-Séverin. »   Ici le sceau
   « Marie Muller »   de N.-D. de B.-sur-Mer.

Le sceau, très élégant, représente la *Sainte Vierge* dans son bateau avec deux *Anges;* au-dessus est l'inscription « Patrona nostra singularis, ora pro nobis » (chapitres II, XVII) ; au-dessous, Notre-Dame de Boulogne-sur-Mer.

Le curé Le Çot avait désiré inaugurer la petite partie de la statue de Boulogne-sur-Mer par une procession ; mais l'archevêque de Paris s'y opposa, car dit le vicaire général C. Eglée, dans sa lettre du

12 novembre 1856, « Monseigneur me charge de vous répondre qu'il ne peut reconnoître comme une relique un fragment d'une statue de bois, quelque vénérée qu'ait été autrefois cette statue avant sa destruction, et il est défendu absolument toute manifestation à cet égard ».

Voir 1856, Ouvroir, à ch. XIX; 1856, Visite, à 1904.

Le 9 août 1857, le conseil municipal vota le renouvellement d'une location faite à la Fabrique le 1ᵉʳ juillet 1855, à raison de 20 fr. par an, par bail de 3, 6, 9 ans, d'un local attenant à l'église, affecté à l'usage de sacristie, la Fabrique étant chargée des réparations (voir 1844). — Voir 1857, consultation, à 1858.

En 1858, année où l'église fut classée comme monument historique (voir 1883), ce qu'avait demandé le conseil municipal dès 1846, les assemblées fabricienne et communale s'occupèrent de la restauratio et de l'agrandissement de l'église, devenue trop petite par suite de l'accroissement de la population. A la séance du conseil de Fabrique du 8 janvier, M. de Beaupré, un de ses membres les plus capables, proposa et fit adopter le projet d'une pétition à l'Empereur, la Fabrique, sans ressources, ne pouvant entreprendre les travaux. Chargé de rédiger la pétition, M. de Beaupré s'acquitta parfaitement de sa mission et recueillit de nombreuses adhésions.

Cette pétition si opportune faillit amener des complications entre M. de Beaupré, les fabriciens, le curé et certains conseillers municipaux ; mais son succès inespéré ramena le calme dans les esprits. La correspondance engagée à ce sujet entre M. de Beaupré, à l'épiderme sensible, le curé et le 2ᵉ adjoint est trop curieuse pour ne pas être reproduite dans cette histoire.

Dans une lettre du 28 mars 1858, M. de Beaupré, fin diplomate, s'exprimait ainsi :

« Monsieur le Curé,

« Au moment où le conseil de Fabrique décidait à l'unanimité qu'une pétition serait adressée à l'Empereur pour « faire comprendre notre Eglise dans les embellissements du bois de Boulogne », vous nous avez donné l'excellent conseil de faire signer « les notables du pays » à la suite des membres de la Fabrique et du corps municipal.

« Le succès a dépassé nos espérances: tous à l'envi ont apposé leur signature *des deux mains*, selon l'expression de la plupart d'entre eux. Nous vous remercions de cette bonne pensée.

« J'ai appris, Monsieur, que vous auriez manifesté l'intention de ne signer qu'un des derniers. Dans l'espoir que vous reviendrez sur cette réserve, que je ne pourrais expliquer à Monseigneur ni à M. Buquet, nous avons fait conserver votre place en tête de la Fabrique.

« Vous serez heureux, je n'en doute pas, Monsieur, de l'empressement de vos paroissiens, et vous apprendrez avec satisfaction que nous avons « toutes les chances possibles de réussir ». Au reste, j'aurai l'avantage de vous faire toutes communications à cet égard.

« Veuillez donc, je vous prie, Monsieur, m'indiquer le jour et l'heure auxquels je pourrai avoir l'honneur de vous donner (à la sacristie si vous l'avez pour agréable) connaissance de la pétition, dont vous m'avez fait la gracieuseté d'accepter d'avance la rédaction. Par ce motif, je me fais un devoir de vous la présenter moi-même, vous faisant

« agréer mes sentiments respectueux avec lesquels j'ai l'honneur d'être, Monsieur le Curé, votre très obéissant serviteur,
« De Beaupré ».
« Boulogne, le 28 mars 1858 ».

Le curé ne signa pas, et M. de Beaupré écrivit le 2 avril 1858 au 2ᵉ adjoint, M. Caillet, la lettre suivante :

« Monsieur,

« La pétition adressée à l'Empereur pour « faire comprendre notre vieille basilique dans les embellissements du bois de Boulogne » se couvre de signatures.

« L'empressement qu'ils mettent à l'appuyer fait le plus grand honneur aux habitants de cette commune, et montre que le but est bien compris et vivement désiré.

« J'ai été péniblement étonné, Monsieur, de ne pas voir la vôtre en tête du conseil municipal. Toutefois, ayant acquis par mes démarches la presque certitude de réussir auprès de Sa Majesté, je viens vous présenter la plume comme vous me l'avez offerte très gracieusement le 12 août dernier.

« Si donc il entre dans vos intentions de signer, j'aurai l'honneur de me présenter chez vous, Monsieur, afin de vous montrer que votre place, comme adjoint, vous a été réservée, et aussi afin de vous faire connaitre les bonnes dispositions de Monsieur le Curé.

« Dans cet espoir, je vous prie d'agréer, Monsieur... »

L'adjoint répondit sèchement :

« Monsieur,

« La pétition de laquelle vous me parlez, m'a été connue, si je ne l'ai pas signé, c'est que que n'ai pas trouvé le moment opportun, connaissant les raisons qui peuvent la faire retardé.

« J'ai l'honneur d'être, Monsieur, votre serviteur.
« Caillet ».

Profondément blessé par la lettre Caillet. M. de Beaupré écrivit au Curé le 3 avril 1858 une longue lettre, mettant en cause le maire, l'adjoint, le président de la Fabrique, et se décernant un compliment assez réussi. Il y réfute avec raison l'opinion qui prétendait nulle une délibération de la Fabrique prise en l'absence du maire. Voici le texte de la missive :

« Monsieur le Curé,

« Désirant déférer à l'avis que vous m'avez donné de faire connaître au maire le but réel de la pétition, j'ai pris un moyen terme. J'ai écrit une lettre aussi polie que possible (vous en jugerez vous-même) à M. Caillet, dont l'influence sur le Maire est, m'a-t-on dit, assez marquée.

« J'ai l'honneur de vous faire passer, *français et orthographe*, la réponse de ce magistrat. Vous y verrez un parti pris d'opposition passionnée et systématique, qui a conduit M. l'adjoint à me faire une grossière impertinence.

« Veuillez, je vous prie, Monsieur le Curé, voir vous-même le Maire, et lui faire comprendre, *s'il se peut*, que la pétition, comme vous en avez fait vous-même la judicieuse remarque, n'a pas un caractère administratif, mais bien celui d'une simple supplique, qui, en cas de succès, peut décharger la commune d'énormes dépenses.

« Quant à la délibération du Conseil, permettez-moi de combattre l'opinion que vous avez émise : « que l'absence du Maire annulle la séance ». S'il devait en être ainsi, ce serait une dérogation à la loi, car les nullités de droit sont toujours expresses et ne se présument jamais. En outre, elle consacrerait, selon l'expression d'usage, une énormité. Ainsi, il dépendrait d'un maire de rendre toute proposition impossible, toute délibération nulle en s'abstenant, de parti pris, d'assister au conseil. Le Budget, si impérieusement ordonné par la loi, ne pourrait être ni discuté ni voté. Un caprice serait un veto !

« Au reste, l'article 9 est formel : « Le Conseil ne pourra délibérer que lorsqu'il y aura plus de la moitié des membres présents à l'assemblée ». Cet article ne distingue pas les membres de droit et les membres élus, et il est reconnu, en jurisprudence, que là où la loi ne distingue pas, il n'y a pas de distinction possible ». M. de Beaupré citait l'art. 9 du décret du 30 décembre 1809 sur les Fabriques.

« Par tous ces motifs, qui ont peut-être échappé à Mgr Affre, vous voudrez bien reconnaître, Monsieur le Curé, que je suis dans la saine interprétation de la loi. Dans tous les cas, je fortifierais, si vous le désiriez, cette opinion par une consultation du *Journal des Fabriques*. Permettez-moi, enfin, de vous faire remarquer que l'an dernier le Maire n'était pas à la séance du Quasimodo (Il avait, m'a-t-il dit à moi-même, le 27 septembre 1857, oublié de s'y rendre). La séance n'a pas été considérée *comme nulle*, et s'il a plu à M. le Maire de signer plus tard qu'il était présent, malgré son absence, c'est qu'il n'a pas reculé devant une fausse déclaration ». -- Dans ce dernier cas, le conseil aurait dû exiger la suppression de la signature. Mgr Affre est l'auteur d'un traité sur « l'Administration temporelle des paroisses », où des erreurs de droit avaient été relevées.

« Par ces considérations, il m'est impossible de ne pas regarder comme parfaitement valable la délibération du Conseil touchant la pétition (M. de Beaupré était en effet dans la vérité). Ce n'est pas là que serait la nullité. Vous-même, Monsieur le Curé, avez franchement reconnu, hier, que vous aviez jugé inutile d'avoir une nouvelle réunion et que vous aviez déclaré, sans restriction aucune, que vous la signeriez sur la présentation qui vous en serait faite par le Président.

« Si ce dernier ne nous a pas servis auprès du corps municipal, est-ce à dire qu'une chose en soi si utile verra s'élever quelques difficultés innommées, par suite de l'incurie d'un membre qui n'a pas compris sa haute mission ? (Peu flatteur pour le président Foullon).

« Réparez cette faute, Monsieur le Curé ; faites justice de ces mesquines susceptibilités : *Signez la Supplique*, à laquelle, et avec juste raison, vous ne reconnaissez aucune tendance administrative, et, si vous désirez des communications plus complètes, mille et mille fois plus poli que l'adjoint au maire, vous me ferez l'honneur de m'accorder une nouvelle entrevue. Enfin, si vous attribuez quelque vérité à mon dévouement envers l'Eglise, envers le Culte du Pays (dévouement bien désintéressé que peu de paroissiens auraient eu peut-être), vous voudrez bien par contre avoir quelques égards pour ma propre dignité, qui m'a conduit à mettre tous les bons procédés de mon côté.

« Agréez, je vous prie, les respectueuses salutations avec
« lesquelles je suis, Monsieur le Curé, votre très humble et très
« obéissant serviteur,
« De Beaupré ».
« Ce 3 avril 1858 ».

M. de Beaupré en fut pour ses frais d'éloquence : ni le curé, ni le maire, ni le 2ᵉ adjoint ne se laissèrent toucher, et la pétition sera remise à l'Empereur sans leurs signatures et sans celles de deux fabriciens. Le 23 avril 1858, M. de Beaupré lut la pétition au conseil de Fabrique ; le lendemain 24, accompagné de M. Gracien, il se rendit chez le grand Chambellan, le duc de Bassano, qui fit le meilleur accueil aux deux délégués. Le 10 mai, dans une nouvelle entrevue, le duc de Bassano apprit aux deux délégués qu'il acceptait la pétition (on la data du 10 mai), l'Empereur l'ayant prise en sérieuse considération. Voici le texte de la pétition et ses signataires :

Boulogne-sur-Seine, le 10 mai 1858.

« Sire,

« Dans votre admirable discours du 18 janvier, Votre Majesté a dit :
« Sur toute la France, les édifices religieux se construisent à nouveau ou *se relèvent de leurs ruines* ». Le discours du 18 janvier fut prononcé à l'ouverture des Chambres.

« Parmi les monuments ruineux qui ont le plus de titres à la sollicitude de Votre Majesté, il est un sur lequel nous la supplions de porter sa bienveillante attention. C'est l'église de Boulogne-sur-Seine, qui fut édifiée au plus beau temps de l'architecture gothique par Philippe V (1319 ; voir 1319, 1320, plus haut) et qui, depuis, devint un des pèlerinages les plus fréquentés de la Cour de France.

« L'abbaye de Longchamp (il faut lire *Montmartre*) concéda, lors de sa fondation, le terrain sur lequel elle s'éleva, à la condition qu'elle porterait le nom de Notre-Dame de Boulogne-sur-Seine. C'est donc cette basilique qui a donné, il y a cinq siècles et demi, son nom au pays que traversent aujourd'hui tant de souverains, et au bois que Votre Majesté a transformé en un jardin magique. Au treizième siècle, l'un se nommait le village des *Menus*, l'autre la *forêt de Rouvray*.

« Si notre église est aujourd'hui l'unique manuscrit qui contienne les annales du bois de Boulogne, si elle est le lien qui rattache un passé religieux à un présent glorieux, veuillez, Sire, en avoir le même soin qu'on a pour les manuscrits les plus rares, et daignez « la comprendre dans les embellissements de ce bois merveilleux », auquel elle appartient par tant de nobles souvenirs, et auquel elle donne, de toutes parts, un point de vue des plus pittoresques.

« Lorsqu'au commencement du XIV⁰ siècle, on en fit l'édification, ce fut au milieu d'un village de 1.400 habitants à peine ; aussi est-elle aujourd'hui insuffisante pour une population qui s'élève à cette heure à plus de 11.000 âmes.

« Sire, les habitants de Boulogne, pleins de reconnaissance pour les libéralités que naguère vous fîtes à l'asile des vieillards (le seul qui existe encore dans le vaste rayon de la banlieue de Paris), s'adressent à Votre Majesté avec la plus entière confiance, afin que, continuant l'œuvre protectrice des rois de France, elle ordonne le déblaiement, la restauration, l'isolement et surtout l'agrandissement de cet édifice sacré, de cette page précieuse que le temps menace d'effacer sans retour.

« Daignez agréer, Sire, etc. »

Ont signé : 7 membres du conseil de Fabrique sur 9, MM. « Auberger, de Beaupré, Chambrin, Dénard, Foullon, président, Houdard, président de la société de secours mutuels, A. Vauverdrie, secrétaire » ; — 15 membres du conseil municipal sur 22, MM. « Bruillié, Compère, Cora, Corrard, notaire, Coulon, Dobelin, Foullon, suppléant du juge de paix, président de la Fabrique, André Franche, 1er adjoint, Hubert, Legrand, Léveillé, chevalier de la Légion d'honneur, Petibon père, Pichard, Rieux, Thévenot, membre du bureau de bienfaisance et de la délégation cantonale », et les personnes suivantes dans l'ordre des adhésions :

MM. « le comte de Guaïta, propriétaire ; le baron Mariani, chevalier de la Légion d'honneur, député ; Gracien, délégué cantonal, suppléant du juge de paix du 9e arrondissement de Paris ; Burteaux, chevalier de la Légion d'honneur, capitaine en retraite ; Ollive, chevalier de la Légion d'honneur, propriétaire, ancien maire ; Vinois, pharmacien ; Raverot, médecin ; (Napoléon) Chaix, propriétaire ; Giobergia, commissaire de police ; Chevreux, percepteur ; Demartial, ancien adjoint ; Jouannot, chevalier de la Légion d'honneur, propriétaire ; Allais, chevalier de la Légion d'honneur, propriétaire ; Mallez, médecin ; Salmon, architecte-expert ; Lejeune, agent voyer ; Franche aîné, propriétaire ; H. Izambard, fondateur du journal le « Messager de la Banlieue » ; Mercadier, chevalier de la Légion d'honneur, propriétaire ; Pierdon graveur ; Bourdin, vice-président de la société de secours mutuels ; Salmon, restaurateur ; Salmon, épicier ; Bremer, chevalier de la Légion d'honneur, capitaine commandant de gendarmerie maritime ; Albert Lenoir, chevalier de la Légion d'honneur, architecte du Gouvernement ; Scantier, propriétaire ; Formont, ancien notaire de Boulogne ; Naudot, médecin de la société de secours mutuels ; Radot-Dumouchel, Célos, Fauchaut, propriétaires ; Laurant, pharmacien ; Louvet, Lambert, Febvre, Michel, G. Lambert, propriétaires ; A. Delcambre ; Portal, Thil, Destroyes (Detroyes), Dupuis, Latapie, Alexandre, propriétaires ; Ch. Bouteiller de Roville ; Hébert, Gallois, Aug. Escarguel, Dumog, Tabourand, Janet, J.-B. Escarguel, Desmarest, propriétaires ; Bontron, ingénieur civil ; P. Alexandre, Petit, T.-V. Naveteux, propriétaires ; Bouillette, instituteur ; Duval, J.-J. Marteau, Soyez, Peschez, Roger, Barbier, Housseau, Servais aîné, S. Beauregard, Elie, propriétaires ; Louis Beauregard ; Beauregard ; Lepareux, propriétaire ; Cotteret père, fondateur de la société de secours mutuels ; Guyon ; P. Guillochin, propriétaire ; Guillot, serrurier ; Cauteret (Cotteret), tailleur ; Toignard, boulanger ; (Pierre) Roger ; A. Rousseau, propriétaire ; Victor Garcelon, porte-drapeau ; Rogier ; Jolli, Gallot, Rivière, Barbé, Bulmé, Deslauriers, propriétaires ; Poirrier, horloger ; Bellamy ; Gagné, Couturier, propriétaires ; Lafosse ; Garcelon ; Drouin ; Badin, propriétaire ; Durand, chevalier de la Légion d'honneur, officier en retraite ; (Eugène) Grimoin, Coursault, Descoins, St-Michel, Henriet, Gauglon, A. Mereau, Doually fils, Debourger, Potier, Ham, propriétaires ; Bocq ; Janin, négociant ; Toussaint, Grive, propriétaires ; le prince Sapieha, administrateur de la caisse d'épargne, propriétaire ; Thorel, propriétaire, ingénieur-géomètre de 1re classe ; Bigot, artiste ; Orive, propriétaire ».

Mmes « Vve de Marcillac ; Evrard, institutrice ; Vve Melnotte ; Acquier ; Rouquette, institutrice ; Adèle de Beaupré ; Vve Manot ; Vve Manchon ; Izambard, institutrice ; Vve Manuel ; Maria Delcambre ; Vve Boudsot ; Vve Gessler. »

Les membres de la société de secours mutuels, en dehors de M. Houdard, ci-dessus, MM. « Frédérique, Breuillié, Amand, Goué, Cotteret (ci-dessus), Godot, Beaureau, Sénéchal, Pizellier, Roir, (Vincent) Mattey, Lavinay, Douilly, Manneville, Monnier, Héret, Davouine, Cousin, Blondeau, Bouilly, Gauglon, François, Mignot, Méder, Mauguin, Mereau, Masson, Sorin, Launay, Denier, Surôme, Rivière, Lequesne, Soléo, Pasdeloup, Brunot, Mathey, Visbecq, Guillemain ».

Tous ces noms figurent sur l'*Annuaire de 1863*, dont des exemplaires sont possédés par M. Duriez et par M. Doizelet, paru sous le titre d'« Annuaire administratif, législatif, commercial et industriel, ou Archives de la ville de Boulogne-lez-Paris, pour 1863 (1re année), divisé en 6 sections : 1° Fonctionnaires ; 2° Administration ; 3° Améliorations et embellissements ; 4° Adresses des habitants par profession et par lettres alphabétiques ; 5° Législation usuelle, renseignements utiles ; 6° Annonces commerciales, par une réunion de praticiens, o fr. 90 centimes, Boulogne-lez-Paris, chez Doucet, libraire, Grande-Rue, 54 ». Cet annuaire, de 160 pages in-8°, très instructif, n'a pas été continué.

Dépité du résultat obtenu sans lui, le maire (M. Thièble) adressa une pétition dans les mêmes termes au ministre des Cultes et le curé l'en félicita.

L'Empereur, qui s'était souvenu de la chaleureuse réception que lui avaient faite les Boulonnais en 1852, accueillit donc favorablement la demande, et la restauration fut décidée (voir ci-après) : le 18 avril 1860, M. de Beaupré recevra les félicitations de l'archevêque pour sa courageuse initiative. Voir chapitre suivant.

La même année 1858, le conseil de Fabrique avait décidé, le 17 avril, le tirage et la vente, à 1 fr. 50 et 2 fr., de 500 exemplaires de la photographie de l'église, telle qu'elle était antérieurement.

Ce conseil, qui comptait des membres très versés dans les questions de droit et de jurisprudence, comme M. de Beaupré, avocat, docteur en droit, écrivain élégant et distingué, se passionna en 1858 pour les propriétés de la Fabrique. Un résumé des titres de propriété et une remarquable consultation attirèrent l'attention de la Fabrique : leur importance exceptionnelle, au point de vue historique et juridique, mérite que je les fasse connaître, en complétant ou en rectifiant çà et là le texte de M. de Beaupré.

Le résumé des *titres de propriété* de la Fabrique est une courte analyse de ces titres, savoir : 1° la charte de février 1319 (1320) donnée par Philippe V le Long, reproduite par le P. Du Breul dans les *Antiquités de Paris*, à la page 1262, édition de 1612, et mentionnée par l'inventaire de 1691 (voir 1319, 1320, 1691) ; 2° la donation du 19 mai 1320, faite par Jeanne de Repentie, de 5 arpents de terrain, rapportée par l'ordonnance épiscopale du 1er juillet 1330 et mentionnée par le même inventaire, ainsi que dans la table de marbre de 1745 et dans les déclarations de revenus de 1757 et de 1763 (voir à toutes ces dates. La charte porte non 19 mai, mais dimanche dans l'octave de l'Ascension, et Pâques étant le 30 mars en 1320, ce dimanche était le 18 mai) ;

3° les bulles confirmatives et d'indulgences des papes Jean XXII, d'août 1330 (erreur: c'est 1329), de Clément VI en 1335 (erreur: c'est 1392; Clément VI ne fut pape qu'en 1342) et d'Urbain VIII en 1631 (voir à ces dates). M. de Beaupré ajoute :

« Ces titres établissent d'une manière précise les droits imprescriptibles de la Fabrique de Boulogne-sur-Seine à la propriété des *cinq arpents* donnés en 1320. Toutefois, sur ces cinq arpents, un peu plus de deux ont été aliénés en thermidor an IV (voir à 1796). La Fabrique ne peut donc revendiquer aujourd'hui que la place dite du *Perchamps*, le terrain et les écoles qui s'y sont bâties (voir la déclaration du 12 août 1757 et celle du 21 septembre 1763: erreur pour 1757; il faut 22 juillet), l'église, la petite maison y attenante et la place joignant la Grande-Rue (c'était la place de l'Eglise: disparue en 1860-1863), le tout formant environ un hectare » (voir à 1796).

« L'envoi en possession doit, préalablement à tous autres actes, être demandé en vertu de l'ordonnance du 20 mars 1820, et conformément à l'avis du conseil d'Etat du 23 décembre 1806-25 janvier 1807 ». L'ordonnance du 28 mars 1820, non 20 mars, rendue par Louis XVIII (M. de Beaupré ne donnant pas les textes légaux, je répare cette omission en reproduisant les articles nécessaires), dispose en son article 1ᵉʳ ce qui suit : « Les fabriques des succursales érigées depuis la circonscription générale des paroisses du royaume, approuvée le 28 août 1808, ou qui le seraient à l'avenir, sont autorisées à se faire remettre en possession des biens ou rentes appartenant autrefois aux églises qu'elles administrent ou à celles qui y sont réunies, dont, au moment de la publication de la présente ordonnance, le transfert ou l'aliénation n'aurait pas été définitivement et régulièrement consommé en exécution de l'article 2 de l'arrêté du 7 thermidor an XI et des décrets des 30 mai et 31 juillet 1806 ». L'art. 2 de l'ordonnance accorde la même faculté, mais pour l'usufruit seulement, aux fabriques des chapelles, qui, anciennes églises, avaient été érigées en chapelles. — L'arrêté du 7 thermidor an XI, 26 juillet 1803, est ainsi conçu : « Art. 1ᵉʳ. Les biens des Fabriques non aliénés, ainsi que les rentes dont elles jouissaient, et dont le transfert n'a pas été fait, sont rendus à leur destination. Art. 2. Les biens des Fabriques des églises supprimées seront réunis à ceux des églises conservées et dans l'arrondissement desquelles elles se trouvent. Art. 3. Ces biens seront administrés, dans la forme particulière des biens communaux, par trois marguilliers que nommera le préfet sur une liste double présentée par le maire et le curé ou desservant (voir 1804, 1809). Art. 4. Le curé ou desservant aura voix consultative. Art. 5. Les marguilliers nommeront parmi eux un caissier (voir 1809, 1893); les comptes seront rendus en la même forme que ceux des dépenses communales ». — Le décret du 30 mai 1806 porte: « Art. 1ᵉʳ. Les églises et presbytères, qui, par suite de l'organisation ecclésiastique, seront supprimés, font partie des biens restitués aux Fabriques, et sont réunis à celles des cures et succursales dans lesquelles ils sont situés. Ils pourront être échangés, loués ou aliénés au profit des églises et des presbytères de chefs-lieux. Art. 4. Les produits des locations ou aliénations des églises, et les revenus des biens pris en échange, seront employés soit à l'acquisition des presbytères ou, de toute autre manière, aux dépenses des logements des curés et desservants dans les chefs-lieux des cures ou succursales où il n'existe pas de presbytère ». — Le décret du 31 juillet 1806 porte: « Les biens des Fabriques des églises supprimées appartiennent aux Fabriques des églises auxquelles les églises supprimées sont réunies, quand même ces biens seraient situés dans des communes étrangères ».— Enfin le conseil d'Etat et la cour de Cassation ont décidé que les Fabriques ne pourraient avoir la propriété des biens et rentes restitués qu'en étant munis d'un envoi en possession délivré par le Préfet et approuvé par le ministre des Finances (C. d'Etat, 25 janvier 1807, 7 octobre 1812, 8 septembre 1819, 3 décembre 1844; Cassation, 13 août 1839, 8 mars 1853, 3 avril 1854, 31 mai 1886).

Le résumé se termine ainsi: « C'est au Préfet qu'il appartient de transmettre au Ministre des Finances toutes les pièces relatives à la demande. Le Conseil d'Etat est ensuite saisi de la question de droit et statue.

« Voir le *Journal de l'Empire*, du 17 avril 1807, qui donne les moyens d'exécution quand les Fabriques ont perdu leurs titres ». (Voir à 1796).

J'arrive maintenant à la savante thèse de M. de Beaupré, avec le préambule suivant : « Une des questions les plus graves, les plus sérieuses et les plus élevées de la législation et de la jurisprudence fabriciennes est celle-ci :

« Les biens restitués aux Eglises par divers actes législatifs appartiennent-ils aux Fabriques ou aux Communes ? Le simple bon sens, l'équité et la justice la plus élémentaire répondent que celui qui a été spolié de ses biens en reprend la propriété lorsque, la violence cessant, ses biens lui sont remis.

« Avant 1789, les Eglises et les communautés possédaient des biens en *toute propriété*. Les lettres d'amortissement, dont les Rois faisaient un si large usage en faveur de ces corps (nommés alors *Gens de mainmorte*) leur donnaient le droit d'acquérir et de posséder des héritages. Aussi de Ferrière fait-il remarquer, dans son *Traité de la Pratique*, « que les communautés de toute sorte possédaient de grands biens ».

« Ces communautés, qui avaient de justes titres de propriété, en furent dépouillées par une loi de la Convention du 3 novembre 1793 (voir après 1789), et tous les biens ecclésiastiques furent mis à la disposition de la Nation. Cette loi était une monstruosité, car jamais un acte législatif ne peut et ne pourra légitimer la spoliation, c'est-à-dire *le vol et la violence*, selon l'expression de Mgr Affre. La Nation n'avait donc pas pu devenir propriétaire, malgré les termes audacieux et emphatiques de la loi du 26 fructidor an V, 12 septembre 1797 ». — Cette dernière loi, contenant la déclaration des Cinq-Cents, du 14 thermidor an V, 1er août 1797, visait les « ci-devant presbytères », lesquels étaient déclarés faire partie des domaines nationaux, et devaient être ou vendus ou affectés à des services de l'instrution publique et à d'autres services publics ; elle en arrêtait la vente jusqu'à ce que la liste de ceux qui seraient nécessaires aux services publics fût arrêtée définitivement.

« Ceci est si vrai que la restitution de ces mêmes biens fut la base du Concordat de 1801, dont l'art. 12 est ainsi conçu : « Toutes les églises métropolitaines, cathédrales, paroissiales, et autres non aliénées, nécessaires au culte, seront remises à la disposition des Evêques ». A la disposition des Evêques, parce que la nouvelle organisation des Fabriques ne remonte qu'à l'arrêté du 7 thermidor an XI, 26 juillet 1803.

« L'art 72 de la fameuse loi du 18 Germinal an X, 8 avril 1802, porte que : « Les presbytères et les jardins attenants *non aliénés* seront *rendus* aux curés et aux desservants des Succursales ». — L'art. 75 reproduit l'art. 12 du Concordat, ou à peu près.

« L'art. 1er de l'arrêté du 7 thermidor an XI est ainsi conçu : » (voir ci-dessus).

« L'art 1er du décret du 31 juillet 1806 ajoute : » (voir ci-dessus). M. de Beaupré s'est trompé ici, où il donne comme texte celui de l'art. 1er du 30 mai 1806, ci-dessus ; le décret du 31 juillet n'a qu'un article.

« L'art. 36 du décret impérial du 30 décembre 1809 dispose que : « Les revenus de chaque Fabrique se forment : 1° du produit des biens et rentes restitués aux Fabriques, des biens des confréries et généralement de ceux qui auraient été affectés aux Fabriques par nos divers décrets ».

Viennent ensuite les points de discussion juridique, savoir :

« Trois points essentiels appellent l'attention de ceux qui veulent la vérité dans l'interprétation de la loi :

« 1° Les expressions **Remettre, Rendre** et **Restituer**, dont le législateur s'est servi successivement et à dessein » — Elles sont *synonymes* et signifient, dans leur acception la plus nette, « faire rentrer quelqu'un dans la propriété de certains biens ou de certains droits dont il avait été dépouillé. »

« 2° L'intention bien marquée du Pape Pie VII. — Dans l'art. 12 du Concordat, Sa Sainteté consent « *pour le bien de la paix et l'heureux rétablissement de la religion catholique*, à ce que la **Propriété** des biens aliénés demeure incommutable entre les mains des acquéreurs » (Il y a erreur : c'est l'art. 13). « Il fallait donc le consentement du propriétaire dépouillé, c'est-à-dire du Pape, pour que la *propriété* fût transmise, car l'Etat spoliateur n'avait pas pu transférer aux tiers acquéreurs plus de droits qu'il n'en avait lui-même. Aussi les biens qu'il détenait furent-ils considérés comme un simple dépôt qu'il s'engage à restituer sous l'action réparatrice de la loi de 1802... Le Pape, en cédant la *propriété* aux acquéreurs, pouvait-il abandonner la *propriété* des biens que l'Etat lui *remettait*, lui *rendait* et lui *restituait* ? Le Saint-Père se serait-il donc contenté du simple usage des biens restitués ? Non. Toute interprétation contraire serait absurde, puisque les mots précités *remettre*, *rendre* et *restituer* ne peuvent s'entendre que de la *pleine propriété* et non du simple usage, car les Eglises, et c'est là un point incontestable, avaient la pleine et entière *propriété* de leurs biens au jour de la spoliation de 1793.

« 3° Enfin, remarquons que les deux premières dispositions législatives remettent les biens des Eglises aux Evêques et aux Curés, et que le décret du 31 juillet 1806 (c'est 30 mai) déclare que la restitution de ces mêmes biens sera faite aux Fabriques. Cette différence vient de ce que ce ne fut qu'en 1803 que le Gouvernement songea à l'organisation des Fabriques ».

M. de Beaupré fait alors connaître une lettre du ministre De Portalis au préfet de la Seine-Inférieure, du 7 février 1807, la décision du directeur général de la Comptabilité des communes et des hospices, du 23 juillet 1811, le décret du 17 mars 1809, l'ordonnance du 3 mars 1825 (Fabriques, Presbytères), l'arrêt de la cour de Cassation du 6 décembre 1836, desquels il résulte que les Fabriques, et non les Communes, doivent avoir la propriété des bâtiments et édifices utiles au culte, conformément à la loi du 18 germinal an X.

Revenant à notre église, aux titres de propriété de la Fabrique, et aux 5 arpents dont des parties aliénées restent la propriété des acquéreurs, d'après le Concordat, et dont le reste est bien la propriété de la Fabrique, M. de Beaupré continue ainsi :

« Quant aux parties non aliénées, qui les détient ? La Commune.

« En conséquence, nous demandons la restitution des biens dont la Commune a la possession, sans toutefois se prétendre propriétaire. On ne pourrait, en tout état de cause, opposer la prescription trentenaire, puisque la Commune n'est que dépositaire, et qu'à ce titre elle ne saurait prescrire (article 2236 du Code Civil). En effet, on ne prescrit pas contre son titre à l'effet d'acquérir (art. 2241 du même code).

« De là les résultats suivants :

« La commune de Boulogne a fait faire des travaux aux écoles communales qui ne lui appartenaient pas. Le véritable propriétaire, qui est la Fabrique, armé de l'art. 555 du Code civ., est donc en droit de demander aujourd'hui à la Commune la suppression à ses frais des ouvrages, etc., faits par elle ; et comme la Commune ne peut pas arguer de sa bonne foi, puisqu'elle est dépositaire, la Fabrique demande, toujours en vertu de l'art. 555, des dommages et intérêts pour lui tenir lieu de fruits qu'elle n'a pas pu percevoir par le fait d'une possession que l'ignorance des lois avait laissée, pour ainsi dire, au premier occupant ». M. de Beaupré ignorait l'aliénation de l'immeuble scolaire : voir à 1798.

« La commune loue en outre aux voitures dites *Boulonnaises* une petite maison adossée à l'Eglise et engagée dans un angle de ses murs. Un décret, portant la date du 8 novembre 1810, attribue les maisons vicariales aux Fabriques. Or, il est incontestable que cette maison a été, dans un temps fort peu éloigné, un Vicariat. En effet, cette maison fut louée par la Fabrique au sieur Géromme par bail passé par-devant Dupont-Desjardins, notaire à Boulogne, au mois d'octobre 1756, et ensuite à Mme la Duchesse de Montmorency par bail d'une année passé par-devant Desvoir, notaire à Boulogne, le 22 avril 1762 (voir à 1757, 1763). Depuis, elle fut attribuée aux vicaires. Or, en vertu des lois précitées, la Fabrique se déclare propriétaire de cette maison, et comme la Commune a touché depuis plusieurs années les loyers, qui sont des *fruits civils* (art. 547 du C. civ.), nous lui disons : « Vous êtes simple dépositaire ; *rendez, restituez* à la Fabrique, pour nous servir de l'expression même de l'article 1936 du Code civ., les fruits ou loyers que la chose a produits et que vous avez perçus. »

« Enfin, la Commune donne à loyer à la Fabrique une Sacristie (voir à 1844, 1857). Elle la loue fictivement, il est vrai ; mais serait-ce pour se faire reconnaître propriétaire ? Voilà qui serait étrange, puisqu'elle ne peut prescrire contre son titre. Au reste pourquoi met-elle à la charge de la Fabrique les grosses réparations ? Ce n'est pas seulement pour se conformer aux dispositions de l'art. 30 de la loi communale du 18 juillet 1837, qui, modifiant l'art. 92 du décret de 1809, ne mettait ces réparations à la charge de la Commune qu'en cas d'insuffisance des revenus de la Fabrique, mais bien, parce que, s'avouant tacitement simple dépositaire, elle laisse ces grosses réparations à la charge de la Fabrique, qu'elle reconnaît par cela même véritable propriétaire (art. 605) ». La loi du 5 avril 1884, art. 168, a abrogé l'art. 92 du décret du 30 décembre 1809 qui mettait à la charge de la Commune les grosses réparations des édifices du culte.

« De deux choses l'une, ou la Commune n'est pas propriétaire (ce qui est certain), et dans ce cas, elle n'a pas le droit de donner à loyer à la Fabrique la propre chose de celle-ci, et partant elle lui doit, en vertu de l'art. 1377 du C. civ. (Lorsqu'une personne qui, par erreur, se croyait débitrice, a acquitté une dette, elle a le droit de répétition contre le créancier), la restitution de ce qu'elle a touché. Ou bien la Commune est propriétaire (ce que nous ne reconnaissons pas), et dès lors elle n'a pas le droit de louer à la Fabrique une Sacristie, puisqu'elle est tenue de fournir des édifices convenables à l'exercice du culte. Telle est la disposition formelle de la loi de 1793 ». M. de Beaupré se trompe: il a voulu citer la loi de 1802, art. 75 ; mais son dilemme est d'une précision absolue.

« Par tous ces motifs, nous pensons qu'il est du devoir du conseil de Fabrique de Boulogne de solliciter, sans retard et dans les formes prescrites par la loi, l'**Envoi en possession** des biens qui n'ont cessé en droit d'appartenir à l'Eglise de Boulogne et à sa Grande Confrérie, et de revendiquer, par tous les moyens de droit, la propriété des terrains, immeubles, etc., appartenant à cette Basilique.

« Fait à Boulogne, près Paris, le 21 septembre 1857 et le 23 avril 1858.

« De Beaupré, avocat, docteur en droit, fabricien ».

Le conseil de Fabrique, qui avait eu connaissance de la consultation de M. de Beaupré, fit siens les arguments de ce dernier dans la délibération suivante, du 17 avril 1858: « Le Conseil de Fabrique, ayant pris connaissance des titres de propriété des cinq arpents de terre donnés à l'église en 1319, 1320 par Philippe V et ensuite par l'abbesse de Montmartre, considérant que, sur ces cinq arpents, deux seulement, ou à peu près, avaient été aliénés à l'époque de la Révolution de 1793, et que la Mairie jouissait jusqu'à ce jour du reste de cette donation, malgré le décret du 7 thermidor an XI, 26 juillet 1803, lequel a rendu aux Fabriques tous les biens de l'Eglise non aliénés alors, le susdit Conseil a décidé à l'unanimité qu'il y avait lieu à prier humblement son Eminence Mgr le Cardinal-Archevêque de Paris (Mgr Morlot) de vouloir bien faire, par qui de droit, renvoyer la Fabrique de Boulogne en possession de la portion de ses biens non vendus ».

Portée à l'Archevêché, la délibération fut soumise à un sérieux examen, et la question d'opportunité soulevée ; mais la restauration de l'église en 1860-1863 rendit nulle la réclamation pour différentes raisons: la 1re, parce que la petite place de l'Eglise et les constructions qui entouraient l'église disparurent dans la restauration ; la 2e, parce que la Fabrique, contribuant seulement pour une faible part dans les dépenses, ne pouvait réclamer décemment des dommages-intérêts. Aussi la Fabrique ne souleva-t-elle plus la question, se contentant de la possession de l'église, et abandonna-t-elle à la commune le reste des terrains, ainsi qu'il résulte de son vote du 6 mars 1881, émis pour rappeler au conseil municipal l'abandon par la Fabrique de terrains en échange du presbytère actuel (détails à *Presbytère*, chapitre XIX).

Sans la restauration très opportune de l'église, la revendication de

1858 eût pu être pour la Fabrique une cause de difficultés insurmontables et de procès, malgré tous les droits acquis en vertu des actes précités.

Voir novembre 1858, église, à 1860, ci-après ; 1859, Pompes funèbres, après 1851 ; 1859, extension de Paris, ci-après.

CHAPITRE XIV

L'église de Boulogne-sur-Seine de 1860 à nos jours. — 1re *Période, de* 1860 à 1870. **Agrandissement et restauration de l'église, 1860-1863.** Cantiques. *Autel privilégié.* 1863. *Reliques.* 1866. *Maître autel,* 1867.

A partir du 1er janvier 1860, Boulogne, malgré les projets d'englobement de 1859, resta commune indépendante et s'accrut du *parc des Princes*, d'une partie de *Billancourt* et du *Point du Jour*, en exécution de la loi d'extension des limites de Paris, du 16 juin 1859, ce qui nécessita la création de deux paroisses, *Boulogne* et *Billancourt*, séparées par le chemin de la *Plaine* (après observations de la Fabrique de Boulogne du 15 décembre 1859) et une nouvelle circonscription paroissiale. Voici, pour Boulogne, l'ordonnance archiépiscopale du 8 février 1861 (voir à Billancourt les détails concernant sa paroisse et l'intervention de la Fabrique de Boulogne) :

« François-Nicolas-Madeleine Morlot, par la miséricorde divine et la grâce du St-Siège apostolique, cardinal-prêtre de la sainte Église Romaine, du titre des Saints-Nérée-et-Achillée, Archevêque de Paris, grand Aumônier de l'Empereur.

« Vu la loi du 16 juin 1859, relative à l'extension des limites de Paris ;

« Considérant qu'il importe de mettre, autant que possible, les circonscriptions paroissiales en harmonie avec les circonscriptions municipales ;

« Vu les délibérations des conseils de Fabrique des paroisses de Boulogne, d'Auteuil et de Passy (des habitations du bois, sur Passy avant 1860, furent rattachées à la paroisse de Boulogne) ;

« Vu le décret du 19 juillet 1860, qui approuve, quant aux effets civils, les modifications à apporter aux délimitations des paroisses confinant intérieurement et extérieurement au mur d'enceinte des fortifications de Paris ;

« Vu le décret du 29 décembre 1860, qui autorise, quant aux effets civils, l'érection de la succursale de Billancourt, section de la commune de Boulogne ;

« Vu notre ordonnance en date du 6 février 1861, portant érection de la dite succursale de Billancourt ;

« Avons ordonné et ordonnons ce qui suit :

« Art. 1er. — La délimitation nouvelle de la paroisse de Boulogne est ainsi fixée :

« Au Nord, les limites de la paroisse de Neuilly ;

« A l'Est, le mur d'enceinte des fortifications, depuis la porte Dauphine jusqu'à la porte de St-Cloud ;

« Au Midi, la route de la Reine, la route des Princes (avenue Victor-Hugo) et le chemin (rue) de la Plaine ». — De ce côté, l'avenue de la Reine jusqu'au n° 37 ; la rue Thiers, qui part de ce n° 37 ; l'avenue Victor-Hugo, côté impair, de l'avenue de la Reine à la rue de la Plaine, appartiennent à la paroisse de Billancourt.

« A l'Ouest, la Seine.

« Art. 2. — Sera notre présente ordonnance, ensemble celle portant érection de la paroisse de Billancourt, lue et publiée au prône de la messe paroissiale de l'église de Boulogne le dimanche qui en suivra sa réception ; elles seront l'une et l'autre transcrites sur le registre de la Fabrique.

« Donné à Paris, sous notre Seing, le Sceau de nos armes et le contreseing du secrétaire de notre Archevêché, l'an du Seigneur mil huit cent soixante et un et le huitième jour du mois de février.

« F.-N., card. archev. de Paris.

Ici le sceau de l'Archevêché

« Par mandement de son Eminence,

« H. Lemée, secrétaire.

« Pour copie conforme,

« Paris, 8 février 1861.

« H. Lemée, secrétaire de

« l'Archevêché ».

Voir 18 avril 1860. De Beaupré, à 1858 ; mai 1860, Presbytère, au chapitre XIX ; 17 août 1860, Pompes funèbres, à 1898.

De 1860 à 1863, en vertu de l'autorisation gouvernementale du 25 mai 1860, les travaux de restauration et d'agrandissement, exécutés d'après les plans et sous la direction d'Eugène-Louis Millet, architecte des Monuments historiques († 1878), firent de l'église un monument nouveau, dégagé des constructions qui l'entouraient (vieilles maisons la gênant au nord ou lui servant en partie de sacristie ; ancienne *Mairie*, louée aux voitures *Boulonnaises*, qui l'évacueront contre une indemnité municipale de 437 fr. 50, de 1861) et que remplaça un jardinet. Un petit porche fut substitué à celui du XVIe s., sur la Grande-Rue ; au tympan de la porte principale, Michel Pascal sculpta le bas-relief de la *Vierge et des Anges ;* des cloches (ci-après), un clocher à flèche, la tribune, deux chapelles, une nouvelle travée, un calorifère y furent établis ; mais Millet fit disparaître, comme incompatibles avec le style architectural du monument, les tableaux (1744, 1806, 1849) qui l'ornaient et que la Fabrique dut vendre, et on perdit au croisillon méridional deux dalles funéraires (voir chapitre XVII).

Le 1er devis Millet, de 150.000 francs, en réalité 148.734 fr. 23, fut adopté le 12 novembre 1858 par le conseil de Fabrique, qui regretta de ne pouvoir voter que 10.000 francs pour sa part contributive. De son côté, le conseil municipal vota en principe 30.000 fr. le 20 novembre 1858 et se prononça le même jour en faveur d'un calorifère. Le 7 février 1860, sur deux plans proposés, le conseil de Fabrique adopta dans son ensemble le grand plan Millet, 186.745 14, à cause de ses avantages pour le placement des chaises et des confessionnaux, le vestiaire des employés de l'église, la sacristie, le placement des autels latéraux des murs des chapelles, la chapelle des catéchismes (n'a pas été faite avec les travaux), et il demanda en outre l'établissement d'un calorifère, dont il avait rejeté un projet en 1854 et en 1858, lequel sera restauré plusieurs fois (voir à 1900), et de deux cloches. Pour le nouveau projet, montant à 186.745 fr. 14, le conseil municipal vota le 10 février 1860 le 1er crédit de 15.000 fr. sur 30.000. Le 31 janvier 1861, le conseil de Fabrique décida une quête à domicile. Voici les autres délibérations du conseil de Fabrique sur le même objet : 7 avril 1861, approbation du devis Millet, de 1.873 fr. 72, pour le calorifère, que payera la Fabrique ; 25 juillet 1862, vote de 2.000 fr. destinés à l'achat d'une 3e cloche (les deux cloches existantes avaient été bénites le 18 juillet 1861 par le cardinal Morlot ; la 3e, *Denise*, le sera le 10 septembre 1862 par le curé Le Cot ; voir 1805), et à la construction d'une tour attenante au clocher, afin d'y loger les cloches et de ne plus ébranler le clocher par leur mise en volée ; 13 mai 1863, vote de 18.000 fr. nécessaires au déplacement du maître autel et à son érection à l'entrée du chœur, avec retable en pierre sculpté, surmonté d'un *Christ* et de deux figures de *saints* de chaque côté, et communication pour le chœur existant alors et qui deviendrait le sanctuaire de N.-D. de Boulogne (voir 1867) ; 23 juillet 1863, vote de 2.500 fr. pour un nouveau banc d'œuvre, dont M. Aug. Hébert fournira le dessin (voir 1807, 1888), l'ancien étant détérioré par les travaux. A cette même séance du 23 juillet 1863, le conseil : 1° accepta la donation Le Cot, de 120 fr. de rente (détails à la grande Confrérie) ; 2° adopta un tarif de mariages, allant de 350 fr. (1re classe) à 10 fr. (6e classe), avec divers suppléments ; sera légèrement modifié en 1869 pour la 2e classe (voir 3 juillet 1898).

En 1862, la Ville assura l'église pour 450.000 fr. (voir 1870).

Un 1er crédit de 145.000 fr. se trouva épuisé en 1861, ainsi que celui de 60.000 fr. pour les transepts ; mais les travaux continuèrent sur les ordres de l'Empereur (lettre du ministre d'Etat du 24 octobre 1861), la Commune vota 25.000 fr. le 24 novembre 1861, 29.000 fr. les 10 août et 25 septembre 1862, les ministères et le département fournirent le reste, et on arriva au chiffre de 363.000 en 1863. Voici d'ailleurs le compte général des travaux d'agrandissement et de restauration de notre église, d'après les rapports officiels présentés par Millet au ministre d'Etat et au maire de Boulogne, et dont la Fabrique possède un exemplaire :

Les devis se montèrent à 148.734 fr. 23 en 1860, pour l'ensemble ; à 60.000 fr. en 1861, pour les transepts ; à 99.216 fr. 10, en 1861, approuvés en 1862, pour le supplément des travaux ; enfin à 58.072 fr. 34, en 1862, approuvés en 1862, pour la travée d'agrandissement. Total 366.022 fr. 67.

Les crédits ouverts se sont répartis ainsi :

Années	Min. d'État	Min. Cultes	Département	Commune	Fabrique	Totaux
En 1860	30.000	35.000	40.000	30 000	10.000	145.000
» 1861	20.000	20.000	20.000	»	»	60.000
» 1862	25.000	25.000	25.000	25.000	»	100.000
» 1862	14.500	14.500	»	29.000	»	58.000
	89.500	94.500	85.000	84.000	10.000	363.000

Les mémoires, soldés en 1867, se sont élevés aux chiffres suivants, honoraires de l'architecte Millet et du vérificateur-inspecteur des travaux compris : 99.049 fr. 87 en 1861, 105.950 fr. 13 en 1862, 69.191 fr. 20 en 1863, 79.333 fr. 82 en 1864, 7.231 fr. 79 en 1866, 1.713 fr. 40 en 1867 ; au total 362.470 fr. 21. Il restait donc un reliquat de 529 fr. 79.

Une inscription, sur une plaque de marbre blanc placée vers l'entrée et dans le côté droit de l'église, relate la restauration : elle est en lettres majuscules et dorées ; A. Lefebvre en fut le marbrier. La voici très exactement :

« En 1860-1863, Mrs THIEBLE étant maire
Et LE COT curé de Boulogne,
Cette église, que fit construire
Le roi PHILIPPE V
Au commencement du 14e siècle,
A été complètement restaurée,
Ornée de ses galeries, enrichie de sa flèche,
Et agrandie de ses deux chapelles,
D'une travée et de sa tribune,
Par les ordres et la munificence
De S. M. l'empereur NAPOLEON III,
Sous la direction de Mr MILLET, architecte.

Le conseil municipal de cette ville
S'est fait un honneur et un pieux devoir
D'entrer pour toute la part possible
Dans les frais de ces importants travaux,

MM[rs] les membres du conseil de Fabrique
Foullon, Hébert (Ch), Patry.
Hébert (A[te]), Dénard, Houdard, Azur,
Valton et Malfilatre.
A jamais reconnaissants ».

Voir 1861 à 1863, ci-dessus ; 1861 à 1863, au Presbytère ; 8 décembre 1862, reliques, à 1821 ; 1861, fonds, à 1881.
Par bref du 14 avril 1863, Pie IX déclara privilégié l'autel St-Joseph (voir 1724, 1853). En voici le texte, que je traduis comme précédemment (Le 8 août 1879, un bref semblable de Léon XIII a accordé la même faveur):

« Autel privilégié de St-Joseph.

« PIUS PP (Papa) IX,
« AD PERPETUAM REI MEMORIAM. Omnium saluti paternâ charitate intenti, sacra interdum Loca spiritualibus Indulgentiarum muneribus decoramus, ut inde Fidelium defunctorum Animae D̄ni N̄ri (Domini Nostri) Jesu Christi, ejusque SS̄orum (Sanctorum) suffragia meritorum consequi, et illis adjutae ex Purgatorii poenis ad aeternam salutem per Dei misericordiam perduci valeant. Volentes igitur Ecclesiam Parochialem Loci vulgò Notre-Dame de Boulogne-sur-Seine nuncupati, D[sis] Parisien. (Dioecesis Parisiensis), et in eâ situm Altare S. Josepho dicatum, dummodo praeter unum ad Septennium nullum aliud in eâ Altare privilegiatum reperiatur concessum, hoc speciali dono illustrare ; de Omnipotentis Dei

« PIE IX, PAPE,
« EN PERPÉTUEL SOUVENIR. Désirant dans notre amour paternel assurer le salut de tous, Nous honorons parfois les lieux sacrés des faveurs spirituelles des indulgences, afin que par ce moyen les âmes des fidèles défunts obtiennent les suffrages des mérites de Notre-Seigneur Jésus-Christ et de ses saints, et qu'ainsi secourues, elles puissent, délivrées des peines du purgatoire, par la miséricorde divine, parvenir au salut éternel. Voulant donc enrichir de ce don spécial l'église paroissiale du lieu nommé communément Notre-Dame de Boulogne-sur-Seine, du diocèse de Paris, et l'autel dédié à saint Joseph qui s'y trouve, pourvu qu'en dehors de celui-ci il ne soit concédé dans cette église pendant sept ans aucun autre autel privilégié, Nous

misericordiâ, ac B. B. (Beatorum) Petri et Pauli Aplorum (Apostolorum) ejus auctoritate confisi, ut quandocumque Sacerdos aliquis Saecularis, vel cujusvis Ordinis, Congregationis et Instituti Regularis, Missam pro Animâ cujuscumque Christifidelis, quae Deo in charitate conjuncta ab hac luce migraverit, ad ptum (privilegiatum) Altare celebrabit, Anima ipsa de thesauro Ecclesiae per modum suffragii Indulgentiam consequatur ; ita ut, ejusdem Dni Nri Jesu Christi, ac Bmae (Beatissimae) Virginis Mariae SSorumque omnium meritis sibi suffragantibus, à Purgatorii poenis, si ita Deo placuerit, liberetur, concedimus et indulgemus. In contrarium facientibus non obstantibus quibuscumque. Praesentibus perpetuis futuris temporibus valituris. Datum Romae, apud S. Petrum, sub Annulo Piscatoris, die XIV Aprilis M.D.CCCLXIII, Pontificatûs Nostri Anno Decimoseptimo.

« J. card. Antonelli.

« Vidimus et executioni mandavimus,

Ici sceau papal.

« Parisiis, die 11 Julii 1863,
« P. Veron, v. g. ».

confiant en la miséricorde de Dieu Tout-Puissant et par l'autorité de ses apôtres les Bienheureux Pierre et Paul, Nous concédons et accordons que toutes les fois qu'un prêtre séculier, ou régulier d'un ordre, d'une congrégation ou d'un institut quelconque, célébrera la messe à l'autel privilégié pour l'âme de quelque fidèle chrétien, qui, unie à Dieu par la charité, aura quitté ce monde, cette âme obtienne du trésor de l'Eglise l'indulgence par voie de suffrage ; de sorte que, secourue par les mérites du même Notre-Seigneur Jésus-Christ, de la Bienheureuse Vierge Marie et de tous les Saints, elle soit délivrée des peines du purgatoire, s'il plaît à Dieu. Nonobstant toutes choses contraires. Les présentes valables à perpétuité pour l'avenir. Donné à Rome, près de saint Pierre, sous l'anneau du Pêcheur, le XIVe jour d'avril M.D.CCCLXIII, de notre Pontificat la dix-septième année.

« J. Card. Antonelli.

« Vu et donné pour l'exécution,

« Paris, le 11e jour de juillet 1863,
« P. Véron, vicaire général ».

Les Papes adoptent certaines formules, pour leurs actes. Ainsi les *bulles* sont sur parchemin gris, scellées d'un sceau de plomb, *sub plombo*, datées dans l'ancien style de calendes, ides et nones, écrites en caractères gothiques et avec abréviations (voir 1392, 1631) : les *brefs* sont sur parchemin blanc, scellés d'un sceau à l'encre rouge, avec la formule *sub annulo Piscatoris* (saint Pierre, 1er Pape, fut pêcheur), datés d'après le calendrier, écrits avec quelques abréviations et signés généralement par le cardinal secrétaire des brefs ; les *Lettres latines* sont sur papier blanc, scellées d'un sceau à la cire rouge, datées comme les brefs, signées par le Pape, et portent la formule des brefs *Datum*

Romae, apud S. Petrum; enfin les *rescrits* sont des réponses des Papes, avec la formule *ex Audientiâ Sanctissimi* et des abréviations (voir 1853).

Voir 20 juillet 1863 à la grande Confrérie.

Du 27 septembre 1863 datent trois jolis cantiques, composés à l'occasion de la restauration de l'église: j'en ai trouvé un exemplaire manuscrit, sans musique, que je transcris ici à titre de souvenir.

« Patrona nostra singularis, ora pro nobis ». (Chapitre XVII).

I. L'Infidélité.

1. Sur le vaste sein des mers,
Un navire emportait Marie.
Elle abandonnait la Syrie,
La Vierge arrachée aux enfers.
Le Musulman, transporté de furie,
Sur tous les flots la poursui-
[vait.
Il criait, il criait :
Ah ! livrez-nous Marie.
Mais à ce nom,
Les Anges disaient : Non !
Avance, Barque sainte, avance !
Garde la Vierge et vole en
[France... *(ter)*.

2. A tous nos bords, apparais,
Viens et brille, ô divine Etoile !
O Vierge Mère, étends ton
[voile.
Mène ta nef aux blancs agrès.
Nos Boulonnais, dans cet abri de
[toile,
Ont reçu la Reine des Cieux.
A nos vœux, à nos vœux,
Souris, unique Etoile !
L'orage fuit
Quand un doux soleil luit
Avance, Barque sainte, avance !
Garde la Vierge et prends la
[France... *(ter)*

3. Dieu le veut ! Il s'est croisé
Godefroi, né dans ton enceinte...
Pour délivrer la Cité sainte,
Jamais son drapeau n'est brisé.
Marins, soldats, voguez ; allez sans
[crainte ;
Faites partout flotter la Croix.
Je la vois, je la vois,
Sur la divine Enceinte.
On la brava ;
Mais un Dieu lui dit : Va !...
Avance, Barque sainte, avance !
Garde la Vierge, accrois la Fran-
ce... *(ter)*.

II. L'Hérésie.

1. Un démon, fait léopard,
A voulu dévorer la Terre.
Il a bondi de l'Angleterre,
Changé ton Église en rempart.
Pour abolir la Croix et son mystère,
Il ravit la Vierge à l'autel.
O mortel, ô mortel !
A-t-elle fui la Terre ?
A son saint Nom,
Les Anges diraient : Non !
Avance, Barque sainte, avance !
Garde la Vierge et vole en Fran-
[ce... *(ter)*.

2. Le serpent rampe et l'abat.
Il peut la renverser d'un trône ;
Mais un Dieu frappe et le tron-
[çonne.
Il va mourir et sans combat.
Chante, ô Boulogne, et tresse la
[couronne
De la Mère que Dieu nous rend.

Il est grand, il est grand !
Ma patrie est son Trône.
L'ouragan fuit
Et le soleil nous luit.
Avance, Barque sainte, avance !
Garde la Vierge et prends la
[France... (ter).

3. Dieu l'a dit ! Peuples pécheurs,
Des Anglais je ferai des Anges !
Allez, partez, ô mes phalanges :
Français, vous êtes mes ven-
[geurs.
O Vierge Marie, avec Jésus tu
[changes
Tous les cœurs dont il t'a
[fait don.
Le pardon, le pardon,
Pour ces derniers des
[Anges !...
On te brava ;
Mais Jésus l'a dit : Va !...
Avance, Barque sainte, avance !
Garde la Vierge, accrois la
[France .. (ter).

III. L'Athéisme

1. L'homme a dit : Je suis mon
[roi,
Je n'ai point de Père et de Mère ;
Après ce monde, je n'espère
Que le néant : voilà ma foi...
Et Dieu se tait... Il cache un front
[sévère...
En nous laissant la liberté...
Vanité, vanité !
La raison sans sa Mère...
A-t-elle un nom ?

Les Anges ont dit : Non !
Avance, Barque sainte, avance !
Garde la Vierge et vole en Fran-
[ce... (ter).

2. Son Image a disparu
Dans le foyer des saturnales...
Déjà les herbes sont égales
A son Église, où l'Homme a cru.
Mais sa main reste aux âmes
[virginales
Pour les bénir et les sauver...
Élever, élever
L'âme aux splendeurs mo-
[rales.
L'ouragan fuit ;
Un beau soleil nous luit.
Avance, Barque sainte, avance !
Garde la Vierge et prends la
[France... (ter).

3. Entendez ! Dieu nous l'a dit :
Sur le dôme de mon Église,
Voyez ma Mère... Elle s'est
[mise
Près d'un monde autrefois
[maudit.
Et son vaisseau, de la Terre insou-
[mise,
Est allé voguer dans les Cieux.
A vos yeux, à vos yeux,
Il emporte l'Église.
On la brava ;
Mais le Christ a dit : Va !
Avance, Barque sainte, avance !
Garde la Vierge, accrois la Fran-
[ce... (ter).

Boulogne-sur-Seine,   Ici sceau
27 Septembre 1863.   de l'église

Voir le bateau au chapitre II. Le léopard est l'animal symbolique de l'Angleterre. Les Anglais, ayant pris Boulogne-sur-Mer en 1544, emportèrent la statue de 633 et ne la rendirent qu'après la perte de la ville en 1550. En 1793, la statue miraculeuse fut jetée au feu et on n'en sauva que la main droite : voir à 1856 le cadeau fait à notre église. Au dôme de N.-D. de Boulogne-sur-Mer est la statue de la Vierge Mère.

En 1863, le conseil municipal tint une séance extraordinaire à l'effet de nommer un garde spécial « pour la conservation de l'église », à cause des dégâts commis, par des malandrins dans le jardin de l'église, entre celle-ci et la grille, et que le Gouvernement n'entendait pas supporter plus longtemps, ainsi qu'il résulte d'une lettre assez sévère du sous-préfet de St-Denis au maire de Boulogne (5 octobre 1863), relatant à ce sujet les plaintes du ministre d'Etat et la lettre de celui-ci au préfet de la Seine.

Voir 1863, pensionnat St-Joseph, au chapitre XIX ; juillet 1863, janvier 1864 à la grande Confrérie.

L'état de vétusté de la chaire motiva le vote de 4.000 fr. par le conseil de Fabrique, le 3 avril 1864, pour l'acquisition d'une *chaire* gothique, en chêne sculpté, d'après les dessins du secrétaire Auguste Hébert, qui avait fourni précédemment ceux du banc d'œuvre (voir 1804, 1888 pour la chaire).

Voir 2 mai 1864 à la Bibliothèque, 2ᵉ Partie ; 1864-1866, Presbytère, au chapitre XIX ; juillet 1864, à la grande Confrérie.

En 1865, l'église obtint un 3ᵉ vicaire. La même année, le 5 juillet, le conseil décida : 1° l'exécution et la pose de l'*horloge* extérieure de l'église, réclamée par la population, avec cadrans en lave de volvic émaillée : la Mairie se chargera du remontage en 1892 (voir 1897, 1903) ; 2° la pose des grilles du chœur et des chapelles.

Le cardinal Patrizi, — évêque de Porto-et-Ste-Rufine, un des 6 évêchés suburbicaires ou de la province ecclésiastique de Rome (latin : *sub*, sous ; *urbs, urbis*, ville), archiprêtre de la basilique Libérienne ou Ste-Marie Majeure, superbe basilique fondée à Rome, au sommet de l'Esquilin, par le pape Libère la 1ʳᵉ année de son pontificat (352), — donna plusieurs reliques à notre église par l'authentique suivant du 17 mars 1866, que je traduis comme précédemment :

« Constantinus, miseratione divinâ, Episcopus Portuensis et S. Rufinae, S. R. (Sanctae Romanae) Ecclesiae card. Patrizi, Sacrosanctae Patriarchalis Basilicae Liberianae Archipresbyter, SSmi Dñi Nr̄i (Sanctissimi Domini Nostri) Papae Vicarius generalis, Romanae Curiae ejusque districtûs judex ordinarius, etc.	« Nous, Constantin Patrizi, par la miséricorde divine, évêque de Porto-et-Ste-Rufine, cardinal de la sainte Eglise romaine, archiprêtre de la très sainte basilique patriarcale Libérienne, vicaire général de notre très Saint-Père le Pape, juge ordinaire de la Curie romaine et de son district, etc.

« Universis et singulis praesentes literas inspecturis, fidem fecimus (sic) et attestamur, Nos, ad majorem Omnipotentis gloriam, suorumque Sanctorum venerationem, recognovisse sacras particulas ex ossibus. s. Catharinae, V. M. (Virginis martyris), et ex indusio S. Philumenae, V. M., quas, ex authenticis locis extractas, reverenter collocavimus in thecâ argenteâ, ovalis formae, unico crystallo munitâ, bene clausâ, et funiculo serico coloris rubri colligatâ, ac sigillo nostro signatâ, easque consignavimus cum facultate apud se retinendi, aliis donandi, extra Urbem transmittendi, et in quâcumque Ecclesiâ, Oratorio, aut Cappellâ, publicae Fidelium venerationi exponendi. In quorum fidem, has literas testimoniales, manu nostrâ subscriptas, nostroque sigillo firmatas, per infrascriptum Sacrarum Reliquiarum custodem expediri mandavimus. » — *Urbem* veut dire la ville de Rome .

« Romae, ex Aedibus nostris, die XVII mensis Martii Anni M.D.CCCLXVI. »
Ici le sceau.

« A tous ceux et chacun de ceux qui verront les présentes lettres, déclarons et certifions que, pour la plus grande gloire de Dieu Tout-Puissant et le culte de ses saints, nous avons reconnu les saintes parcelles des ossements de sainte Catherine, vierge et martyre, et du vêtement de sainte Philomène, V. M., que nous avons retirées de leurs reliquaires et placées avec respect dans une boîte en argent, de forme ovale, munie d'un seul verre, bien fermée, et attachée avec un cordon de soie de couleur rouge, et scellée de notre sceau, et que nous les avons scellées avec la faculté de les conserver près de soi, de les donner aux autres, de les envoyer en dehors de Rome, et de les exposer à la vénération publique des fidèles dans une église, un oratoire ou une chapelle quelconque. En foi de quoi, nous avons ordonné que ces lettres testimoniales, signées de notre main et scellées de notre sceau, soient délivrées par le gardien des saintes Reliques soussigné.

« A Rome, de notre palais, le XVIIe jour du mois de mars M.D.CCCLXVI ».

Ont signé le cardinal, comme archiprêtre de la basilique Libérienne, et le gardien des Reliques. Voir la chapelle de Ste-Catherine à 1428, 1498.

Le 8 avril 1866, le conseil de Fabrique élut M. *Houdard*, président du conseil de Fabrique, en remplacement de M. *Foullon*, qui avait été élu en 1851. Le 30 avril, sur la proposition du maire Dobelin et du curé Le Cot, le même conseil adopta en principe le devis Millet, de 120.407 fr. 70 pour l'amélioration du mobilier et de la décoration intérieure de l'église, en comptant sur le concours de la ville de Boulogne et de l'Empereur : la restauration n'aura lieu qu'à partir de 1872.

Voir septembre 1866, Conférence, au chapitre XIX.

Le 23 janvier 1867, le conseil de Fabrique vota l'achat d'un beau *maître autel*, en profitant des avantages que pourrait offrir l'Exposition universelle. Le désir du conseil se réalisa, car il se rendit acquéreur d'un magnifique maître autel en marbre blanc, œuvre de C. Jacquemin, de Metz, pour la somme de 25.000 fr., y compris la pose, avec 3 marches en marbre rosé du Var et un revêtement en marbre blanc (traité du 28 juin 1867, ratifié par la Fabrique le 7 juillet). Pour compléter la décoration du chœur, le conseil de Fabrique vota : le 17 octobre 1867, 200 fr. pour une peinture murale ; le 9 janvier 1868, le projet, pour le sanctuaire, d'un dallage en mosaïque à dessins de couleurs, au lieu du tapis qui avait été voté le 23 janvier 1867 (voir 1890).
— Le nouveau maître autel remplaça celui de 1863.

Voir 1867, Le Cot, à crèche, 2ᵉ Partie, et tronc du bureau à 2ᵉ Partie; 1867, écoles, à ch. XIX. 1868, calorifère, à 1900.

Tombé gravement malade en avril 1868, le curé *Le Cot* mourut le 24 juin 1868, après avoir donné tous ses soins à la paroisse qu'il dirigeait depuis 1848. Voir spécialement 1851, ci-dessus ; 1853, son *Précis* à la grande Confrérie, après 1805 : sa donation de 1863, à la grande Confrérie.

L'archevêque de Paris nomma curé de Boulogne l'abbé Amand *Gilles Esnault*, 1ᵉʳ vicaire de Ste-Marguerite de Paris: né en 1808, l'abbé Esnault avait été successivement vicaire à Charenton, 1837, à N.-D. des Victoires, 1840, à St-Eustache, 1841, 3ᵉ vicaire à St-Paul-St-Louis, 1846, 2ᵉ vicaire à la même église, 1848, 2ᵉ vicaire à St-Nicolas des Champs, 1854, 1ᵉʳ vicaire à Ste-Marguerite, 1858. L'abbé Esnault (sera curé de 1868 à 1870) fut installé le 28 juin 1868.

A signaler encore en 1868 : 1° un inventaire du mobilier de l'église (voir 1883, 1900) ; 2° pour le percement du boulevard de Strasbourg, la disparition de l'unique Madone de Boulogne, statue qui était au coin de la Grande-Rue, dans une niche entourée d'une grille en fer, avec ces mots :

« Si l'amour de Marie en ton cœur est gravé,

« En passant point n'oublie de lui dire un Avé ». (Note Maisons).

En 1869, l'église reçut en grande pompe Mgr Darboy, venu à Boulogne pour le pèlerinage et la fête patronale, qu'on célébrait en cette année le 18 juillet.

Le 2 janvier 1870, le conseil de Fabrique autorisa l'assurance contre l'incendie de tout le mobilier de l'église et de la sacristie, estimé à 130.000 fr. : autels, vases sacrés, orgue, chaire, banc d'œuvre, confessionnaux, armoires, archives, tapis, ornements, linge, chaises. (Voir Pompes funèbres à 1898). Une nouvelle assurance a été étudiée en 1904.

Le 2 janvier 1870, le conseil adopta le principe d'un règlement pour les employés de l'église. — Voir juin 1870, vitrail, à ch. XIX.

Le 4 août 1870 mourut à 62 ans le curé *Esnault*, prématurément enlevé à l'affection de ses paroissiens : il fut enterré au cimetière de l'avenue de la Reine. Avant sa mort, on avait agité la question d'un 4e vicaire ; après la guerre, il n'y aura plus que 2 vicaires.

CHAPITRE XV

L'église de Boulogne-sur-Seine de 1860 à nos jours. — 2e *Période, du 4 septembre* 1870 *à* 1892. — **Restauration nouvelle, 1872-1879. Orgue, 1877.** *Chemin de croix, 1879. Processions interdites, 1878, 1880. Éclairage, 1882. Objets d'art, 1883. Inventaire, 1883. Loi de 1884. Groupe de* **N.-D. de Boulogne, 1884.**

Le 4 septembre 1870 fut proclamée la 3e République, l'église de Boulogne n'ayant pas encore son curé, car le 11 septembre seulement on procéda à l'installation du nouveau curé, l'abbé *Jean-Antoine-Marie Guiral*, 1er vicaire de Ste-Marie des Batignolles à Paris : administrera l'église de 1870 à 1879.

Le 24 mars 1871, le conseil de Fabrique décida de confier pour 3 ans à M. Goichot le transport des corps, car on n'avait plus de chevaux.

Pendant la guerre de 1870-1871 et la commune de 1871, la ville de Boulogne ayant été préservée des horreurs de la guerre et de la Commune, les habitants reconnaissants, en exécution d'un vœu et sous l'impulsion du curé, entreprirent une nouvelle restauration de l'église, en commençant par la chapelle de la Sainte Vierge, et souscrivirent 15.000 fr. à cette intention.

Voir 1871, Presbytère, au chapitre XIX.

Les travaux commencèrent en 1872, année où un 3e vicaire fut donné à l'église. Le curé Guiral rétablira le pèlerinage et M. Gaget offrira le groupe de *N.-D. de Boulogne* (voir 1884).

Les travaux s'effectuèrent de 1872 à 1879, conduits par l'architecte Lisch, le peintre verrier Emile Hirsch, le peintre Charles-Joseph Lameire, les entrepreneurs Parin, menuiserie, Huard, serrurrerie, et Rassaud, maçonnerie, et les dépenses furent payées par la souscription des fidèles, l'Etat (l'église est un monument historique), le curé

Guiral, qui a donné beaucoup, et la Fabrique. En même temps disparurent les bancs en pierre qui étaient le long des murs.

Le compte des dépenses de la chapelle de la Sainte Vierge, présenté le 15 octobre 1873 par le curé Guiral, qui avait largement payé de ses propres deniers, accusa le chiffre de 32.015 fr. 47, et à la séance du 21 mars 1874, le conseil de Fabrique, par une longue délibération, témoigna sa profonde reconnaissance au curé pour sa générosité et à l'artiste Lisch pour son beau travail: dès le 7 décembre 1872, Mgr Guibert avait bénit et inauguré la chapelle restaurée de la Sainte Vierge, ornée de peintures et de vitraux.

Deux votes tranchèrent la question des vitraux: le 1er, le 4 février 1874, pour les 7 vitraux absidaux; le 2e, le 24 novembre 1878, pour les autres, jusqu'à la porte, tous les vitraux devant être à personnages: en 1875, la Préfecture suscitera quelques difficultés.

En 1878, le devis de la chapelle St-Joseph fut de 25.000 fr.

Le 3 juillet 1879, les travaux étant presque terminés, le conseil de Fabrique reçut le résumé de la dépense restant à payer, 42.675 fr., et décida l'apposition d'une plaque commémorative (le texte en sera approuvé dans la séance du 4 avril 1880). Le même jour, 3 juillet 1879, le conseil de Fabrique assista à la bénédiction des travaux de restauration par Mgr Richard, coadjuteur de Mgr Guibert.

Voici le texte complet de l'inscription commémorative des nouveaux travaux, gravée en lettres majuscules et dorées sur une plaque en marbre blanc placée du côté droit de l'église, à l'entrée :

« L'an 1872,
Mr l'abbé Guiral, curé de N.-D. de Boulogne,
En témoignage de reconnaissance,
Pour la protection toute spéciale
Dont les habitants avaient été l'objet
Pendant les tristes événements de la guerre
Et de la Commune,
Entreprit la restauration intérieure
De cette église
En commençant par la chapelle
De la Sainte Vierge, patronne de la paroisse.
Les murs refaits furent décorés de peintures
Et les fenêtres ornées de vitraux.
Tous ces travaux ont été terminés en 1879,
Grâce au zèle et au dévouement
De Mr l'abbé Guiral,
Au concours des habitants, de la Fabrique
Et de l'Etat,

Et aussi à l'habile direction
De Mr Lisch, architecte,
Inspecteur général des travaux du Gouvernement.
Les peintures murales ont été exécutées
Par Mr Lameire,
Et les verrières par Mr Hirsch,
Aidés, pour les autres travaux,
Des patrons et ouvriers de Boulogne ».

Quelques réparations aux peintures et aux vitraux seront faites, notamment en 1881 et en 1884.

En dehors de ces travaux de restauration, je mentionnerai encore les faits suivants de 1872 à 1877: 1872, à Presbytère, chapitre XIX, et juin 1872, frais d'inhumation, à la 2e Partie; 20 avril 1873, par crainte d'incidents fâcheux, le conseil de Fabrique se prononce pour la négative au sujet des processions de la Fête-Dieu, en 1873; 9 janvier, 14 février, 21 mars 1874, il décide de recourir de nouveau au service de l'entreprise des Pompes funèbres de la banlieue (ce qui durera jusqu'en 1898); 21 mars 1874, éloges ci-dessus; 1874, la confrérie de Ste-Véronique est rétablie (voir chapitre XIX); 14 octobre 1876, le conseil de Fabrique vote 10.000 fr. pour le remplacement de l'orgue existant par un orgue Cavaillé-Coll; 4 mars 1877, inauguration de cet orgue, avec discours du P. Lavy, Dominicain, et salut solennel du saint Sacrement (voir 1903).

Voir 4 mars et 19 mai 1878, Presbytère, au chapitre XIX.

A la suite du vote émis par le conseil municipal le 10 février 1878, émis sur la proposition des conseillers Petibon père et Napias, le maire Liot prit l'arrêté suivant en faveur des juifs et des protestants de Boulogne, fort peu nombreux cependant : :

« Nous, Maire de la ville de Boulogne-sur-Seine,
« Vu la loi des 16 et 24 août 1790 portant, t. 11, art. 3 :
« Les objets de Police confiés à la vigilance et à l'autorité des corps municipaux sont: 1° tout ce qui intéresse la sûreté et la commodité du passage dans les rues, quais, places et voies publiques ». — La loi du 5 avril 1884 a abrogé cet art. 3 et l'a remplacé par l'art. 97 de la nouvelle loi.

« Vu la loi du 18 germinal an X, dont l'art. 45 est ainsi conçu :
« Aucune cérémonie religieuse n'aura lieu hors des édifices consacrés au culte catholique dans les villes où il y a des temples destinés à différents cultes ».

« Vu la loi du 18 juillet 1837, art. 2 ». Art. 2 est pour titre II : l'art. 10 y visait la police municipale et est devenu l'art. 91 de la loi de 1884, qui a abrogé celle de 1837.

« Vu l'avis émis par le conseil municipal dans sa séance du 10 février 1878.

« Considérant que l'un des premiers devoirs de l'autorité municipale est de maintenir l'ordre et la libre circulation sur la voie publique.

« Considérant que la sortie des processions pourrait apporter une entrave à cette libre circulation, et peut-être aussi occasionner dans l'état actuel des esprits quelque scandale qu'il importe de prévenir à tous les points de vue.

« Considérant qu'il existe à Boulogne des cultes dissidents ayant des locaux spécialement affectés à leurs rites et cérémonies particulières, et dont les adeptes, bien que peu nombreux, il est vrai, ont droit à la même protection que les catholiques et ne doivent, pas plus que ceux-ci, être froissés dans leurs sentiments religieux ;

« Arrêtons :

« Art. 1er. — Toutes processions et cérémonies extérieures du culte, à l'exception toutefois de celles en usage pour les convois funèbres, sont, à dater de ce jour, formellement interdites, pendant l'année 1878, dans l'étendue de la commune de Boulogne.

« Art. 2. — Les contraventions au présent arrêté seront constatées par des Procès-verbaux et les contrevenants seront poursuivis par-devant les tribunaux compétents.

« En Mairie, à Boulogne-sur-Seine, le 9 juin 1878.

« Le Maire de Boulogne,

« Liot. »

(Ici sceau de la Mairie).

Le préfet de Police annula le 19 juin 1878 cet arrêté, comme ne rentrant pas dans les attributions du maire, et revendiqua pour lui seul ce droit, prétention qui n'a pas été maintenue, comme on le verra ci-après.

L'art. 45 n'est pas absolument prohibitif, car d'après la lettre ministérielle du 20 germinal an XI, 10 avril 1803, cette disposition n'est applicable que dans les communes possédant une *église consistoriale* (avec 6.000 protestants par conséquent : art. 16 protestant de la loi du 18 germinal an X) reconnue par le Gouvernement. D'après une autre lettre ministérielle du 14 prairial an XI, 3 juin 1803, l'existence d'une synagogue, d'un temple, d'une église consistoriale protestante, ne sauraient mettre obstacle à l'exercice extérieur d'un autre culte. Enfin, une lettre du ministre de l'Intérieur, du 28 mai 1872, reconnaît les tolérances consacrées par l'usage, et recommande de les respecter quand il n'y a ni troubles à redouter, ni protestations des citoyens des cultes dissidents.

Le 18 avril 1878, le maire avait avisé le sous-préfet de Saint-Denis d'une démarche à l'Archevêché à l'effet d'obtenir un prêtre au cimetière pour les dernières prières (résultats négatifs).

Le 13 mai 1879, le conseil municipal renouvela son vote contre les processions.

A l'abbé *Guiral*, nommé à la cure de Passy, succéda comme curé de Boulogne (1879-1892) l'abbé *Antoine Lesmayoux*, 1er vicaire de N.-D. de la Gare, à Paris, dont l'installation eut lieu le 10 juillet 1879. L'abbé Lesmayoux, prisonnier de la Commune, sauvé grâce à l'appui du garde national Borgeon, le suisse actuel de l'église, a retracé les péripéties de la guerre civile et de sa délivrance le 25 mai 1871 dans « Le 25 mai à la barrière d'Italie », brochure de 1871, in-8.

Presque immédiatement après son installation, le nouveau curé eut un 4e vicaire, et un peu plus tard M. Anger, prêtre de la Mission, délégué à cet effet par ordonnance archiépiscopale du 18 novembre 1879, inaugura le 23 novembre le chemin de croix de l'église de Boulogne. Voir septembre 1853.

Voir octobre, novembre 1879, écoles, au chapitre XIX ; août 1879, bref, à 1863 (Saint-Joseph).

Le 8 décembre 1879, le curé Lesmayoux signa les statuts de la confrérie du *Sacré-Cœur* et du *Saint-Sacrement*, qu'approuva Mgr Guibert le 10 janvier 1880 : par ordonnances du 10 janvier 1880, Mgr Guibert érigea canoniquement et séparément les confréries du *Sacré-Cœur* et du *Saint-Sacrement*.

M. Liot (voir 1878) interdit définitivement les processions en 1880, en visant spécialement la circulation gênée, par l'arrêté suivant :

« Le Maire de la ville de Boulogne-sur-Seine.

« Vu les lois des 14 et 22 décembre 1879 (il faut 1789), art. 50, 16 et 24 août 1790, titre 11, art. 8 (il faut titre XI, art. 3), 18 juillet 1837, art. 2 (il faut titre II : Voir à 1878).

« Considérant que la circulation est très active dans les rues de Boulogne ; que les processions interrompent la circulation, gênent les transactions commerciales et occasionnent des embarras de voitures, dangereux pour la sûreté publique.

« Considérant que le Maire est chargé par la loi de veiller à l'ordre extérieur, à la tranquillité publique et à tout ce qui intéresse la sûreté de la circulation.

Arrête :

« Art. 1er. Les processions sont interdites sur tout le territoire de la ville de Boulogne.

« Art. 2. Les contraventions au présent arrêté seront constatées par des procès-verbaux et les contrevenants seront poursuivis par devant les tribunaux compétents.

« En Mairie, à Boulogne, le 15 mars 1880.

« Liot ».

L'arrêté fut approuvé le 22 avril 1880 par la préfecture de la Seine, et signé, après le visa pour copie conforme, par le Maire Liot, avec le sceau de la Mairie.

Le 31 octobre 1880, le conseil de Fabrique, sur la proposition du curé, décida : 1° la création d'une maîtrise (voir 1841, 1892) : est à l'école paroissiale de garçons ; 2° la garde de nuit de l'église, à cause des vols qui s'y commettaient, confiée à un employé de l'église, sage précaution que toutes les églises devraient prendre. A ce gardien, dont le lit devait être installé dans la sacristie, on allouera, le 20 avril 1884, 40 francs pour l'achat d'un revolver.

Voir 1880, Sœurs, patronage, Sainte-Véronique, au chapitre XIX ; novembre 1880, Beaussire, Presbytère, au chapitre XIX.

Voir 1881, calorifère, à 1900 ; Beaussire, patronage, écoles, au chapitre XIX.

Par une circulaire du 6 mai 1881, aggravant les dispositions de celles du 6 avril 1861, le ministre des Cultes invita formellement les Fabriques à placer leurs fonds disponibles en rentes sur l'Etat et à convertir leurs titres au porteur en titres nominatifs, et enjoignit aux Préfets de surveiller sérieusement l'emploi des fonds légués aux Fabriques : la circulaire fut envoyée le 20 juillet 1881 par le préfet de la Seine au curé de Boulogne. Plus tard, on trouve : une note du 22 janvier 1890, interdisant de placer à la Caisse d'épargne les fonds légués aux Fabriques ; le décret du 27 mars 1893, art. 21, et la circulaire ministérielle du 15 décembre 1893, art. 44, prescrivant le placement des fonds libres au Trésor public, en compte courant à intérêts, dont le taux sera fixé à 1 1/2 0/0 par un arrêté ministériel du 24 décembre 1896 ; la circulaire du ministre du Commerce et des Postes du 15 juin 1896, excluant des Caisses d'épargne les placements de fonds des Fabriques ; les circulaires de la Comptabilité publique des Finances du 1er août et 26 décembre 1896, résumant les prescriptions ci-dessus, et du 5 janvier 1897, autorisant les percepteurs à servir d'intermédiaires pour les dépôts et les retraites n'excédant pas 1.000 f. ; le décret du 4 janvier 1897, sur la tenue d'un carnet spécial pour les fonds déposés. Une circulaire ancienne, du 7 septembre 1809, avait autorisé les Fabriques à placer leurs fonds libres au Trésor, avec intérêts.

Un 5e vicaire entra en fonctions à Boulogne à Pâques 1882.

En 1882, dans ses quatre séances des 8 janvier, 16 avril, 16 juillet et 15 octobre, le conseil de Fabrique, après avoir étudié les divers systèmes d'éclairage proposés pour l'église, gaz, électricité, huile, se prononça pour l'éclairage par lustres, avec lampes à huile et bougies, ledit éclairage devant fonctionner le jour de la Toussaint. Voir le gaz à 1896.

Voir 1882, patronage, au chapitre XIX.

Par une circulaire du 22 décembre 1882, le ministre des Cultes appela l'attention des Préfets sur la conservation des meubles et objets d'art des édifices religieux ; il prescrivit en même temps un inventaire général du mobilier. Des circulaires du 2 mars 1883, préfet de la Seine, aux présidents des Fabriques, et du 19 mars 1883, archevêque de Paris, aux curés, invitèrent les uns et les autres à s'entendre pour l'établissement : 1º d'un inventaire du mobilier de l'église et de son récolement, conformément aux termes du décret de 1809, et en double, un exemplaire pour l'armoire de la Fabrique et l'autre pour le curé (circulaire de l'Archevêque), la Mairie devant avoir également un inventaire et un récolement (circulaire du Préfet) ; 2º d'un inventaire spécial, en triple expédition, des objets d'art, un exemplaire pour la Fabrique, un pour le curé, le 3e pour la Mairie, ces objets divisés en 3 catégories, d'après l'Archevêque : « 1º ceux qui se trouvaient dans les édifices religieux au moment où ces édifices ont été rendus au culte après le Concordat ; 2º ceux qui ont été donnés par l'Etat postérieurement au rétablissement du culte, comme les tableaux, statues, tapisseries, etc., destinés à l'ornement des églises ; 3º ceux qui auraient pu être affectés à cet usage par les communes ou les particuliers ». A ces derniers objets est applicable la jurisprudence constante, appliquée aux autres, qui défend leur aliénation par les Fabriques, selon la circulaire même de l'Archevêque, sans autorisation spéciale. Dans sa circulaire, le Préfet, après avoir demandé l'envoi au Maire de l'inventaire général du mobilier, à la suite de la session de Quasimodo, et du récolement les années suivantes à la même époque, ajoutait : « Vous pouvez ne pas comprendre, dans ce relevé, les objets immeubles par destination qui figurent dans l'inventaire général publié par les soins de la Préfecture de la Seine », et sur le modèle envoyé par lui, on demandait l'origine de l'objet (depuis le rétablissement du culte ou depuis), son affectation par don (offert par qui, à quelle époque ?) ou son achat par souscriptions. La circulaire ministérielle, qui rendait les Fabriques responsables des objets des églises, portait qu' « aucun objet d'art figurant sur cet inventaire ne peut être aliéné sans un accord préalable des autorités fabricienne et communale » (Voir ci-après 1887).

C'est l'art 55 du décret du 30 décembre 1809 qui impose aux Fabriques l'obligation de l'inventaire du mobilier, en double exemplaire, pour la Fabrique et le curé ou desservant. L'art. 56 impose le récolement annuel, afin de porter à l'inventaire les additions et réformes : le *récolement* (latin *recolere*, passer en revue) est la vérification qui a pour but de constater la présence des objets portés sur un inventaire.

En exécution des circulaires ci-dessus, la Fabrique procéda à l'inventaire du mobilier de l'église (voir 1782, 1783, 1802, 1868 et 1900). Dans cet inventaire, reconnu exact par les fabriciens le 5 avril 1883, il est dit qu'en fait d'objets d'art, il n'y a que les peintures murales et les vitraux, immeubles par destination, et la statue donnée par M. Gaget (voir 1884).

La loi du 30 mars 1887 pour la « conservation des monuments et objets d'art ayant un intérêt historique ou artistique », complétée par le décret du 3 janvier 1889, s'applique aux églises, aux objets d'art qu'elles referment, aux Fabriques, à notre église en particulier, monument historique depuis 1858, et elle trace les règles à observer pour les aliénations, travaux, restaurations, réparations et modifications de ces monuments ou objets d'art.

A M. *Jules Alby*, secrétaire de la Fabrique et bienfaiteur de l'église (+ 1883), succéda, le 7 octobre 1883, M. *Charles-Adolphe Desvaux*, né en 1819, fabricien depuis 1881 : M. Desvaux exercera ses fonctions jusqu'à sa mort (1er janvier 1904), avec un grand dévouement aux intérêts de notre église. Voir 1904.

Le 17 février 1884, M. le comte Du Mesnil du Buisson, donna sa démission de président de la conférence de Saint-Vincent de Paul, fondée par lui : voir chapitre XIX.

L'importante loi municipale du 5 avril 1884, commentée par la circulaire des Cultes du 15 mai 1884, exige (art. 70) l'avis du conseil municipal pour les circonscriptions du culte, les budgets et comptes de la Fabrique (circulaires des Cultes des 18 mai 1885, 30 mars 1893), l'acceptation de dons et legs par les Fabriques, les transactions (aliénations, acquisitions, échanges), les emprunts et les procès des Fabriques ; mais cet avis n'impose aucune obligation à l'Administration ni à l'établissement intéressé (circulaire 15 mai 1884 précitée). A citer encore : l'art. 97,3°, sur le maintien du bon ordre dans les églises, incombant à la police municipale ; les art. 100-101 sur les clefs des églises (ci-après) ; l'art. 136, visant les presbytères (voir chapitre XIX) ; l'art. 168, supprimant l'intervention des communes en faveur du culte qui était obligatoire d'après les art. 39, 49, 92 à 103 du décret du 30 décembre 1809 sur les Fabriques, et la loi du 14 février 1810.

Voir 20 avril 1884, gardien, à 1880 ; 29 mai 1884, école, au chapitre XIX ; 15 août 1884, Presbytère, au chapitre XIX.

Le 15 août 1884 eut lieu la bénédiction du beau groupe de *N.-D. de Boulogne*, « la Vierge Mère debout sur un bateau, entre deux Anges portant des instruments de musique » (voir 1872), œuvre remarquable en cuivre martelé et ciselé, donné par l'entrepreneur Gaget, paroissien de Boulogne : la *Vierge*, les *Anges* et les *flots* sont argentés ; le *bateau* garde sa couleur de bronze, avec des dorures ; la *Vierge Mère*, couronnée, a été dessinée par Viollet-le Duc ; les *Anges*, par Lisch, dont il a été parlé, et gratuitement ; le tout a été modelé par Geoffroy-Dechaume fils, et exécuté en bronze par le donateur. Des fleurs de lis ornent la voile, et une oriflamme surmonte le mât ; la *Vierge* porte l'*Enfant* sur le bras gauche et un lis dans la main droite ; trois croix d'honneur et d'autres ex-voto sont accrochés au bateau ; enfin, au bateau il y a l'inscription *Ave Maria* aux pieds de la Vierge Mère ; à gauche de l'inscription, les mots *Notre-Dame de Boulogne* et M. CCC. XIX (1320 serait mieux). Ce groupe remplace la statue fondue sous la Révolution et le groupe de la *Vierge assise* édifié par M. Le Cot (1851).

Le 19 octobre 1884, sur la proposition du curé, il fut décidé, en vue de donner plus de places dans l'église aux fidèles les dimanches et fêtes, que des messes basses seraient célébrées et des catéchismes faits au patronage des garçons, pour les élèves des écoles communales, et à l'école St-Alexandre, pour les élèves de l'école, bienfait qui sera accordé au patronage des filles pour les élèves des écoles communales (Voir chapitre XIX).

En réponse à une lettre du maire Liot, du 28 septembre 1884, réclamant une clef du clocher et une de l'église, le clocher n'étant pas indépendant, le curé envoya une clef du clocher et en outre, — les portes d'entrée des fidèles ne s'ouvrant que de l'intérieur de l'église, — une clef de la porte extérieure de la sacristie et une clef de la tribune, à cause de l'escalier du clocher. — C'est la loi du 5 avril 1884 qui a ainsi innové par les art. 100 et 101, dont voici le texte : « Art. 100. Les cloches de l'église sont spécialement affectées aux cérémonies du culte. Néanmoins, elles peuvent être employées dans le cas de péril commun qui exigent un prompt secours, et dans les circonstances où cet emploi est prescrit par des dispositions de lois ou règlements, ou autorisés par des usages locaux. Les sonneries religieuses, comme les sonneries civiles, feront l'objet d'un règlement concerté entre l'évêque et le préfet, ou entre le préfet et les consistoires, et arrêté, en cas de désaccord, par le ministre des Cultes. Art. 101. Une clef du clocher sera déposée entre les mains des titulaires ecclésiastiques, une autre entre les mains du maire, qui ne pourra en faire usage que dans les circonstances prévues par les lois ou règlements. Si l'entrée du clocher n'est pas indépendante de celle de l'église, une clef de la porte de l'église sera déposée entre les mains du maire ». — La clef du maire doit servir à l'horloger municipal, si celui-ci remonte l'horloge de l'église (voir à 1903), d'après un avis du 12 décembre 1895.

Voir 30 novembre 1884, Presbytère, au chapitre XIX ; 1884, pensionnat, au même chapitre.

A partir de 1885, l'Etat ne servit plus au 1er vicaire son traitement de

450 francs : la Fabrique eut donc complètement à sa charge le traitement de tous les vicaires (Délibération du 12 avril 1885).

Voir 18 mai 1885, Fabriques, à 1884.

En novembre 1885, le coadjuteur, Mgr Richard, en cours de tournée pastorale, visita N.-D. de Boulogne et se montra très satisfait des œuvres de la paroisse et de sa bonne administration (procès-verbal de visite du 30 novembre 1885 : *Reliques*, au chapitre XIX.) Voir 1904.

En 1885-1886, le conseil de Fabrique s'occupa du passage de l'église entre le chœur et la porte. Après avoir voté le 4 octobre 1885 un dallage en carreaux céramiques pour le passage, et le 24 janvier 1886 un parquetage pour le reste de l'église, il décidera le 17 janvier 1888 le dallage de toute l'église en carreaux de grès céramique, et le fera exécuter en 1888-1889, avec deux médaillons dans le montant de la croix figurée par le dallage et représentant les armes du Pape et celles de Jeanne d'Arc : coût 9.370 fr. (Voir Chapitre XVII).

Voir arrêt du 31 mai 1886, Fabriques, à 1858 ; 1886, église, à 1897.

En 1886-1887, ce fut le tour des réparations à la toiture de l'église (le fil conducteur du paratonnerre était même cassé) et à la flèche, celle-ci en partie à la charge de l'État, l'église étant monument historique (voir à 1900). En 1887, on fit les travaux de la toiture, du paratonnerre, du calorifère : ce dernier sera réparé encore en 1890, en 1900.

Voir 16 mars 1887, à la grande Confrérie ; 30 mars 1887, monuments, à 1883 ; 1887, Presbytère, au ch. XIX.

En 1888, la chaire (1804, 1864) fut déplacée et mise à l'extrémité du transept gauche ou de St-Joseph. De même, on installa le banc d'œuvre (1807, 1863) des deux côtés de l'église, en avant des stalles du clergé : une statue du Sacré-Cœur le remplaça jusqu'en 1903 (Voir 1902, 1903).

En 1888 encore, le curé Lesmayoux s'inscrivit pour 300 fr. à l'effet d'acheter un appareil en forme de croissant qu'il désirait mettre près du groupe de *N-D. de Boulogne*, afin d'éclairer la statue aux jours de fêtes ; mais en 1890, l'ornementation du groupe étant d'un goût douteux, on décida de la modifier.

Voir 1889, monuments historiques, à 1883 ; 1889, difficultés, après 1898 ; 22 janvier 1890, biens, à 1881 ; avril 1890, comptes à la 2ᵉ Partie ; 1890, Presbytère, au ch. XIX.

Diverses réparations furent faites en 1890 au calorifère et à l'orgue (voir à 1903), et le 15 octobre 1890, l'archevêque de Paris autorisa la procession du saint Sacrement dans l'église de Boulogne le 4ᵉ ou dernier dimanche du mois (le 3ᵉ depuis 1903).

Le dallage du chœur (1867) n'étant plus en rapport avec le reste du dallage de l'église, le conseil de Fabrique vota son remplacement par un autre dans le style de l'église (19 octobre 1890, 5 avril 1891).

Le 5 avril 1891, en remplacement de M. *Houdard*, président, démissionnaire pour cause de santé, le conseil de Fabrique élut M. *Danvin*, notaire, fabricien depuis 1878, né en 1844, et nomma M. *Houdard* président honoraire. Ce dernier mourut en 1892, et le 7 février 1892, M. Danvin rendit hommage aux qualités et aux vertus chrétiennes de celui qui, pendant plus de 25 ans, avait présidé le conseil avec un dévouement absolu aux intérêts de la paroisse.

Voir 1891, école, conférence, au chapitre XIX ; juillet 1891, pèlerinage, à 1811 ; 26 janvier 1892, Fabriques, à 27 mars 1893.

Au projet d'un nouvel orgue dans la tribune, soumis à l'Archevêque et que le cardinal Richard avait remplacé par celui d'une chapelle de secours, le conseil de Fabrique, nullement partisan de cette chapelle, substitua, le 7 février 1892, le projet de l'agrandissement de l'église par l'adjonction de deux bas côtés, et vota le même jour l'étude de ce projet. L'archevêque de Paris se montra favorable au projet en 1893, et le devis de l'architecte, s'élevant à 68.098 fr. 32, reçut le 7 juillet 1893 l'approbation du conseil, qui prit une délibération en vue de l'autorisation de la commission des Monuments historiques, à laquelle il fournira en 1895 les pièces nécessaires, en même temps qu'il adressera une lettre motivée au ministre compétent. Un nouveau devis, présenté en 1896, s'éleva à 74.908 fr. 13, honoraires compris, de même que 10 o/o d'imprévu (il y avait à espérer 20 o/o de réduction sur les deux devis), et le préfet de la Seine demanda l'état des sommes à affecter à la dépense. Par sa délibération du 3 janvier 1897, le conseil décida de répondre que les ressources seraient fournies par la Fabrique et par une souscription. Le 30 août 1897, le conseil municipal émit un avis favorable ; mais à la suite d'une lettre du Préfet opposé à l'agrandissement projeté « qui dénaturerait complètement le style architectural » de l'église, le conseil de Fabrique décida le 3 juillet 1898 l'ajournement de tout projet d'agrandissement.

Voir 16 mars, 15 avril 1892, horloge, remontage, à 2ᵉ Partie.

En mai 1892, l'abbé *Pierre Binz*, depuis 17 ans vicaire à Boulogne, fondateur de l'école N.-D. de la rue des Tilleuls et du patronage des garçons (Ch. XIX), quitta N.-D. de Boulogne pour l'église de N.-D. de Bercy, à Paris : il y mourra en mai 1896.

CHAPITRE XVI

L'église de Boulogne-sur-Seine de 1860 à nos jours. — 3ᵉ Période, de mai 1892 à 1904. Trésoriers de Fabriques, 1893. **Saint Martial**, *1893.* **Portioncule**, *1895.* **Saint Antoine de Padoue**, *1895. Éclairage, 1896. Terrain Valton, 1896-1897. Flèche, 1897-1900. Dames adoratrices, 1897. Pompes funèbres, 1898. Portes intérieures, 1899. Travaux divers. M.* **Dominé**, *1903. M.* **Desvaux**, *1904. Visite, 1904.*

Le 31 mai 1892 mourut l'abbé *Lesmayoux*, profondément regretté de la paroisse, qu'il avait dotée d'écoles prospères, et qui, pour s'occuper entièrement du troupeau confié à ses soins, avait complètement négligé sa santé : il mourut en chrétien héroïque, supportant avec une sainte patience des souffrances inouïes, terminées par une longue et douloureuse agonie. A sa séance du 1ᵉʳ juin 1892, où le président rendit un hommage mérité au bon pasteur, le conseil de Fabrique décida l'achat d'un terrain dans le cimetière de l'avenue de la Reine, pour la sépulture des curés de la paroisse qui y décéderaient dans l'exercice de leurs fonctions, une croix en pierre devant surmonter le caveau et dominer tous les autres monuments funéraires. L'enterrement de M. Lesmayoux, le 3 juin 1892, fut très imposant : M. Fages, vicaire général, présida la cérémonie funèbre ; la sœur et les neveux du défunt, le clergé et le conseil de Fabrique, conduisirent le deuil, accompagnés par une délégation du conseil municipal et une foule immense ; au cimetière M. Danvin prononça un remarquable discours de circonstance qui est reproduit sur le registre de la Fabrique. — Le caveau des curés, sur le terrain acheté 1.500 fr. le 13 juin 1892, terminé en 1893, a été surmonté, non d'une croix monumentale en pierre, mais d'une croix plus simple et en fer, d'après deux décisions des 14 octobre 1892, 15 janvier 1893.

L'abbé *Marie-Timothée Leclercq*, successeur (1892-1898) de M. Lesmayoux, fut installé le 20 juillet 1892.

Originaire du diocèse de Beauvais (né en 1840) et d'abord vicaire à Compiègne, M. *Leclercq* vint à Paris et y remplit les fonctions de vicaire à St-Jacques-et-St-Christophe de la Villette et à St-Vincent de Paul, de 2ᵉ vicaire dans cette dernière paroisse et de 1ᵉʳ vicaire à N.-D. de Lorette.

Le Presbytère subit quelques travaux, terminés en octobre 1892, et

M. Leclercq fit nettoyer les vitraux pour donner plus de jour à l'église. — Voir Presbytère en 1898 et l'école paroissiale, avec la maîtrise, au chapitre XIX.

M. d'Anisy, trésorier de la Fabrique, étant décédé le 10 février 1893, le conseil de Fabrique le remplaça le 9 avril 1893 par M. *Jean-Baptiste Dominé*, fabricien depuis 1881 : le nouveau titulaire (1893-1903) prêtera, pour la 1" fois, le 7 janvier 1894, le serment exigé des comptables des Fabriques, par le décret du 27 mars 1893. — La loi du 26 janvier 1892, art. 78, ayant décidé qu' « à partir du 1" janvier 1893, les comptes et budgets des Fabriques... seront soumis à toutes les règles de la comptabilité des autres établissements publics... », un décret d'administration publique, du 27 mars 1893, détermina ainsi les conditions d'application de la loi : « Art. 1". Les comptables des deniers des Fabriques sont soumis aux mêmes obligations que les comptables des deniers des hospices et des bureaux de bienfaisance... » D'après l'art. 5, le comptable peut être ou le trésorier, d'après le décret de 1809, ou un receveur spécial, ou le percepteur, et il est soumis aux vérifications de l'inspection des finances. En cas de percepteur ou de receveur spécial, le trésorier peut être régisseur au moyen d'avances (art. 4). Un cautionnement est nécessaire quand le trésorier n'est pas le comptable (art. 15). Un serment professionnel, obligatoire pour le comptable non percepteur, doit être prêté devant le conseil de Fabrique (art. 16) ; sa formule est la suivante : « Je jure de gérer avec fidélité les deniers de la Fabrique de... et de me conformer aux lois, ordonnances et décrets qui ont pour objet d'assurer leur inviolabilité et leur application régulière aux dépenses de ladite Fabrique » (Circulaire ministérielle du 15 décembre 1893, art. 45).

Ce décret, qui modifie l'organisation des Fabriques et complique singulièrement leur comptabilité, a été commenté par les circulaires ministérielles des 30 mars et 15 décembre 1893, et le cardinal Richard, dans sa circulaire de 1893, pria les conseils de Fabrique de se conformer aux détails des imprimés qu'il envoyait, en vue des justifications à produire à la cour des Comptes. L'art. 26 du décret de 1893 porte en effet : « Les comptes des comptables de Fabriques sont jugés et apurés par les conseils de Préfecture ou par la cour des Comptes, selon les dispositions applicables aux comptes des établissements de bienfaisance ». Il faut savoir que les conseils de Préfecture jugent les comptes des établissements publics dont les revenus ne dépassent pas 30.000 francs ; la cour des Comptes, les autres, et Boulogne ressortit à la cour des Comptes. — Voir 1881, 1884 pour les fonds, les budgets.

Voir mars, avril 1893. Pompes funèbres, à 1898 ; 1893, éclairage à 1896 ; juillet 1893, église, à 1892.

Saint Martial, 1ᵉʳ évêque de Limoges (✝ 74) est fêté le 9 juillet dans le diocèse de Paris ; mais à Boulogne, par suite de l'octave (9 juillet) de la Visitation, fête patronale, la fête de saint Martial était toujours empêchée, et le curé en demanda le transfert au 24 juillet, par la lettre suivante, à laquelle le cardinal acquiesça volontiers :

« Boulogne-s/Seine, le 19 juin 1893.

« Eminence,

« La paroisse de Notre-Dame de Boulogne célèbre la fête de son Titulaire le 2 juillet, fête de la Visitation de la B. V. Marie. L'octave tombe le 9 juillet, en occurrence avec la fête de St Martial, qui se trouve ainsi *toujours empêchée*.

« D'après les règles liturgiques, cette dernière doit être transférée à perpétuité au premier jour libre, qui devient ainsi sa place fixe. Mais cette translation doit être approuvée par l'Ordinaire (c'est l'évêque du diocèse).

« Le premier jour libre, après le 9 juillet, est le 24 du même mois.

« Je viens prier Votre Eminence de décider que la fête de St Martial doit se célébrer chaque année, dans la paroisse de Notre-Dame de Boulogne-s.-Seine, le 24 juillet, comme à sa place fixe.

« J'ai l'honneur d'être, de Votre Eminence, le très humble et très obéissant serviteur en N.-S.,

« Leclercq,

« curé de N.-D. de Boulogne-s/Seine ».

« Nous approuvons la translation de la fête de Saint Martial au 24 juillet pour la paroisse de N.-D. de Boulogne, *tamquam ad sedem fixam* (comme à sa place fixe), conformément aux règles liturgiques. Paris, le 21 juin 1893, ✝ Fr. Card. Richard, arch. de Paris ».

Par suite des modifications dans le calendrier ecclésiastique, la fête des *saints Cyrille et Méthode* a été portée en 1898 du 5 au 24 juillet, de sorte que celle de *saint Martial* a dû être transférée au 4 septembre pour Boulogne.

Le conseil de Fabrique, à sa séance du 7 janvier 1894, reçut le serment du trésorier (voir ci-dessus) et nomma un vicaire régisseur pour les menues dépenses, au moyen d'avances mises à sa disposition, et qui ne peuvent dépasser le 10ᵉ des deux premiers chapitres du budget (circulaire précitée du 15 décembre 1893, art. 25).

Le 15 juin 1894 mourut dans l'Eure le *comte Du Mesnil du Buisson*, fondateur de la conférence de St-Vincent de Paul ; voir chapitre XIX. Son fils, capitaine, mourra en octobre 1899.

Voir 1894, Drach, à 1850 ; 1894, école, œuvres, au chapitre XIX.

La *Portioncule* est l'indulgence plénière du 2 août, fête de la Portioncule ou de N.-D. des Anges, à Assise (Italie), accordée en 1221 par le pape Honorius III à la suite d'une vision de saint François d'Assise dans la nuit du 31 octobre 1221. Elle se gagne des 1ᵉˢ vêpres (veille) de la fête au coucher du soleil du jour de la fête, et autant de fois qu'on revient à l'église. — L'église *Ste-Marie, N.-D. des Anges*, d'Assise, dite la *Porziuncula* (petite Partie) à cause de sa petitesse à l'origine, en 352, est devenue une chapelle de la coupole de la magnifique église reconstruite en 1833-1840 pour remplacer celle du XVI° s., détruite en 1832 par un tremblement de terre : elle est à 500ᵐ de la ville ; là est le berceau de l'ordre franciscain.

Cette indulgence a été concédée à l'église de Boulogne par Léon XIII pour 7 ans ; mais le tiers ordre franciscain ayant été établi à Boulogne (voir chapitre XIX), la concession n'a pas eu besoin d'être renouvelée et dure toujours. Voici le bref du 25 janvier 1895, que je traduis comme précédemment :

« LEO PP (Papa) XIII.

« Ad futuram rei memoriam. Ad augendam fidelium religionem et animarum salutem caelestibus Ecclesiae thesauris piâ charitate intenti, omnibus utriusque Sexûs Christifidelibus, verè poenitentibus et confessis ac S. (sacrâ) Communione refectis, qui Ecclesiam Parochialem loci « Boulogne-sur-Seine » nuncup. (nuncupati), Dioecesis Parisiensis, die secundâ mensis Augusti, à primis vesperis usque ad occasum solis diei hujusmodi, singulis annis, devotè visitaverint, ibique pro Christianorum Principum concordiâ, haeresum extirpatione, peccatorum conversione, ac S. (Sanctae) Matris Ecclesiae exaltatione, pias ad Deum preces effuderint, dummodo nulla extet eo loci, vel saltem mille passuum spatio distet, franciscalis Ordinis aut alia quaelibet Ecclesia, sive etiam Oratorium publicum cui similis indulgentia concessa sit, ut omnes et singulas de Portiuncula nuncupatas indulgentias, peccatorum remissiones ac poenitentiarum relaxationes consequantur, quas con-

« LEON XIII, Pape.

« En perpétuel souvenir. Désirant avec une pieuse charité accroître la religion des fidèles et assurer le salut des âmes par les célestes trésors de l'Eglise, Nous accordons, par la teneur des présentes, en vertu de Notre autorité apostolique, pour sept ans seulement, — à tous les fidèles chrétiens de l'un et l'autre sexe, qui, vraiment pénitents, confessés et nourris de la sainte Communion, visiteront dévotement l'église paroissiale du lieu nommé *Boulogne-sur-Seine*, du diocèse de Paris, le deuxième jour du mois d'août, depuis les premières vêpres jusqu'au coucher du soleil de ce jour, tous les ans, et y prieront Dieu pieusement pour la concorde des princes chrétiens, l'extirpation des hérésies, la conversion des pécheurs et l'exaltation de notre sainte Mère l'Eglise, pourvu qu'il n'y ait dans ce lieu, ou au moins à une distance de mille pas de ce lieu, aucune église de l'ordre franciscain, ou toute église, ou même un oratoire public jouissant d'une indulgence sem-

sequerentur, si quamlibet ex Ecclesiis Fratrum Monialiumve Ordinis S. (Sancti) Francisci personaliter, eâ ipsâ die, ac devotè visitarent, Auctoritate Nostrâ Apostolicâ, tenore praesentium, ad Septennium tantum concedimus. Non obstantibus Nostrâ et Cancellariae Apostolicae regulâ de non concedendis indulgentiis ad instar, aliisque Constitutionibus et Ordinationibus Apostolicis, ceterisque contrariis quibuscumque. Datum Romae, apud Sanctum Petrum, sub Annulo Piscatoris, die XXV Januarii M. D. CCC XCV, Pontificatûs Nostri, Anno Decimoseptimo,

« Pro Domino Card. de
« Ruggiero,

Ici sceau papal.
« Nicolaus Marini,
« Secr. »

blable, — toutes et chacune des indulgences dites de la *Portioncule*, rémissions des péchés et remises de peines, qu'ils gagneraient s'ils visitaient dévotement et personnellement, en ce même jour, quelque église des Frères ou Religieux de l'ordre de St-François. Nonobstant notre règle et celle de la Chancellerie apostolique sur la non-concession des indulgences *ad instar*, les autres constitutions et décrets apostoliques et toutes autres choses contraires. Donné à Rome, près de saint Pierre, sous l'anneau du Pêcheur, le XXVe jour de janvier M. D. CCCXCV, de notre Pontificat la dix-septième année,

« Pour le cardinal de Ruggiero,
« Nicolas Marini,
« secrétaire ».

Le 6 avril 1895, dans notre église, eurent lieu l'abjuration, le baptême, la première communion et le mariage d'un juif et d'une juive, dont les enfants furent aussi baptisés.

Le 17 mai 1895, l'abbé Vincent, 1er vicaire de Clignancourt, de Paris, ancien vicaire de Boulogne, prit possession de la cure d'Ivry (Seine).

Le 9 juin 1895 se tint à N.-D. de Boulogne la 1re assemblée générale des conférences de St-Vincent de Paul du conseil particulier de Neuilly-Courbevoie, sous la présidence du curé Leclercq, assisté de M. de la Serre, délégué du conseil central de Paris, et de M. J. Thirion, président du conseil particulier de Neuilly-Courbevoie et de la conférence de Neuilly-sur-Seine. Le conseil particulier de Neuilly Courbevoie a été fondé le 8 juillet 1894.

En novembre 1895, M. l'abbé Rousseau, 2e vicaire de N.-D. de l'Annonciation de Passy, passa 1er vicaire à Boulogne, en remplacement de M. l'abbé Lemerle : celui-ci sera 1er vicaire à St-Philippe du Roule, et plus tard curé de St-Merri, à Paris. M. Rousseau avait été vicaire à N.-D. de la Gare, à St-Etienne du Mont, à St-Jacques du Haut-Pas, à St-Michel des Batignolles, à St-Augustin, enfin à Passy.

Le 20 novembre 1895, M. Dominé, président de la conférence de St-Vincent de Paul, trésorier de la Fabrique, et Mme Dominé, célébrèrent leurs noces d'or, entourés de leurs deux filles, de M. Dominé, frère du président, et d'une grande foule d'amis : après la messe, où M. le curé adressa ses vœux aux fidèles époux et prononça une touchante allocution, un lunch réunit les intimes.

A la fin de novembre 1895, Mgr le comte d'Eu et Mme la comtesse d'Eu dotèrent l'église d'une statue de *saint Antoine de Padoue*, en exprimant le désir de voir distribuées aux pauvres de la paroisse les aumônes recueillies dans le tronc : la 1re levée du tronc, pour décembre 1895, a produit 119 fr. 10. — *Saint Antoine de Padoue*, une des gloires de l'ordre franciscain, descendait de la famille de Godefroy de Bouillon. Né en 1195, à Lisbonne, il prêcha beaucoup en France, sanctifia les grottes de Brive la Gaillarde, et mourut en 1231 : est fêté le 13 juin. On l'invoque pour retrouver les choses perdues ; il est le patron des voyageurs et des navigateurs.

En 1895, Boulogne obtint un prêtre habitué pour les messes tardives : il sera chargé des fonctions de diacre.

Voir 1895, agrandissement, à 1893 ; Pompes funèbres, à 1898 ; clocher, à 1884 ; patronage au chapitre XIX ; 1896, *Requiem*, à 2e Partie.

Le 12 avril 1896, le conseil de Fabrique : 1° adopta pour l'église l'éclairage au *gaz*, dont des projets avaient été présentés inutilement en 1882 (voir 1882) et en 1893 : le nouvel éclairage fonctionna en novembre 1896, remplaçant avantageusement l'éclairage à l'huile. Les 20 octobre 1901 et 4 janvier 1903, le projet d'adjonction de lampes électriques aux lustres a été proposé, mais non adopté, et en février 1903, on a renforcé l'éclairage au moyen de becs Henry ; 2° décida l'achat d'un harmonium : il servira pour la messe des écoles, certains convois, les cérémonies des enfants de Marie, etc. Il a été réparé en 1901.

En mai 1896, l'abbé *Franche*, natif de Boulogne, ancien vicaire de Belleville, vicaire de St-Thomas d'Aquin, fut nommé curé de Ste-Elisabeth de Paris : sa santé le fera démissionner quelques années plus tard, et Boulogne sera son lieu de retraite. Voir 1849, 1904.

Le 22 mai 1896 eurent lieu, à Bercy, les obsèques de l'abbé *Binz* : voir 1892.

Voir 15 juin, 1er août, 24 et 26 décembre 1896, Fabriques, à 1881 ; 1896, écoles, à ch. XIX ; 1896, église, à 1892 ; 1896, location, à 1898.

Mme Vve *Valton*, née *Caroline-Félicité Viaud*, par acte Tourillon, notaire à Paris, du 25 novembre 1896, donna à la Fabrique un terrain, rue des Abondances, n° 44 présumé, d'une contenance superficielle de 1.509^m70 environ, ayant 34^m42 en façade sur la rue des Abondances, 34^m25 sur le côté opposé et 44^m17 sur les deux autres côtés, à la condition que la Fabrique, ayant été autorisée à accepter la donation et dès que ses ressources le lui permettraient, fit élever sur ledit terrain après le décès de la titulaire (ce qui est arrivé), des constructions et des locaux nécessaires pour l'instruction religieuse des enfants de la paroisse. Cet acte, contenant acceptation provisoire de la Fabrique, fut transcrit le 31 mars 1897 au 2ᵉ bureau des hypothèques, et un décret du 24 septembre 1897 autorisa la Fabrique à accepter le terrain, dont le prix était estimé à 16.668 fr. 80, pour y construire une salle de caté-chismes destinée à l'instruction religieuse des enfants de la paroisse, et à faire transcrire cette donation, conformément à l'article 939 du Code civil (cet article ordonne la transcription des donations et des acceptations de biens susceptibles d'hypothèques). Enfin le 9 novembre 1897, la Fabrique accepta définitivement la donation, en présence de Mᵐᵉ Valton, par acte Tourillon du même jour, auquel était annexée une copie du décret délivrée le 5 octobre 1897 par le vicaire général Fages : la transcription en eut lieu le 26 novembre 1897. (Le 29 novembre 1896, la Fabrique avait envoyé ses chaleureux remerciements à la donatrice). L'absence de ressources n'a pas encore permis à la Fabrique d'utiliser le terrain.

En 1896, les Franciscaines gardes-malades s'établirent à Boulogne. Voir chapitre XIX.

Voir janvier 1897, Fabriques, à 1881 ; 1897-1898, église, à 1892.

En 1897, l'horloge de l'église (1865, 1892, 1903), le clocher, la flèche (1853, 1860, 1900) et la toiture eurent besoin de réparations. L'horloge put être facilement réparée ; le reste ne sera fait qu'en 1900, parce qu'il faudra attendre des subventions de la Municipalité et des *Monuments historiques*. Grâce aux démarches de M. Gaget, membre de la commission des Beaux-Arts, donateur du groupe de *N.-D. de Boulogne* (1872, 1884), le conseil municipal a voté 5.000 fr. pour la la toiture, la flèche et le clocher (voir 1900) et les *Monuments historiques* ont donné 4.000 fr. (voir 1900) à titre de subventions, de sorte que la Fabrique a eu peu de chose à fournir sur les 12.420 fr. environ que coûtèrent les travaux : en 1899, le conseil de Fabrique a remercié vivement M. Gaget de toutes ses démarches en faveur de l'église. En 1900, il y avait une extrême urgence, car depuis 1886 la question était pendante, et des accidents eussent pu arriver d'un moment à l'autre.

Pour la première fois, à Boulogne, commencèrent le 3 mai 1897 des conférences dialoguées pour les hommes par les abbés Petitdemange, Parturier et Bouland, missionnaires diocésains.

En 1897 fut fondée définitivement l'œuvre du *Sacré-Cœur et des dames adoratrices du St-Sacrement* (commencée en 1894), ce qui motiva la demande suivante (voir ch. XIX) :

« Boulogne, 10 Février 1898,

« Eminence,

« Quelques paroissiens de Boulogne, animés d'une sincère dévotion envers le Sacré Cœur de Jésus, ont exprimé le désir de voir le Très

Saint Sacrement exposé dans l'église, le 1" vendredi de chaque mois, l'après-midi de 1 heure à 6 heures.

« Bon nombre de personnes ont promis de venir présenter leurs hommages à Notre-Seigneur, et l'on peut espérer qu'il n'y aura jamais moins de quinze adorateurs ou adoratrices devant le saint Autel.

« Dans ces conditions, il m'a semblé qu'il y avait lieu de donner satisfaction à ces pieux Fidèles, et je viens solliciter de Votre Eminence la permission d'exposer solennellement le Très Saint Sacrement dans l'église de Boulogne, le premier Vendredi de chaque mois, l'après-midi, de 1 heure à 6 heures. Cet acte de foi et les prières qu'il inspirera ne peuvent manquer d'attirer sur les œuvres et les habitants de la paroisse l'abondance des bénédictions divines.

« Daignez, Eminence, agréer l'hommage de mon profond respect,
« Votre très humble et obéissant serviteur en N.-S.,
« Leclercq,
« Curé de Boulogne ».
« Vu et approuvé,
« Paris, le 10 Février 1898,
« P. Fages,
« vicaire général ».
Ici le sceau de l'Archevêché.

A. M. Leclercq est due (1897) l'initiative de la complète exploitation du service des Pompes funèbres par la Fabrique, au grand avantage des entrepreneurs et des ouvriers de Boulogne.

Voir différents détails à 1843, 1847, 1849, 1851, 1859, 1871, 1874.

La Fabrique avait déjà fait des fournitures en 1851, 1859, demandé le maintien de ses tarifs le 17 août 1860, et adopté de nouveaux tarifs de répartition le 2 janvier 1870 ; mais en 1874, elle avait recouru de nouveau aux *Pompes funèbres* de la banlieue (voir 1874), qui assurèrent le service jusqu'en 1898, avec le tarif en vigueur de 1849 (est toujours appliqué).

L'art. 22 du décret du 23 prairial an XII, 12 juin 1804, concède aux Fabriques le monopole des Pompes funèbres (voitures, tentures, ornements, fournitures quelconques), libre à elles de l'exercer ou de l'affermer, avec l'approbation des autorités compétentes. Le décret du 18 mai 1806 a consacré ce monopole, et divers jugements des tribunaux et des arrêts de la cour de Cassation ont affirmé les droits des Fabriques, notamment les arrêts des 30 mars 1893 et 16 novembre 1899 : la cour de Paris, le 11 avril 1850, a maintenu aux Fabriques le privilège exclusif de la fourniture des bières et cercueils. — Un projet d'abolition du monopole, voté par la Chambre des députés en 1903, a été adopté par la commission du Sénat en janvier 1904.

A partir du 1" janvier 1898, en vertu des instructions de l'archevêque de Paris, le tarif des convois et Pompes funèbres de Paris étant devenu applicable à Boulogne pour la cérémonie religieuse, la Fabrique vota le 5 juillet 1897 l'achat du matériel à fournir aux familles (était alors fourni par l'Entreprise). C'est à la suite de cette innovation que M. Leclercq étudia dans tous ses détails le fonctionnement des Pompes funèbres et qu'il proposa au conseil de Fabrique, le 5 décembre 1897, l'exploitation directe du service par l'église, en dénonçant avant le 31 décembre le traité avec l'Entreprise, de manière à commencer le service le *1er avril 1898*, ce qui fut accepté : séance tenante, le conseil nomma deux délégués, chargés, avec M. Leclercq, d'agir au mieux des intérêts de tous pour l'achat des tentures, du mobilier, des chars funèbres et des berlines, la location d'un immeuble pour le tout et le logement des tendeurs, le recrutement de ces derniers, la location des chevaux, l'entente avec la fabrique de Billancourt, etc. Commencée avec M. Leclercq, l'exploitation a continué depuis, à la satisfaction générale, et on a pu, dès 1902, assurer le service de tous les convois jusqu'à la 2ᵉ classe inclusivement. Les serviteurs de l'église, naturellement appelés à prêter leur concours au nouvel ordre de choses, en retirent une rémunération appréciable. Tout le mobilier a été assuré depuis 1899, et un inventaire général en a été dressé. Il convient de mentionner ici la reconnaissance de la Fabrique à M. Lucas, un de ses membres, qui a donné tout son temps et tous ses soins à l'organisation et au perfectionnement du service. — Les porteurs sont choisis par la Fabrique et agréés par le Maire ; l'ordonnateur est nommé par le Maire. Voir à 1804, 2ᵉ Partie, pour les cimetières, les terrains et les taxes municipales

Voici (avril 1904) les tarifs (répartition nouvelle des produits en pratique depuis janvier 1900), pour les enterrements catholiques, les seuls dont puisse s'occuper la Fabrique, non compris les prix pour les déplacements et les suppléments, qui se payent à part (un écusson est tarifé à 10 fr.) :

DÉTAILS	1re cl.	2e cl.	3e cl.	4e cl.	5e cl	6e cl.	7e cl	8e cl.	9e
Maison mortuaire. Plus 6 fr. de menuiserie pour éviter les dégradations (1re à 7e). Pour la 5e, avec rideaux, 57 fr.	329 »	178 »	133 »	91 »	45 »	24 »	18 »		
Corbillard, seul & ex'ra	606 »								
do n° 1 ...	536 »								
do n° 1 ...	488 »	297 »	203 50	131 50	41 »				
do n° 2 ...	370 »	186 »	112 50	68 50	36 »	24 »	20 »	11 »	

DÉTAILS	1re cl.	2e cl.	3e cl	4e cl.	5e cl.	6e cl	7e cl.	8e cl.	9e
Corbillard, tarif ordinaire, avec l'ordonnateur et les porteurs (d'après le tarif de 1849), y compris le droit d'estampille de 0 fr. 50 pour chaque classe	522 50	214 50	135 »	85 »	47 50	32 50	25 75	15 50	
Comète (brancard pour enfants)	28 »	19 »	10 »	4 »					
Comète avec l'ordonnateur et les porteurs (d'après le tarif de 1849)	35 50	24 50	14 50	7 50					
Eglise : portail	198 »	107 »	65 »	38 »	26 »	12 »			
tenture intérieure	1.051 »	370 »	240 »	112 »	50 »	»			
catafalque	618 »	270 »	184 »	71 »	21 »	12 »			
cérémonie religieuse	1.220 » ou 1.100 »	870 » ou 790 »	560 » ou 475 »	385 » ou 330 »	255 » ou 205 »	118 » ou 95 »	53 »	33 »	22

Le tarif des corbillards et brancards, approuvé par le sous-préfet de St-Denis le 30 juin 1849, visé ci-dessus, portait les prix de 522 fr., 214 fr., 135 fr., 85 fr., 43 fr., 27 fr., 20 fr., 14 fr. 50, avec 5 fr. de drap mortuaire à ajouter aux 5e, 6e et 7e classes (corbillards), et 78 fr., 25 fr., 14 fr. et 7 fr. 50, pour les brancards des enfants. Il y a 3 porteurs aux 7e et 8e classes (2 en 1849).

Le tarif des cercueils est le suivant, basé sur celui de 1842, sans les garnitures, etc. :

	jusqu'à 1 an	1 à 3 ans	3 à 7 ans	7 à 15 ans	15 à 20 ans	20 a et plus
Volige	2	3	4	6	7	9
Volige forte					10	12
Sapin	8	10	12	15	18	20
Peuplier	12	14	22	25	30	35
Chêne ordinaire	12	15	20	27	34	44
Chêne fort	18	25	30	40	47	60
Chêne extrafort					70	85
Chêne de luxe, avec vernissage	33	45	55	75	97	110
Acajou verni					600	600
Plomb, sans le sapin	50	70	87	120	150	200
Zinc, sans le sapin	25	35	44	60	75	100

L'ordonnance du 11 (non 10) septembre 1842, pour les Pompes funèbres de Paris, annulant celle du 25 juin 1832, qui avait modifié le décret du 18 août 1811, complétée depuis pour certaines parties (le conseil municipal de Boulogne adopta ce tarif de Paris le 30 mai

1849 et décida le transport par corbillards et brancards les 11 mai et 1ᵉʳ juin 1849), n'avait fixé que les prix suivants des bières et cercueils. (L'ordonnance est au *Bulletin des Lois* de 1843) :

1° pour les voliges 2, 3, 6, 7 et 9 fr. (jusqu'à 2 ans, 2 fr ; de 2 à 7 ans, 3 fr. ; de plus de 7 ans, avec 3 dimensions ; les décrets de 1852 et de 1859, remplaçant l'ordonnance de 1842, ont pour prix respectifs 2, 3, 5, 6 et 8 fr.).

2° pour le reste, avec 6 âges, comme au tableau précédent, les mêmes prix que dans ce tableau, mais seulement pour les bois suivants et pour le plomb ; 6, 9 à 20 fr., sapin ; 12 à 44 fr. et 18 à 60 fr., chêne ; 50 à 200 fr., plomb. Ces quatre prix sont les mêmes dans les décrets concernant Paris des 2 octobre 1852 et 4 novembre 1859, ce dernier ayant supprimé celui de 1852.

Le 1ᵉʳ service fait par les Pompes funèbres de l'église de Boulogne est celui de Mᵐᵉ *Marie-Françoise Olivier, veuve Bougleux*, le 1ᵉʳ avril 1898.

Au sujet des Pompes funèbres, il n'est pas inutile de parler du *régleur des convois*, employé de la Fabrique, qui doit servir les intérêts de la Fabrique et ceux des familles. En 1889, le maire Liot nomma à ce poste un employé de la Mairie ; mais le 12 décembre 1889, le conseil de Fabrique, en présence de M. Liot, qui assistait à la séance, et qui d'ailleurs ne souleva aucune objection, revendiqua hautement le droit de nomination. Sur la demande du conseil, le Maire fit savoir que si le régleur nommé par la Fabrique était un employé de la Mairie, il pourrait siéger à la Mairie pour son office, et que, dans le cas contraire, il devrait siéger dans un local loué par la Fabrique. Ainsi prévenue, la Fabrique loua un local, non loin de la Mairie, à l'imprimeur Doizelet. Or, en 1895, le 7 mai, le conseil municipal vota un local gratuit à la Mairie pour le régleur, en vue de la commodité des familles, et la Fabrique donna congé de son local pour le 1ᵉʳ janvier 1896 ; mais à peine la municipalité radicale-socialiste fut-elle installée (mai 1896) que tout changea, et que le conseil municipal, le 22 juin 1896, mit en demeure le régleur de l'église d'avoir à quitter la Mairie le 1ᵉʳ août suivant : la Fabrique reloua (8 juillet 1896) le même local ; elle l'a conservé depuis cette époque.

D'autres difficultés s'élevèrent en 1893 entre la Municipalité et la Fabrique : il s'agissait des *ordonnateurs* et des *porteurs*, qui, étant payés par la Fabrique, n'avaient pas été nommés par elle. Par mesure de conciliation, la Fabrique décida que les porteurs, restant toujours employés de la Fabrique, devraient être acceptés par le Maire (23 avril 1893) : celui-ci nommera l'ordonnateur.

En mai 1898 mourut Mᵐᵉ *Vve Valton* : voir à 1896, ci-dessus, et à 1849, asile des vieillards, 2ᵉ Partie.

Voir 1898, agrandissement, à 1892 ; 10 février 1898, saint Sacrement, à 1897.

Le 3 juillet 1898, dernière séance à laquelle assista M. Leclercq, le conseil s'occupa des nouveaux tarifs de mariages, obligatoires en vertu d'une ordonnance de l'archevêque de Paris. Il y a eu plusieurs tarifs, tous comprenant : 1º le tarif ordinaire, fixe ; 2º la partie supplémentaire facultative, variable. Il y a 10 classes payantes, dont le tarif fixe est 545, 450, 324, 207, 110, 60, 30, 18, 10, 6 fr., suivant la classe (avril 1904).

M. *Leclercq*, ayant été nommé à l'importante cure parisienne de St-Roch, fut remplacé à Boulogne par l'abbé *Charles-Augustin Gérard*, curé de Pantin (où il s'était signalé en particulier par la construction de l'église de Ste-Marthe aux Quatre-Chemins), ancien vicaire à St-Marcel de l'Hôpital et à St-Pierre de Chaillot, 2ᵉ, puis 1ᵉʳ vicaire à St-Jean-Baptiste de Grenelle : il fut installé le mercredi 28 septembre 1898 (non 29) par M. l'abbé Philippe Fages, vicaire général, archidiacre de St-Denis. M. l'abbé *Gérard*, né en 1843, est originaire de la Haute-Saône.

De 1898 à 1902, je signalerai les faits suivants sous le pastorat de M. le curé Gérard :

La restauration du Presbytère (chapitre XIX) à l'arrivée du nouveau pasteur ;

L'amélioration du service et du matériel des Pompes funèbres, de 1898 à 1903, avec inventaire détaillé et assurance dès 1899 (voir ci-dessus, avec l'arrêt du 16 novembre) ;

L'extension de l'œuvre des *dames adoratrices* (voir à 1897 et au chapitre XIX), due en partie à Mᵐᵉ la comtesse d'Eu ;

La fondation en 1899 de l'association amicale des *anciens élèves* de l'école paroissiale de garçons et de la *Ste-Famille* (voir chapitre XIX) ;

Le 24 août 1899, le baptême d'un nègre cingalais (de Ceylan), né dans une roulotte de la fête ;

La réfection des *portes intérieures* de l'église, mises en août 1899 en harmonie avec le style gothique de l'église, grâce à la munificence de Mᵐᵉ la comtesse d'Eu. Dans sa séance du 15 octobre 1899, le conseil de Fabrique ne s'est pas contenté d'adresser ses remerciements à la Princesse : il a voté encore l'apposition à l'entrée de l'église, à gauche, d'une plaque en marbre blanc avec inscription commémorative. Sur la plaque, qui remplace l'épitaphe Myette, mise de l'autre côté, est l'inscription suivante, en majuscules dorées, surmontée des armes de France et de Brésil (Mgr le comte d'Eu est prince français ; Mᵐᵉ la comtesse Isabelle d'Eu est princesse brésilienne : voir biographie de ces deux illustres personnages à 1893, 2ᵉ Partie) :

« L'an 1899, au mois d'août,
Son Altesse I. et R. (Impériale et Royale)
Madame la Ctesse d'Eu
A fait don à cette église
Des portes intérieures ci-contre.
Le Conseil de Fabrique reconnaissant,
Pour en perpétuer le souvenir,
A ordonné
L'apposition de cette inscription. »

Le 1er janvier 1900, l'application du nouveau tarif des Pompes funèbres (le 1" janvier, M. l'abbé Peuportier, ancien vicaire de Boulogne, secrétaire de l'Archevêché, devint promoteur du diocèse : il sera nommé en 1903 supérieur des chapelains de Montmartre) ;

En 1900 : 1° la restauration du *calorifère* (1860, restauré en 1868, 1881, 1887, 1890) ; 2° celle de la *flèche* (1860, 1897), 12.421 fr. 09, avec les fonds de la Fabrique (4.837 fr. 22), les subventions de l'Etat (4.000 fr.) et de la Ville (3.583 fr. 87 : voir 31 juillet 1901, 2e Partie) ; 3° l'inventaire du mobilier (1782, 1783, 1802, 1868, 1883) ; 4° le 4 avril 1900, la mort à Paris de Mlle *Marie-Thérèse Riant*, bienfaitrice de l'église, de la Ville et des pauvres : voir *patronage* au chapitre XIX et *asile de vieillards* à 1849, 2e Partie ; 5° en décembre, la fondation du tiers ordre franciscain (chapitre XIX) ;

En 1901, la réparation de l'harmonium (1896). Voir *Testory* à 1849 ; éclairage à 1896 ; Frères, etc., à ch. XIX ; *Ducz*, à 2e Partie, mars ;

En 1902 : 1° divers travaux de restauration : de la statue du *sacré Cœur* (1888, 1903), pour la dorure ; des fonts ; de la chapelle de la Sainte Vierge ; 2° la construction d'un nouveau caveau funéraire ; 3° la restauration de la belle *lampe* du sanctuaire ; 4° en août, le don par Mme de Varennes, de Paris, d'un magnifique *tapis* pour la chapelle de la Sainte Vierge.

Je mentionnerai en 1903 :

En janvier, l'établissement de trottoirs en bitume autour de l'église, dans la Grande-Rue et dans la rue de l'Eglise ; la restauration de l'*horloge* (1865, 1892, 1897) ;

En février, la pose des *becs Henry* en remplacement des becs de gaz ordinaires, afin d'augmenter la lumière dans l'église ; l'inauguration, le 15 février, du 3e dimanche du mois pour la *procession* mensuelle du saint Sacrement (voir 1890), d'après les statuts synodaux de 1902 ;

Le 5 avril, la mort à 87 ans, rue des Abondances, n° 3, de M. *Jean-Baptiste Dominé* (cousin du colonel *Dominé*, le héros du Tonkin), ancien chef de division aux chemins de fer de l'Ouest, président de la conférence de St-Vincent de Paul, trésorier de la Fabrique, membre honoraire de la société de Secours mutuels, membre de diverses œuvres, bienfaiteur des pauvres, universellement estimé de la population, le modèle des vrais chrétiens et des bons Français. A la porte de l'église, avant le départ pour le cimetière du Père-Lachaise, le 8 avril, M. Danvin, président du conseil de Fabrique, a prononcé en termes émus le discours suivant, qui résume admirablement la vie du bon serviteur de Dieu, la droiture de son caractère et son dévouement à toutes les nobles causes (est reproduit sur le registre de la Fabrique, séance du 19 avril 1903, dans laquelle a été élu le nouveau trésorier, M. *A. Barbu*) :

« Avant que sa dépouille mortelle s'éloigne à jamais de cette église où il est venu prier jusqu'au dernier moment,

« Au nom du conseil de Fabrique de N.-D. de Boulogne, j'apporte à M. Dominé, son regretté trésorier (voir 1893), un dernier adieu.

« Tous ceux qui l'ont connu ont pu appécier la bonté de son cœur, la droiture de son esprit, l'énergie de sa conviction, la sincérité de sa piété, la sagesse et la dignité de sa vie.

« Profondément attaché à notre belle paroisse, il était heureux de sa dignité de membre du conseil de Fabrique et du bureau des Marguilliers, et il remplissait ses fonctions de trésorier avec une délicatesse, une sûreté et une ponctualité remarquables.

« Jusqu'au dernier jour de sa verte vieillesse, il nous a donné l'exemple de toutes les qualités de l'homme privé, comme de toutes les vertus du chrétien.

« Au milieu des vicissitudes de l'heure présente, il sut rester lui-même, ne négligeant aucun de ses devoirs et se dévouant chaque jour à l'accomplissement de la tâche qu'il avait assumée.

« Aussi, dimanche dernier, quand Dieu, jugeant l'heure venue, vint l'appeler tout à coup et le coucher presque vivant dans la tombe, trouva-t-il ce juste prêt et mûr ce jour-là comme la veille, comme les jours précédents, comme toujours, pour la couronne glorieuse due à la sincère modestie du bon et fidèle serviteur, et nous pouvons croire qu'il l'a fait entrer dans sa joie éternelle, où nous pourrons, en l'imitant, aller le retrouver un jour.

« Cette conviction est la suprême consolation que nous ayons, la seule que nous puissions offrir à ceux qui pleurent avec nous la perte de celui que nous ne reverrons plus ici-bas, mais à qui nous pouvons dire et redisons encore une fois : Cher Monsieur Dominé, Adieu, Adieu, au revoir dans le sein de Dieu ».

Le 17 avril, la mort à Pantin, à 42 ans, de l'abbé *Léon Runner*, administrateur de Ste-Marthe aux Quatre-Chemins (construite par le curé Gérard), ancien vicaire à Boulogne, où son dévouement aux pauvres des Menus l'avait fait surnommer l'*apôtre des Menus*, docteur en philosophie et en théologie, prêtre aussi savant que pieux, d'un zèle ardent pour la religion et d'une charité sans bornes. Ses amis lui ont élevé un monument au cimetière de Pantin ;

Le 30 avril, l'installation, à l'autel de la Sainte Vierge, de la belle statue de *N.-D. des Victoires*, don de M. le curé : a été bénite le 1" mai ;

Le 10 mai, à la séance du conseil de Fabrique, suite de celle de Quasimodo (19 avril), furent décidés : 1° l'achat d'une 5ᵉ berline pour les Pompes funèbres et des travaux intérieurs de peu d'importance ; 2° l'ajournement à une prochaine séance du vote des fonds nécessaires à la restauration de l'orgue (1877, 1890) : le 5 juillet, les crédits relatifs à l'*orgue* ont été votés, 6.750 fr., et l'instrument complété a pu fonctionner en octobre ;

Le 29 mai, l'installation : 1° de la statue de la *bienheureuse Isabelle de France* (chapitre I"), don de Mᵐᵉ la comtesse Isabelle d'Eu, placée près des fonts, en remplacement de celle du sacré Cœur, qui a été transportée au patronage de la rue de l'Est : la statue représente la *bienheureuse*, en habit de clarisse, portant dans ses mains le modèle de l'abbaye de Longchamp ; 2° sur l'autel de la chapelle St-Joseph d'une statue du *sacré Cœur*, de la même donatrice : le *Sauveur* a les deux bras étendus ;

Le 4 juin, le pèlerinage à N.-D. de Boulogne-sur-Seine des *dames adoratrices* de Paris et de la banlieue, au nombre de plus de 400 : le supérieur des chapelains de Montmartre, M. l'abbé Peuportier, ancien vicaire de Boulogne, a dit la messe (avant d'aller à Montmartre, M. Peuportier était promoteur du diocèse) ;

Les 15, 16, 17 juin, la restauration du dallage extérieur de la grande porte ;

Le 25 juillet, la question du chemin de ronde (chapitre XVII), en août et en octobre : voir écoles au chapitre XIX ;

Le 1" octobre, les dégâts causés à l'église par la foudre, qui alluma un léger incendie et nécessita des réparations au paratonnerre (1887) et au clocher. Voir la foudre à 1686, 1772 ;

En octobre, des réparations au Presbytère (ch. XIX) et le fonctionnement de l'orgue restauré (voir 1713, 1792, 1849, 1855, 1877, 1890).

Le 1" janvier 1904 est mort à 84 ans, boulevard de Strasbourg, 11, M. *Charles-Adolphe Desvaux*, secrétaire du conseil de Fabrique (voir 1883), commandeur de l'ordre tunisien du Nicham Iphtykar, membre des œuvres de Boulogne, etc. A ses obsèques, le 4 janvier, une foule nombreuse vint rendre un dernier hommage de sympathie au bon Français qui avait pieusement quitté cette terre, et dont M. Danvin, président du conseil de Fabrique, retraça si bien la belle vie dans l'éloquent discours suivant, prononcé sur la tombe :

« Messieurs,

« La modestie de l'homme que nous accompagnons aujourd'hui à sa dernière demeure, la simplicité de sa vie, ont caché pour beaucoup les qualités exquises et les vertus solides dont il était doué. Cette modestie, cette simplicité voilaient une âme d'élite, un cœur d'or, une intelligence supérieure, qui, se dépensant pour tous, ne se révélaient cependant, et avec une certaine timidité encore, qu'au milieu de sa famille et du petit cercle d'amis à qui il était donné d'approcher et d'apprécier le bienveillant et souriant vieillard que le bon Dieu vient d'enlever à notre affection.

« Que la vénérée compagne de sa vie, que ses enfants et petits-enfants attristés me permettent de regretter et de pleurer avec eux l'homme de bien que fut ce mari modèle, ce père aimant, cet ami sûr qu'était M. Desvaux.

« Il n'est plus, mais le souvenir de sa vie nous reste avec ses leçons et ses exemples.

« Bien avant que nos soldats eussent assuré notre domination en Tunisie, M. Desvaux était à Tunis, apprenait à ses habitants à aimer et à respecter la France, je dirai presque à la désirer pour patronne, en leur enseignant, avec l'aménité qui le caractérisait, notre belle langue, et en leur inculquant les éléments des diverses sciences qu'il possédait à un degré qui lui eût assuré dans son propre pays une situation enviée.

« Rentré en France, il ne reste pas inactif. Il continue à consacrer ses soins, ses peines à l'éducation de la jeunesse.

« Ses connaissances variées, son solide savoir le font appeler dans les jurys d'examen des établissements d'instruction chrétienne ; et chez les Frères Maristes de Plaisance, comme à Boulogne, comme ailleurs, on le voit, toujours soucieux de son devoir, assurer la régularité des épreuves et la recherche impartiale de la vraie valeur des candidats soumis à son appréciation. En quelle estime le tenaient maîtres et candidats ! Tous ceux qui l'ont approché nous disent sa sagacité, sa bienveillance, l'étendue de ses connaissances, la droiture de son esprit, la bonté de son cœur, la certitude de son jugement, la justesse de ses appréciations.

« Qui de nous l'a jamais entendu parler de tout cela, qui lui faisait tant d'honneur ?

« S'il ne nous avait été donné de connaître les maîtres qui lui confiaient leurs élèves, les assesseurs qui siégeaient avec lui, les élèves sortis de ces maisons après les examens subis devant lui, nous l'ignorerions aussi, parce qu'il aurait fallu, pour nous l'apprendre, que M. Desvaux nous parlât de lui, et notre vénérable ami ne se le permettait pas.

« Si j'en parle aujourd'hui, si devant cette tombe ouverte je dévoile ces qualités qu'il cachait si volontiers, c'est qu'il est bon que de tels hommes soient donnés en exemple.

« Et c'est aussi pour dire la place qu'elles avaient assurée à M. Desvaux dans le conseil de Fabrique de l'église de Notre-Dame de Boulogne, dont il était depuis de longues années le dévoué secrétaire (voir à 1883).

« Sa belle intelligence, sa fine bonhomie, la sûreté de ses relations, la franchise de son caractère, son attachement à notre belle paroisse, son dévouement absolu à notre religion et à ses prêtres, faisaient de lui le conseiller le plus sûr et le plus complet qui se pût désirer.

« Toujours assidu, toujours attentif, il apportait à nos délibérations, avec le conseil de son intéressante expérience, la bienveillante pondération d'une fermeté conciliante.

« Son esprit en éveil ne perdait aucune des circonstances utiles de nos réunions, et sa plume facile donnait à ses procès-verbaux la véritable physionomie de nos séances.

« Toutes ces belles qualités dont il l'avait doté, Dieu les lui a conservées jusqu'à son dernier jour.

« Il a vu venir la mort avec la sérénité de l'homme qui s'en va, sa tâche accomplie ; avec la foi du chrétien qui sait que la récompense n'est pas ici-bas, et qu'il faut aller la chercher au Ciel auprès de son Dieu.

« Le conseil de Fabrique en deuil se joint à sa famille en pleurs pour prier avec elle et espérer pour lui.

« Adieu, cher Monsieur Desvaux ; votre mémoire vénérée restera gravée dans nos cœurs. La vraie piété dont vous étiez animé, et qui se manifestait si bien à nos yeux dans notre église bénie, sanctuaire de cette si douce Vierge Marie que vous saviez prier avec tant de ferveur, nous permet de croire que vous jouissez au Ciel du prix de vos vertus. Puissions-nous, imitant vos exemples sur la terre, aller vous y retrouver un jour !

« Au revoir, cher Monsieur Desvaux ! Au revoir ! »

Le 17 avril 1904, l'église de Boulogne a été visitée (précédentes visites en 1856, en 1885) par M. l'abbé Lefèvre, vicaire général, archidiacre de St-Denis : M. Lefèvre a été très satisfait de la vie paroissiale, du dévouement du clergé et de l'excellente marche des différentes œuvres, — et le 21 avril 1904 a été inaugurée la salle de catéchismes et de conférences construite par M. le curé Franche sur ses terrains, rue du Centre, 8. Voir 2 mai 1904, *Casabianca*, à 3e Partie, ch. Ier.

En avril 1904, on trouve comme effectif paroissial de N.-D. de Boulogne-sur-Seine : un *curé* ou *desservant*, qui, seul, touche un traitement de l'Etat (M. l'abbé Gérard à 1.100 fr. parce qu'il a dépassé 60 ans : le traitement des desservants est de 900 fr. jusqu'à 60 ans) ; 5 vicaires (voir 1ᵉʳ vicaire à 1885) et un prêtre habitué, à qui la Fabrique doit assurer un traitement convenable.

Le personnel du clergé a subi diverses transformations, comme on l'a vu dans les chapitres précédents. A l'origine, il n'y eut que le curé ; un vicaire le seconda jusqu'en 1777 ; de 1777 à 1793, deux vicaires assistèrent le curé. On trouve ensuite un seul vicaire de 1819 à 1846, un 2ᵉ vicaire nommé en 1846, un 3ᵉ en 1865 ; 2 vicaires après la guerre de 1870-1871, un 3ᵉ nommé en 1872, un 4ᵉ en 1879, un 5ᵉ en 1882, enfin un prêtre habitué en 1895. Parfois, il y eut deux prêtres habitués, comme en 1866-1867. Le personnel n'a pas varié depuis 1895.

CHAPITRE XVII

*Description de l'*église **de Boulogne-sur-Seine.** *Chemin de ronde. Chapelles, chœur, vitraux, peintures, statues, inscriptions.*

L'église de *N.-D. de Boulogne-sur-Seine* est située entre la grande-Rue, la rue de l'Eglise, la place du Parchamp et l'avenue de Longchamp. Elle est desservie par les tramways d'Auteuil et de la Madeleine à Boulogne (station de l'Eglise), de la porte d'Auteuil à la place Bernard-Palissy (arrêt de la place du Parchamp) et des Moulineaux d'Issy (à l'église même). Elle est à peu de distance des portes de Boulogne et de l'Hippodrome (bois de Boulogne), en face de l'institution N.-D. (garçons) et du pensionnat St-Joseph (filles), non loin du château de Rothschild (avenue de Longchamp et boulevard de Boulogne) et de la salle des Fêtes (place Bernard-Palissy). Le boulevard de Strasbourg y aboutit à la Grande-Rue.

En 1860-1863 seulement, l'*église* a été entièrement dégagée des bâtiments qui l'entouraient (voir 1757, 1763, 1854, 1858) et qu'un jardinet a remplacés en partie. Ces bâtiments étaient : près de l'entrée principale, la *Mairie* (voir 1804, 1842, 2ᵉ Partie), attenante à l'église vers la Grande-Rue, et dont les locaux furent loués dès 1842 au curé et aux Voitures ; du côté sud, à la porte latérale, une maison attenante à l'église, et servant de *presbytère*, sous lequel un couloir permettait de se rendre à l'église par la porte latérale ; au chevet, le poste ou *corps de garde*, ancienne maison de la Fabrique (voir 1779, ci-dessus; 1830, 2ᵉ Partie); au côté nord, les anciennes *écoles*, contiguës à l'église (1714, 1729, 1757, 1763, 1798).

La magnifique *église N.-D.*, de 1320, restaurée plusieurs fois, notamment aux XIVᵉ, XVᵉ, XVIᵉ s., en 1772, 1801, 1851, 1860-1863, 1872-1879, 1900, 1903, est en forme de croix latine et appartient au style gothique, ogival, des XIIᵉ-XVᵉ s. Elle a été classée en 1858 au nombre des monuments historiques. Est la propriété de la Fabrique (voir 1320, 1796, 1801, 1858 : n'a pas été aliénée sous la Révolution).

A l'extérieur, jadis orné de statues (1792), on remarque :

La *couverture* en ardoises et en plomb, avec ornements dorés (un paratonnerre, vu à 1887 et à 1903, est destiné à protéger l'église contre la foudre), œuvre de MM. Monduit et Béchet;

Le *clocher* octogonal (1815, 1818, 1835, 1847, 1853, 1860, 1903), en croix, avec belle *flèche* moderne et restaurée (1860, 1897, 1900), de 49ᵐ de haut, 27ᵐ à partir du faîtage, dentelée, recouverte de plomb, à arêtes dorées, surmontée d'une croix en fer forgé et doré et d'un coq. A la galerie à jour, 8 têtes en plomb martelé, d'après les dessins de M. Libersac, auteur de la sculpture du monument. En dehors de la flèche, il y a encore ici : les croix en fer; l'horloge à deux cadrans (1865, 1892, 1897, 1903) et les trois cloches (1757, 1763, 1777, 1793, 1805, 1861, 1862). Voir la propriété à horloge, 2ᵉ Partie, 1892;

Le *chevet* aux pans séparés par d'énormes contreforts, avec pinacles, fleurons, fenêtres géminées;

La porte d'entrée de la *sacristie*, sur l'avenue;

Les *façades*, dont chacune mérite une mention spéciale, le *jardinet*, la *grille*, le *chemin de ronde*.

Façade principale, ouest, occidentale, sur la rue de l'Eglise : 3 étages; pignon élancé à baies; belle balustrade gothique de trèfles ajourés autour des combles; au-dessous, baie à 3 meneaux réunis au sommet par une rosace; porte gothique, ogivale et surbaissée; au tympan sculpté de cette porte, bas-relief, par Michel Pascal (1860), de 1ᵐ de haut, représentant « la Vierge Mère de Boulogne-sur-Mer dans son bateau, avec deux Anges », entourée de feuilles artistement travaillées; contreforts à gargouilles gothiques; enfin, fleurons du XIVᵉ s., non du XIIIᵉ (église de 1320).

Façade latérale gauche, nord, septentrionale, sur la place : trois travées jusqu'au transept, séparées par des contreforts; dans chaque travée, une baie et une rosace; tourelle pentagonale dans la 1ʳᵉ travée, vers l'escalier de la tribune, éclairée par des barbacanes gothiques; grilles en fer forgé qui protègent les ouvertures des fonts d'un côté et de la sacristie de l'autre; transept dans la travée principale, avec un pignon semblable à celui de la façade principale et un cadran d'horloge au tympan. De ce côté, il y a en tout 7 travées, dont 4 petites.

Façade latérale droite, sud, méridionale, sur la Grande-Rue : trois travées comme la précédente; petit porche surbaissé (voir 1860) ; transept dans la travée principale, avec tourelle du clocher, un pignon semblable à celui de la façade principale et un cadran d'horloge au tympan. Il y a en tout 7 travées comme de l'autre côté.

Le *jardinet* (1860) est sur les façades latérales, au chevet et vers la façade principale, entouré par une *grille* formant clôture extérieure.

Le *chemin de ronde* est soumis à une législation spéciale. D'après un avis du Conseil d'Etat du 20 décembre 1806, approuvé le 25 janvier 1807, ayant force de loi, il doit être établi autour d'une église un *chemin de ronde* pour laisser à l'église l'air, le jour nécessaire, une libre circulation, de faciles communications. Ce chemin ne fait pas partie de la voie publique ; il est considéré comme une dépendance de l'église et appartient à la Fabrique si l'église est fabricienne, à la commune, si l'église est communale. Dans tous les cas, il est imprescriptible, et les propriétaires limitrophes n'ont et ne peuvent avoir sur ce chemin un droit de vue ou de passage (Tribunal de Melun, 26 février 1838; cour d'appel de Paris, 17 août 1839), et nul ne peut par conséquent en devenir propriétaire. D'où il suit, d'après plusieurs décisions contentieuses, que la Fabrique, chargée de veiller à l'entretien de l'église et de ses dépendances, a qualité devant les tribunaux, soit pour requérir la démolition des constructions élevées sur ce chemin, soit pour faire fermer les jours ; de même, la commune, si ce chemin lui appartient. A Boulogne, le chemin est encore plus privilégié, puisque l'église est un *monument historique*, et qu'aucune construction, aucun travail ne peut être entrepris contre ce monument ou sur ses dépendances sans une autorisation du ministre des Beaux-Arts (loi du 30 mars 1887 ; art. 11 du décret du 3 janvier 1889).

Ceci m'amène à parler d'un incident qui, d'ailleurs n'a pas eu de suites. Le maire avait autorisé sur la place du Parchamp l'exposition de la *Blanchisserie* (2-16 août 1903). Or, la Société organisatrice, sans prévenir personne, s'empara du chemin de ronde et interdit ainsi la circulation avec l'église et la place, croyant pouvoir disposer naturellement du chemin. D'où protestation de M. le curé auprès de la Municipalité (25 juillet) ; mais après entrevue des organisateurs et de M. le curé, et vu surtout l'état avancé des travaux, M. le curé n'insista pas, mais il revendiqua pour l'avenir les droits de la Fabrique, conformément aux lois en vigueur, sa responsabilité étant dégagée de tout ce qui pourrait arriver du fait de l'exposition.

L'intérieur (voir 1792) comprend une *nef* sans bas côté, 2 *transepts* et le *chœur*, avec *vitraux* ou *verrières*, par Emile Hirsch, *statues, chemin de croix, peintures murales* et *inscriptions*. On y voit :

Les *travées*, séparées par des piliers à colonnettes, avec baies à meneaux et à vitraux ;

Le petit *porche*, sur la rue de l'Eglise, qui précède les portes intérieures ;

Les *portes intérieures*, en style gothique, restaurées en 1899 (voir 1899), surmontées de la *tribune* et d'un *vitrail* dont la rosace à personnages présente : en haut, le *Père éternel bénissant le travail ;* en bas, sainte *Véronique*, patronne des blanchisseurs, saint *Fiacre*, patron des jardiniers, des horticulteurs, saint *Vincent*, patron des vignerons, sainte *Cécile*, patronne des musiciens. A la fenêtre du côté sud de ce vitrail, instruments de travail ; à l'arc-doubleau qui domine la tribune, fresque ou peinture murale, de 4m50 de haut, par Lameire, représentant la « Vierge Mère de Boulogne-sur-Mer dans un bateau avec deux Anges, la mer, des poissons, les villes de Boulogne-sur-Mer et de Boulogne-sur-Seine » ;

A gauche, les escaliers de la *tribune* et du *clocher*, à côté des inscriptions des *portes intérieures* (voir 1899) et de 1745 (voir chapitre IV) ;

Les *bénitiers* en pierre du XIVe s., non du XIIIe s. ;

Le beau *pavé-dallage* en carreaux céramiques (1885, 1886, 1888, 1889), portant : les armoiries de *Jeanne d'Arc*, avec les mots *Jhesus, Maria*, et du *Pape ;* les inscriptions *Domus aurea* et *Turris Davidica*, répétées, et *Stella matutina*, que l'on retrouvera ci-après ;

La nef : à la clef de voûte du milieu, restaurée, représentation de la « Vierge Mère dans son bateau, avec deux Anges » ;

Dans le côté gauche après les bénitiers : 1° la grande arcade à deux baies de la chapelle des *Fonts baptismaux* (voir 1330), jadis surmontée des peintures de la *Passion* (la chapelle du *Sépulcre* était à côté de la place où est la statue de la B. Isabelle : voir 1469, 1745) : *fonts* simples, réparés en 1902 ; statue de sainte *Geneviève de Paris ;* un confessionnal. Possédait la statue du *sacré Cœur*, lorsque le banc d'œuvre était à côté de la chapelle des Fonts ; 2° la statue de la bienheureuse *Isabelle* (voir à 1903) à la place de l'ancien banc d'œuvre et de la statue du *sacré Cœur*, qui avait elle-même remplacé ce dernier ; 3° le 1er *vitrail*, dominant la grande arcade des Fonts, don de Mme *Chalin* et *Durand-Boudsot*, représentant, de bas en haut : à gauche (4 sujets), « Descente de croix, ou Pietà, saint François d'Assise en prière devant une statue de la Sainte Vierge, Jésus-Christ donnant ses pouvoirs à saint Pierre, sainte Anne et la Vierge » ; à droite (4 sujets), « l'empereur Henri II et la reconstruction de l'église de Mersebourg, sainte Mathilde, le roi saint Louis IX, la Délivrance de saint Pierre » ; dans la rosace, un *ange ;* 4° le 2e *vitrail*, en 3 divisions, au-dessus de la statue de la bienheureuse Isabelle, donné en partie par la famille Escudier, représentant divers sujets, savoir : « sainte Marguerite, saint

Charles, saint Alphonse, saint Léon le Grand arrêtant Attila, en 451, l'Eucharistie, saint Philippe, saint Victor, saint Grégoire, l'Education de la Vierge, le Mariage de la Vierge, le Baptême de Jésus, saint Augustin »; dans la rosace, un *ange*; 5° le *transept gauche*, que précède une belle *grille* gothique, rehaussée d'or, avec écussons, qui sépare la nef des transepts. Aux écussons de la grille sont dix symboles qui se rapportent aux versets suivants des litanies de la Sainte Vierge et se trouvent du côté de la nef : 1° à droite, en allant vers la chapelle de la Sainte Vierge : « Rosa mystica, Vas honorabile, Sedes Sapientiae, Stella matutina, Turris eburnea », Rose mystique, Vase honorable, Trône de la Sagesse, Etoile du matin, Tour d'ivoire ; 2° à gauche, en allant vers la chapelle de St-Joseph : « Turris Davidica, Domus aurea, Speculum justitiae, Janua Cœli, Fœderis arca », Tour de David, Maison d'or, Miroir de justice, Porte du Ciel, Arche d'alliance.

Transept, croisillon gauche, nord, septentrional, ou *chapelle* du *Sacré-Cœur,* de *St-Joseph* (1860, 1863, 1878, 1879) : dans l'ancien croisillon septentrional était la chapelle de l'*Assomption* (ch. IV).

Dans cette chapelle sont : l'autel de *St-Joseph,* en style moderne, avec grille en fer forgé ; le soubassement, décoré d'une tapisserie peinte ; la statue de saint *Antoine de Padoue* (voir 1895), à droite de l'autel ; sur l'autel, la *statue du sacré Cœur* (voir 1903) ; la porte d'entrée de la *sacristie* (personnel et clergé) et de la salle des *mariages,* des *catéchismes,* ornée de quelques tableaux ; le tableau *d'indulgences,* à droite de cette porte ; la statue de *saint Joseph,* avec l'*Enfant* à sa droite, le saint tenant un lis dans la main droite et l'équerre de charpentier dans la main gauche ; la statue de *saint Expédit,* soldat martyr en Arménie au IIIe s., fêté le 19 avril, patron des causes pressées, représenté la croix dans une main et le mot *hodie,* aujourd'hui, la palme du martyre dans l'autre main et un corbeau, avec le mot *cras,* demain, sous les pieds, le tronc des aumônes recueillies étant destiné à l'œuvre de la Ste-Famille ; un lustre ; deux confessionnaux ; des inscriptions et des vitraux.

Les *inscriptions* de cette chapelle, dédiées à *saint Joseph,* sont les suivantes, que je traduis comme les autres : en face de la statue du saint : « Ite ad Joseph, constituit eum dominum domûs suae et omnis possessionis suae », Allez à Joseph ; (Dieu) l'a établi le maître de sa maison et de tous ses biens ; — au-dessus de l'autel : « Puerum Mariae et Joseph subditum venite, adoremus », Venez, adorons l'Enfant soumis à Marie et à Joseph ; — au-dessus de la statue du saint : « Ite ad Joseph, Joseph, vir Mariae, de quâ natus est Jesus, qui vocatur Christus », Allez à Joseph, à Joseph, époux de Marie, de qui est né Jésus, appelé le *Christ.*

La chapelle possède 3 *vitraux* : un au-dessus de la statue de saint Joseph, avec rosace, le tout sans sujet ; un 2ᵉ avec rosace, semblable au premier et en face de lui, sans sujet ; le 3ᵉ à l'autel.

Ce dernier a 4 compartiments et une rosace, chaque compartiment avec une scène de la vie du saint et 2 personnages, ce qui fait 4 scènes et 8 personnages. Les sujets sont ainsi, de bas en haut : dans le 1ᵉʳ compartiment de gauche, le « Mariage de saint Joseph » (3 personnages, y compris le grand prêtre), un saint avec des clefs (saint Pierre), un évêque (s. Henri) ; dans le 2ᵉ de gauche, le « Songe de saint Joseph pour la fuite en Egypte », un souverain avec le sceptre en forme de lis et un globe (s. Henri II), une sainte avec une pyxide contenant l'Eucharistie (sainte Claire d'Assise) ; dans le 1ᵉʳ de droite, l' « Atelier de saint Joseph à Nazareth et l'Enfance de Jésus », un saint avec une canne et la coquille de pèlerin (s. Jacques le Majeur), un cardinal portant le saint Sacrement (s. Charles Borromée) ; dans le 2ᵉ de droite, la « Fuite en Egypte », un croisé ou un roi avec l'épée et le bouclier (s. Ferdinand III), une sainte portant le glaive d'une main et la palme du martyre de l'autre (sainte Félicité) ; dans la rosace, la « Mort de saint Joseph ».

A la clef de voûte de la chapelle, un *N* couronné indique que la restauration de l'église a été faite sous Napoléon III.

A l'extrémité du transept gauche, il y a la *chaire*, en chêne sculpté (1804, 1864, 1888), dans le style des XIVᵉ-XVᵉ s.

Après le transept gauche viennent le *banc d'œuvre*, le *chœur* et le *maître autel*.

Après les stalles de la confrérie du St-Sacrement, des deux côtés du chœur, on trouve le *banc d'œuvre* (1330, 1792, 1807, 1863, 1888), des deux côtés du chœur également, avec jolies stalles sculptées : remplace celui qui était autrefois à l'endroit où est la statue de la B. Isabelle.

Le *chœur* a deux travées, des *inscriptions*, 11 *vitraux*, dont 7 absidaux, une abside semi-circulaire, des *armoiries* et des *écussons*. On y remarque : la table de communion et sa belle grille ; la *lampe* du sanctuaire (1902) ; les stalles du clergé, en bois sculpté ; les deux beaux lustres de l'autel ; — la piscine du chœur, au-dessus de laquelle un écusson, de couleur bleue, représente une tour dorée et un aigle argenté planant sur la tour ; l'écusson porte l'inscription-date A. D. M. D. CCC. LXXVI, Anno Domini, l'an du Seigneur, 1876 ; au-dessous de l'écusson, on lit sur une banderole les mots : *Omnia in bonum*, tout pour le bien ; — les chapiteaux du XIVᵉ s. aux piliers des voûtes ; — l'*orgue* Cavaillé-Coll (orgues à 1713, 1792, 1849, 1855, 1877, 1890, 1903), derrière le chœur ; — le maître autel, les inscriptions, les vitraux et les vieux écussons peints de la voûte.

Magnifique *maître autel* moderne (1863, 1867), en marbre blanc, de l'Exposition universelle de 1867, qui porte sur le côté droit l'inscription en lettres gothiques : « Autel exécuté pour l'Exposition universelle de 1867, par C. Jacquemin, architecte à Metz ». Cet *autel*, en style gothique du XIVᵉ s., admirablement sculpté, a 7ᵐ50 de hauteur : des marbres de couleur distinguent ses trois marches du reste de l'autel, celui-ci en beau marbre blanc. Le bas de l'autel, ou le *tombeau d'autel*, est à jour, avec 3 arcatures ogivales et d'élégantes colonnettes de séparation, derrière lesquelles on voit un petit couloir. Le retable, gothique, très riche, a 5 niches ogivales, surmontées de frontons ; autour de la niche du milieu, plus grande que les autres, sont les 4 niches qui possèdent chacune une statue d'*Evangéliste ;* au-dessous des statues des *Evangélistes* sont sculptés leurs attributs, chacun avec une banderole sur laquelle est écrit le nom de l'Evangéliste correspondant (attributs : *ange*, s. Mathieu ; *lion*, s. Marc ; *aigle*, s. Jean l'Evangéliste ; *bœuf, taureau*, s. Luc) ; de chaque côté de la niche du milieu sont deux *anges*, et dans la niche est la croix du tabernacle. Aux contreforts du retable sont des colonnettes avec des *anges*, au nombre de 4, portant les instruments de la Passion. Une crête relie les 3 pyramides qui complètent l'autel et couronne le sommet du retable : la pyramide centrale, avec 2 *anges* dorés, un de chaque côté, est terminée par une *croix* en marbre blanc et un *agneau*.

Dans la frise, représentation d'arcs surbaissés à colonnettes entre lesquelles ondulent les flots où se meuvent des poissons et des monstres marins. Inscription en lettres gothiques sur le marbre, relatée ci-dessus.

Autour du chœur, les 11 inscriptions se rapportent à la Sainte Vierge, protectrice des marins et des navigateurs. Ce sont les suivantes, qui accompagnent les peintures représentant un navire et des flots, en allant du transept gauche au transept droit (je les traduis avec quelques renseignements) :

« Elevaverunt flumina, Domine, elevaverunt flumina vocem suam », les fleuves, Seigneur, se sont élevés ; les fleuves ont fait entendre leur voix (Psaume 92, verset 3ᵉ). « Elevaverunt flumina fluctus suos, à vocibus aquarum multarum », les fleuves ont élevé leurs flots par l'abondance des eaux qui retentissaient avec bruit (Ps. 92, 3 et 4). « Mirabiles elatiò (elationes) maris, miràb (mirabilis) in altis Dom (Dominus) », les soulèvements de la mer sont admirables ; est admirable le Seigneur qui est au haut des cieux (Ps. 92, 4). « Stella maris, ora pro nobis », Etoile de la mer, priez pour nous. « Patrona nostra singularis, ora pro nobis », ci-après. « Sancta Maria, ora pro nobis », sainte Marie, priez pour nous. « Stella Maris, ora pro nobis ». « Patrona nostra singularis, ora pro nobis ». Benedicite, cete et omñ (omnia) qui moventur in aquis, Dom. (Domino) », monstres marins et animaux qui vivez dans les eaux, bénissez tous le Seigneur (cantique des trois jeunes hommes dans la fournaise, verset 27e ; Daniel, chapitre III, 79e verset). « Benedicite, fontes, Domino ; benedicite, maria et flumina, Domino », fontaines, bénissez le Seigneur ; mers et fleuves, louez le Seigneur (même cantique, 25-26e ; Daniel, III, 77-78e). « Benedicite, omnis imber et ros, Domino », pluies et rosée, bénissez toutes le Seigneur (même cantique, 12e ; Daniel, III, 64e).

Autour du chœur et dans le même sens que ci-dessus, il y a (10 + 1) 11 vitraux, 5 de chaque côté et le vitrail derrière le maître autel : dans les 6 qui environnent le maître autel sont 24 personnages, 4 dans chaque vitrail, représentant 8 saints de l'Ancien Testament et 16 du Nouveau ; les 4 autres vitraux n'ont pas de sujet ; — derrière le maître autel, vitrail (formant avec les 6 vitraux ci-dessus les 7 vitraux absidaux : voir 1874) dont les sujets sont l'*Annonciation* dans le bas et le *Couronnement de la Vierge* dans le haut ; — petite rosace au-dessus de chaque vitrail.

Voici les sujets des 7 vitraux absidaux ou du chœur : dans les 3 vitraux du côté gauche du sanctuaire : « Noé, Abraham, saint Barthélemy, saint Thomas ; Isaac, Jacob, saint André, saint Philippe ; saint Mathias, saint Mathieu, saint Pierre, saint Luc » ; — dans le vitrail du milieu, derrière le maître autel, « l'Annonciation et le Couronnement de la Vierge », comme il a été dit ; — dans les 3 vitraux du côté droit du sanctuaire : « saint Marc, saint Barnabé, saint Jean, saint Paul ; Isaïe, Jérémie, saint Jacques le Majeur, saint Jacques le Mineur ; Ezéchiel, Daniel, saint Jude, saint Simon ».

Dans le chœur, aux trois écus sculptés et peints des trois clefs de voûte, sont : au chevet, les armes de *France*, qui sont d'azur semé de fleurs de lis d'or sans nombre ; à la clef suivante, les armes de *France* et de *Bourbon*, c'est-à-dire celles de Charles V, roi de 1364 à 1380, et de sa femme *Jeanne de Bourbon* (✝ 1378), fille aînée de *Pierre Ier*, duc de Bourbon (✝ 1356), qui sont d'azur semé de France au bâton de gueules (*gueules*, couleur rouge ; *or*, jaune ; *azur*, bleu céleste) ; la 3e est *écartelée* (formée de deux parties coupant l'écu en deux manières différentes ; *écu*, bouclier) de *France* et du *Dauphiné*, celui-ci d'or au dauphin d'azur, et se rapporte aux armes d'un des 3 dauphins successifs, fils de Charles VI, roi de 1380 à 1422, et de sa femme *Isabeau, Isabelle ou Elisabeth de Bavière* (✝ 1435), savoir : *Charles*, dauphin du Viennois (✝ 1386), *Charles*, dauphin, duc de Guyenne (✝ 1400), *Louis*, dauphin, duc de Guyenne (✝ 1415).

Aux armes peintes à la voûte sont celles des rois *Charles IV le Bel, Philippe VI de Valois, Jean II le Bon, Charles V le Sage, Charles VI le Bien-Aimé et Charles VII le Victorieux*, vus à la grande Confrérie ; entre lesquelles il y a celles de *Louis Ier de France* (✝ 1384), duc d'Anjou, 2e fils de *Jean le Bon* (✝ 1364) et de sa femme *Bonne de*

DESCRIPTION DE L'ÉGLISE

Luxembourg, lequel portait d'azur semé de France (ou de fleurs de lis), avec bordure de gueules.

Les deux écus ou boucliers accolés et peints de la voûte d'entrée du chœur représentent : d'un côté, les armes de *Philippe V*, roi (1316 à 1322) de France et de Navarre, portant écartelé de *France*, qui est d'azur semé de fleurs de lis d'or sans nombre, et de *Navarre*, qui est de gueules aux chaînes d'or en *orle* (*orls*, bordure isolée), armes accolées à celles de sa femme *Jeanne de Bourgogne* († 1330), qui sont d'azur au lion d'or semé de *billettes* d'or (billette, carré long) : ce roi posa la 1re pierre de l'église en 1320 ; — de l'autre côté, les armes de *Louis XI*, roi de France de 1461 à 1483, sous lequel eut lieu la consécration de l'église en 1469, armes qui sont d'azur à trois fleurs de lis d'or, accolées à celles de sa femme *Marguerite d'Ecosse* († 1444), qui sont d'or au lion de gueules enfermé dans un double *treschœur* (orle rétréci) fleuronné et contrefleuronné de gueules.

En résumé, on retrouve, dans les cartouches qui ornent les cloisonnements du chœur, les armes des rois, princes et princesses de la famille royale de Philippe V à Louis XI.

On arrive au *transept, croisillon droit, sud, méridional*, ou *chapelle de la Sainte Vierge* (1853, 1860, 1872, 1884), chapelle décorée par M. Gruzet est restaurée après la guerre de 1870-1871. On y voit : le bel autel moderne, avec sa grille en fer forgé ; sur l'autel, la statue de *N.-D. des Victoires* (voir 1903) ; un lustre ; deux confessionnaux ; sur une colonne en forme de pilier, avec grille en fer forgé et doré, le beau groupe de *N.-D. de Boulogne* (détails à 1884) ; à la clef de voûte, un *N* couronné comme ci-dessus ; la voûte peinte en bleu ; les *peintures murales*, par Lameire, et les *vitraux*, par Emile Hirsch. Voir le *tapis* en 1902.

Les peintures murales représentent 6 saints, chacun accompagné d'une inscription, que je traduis avec quelques renseignements : le 1er, saint *Jean*, apôtre et évangéliste, avec un livre et les mots : « Ecce mater tua », Voici votre mère (évangile de s. Jean, chapitre 19, verset 27e) ; le 2e, le roi *David*, avec une lyre et « De fructu ventris tui », Du fruit de votre sein (psaume 131, verset 11e) ; le 3e, saint *Joachim*, père de la Sainte Vierge, avec une longue barbe et « Laudemus gloriosos parentes ». Louons ces hommes glorieux qui sont nos pères (Ecclésiastique, chapitre 44, verset 1er) ; le 4e, sainte *Anne*, mère de la Sainte Vierge, avec un parchemin et « In generatione suâ », De leur race (suite du verset précédent) ; le 5e, *Isaïe*, avec un parchemin et « Virgo concipiet et pariet filium », Une Vierge concevra et enfantera un fils (Isaïe, chapitre 7, verset 14e) ; le 6e, saint *Luc*, évangéliste, avec parchemin et « Ave, gratiâ plena ». Je vous salue, pleine de grâce, paroles de l'ange de l'Annonciation (évangile de saint Luc, chapitre Ier, verset 28e).

De chaque côté de la chapelle, il y a un vitrail avec rosace, mais sans sujet.

Le superbe vitrail au-dessus de l'autel a plusieurs compartiments et divers sujets. Dans le bas, au-dessus de l'autel, à gauche, cartouche porté par des anges, avec ces mots : « Hommage et reconnaissance, 1871 » ; au milieu, l'*Annonciation;* à droite de l'Annonciation, armes de Pie IX. Ensuite, en allant de bas en haut, on voit : dans le 1er compartiment de gauche, la « Visitation, l'Agonie au jardin des Oliviers, Jésus en croix ou le Crucifiement, l'Assomption » ; — dans le 2e à gauche, « la Naissance de Jésus ou l'Adoration des bergers, la Flagellation, la Résurrection de Jésus » (il y a 4, puis 3 sujets, soit 7 de chaque côté et 14 en tout, qui, avec l'Annonciation du bas, représentent les 15 mystères du Rosaire, savoir : « Annonciation, Visitation, Naissance de Jésus, Présentation au Temple, Jésus retrouvé, mystères joyeux ; Agonie de Jésus, Flagellation, Couronnement d'épines, Portement de croix, Crucifiement, mystères douloureux ; Résurrection, Ascension, Descente du St-Esprit, Assomption, Couronnement de la Sainte Vierge, mystères glorieux » ; — dans le 1er à droite, « Jésus au milieu des docteurs ou Jésus retrouvé, le Portement de croix, la Descente du St-Esprit ou la Pentecôte, le Couronnement de la Sainte Vierge » ; — dans le 2e à droite, « la Présentation de Jésus au temple, le Couronnement d'épines, l'Ascension ». A la rosace qui couronne le vitrail est « N.-D. de Boulogne sur un bateau, avec deux *Anges* sonnant de la trompette ». Autour de la rosace sont 8 médaillons correspondant aux 8 versets suivants des litanies, inscrits sur des banderoles placées au-dessous des médaillons : « Stella matutina, Janua Cœli, Turris eburnea, Vas spirituale, Vas honorabile, Sedes Sapientiae, Rosa mystica, Domus aurea ».

Dans le croisillon droit étaient deux dalles funéraires qui ont disparu dans la restauration de 1860-1863 : la 1re datait de 1348 ; la 2e était celle de deux époux. Voir ci-après celle de 1397.

Après le transept droit sont, dans le côté droit jusqu'à la grande porte :

1° la *petite porte*, qui donne accès sur la Grande-Rue et au-dessus de laquelle une banderole porte l'inscription « Patrona nostra singularis, ora pro nobis », notre Patronne incomparable, priez pour nous, déjà vue ci-dessus et qui rappelle l'inscription de 1231 de la porte des Dunes à Boulogne-sur-Mer (chapitre II) : pour rappeler cette filiation, à la fin de nos grand'messes des dimanches et fêtes, on chante l'invocation *Patrona*, qu'on fait suivre du verset « Benedicta tu in mulieribus » du répons « Et benedictus fructus ventris tui ». Vous êtes bénie entre toutes les femmes et béni est le fruit de vos entrailles, et d'une prière spéciale ;

2° le *vitrail* au-dessus de la petite porte, divisé en 3 parties comprenant divers sujets : « saint Agricol, le martyre de sainte Emilie, sainte Catherine, saint Louis rendant la justice, saint Henri, sainte Geneviève, saint Georges, Raphaël et Tobie, saint Edouard, saint Paul, la Cène, Noli me Tangere (Ne me touchez pas) ou Apparition de Jésus à Madeleine après la résurrection » ; dans la rosace, un *ange ;*

3° le *vitrail* suivant, dominant la pierre tumulaire de Le Mercier, don des dames de charité et du clergé. Il représente, de bas en haut: à droite (4 sujets), « Disciples d'Emmaüs, saint Ambroise et l'empereur Théodose, saint Remi baptisant Clovis Ier, Jésus donnant les clefs à saint Pierre » ; à gauche (4 sujets), « saint Vincent de Paul recueillant des orphelins, Jésus-Christ et des Anges apparaissant à saint Martin couché, saint Martin distribuant la moitié de son manteau à un pauvre, la Multiplication des pains » ; dans la rosace, un *ange ;*

4° la *pierre tumulaire, dalle funéraire* de messire *Jehan Le Mercier, Lemercier*, conseiller des rois Charles V et Charles VI, maître d'hôtel de Charles VI (voir 1376), mort en 1397, connu par sa dévotion à N.-D. de Boulogne la Petite, sa science et son désintéressement. Cette dalle, de 2^{m}61 de haut sur 1^{m}32 de large, se trouvait autrefois dans la chapelle de la Sainte Vierge à côté d'une dalle portant une effigie de femme, sans doute la femme du conseiller, avec les mots : « Monsr Jehan... chevalier, m^e dostel du Roy nre (nostre) Sire, au dire de M. de Guilhermy, à qui son ami Léopold Delisle a donné le nom du conseiller, lequel n'est pas marqué sur la dalle du défunt.

Les détails de cette dernière ont excité à juste titre l'admiration de M. de Guilhermy († 1878), qui en a donné une description très exacte dans le tome II (1875) des « Inscriptions de la France du Ve au XVIIIe s., ancien diocèse de Paris, recueillies et publiées par M. de Guilhermy, membre du comité des Travaux historiques et des Sociétés savantes, conseiller référendaire à la cour des Comptes, etc., etc., 5 volumes in-4, 1873-1883, Imprimerie Nationale » : M. de Lasteyrie a collaboré à l'ouvrage après la mort de M. de Guilhermy. A la page 84 du tome II, en regard de laquelle est la reproduction de la dalle, M. de Guilhermy s'exprime ainsi : « Le ciseau du tombier n'avait rien négligé, rinceaux répandus sur les fonds, arcatures à jour, colonnettes, chapiteaux feuillagés, pignons, petites voûtes avec leurs nervures et leur appareil. Au sommet, on retrouve Abraham recevant l'âme dans son sein, et, sur les pieds-droits, les figurines des douze Apôtres. Celles-ci, qui sont le mieux conservées, se voient à la gauche de l'effigie principale ; la clef, le glaive, la scie, le couteau, nous permettent de désigner leurs noms. « saint Pierre, saint Paul, saint Simon, saint Barthélemy ».

« Le défunt porte le costume complet, à l'exception toutefois de la coiffure, d'un chevalier de la fin du XIVe s., armé en guerre. Une épée s'attache à son côté gauche, une dague à son côté droit. Les mains jointes, la tête, le lion couché sous les pieds ont disparu avec les plaques de marbre ou de métal sur lesquelles on les avait dessinés. Quelques traces de clous indiquent la place d'un baudrier rapporté en métal. Une partie de l'épitaphe, les symboles évangéliques des quatre angles et les écussons des grands côtés de la bordure sont aujourd'hui effacés ou brisés ».

On lit les mots suivants en lettres gothiques, autour de la dalle : dans le haut à droite : « Cy-gist » ; — sur le côté droit, donc à gauche du défunt: « Chevalier Seigneur de... le Conte Conseiller et maistre dostel du Roy » ; — en bas, rien ; — sur le côté gauche, de bas en haut : « mil trois cens IIII^{xx} et XVII, le IIIe jour de juillet, priez Dieu » ; — enfin, dans le haut, à gauche : « pour lui ». Par conséquent, ce qui reste de l'inscription est : « Ci-gît (le) Chevalier Seigneur de..., le Comte Conseiller et maître d'hôtel du Roi, (mort) le 3 juillet 1397 ; priez Dieu pour lui » ;

5° après être sorti de la nef, les *inscriptions* des deux restaurations, 1860-1863, 1872-1879, vues à leurs dates ;

6° l'*épitaphe* en lettres gothiques de *Nicolas Myette*, bourgeois de Paris, un des fondateurs de l'église et de la grande Confrérie, mort en mai 1338 : voir au chapitre III, 1327, 1328, etc. Cette épitaphe, bien conservée, retrouvée dans les travaux de restauration de 1860-1863 enfouie dans la terre de la propriété Petibon, en face de l'église, et apposée près d'une baie de l'ancienne chapelle du Sépulcre, a cédé sa place à l'inscription de 1899 et se trouve dans le côté droit près de la grande porte. Elle a 0 m. 57 de haut, 0 m. 43 de large, et comprend 12 vers octosyllabiques, qui riment entre eux en tenant compte de la prononciation de l'époque. La voici, en lettres ordinaires, mais avec quelques explications :

« Cy devàt (devant) gist soubz icelle lame (sous cette pierre)
Nicolas Myette, dont lame (l'âme)
Veille (veuille) Dieu mectre (mettre) en paradiis,
Et est ung (un) des pmiers (premiers) jadis
Fondeur (fondateur) de ceste (cette) chapelle
Ou (au) nom de la Vierge puscelle (pucelle),
Qui trespassa le meditton (*on* pour *an* : milieu de l'année)
Mil trois cès (cens, cent) trète (trente) sept et ung
Droit èviron (environ) le moys (mois) de may,
Et pries (priez) tous avesques moy (moi)
Que Dieu vray pardon luy faisse (fasse, accorde)
Et à nous, par sa saincte grace »
« Amen ».

L'écu est entre saincte et grace.

Meditton rime avec *ung*, prononcé *on*.

Moy, prononcé *may*, rime avec *may*.

Écu.
Ici sont
3 poissons
l'un après
l'autre

7° Sous la tribune, au-dessus de l'épitaphe, en face de la porte de l'escalier de la tribune, le vitrail en deux parties, donné par la comtesse Louise d'Ideville le 18 juin 1870, avec *l'ange gardien* d'un côté et *saint Michel*, de l'autre.

Il ne me reste plus qu'à mentionner : le *chemin de croix* (voir 1853, 1879) ; les 10 beaux lustres qui éclairent l'église (voir à 1896) de la grande porte à la table de communion ; le *calorifère* pour le chauffage de toute l'église (voir 1860, 1868, 1881, 1887, 1890, 1900).

La fête patronale est, depuis 1811 (voir à 1811), la *Visitation*, 2 juillet, avec octave.

L'église possède des reliques (voir 1783, 1792) de la *vraie Croix* (1805), de la *Couronne d'épines* (1807), du *saint Voile* (1821), de la *Crèche*, d'ossements ou de vêtements de *saints* (1805, 1866). Dans le procès-verbal vu au 30 novembre 1885 est constatée la présence de 7 reliquaires et de leurs authentiques.

CHAPITRE XVIII

Liste des curés de Boulogne-sur-Seine et des présidents du conseil de Fabrique, avec renseignements sur les **Fabriques**.

I. — Depuis l'érection de la paroisse de Boulogne, 1330, jusqu'à nos jours, il n'y a que 39 curés, dont voici la liste complète, publiée pour la 1re fois d'après les documents authentiques (détails à leurs dates : avec le curé intérimaire, on a 40 curés) :

Pierre Danet, 1er juill.	1330-1338	Fiacre de la Fontaine.	1398-1399
Nicolas Myette..........	1338-1383	Jacques Nivelle.........	1399-1404
Guillaume J. de la Chanolle, de la Chesnel	1383-1395	Robert Lyotte, Lejote.	1404-1439
		Jean Godard, Godart.	1439-1467
		André de Mellet.........	1467-1469
Etienne Péruelle, Péruolle	1395-1398	Pierre Charpentier.....	1469- ?
		Mathieu Berthault......	?-1481

Jean-Baptiste Viallon.	1481-1514	Charles-François Hénocque, Hénoc.	1744-1793
Jean Mondinot	1514-1524	Jean Louis, intérimaire	1744-1745
Fulbert Desprès	1524-1555	Église fermée de 1793 à 1801.	
B. Le Loyer, Le Loger	1555-1561		
Jacques Girot	1561-1562	Tessier, Teissier	1798-1802
Gilles Bataille	1562-1567	Jean-Gratien Legrand.	1802-1832
Gilles Guillier	1567-1572	Jean-Baptiste Duchaine	1832-1838
Germain Huron	1572-1600	Pierre-François Dufort	1838-1848
Thomas l'Esbagy, Lesbagy	1600-1624	Guillaume Lecot, Le Cot	1848-1868
Jacques Wallon, Guallon, Vuallon	1624-1626	Amand-Gilles Esnault.	1868-1870
Pierre Pillet, Pilliet	1626-1627	Jean-Antoine-Marie Guiral	1870-1879
Nicolas Pelletier	1627-1629	Antoine Lesmayoux	1879-1892
Jean Carbonnel, Carbonnet	1629-1646	Marie-Timothée Leclercq	1892-1898
Marin Manuel	1646-1666	Charles-Augustin Gérard, depuis septembre 1898.	
Guillaume Leclerc	1666-1682		
Louis Leclerc	1682-1724		
Claude-Jules Duval, du Val	1724-1744		

II. — L'administration temporelle des paroisses (v. 1330 au chap. V; 1696, 1788, 1801, 1802, 1803, 1804, 1858) est actuellement confiée à des conseils de *Fabrique* fonctionnant en vertu de l'art. 76 de la loi du 18 germinal an X, 8 avril 1802, du décret du 30 décembre 1809, de l'ordonnance du 12 janvier 1825 et du décret du 27 mars 1893. Les conseils ont 5 membres (paroisses inférieures à 5.000 âmes) ou 9 membres (autres paroisses) nommés pour 6 ans, la première fois par les évêques et les préfets et ensuite à l'élection par les membres des conseils (art. 3 et 4 de 1809), les curés et les maires en étant membres de droit. Les conseillers nomment entre eux 3 membres comme *marguilliers*, lesquels forment le *bureau des marguilliers* (art. 13 de 1809), dont le curé est membre de droit: les marguilliers sont nommés pour 3 ans. Boulogne, vu sa population, a, depuis 1834, 9 fabriciens, en dehors du curé et du maire. Les fabriciens sont choisis parmi les *notables catholiques* de la paroisse (art. 3 de 1809), et par *notables*, il faut entendre, d'après la lettre ministérielle du 28 février 1870, les personnes ayant exercé dans la commune ou y exerçant des fonctions publiques, celles qui ont une profession libérale (notaires, avoués, avocats, médecins, fonctionnaires, etc.), les propriétaires les plus imposés sans distinction de rang, les personnes qui ont des titres de noblesse (on était alors sous l'Empire), etc.

Le curé ne peut être président du conseil de Fabrique (Conseil d'Etat, 7 février 1867), ni le maire (lettre ministérielle du 22 juin 1837). Les vicaires ne peuvent être fabriciens (décisions du 29 août 1829 et de septembre 1899). En décidant que le curé ne pouvait être président du conseil, on a voulu éviter que le curé augmentât l'influence que lui donnent naturellement ses fonctions sacerdotales, exerçât trop d'ascendant sur les déterminations du conseil, dont l'indépendance doit être garantie, et introduisît dans ledit conseil l'esprit de parti, si nuisible au bon ordre. Tel est en particulier l'avis de Mgr Affre, dans son « Administration temporelle des paroisses », partagé d'ailleurs par tous ceux qui se sont occupés des Fabriques. En cas d'absence du président, le doyen d'âge doit présider la séance (Conseil d'Etat, 9 juillet 1839).

Le curé ne peut être président du bureau des marguilliers (décisions ministérielles des 2 octobre 1810, 17 août 1811 et 16 mars 1846 ; Conseil d'Etat, 7 février 1867), ni son trésorier (décision du 24 août 1835) ; il en peut être secrétaire (décision du 18 février 1812). Le maire ne peut être marguillier (décisions ministérielles des 21 août 1812, 25 mars 1831, 28 mars 1833, 13 mai 1865, 3 août 1870).

Voir *banc d'œuvre* au chapitre XVII ; *biens des Fabriques*, à 1796, 1858, 1881, 1883, 1884, 1893.

Avant 1804, les curés étaient les présidents naturels des administrations temporelles des églises (voir 1330, 1804). Depuis 1804, fonctionnement des conseils de fabrique modernes, on peut suivre la présidence, et pour Boulogne les présidents ont été les suivants :

M. le curé Legrand....	1804-1832		M. le curé Le Cot....	1850-1851
— Duchaine .	1832-1838		M. Foullon...............	1851-1866
— Dufort	1838-1842		M. Houdard.............	1866-1891
M. Chapelain...........	1842-1848		M. Danvin...............depuis 1891	
M. Chauvel...............	1848-1850			

CHAPITRE XIX

L'église **Saint-Laurent** *et la* **maladrerie de Saint-Cloud.** *La chapelle* **Ste-Gemme.** *Le* **Presbytère.** *Œuvres, patronages, écoles paroissiales, etc.*

Sur Boulogne, en face de la Seine, après le pont, il y avait avant la Révolution, comme dépendances du chapitre de Saint-Cloud, une petite église ou chapelle *St-Laurent* et un *cimetière* de lépreux ou de pestiférés. Près de la chapelle, vers la chaussée du Pont, l'hospice de St-Cloud possédait une *maladrerie* ou *maladerie*, *léproserie*, connue dès le XIIe s. et où les chanoines de St-Cloud devaient se rendre en procession le jour des Rameaux. Dans le « Pouillé ou recüeil général de toutes les maladeries du Royaume, hopitaux, Hostels-Dieu, aumôneries et autres lieux pieux », de 1700 (*Archives nationales*, MM. 219), j'ai trouvé aux folios 8, 16, 136, la maladerie de *St-Cloud*, du diocèse de Paris (le diocèse de Versailles ne date que de 1802) : ce recueil renferme aux folios 122 et s. les statuts des ordres de *N.-D.-du Mont-Carmel* et de *St-Lazare de Jérusalem*, chargés des hôpitaux et des maladreries. Les cartons MM. 220 à 228 (actes de 1528 à 1787), 233 (recueil de 1675), 234 (table du XVIIe s.) visent toutes les maladreries. — Le carton S. 4876, non 4873, possède diverses pièces concernant l'Hôtel-Dieu et la léproserie ou maladrerie de St-Cloud. Ainsi, on y voit : le procès-verbal de la remise de cet Hôtel-Dieu et de cette maladrerie à l'ordre de N.-D. du Mont-Carmel et de St-Lazare de Jérusalem par Georges Canyvet, doyen et chanoine de la collégiale de St-Cloud (8 juillet 1673), en exécution d'un édit de décembre 1672 ; des baux relatifs aux mêmes et à leurs dépendances des 13 janvier 1674, 12 mars 1675, 10 mars 1676 ; des transactions y relatives des 5 septembre 1674, 30 avril 1675 ; un bail à loyer du 17 avril 1674, dans lequel on parle d'une place « vuide » (vide, libre) et vague, scize (sise) sur la rue de la Chaussée du Pont de St-Cloud (notre chaussée du Pont) », dépendant de l'Hôtel-Dieu et de la maladrerie de St-Cloud. Les cartons S. 4873 à 4877 s'occupent des hôpitaux et maladreries de Paris. Saint Vincent de Paul visita la maladrerie en 1612. La rue de la *Maladrerie* (de Bellevue) rappelait la maladrerie de St-Cloud, laquelle avait des biens à Boulogne, car elle figure en 1264 et en 1267 dans des ventes de terrains à l'abbaye de Longchamp. A remarquer que l'hospice de St-Cloud possédait des maisons et des terrains (en possède encore) vers la chaussée du Pont, la Grande-Rue, la rue de Paris et ses environs. Voir 1435, 1436, 1438, ch. V ; 1264, 1267, ch. Ier.

J'ai dit aussi qu'une chapelle *Ste-Gemme* existait près de l'église (voir détails après 1316 et à 1757, 1763) : transformée en habitation, elle a disparu avec le reste en 1860-1863.

Le *Presbytère* est l'habitation du curé à la charge de la commune (art. 72 de la loi du 8 avril 1802 ; art. 44 du décret du 30 décembre 1809), si la Fabrique n'a pas de revenus suffisants (art. 136 de la loi du 5 avril 1884). Le *Presbytère* actuel est place du Parchamp, sur l'avenue de Longchamp : pour sa *propriété*, voir principalement le vote du 6 mars 1881, ci-après.

Il a subi des transformations avec le temps : le Ier, bien de la Fabrique (1320, 1757, 1763, 1796, 1858), a été aliéné en 1796. Après la Révolution, la commune donna un local (2e presbytère) au curé. A la suite du vote du conseil municipal du 10 mai 1824, Louis Chauvel, un des conseillers, et sa femme, vendirent à la Ville, pour la somme de 18.000 francs, une maison pour servir de presbytère, suivant acte Noël, notaire à Boulogne, du 25 décembre 1824 : la Ville prit possession de la maison en 1825 et la fit approprier en conséquence. Réparé en 1829 et en 1835, assuré 12.000 francs par la commune en 1835 (vote du 6 août) ce 3e Presbytère céda la place à un autre (le 4e) en 1845.

Dès les 7 novembre 1842 et 6 février 1843, le conseil municipal s'était occupé de la transformation du Presbytère d'après un devis de 17.325 francs. Le 19 août 1844, il se prononça pour la reconstruction, en adoptant le devis Lequeux du 29 juin 1844, montant à 18.935 francs, déduction faite de 4.690 francs, somme estimée des vieux matériaux, vota 10.000 fr. à cette intention et décida de solliciter des secours de l'autorité supérieure. Le 25 mars 1845, le ministre des cultes accorda un secours de 4.000 francs et le 30 août 1845 eut lieu l'adjudication des travaux pour 22.500 francs. Enfin le conseil vota les dépenses le 7 décembre 1845, les fournisseurs furent payés en 1845, 1846, 1847.

L'embellissement de la ville motiva l'élargissement et l'alignement de la rue de Longchamp (avenue de Longchamp), suivie par le chemin de Longchamp. Or le Presbytère était en saillie sur la rue de Longchamp, et le conseil municipal vota le 20 mai 1860 la démolition et la reconstruction du Presbytère, adopta les 20 mai 1860, 23 juin 1861 et 18 mai 1862, le devis Lequeux du 15 mai 1860, s'élevant à 33.087 fr. 19, et le 25 septembre 1862 un nouveau devis fixé à 39.552 fr. L'adjudication des travaux eut lieu le 15 décembre 1862.

Le 8 mai 1864, le nouveau Presbytère (le 5e) étant terminé, le conseil municipal vota la démolition immédiate de l'autre et la vente des matériaux, évalués seulement à 1.100 francs.

Le 18 mai 1865, le même conseil arrêta le compte des travaux du Presbytère actuel à 33.287 fr. 50 ; le 18 février 1866, il vota la mise à l'alignement du mur de clôture, ce qui coûta 1.473 fr. 78, ainsi qu'il résulte de la délibération du 11 novembre 1866.

Le conseil municipal assura le Presbytère : 1° en 1862, pour 18.000 francs (délibération du 18 mai) ; et 2° pour 30.000 francs (délibération du 22 novembre 1863).

Après la Commune de 1871, le Presbytère était devenu presque inhabitable, car il avait été occupé par l'autorité militaire. Aussi le conseil municipal dut-il voter les 20 et 27 août 1871 les réparations urgentes (2.988 fr. 58: portées à 3.521 fr. 91 le 25 août 1872) et une indemnité de logement de 1.000 francs au curé pendant le temps (1871-1872) des travaux.

Les 4 mars et 19 mai 1878, le même conseil vota l'installation de l'eau de Seine au Presbytère.

Le 5 novembre 1880, le conseil municipal avait approuvé le projet d'achat par Mme Vve Beaussire d'un terrain contigu à sa maison, mais appartenant au Presbytère. D'où protestation énergique du conseil de Fabrique qui, dans sa séance du 6 mars 1881, s'opposa à la vente, en appelant l'attention de l'Archevêché sur l'utilité de ce terrain pour le Presbytère, et fit valoir l'abandon fait à la ville par la Fabrique, dans l'intérêt public, en *échange* du *Presbytère actuel*, des terrains non aliénés et rendus à la Fabrique par l'arrêté du 7 thermidor an XI, 26 juillet 1803, comme la place du Parchamp et une partie de l'avenue de Longchamp (cet échange a été avantageux à la Ville et la Fabrique a laissé prendre les terrains sans aucune observation) : à l'exception du maire Liot, les fabriciens signèrent la protestation et obtinrent gain de cause.

Les 9 août et 14 novembre 1881, le Conseil municipal émit inutilement le vœu de la vente du Presbytère, avec affectation du produit à la Ville. De même les 15 août et 30 novembre 1884, 21 février 1887 et 24 octobre 1892. En 1890, le conseil municipal fit encore réparer le Presbytère, et la Fabrique le répara aussi en 1892, 1898, à l'arrivée des nouveaux curés, et en octobre 1903.

A la séance du conseil municipal du 1er juin 1898, des conseillers municipaux, ayant repris les propositions de 1881 et autres, demandèrent la désaffectation du Presbytère, proposition que le conseil renvoya à l'étude d'une commission, laquelle travailla en vain. D'ailleurs, la proposition ne pouvait aboutir avec la législation en vigueur, qui peut se résumer ainsi : « D'après l'art. 72 organique du 18 germinal an X, un logement est dû aux curés et desservants, et l'art. 136 de la loi du 5 avril 1884, qui n'a pas d'effet rétroactif (art. 2 du Code civil), dit que les communes sont tenues de donner une indemnité de logement aux curés et desservants en cas d'insuffisance des revenus de la Fabrique (ce n'est pas le cas à Boulogne) et quand il n'y a pas de bâtiment destiné à cet usage (le bâtiment existe ici) ; enfin aux termes des art. 167 et 168 de la même loi, et de la circulaire du 15 mai 1884, les conseils municipaux ne peuvent désaffecter que les immeubles consacrés au culte en dehors des prescriptions de la loi de 1802 (ce n'est pas le cas à Boulogne) et après autorisation des autorités supérieures, et seulement pour les immeubles concédés depuis 1884 (ce n'est pas encore le cas). Cela s'entend uniquement des édifices communaux. — Pour le Presbytère de Boulogne, voir ce qui précède et le vote de la Fabrique de 1881.

Au budget municipal de 1903 figure une somme de 100 francs pour l'entretien du Presbytère de Boulogne.

Les *œuvres* de la paroisse de Boulogne, nombreuses et florissantes, se divisent en « œuvres de prières et de piété, œuvres de charité, patronages, écoles ».

Les premières sont les suivantes : 1° la *grande Confrérie de N.-D. de Boulogne*, pour tous les paroissiens, avec belle bannière : à 8 heures deux messes par mois : détails au chapitre III ; — 2° la confrérie ou association du *St-Sacrement* et du *Sacré-Cœur* (voir 1879, 1880), pour les hommes, sous la présidence du curé, avec belle bannière portant la date de 1821 d'un côté, et 1900 et le sacré Cœur de l'autre : propagation du culte du saint Sacrement et du sacré Cœur de Jésus ; procession mensuelle le 3º dimanche du mois (voir 1890, février 1903), comme cela s'était fait dès 1885 ; adoration perpétuelle et nocturne dans la paroisse en juillet ; réunion mensuelle le 3º dimanche du mois à 2 heures dans la salle des catéchismes ; cotisation annuelle de 3 francs depuis 1887 (était alors de 6 francs) ; fête patronale le jour de la Fête-Dieu : autrefois, il y avait messe tous les jeudis. Avant 1879, une confrérie semblable avait existé à Boulogne, même avant le XVIIIᵉ s., car sur une estampe gravée, possédée par M. Adrien Barbu, on trouve ceci : « Confrérie du très Sᵗ Sacrement, Erigée en l'Eglise Royale et Paroissiale de Notre Dame de Boulogne, près de Paris. Charle Hairé, Marguillier en 1756. A Paris, N. Bernert, rue St-Jacques ». Des anges et des adorateurs entourent l'ostensoir, qui porte en légende *Ecce Panis Angelorum;* au-dessous, sur une banderole, il y a les mots, presque effacés : « Loué soit à jamais le très saint Sacrement ». Disparue sous la Révolution, la confrérie a été rétablie vers 1819 par plusieurs paroissiens, qui firent construire le banc d'œuvre du St-Sacrement vers les fonts : sur 3 cachets qui en restent, on voit les noms des marguilliers en charge de 1839, de 1847 et de 1850. Elle cessa de fonctionner en 1855 et fut remplacée seulement en 1879 par la nouvelle ; — 3° la confrérie ou association du *Sacré-Cœur* et des *dames adoratrices du St-Sacrement*, fondée, quant à son second titre, en 1897 (premiers essais en 1894), devenue très prospère sous la vive impulsion que lui a donnée Mme la comtesse d'Eu : propagation comme ci-dessus ; adoration diurne d'une heure par semaine ou par mois, surtout le 1ᵉʳ vendredi du mois, de 1 heure à 5 heures dans la paroisse ; adoration diurne les autres jours de 1 heure à 5 heures ; tous les vendredis, messe à 9 heures en l'honneur du sacré Cœur ; réunion le 1ᵉʳ vendredi du mois ; ce vendredi, exposition du saint Sacrement de 6 à 10 heures du matin et, depuis 1898, de 1 à 6 heures du soir, messe à 9 heures avec consécration et salut, et le soir, à 5 heures, prière, instruction et salut ; cotisation annuelle 3 francs au maximum ; fête patronale le jour de la fête du Sacré-Cœur ; — 4° la confrérie de la *Sainte Vierge pour les jeunes filles*, avec belle bannière : assistance aux principaux offices des fêtes, à la procession du Rosaire, le 1ᵉʳ dimanche du mois, et aux autres processions spéciales ; réunion à l'église le 1ᵉʳ dimanche du mois après le salut ; — 5° l'association des *Enfants de Marie*, avec siège à l'institution St-Alexandre : communion mensuelle à l'église, à 7 heures, le 1ᵉʳ dimanche du mois ; le même jour, réunion à 1 heure 1/2 à l'institution ; — 6° la confrérie du *Rosaire*, du *saint Rosaire* : procession le 1ᵉʳ dimanche du mois ; fête patronale le 1ᵉʳ dimanche d'octobre ; — 7° l'association des *Mères chrétiennes* : le 1ᵉʳ mercredi du mois, réunion à l'église à 9 heures, messe, instruction et salut ; — 8° le *tiers ordre franciscain*, de *saint François d'Assise*, de décembre 1900, divisé en *fraternité des hommes*, se réunissant le 3ᵉ vendredi du mois à l'église à 4 h. 1/2, et en *fraternité des dames*, se réunissant le 4ᵉ vendredi du mois à 4 heures 1/2 chez les Sœurs franciscaines, Grande-Rue, 5 : le directeur est le curé de la paroisse, et une instruction est faite à chaque réunion ; — 9° l'association de la *Ste-Famille*, pour les pauvres, de 1899 : le 1ᵉʳ dimanche du mois, à 8 heures du soir, réunion à l'église, prière, chant de cantiques, instruction, salut, loterie ou tombola d'objets utiles ou de consommation ; retraite annuelle pour les Pâques ; — 10° l'association ou œuvre de la *Bonne-Mort* et de la *Délivrance des âmes du Purgatoire* : tous les lundis, à 9 heures, réunion, messe, recommandations et prières pour les défunts de la paroisse ; — 11° l'œuvre de la *Propagation de la foi* chez les infidèles : cotisation annuelle 3 francs (2 fr. 60 strictement parlant ; o fr. 05 par semaine) ; fête patronale le 3 décembre, saint François-Xavier. Pour les enfants, prend le titre de *Ste-Enfance* : cotisation de o fr. 60 par an, o fr. 05 par mois ; — 12° l'œuvre de *St-François de Sales*, pour le soutien de la foi catholique à l'intérieur, les dons aux missions des églises, les dons aux églises pauvres : cotisation annuelle o fr. 60 ; fête patronale le 29 janvier, saint François de Sales.

N'existent plus les confréries suivantes : 1° de *St-Fiacre*, des horticulteurs, jardiniers, citée dans un acte du 26 août 1656 et favorisée des brefs d'Innocent X du 9 janvier 1652 (organisation) et d'Alexandre VIII du 25 mars 1690 : sa bannière, rouge, de 1821, portant l'image du saint, est exposée aux jours de fêtes. La société de *St-Fiacre* (voir 1822, 2ᵉ partie) l'a remplacée : fête le 30 août. Voir à Chatel, 1832 ; — 2° de *St-Vincent*, des vignerons, nombreux dans l'ancien temps à Boulogne, avec fête le 22 janvier : la bannière, rouge, portait l'image du saint ; — 3° du *Saint-Voile* (voir 1821) ; — 4° de *Ste-Véronique*.

L'importante confrérie de *Ste-Véronique*, fondée pour les blanchisseurs en 1832, est encore mentionnée aux grand'messes pour ses défunts. En 1874, sous l'inspiration du curé Guiral, elle avait été rétablie par MM. Louis Leroy, Adrien et Eugène Barbu, Joseph Morel, avec une ancienne bannière du Saint-Sacrement, donnée par M. Guiral comme 1ʳᵉ bannière, et la fête de la sainte patronne fixée au dernier dimanche d'août. En 1876, on avait eu à son chiffre un drap mortuaire, et en 1880 M. A. Barbu avait fait fondre en bronze une statue destinée à orner le pain bénit offert chaque année au jour de la fête patronale. Enfin, il avait été décidé qu'une messe avec chants serait dite le jeudi après la fête à la mémoire des confrères décédés dans l'année. A disparu en 1892 (note de M. A. Barbu). Voir à Chatel, 1832.

Dans le 2e groupe, les *œuvres de charité*, sont : 1° l'association des *Dames de charité* (voir 1667, 1854), pour la visite à domicile des femmes pauvres et de leurs familles et des malades. Elle comprend des membres actifs, versant 20 francs par an, et des membres bienfaiteurs. Réunion mensuelle le 1er mardi du mois, à 1 heure 1/2 à la sacristie, sous la présidence du curé de la paroisse ; visite des familles, auxquelles les dames distribuent des bons de pain, de viande, de chauffage, etc., apportent de bonnes paroles, de bons conseils, et s'occupent de toutes les misères pour les soulager. Elles dépendaient autrefois du bureau de bienfaisance (voir 1854), ce qui explique le vote par lequel le conseil municipal accorda en 1837 une médaille d'or de 200 francs à Mme *Brenet*, dame de charité célèbre par son dévouement. Après la guerre, les dames de charité ont formé une œuvre paroissiale, avec une présidente, qui est toujours Mme *Vve Tisserand;* — 2° les dames de l'*Ouvroir-Vestiaire*, fondé primitivement par Mlle Meignan en octobre 1856 et qui a aujourd'hui son siège à l'institution St-Alexandre : réunion tous les vendredis de 2 à 4 heures des dames de volonté, pour la confection de vêtements destinés aux pauvres (des dames qui ne peuvent venir travaillent chez elles dans le même but) ; cotisation annuelle de 6 francs par an pour toutes les dames ; fête le 1er dimanche d'octobre, le saint Rosaire ; — 3° la *conférence de St-Vincent de Paul*, pour les hommes, bons catholiques, de toutes les opinions, car la société reste étrangère à la politique : visite à domicile des hommes seuls, des ménages et de leurs familles, dans le même esprit que celui des dames de charité ; régularisation des unions irrégulières et légitimation des enfants ; distribution de bons de pain, de viande, de chauffage, de vêtements, de chaussures, etc., et prêt de draps. Comprend des membres actifs, visitant des familles et donnant ce qu'ils peuvent aux quêtes des séances, et des membres honoraires et bienfaiteurs, versant une cotisation annuelle dont le montant est laissé à la discrétion de chacun. Les réunions ont lieu hebdomadairement le vendredi à 8 heures 1/4 du soir (avant le 3 juillet 1903, avaient lieu tous les quinze jours, et même du 1er décembre au 28 février le dimanche à 1 heure 1/2) ; la fête patronale est le 19 juillet. Fondée le 28 septembre 1866, agrégée le 28 avril 1884, la Conférence se réunit d'abord chez le comte du Mesnil, ensuite à l'école N.-D. de la rue des Tilleuls de 1881 à octobre 1890 ; à l'église, de novembre 1890 à septembre 1891 ; à l'école N.-D., rue du Parchamp, 8, d'octobre 1891 à septembre 1904. A partir du 7 octobre 1904, elle se réunira dans la salle de conférences Franche, rue du Centre, 8. Ses présidents ont été jusqu'en 1903 : MM. le comte du *Mesnil du Buisson*, son fondateur, élu en 1866, démissionnaire le 17 février 1884, mort le 15 juin 1894; d'*Anisy*, 1884- + 10 février 1893; *Dominé*, juin 1893-+ 5 avril 1903 (voir à 1903); — 4° les Sœurs gardes-malades de l'*Immaculée Conception*, appelées d'Auteuil en 1880 par le curé Lesmayoux, installées rue Escudier, 33, le 18 avril 1880, transférées plus tard rue des Tilleuls, 59, puis rue Fessart, 19, où elles sont actuellement : soignent les malades et distribuent des secours aux malheureux ; — 5° les Sœurs gardes-malades *franciscaines*, avec maison de retraite, établies depuis 1896 au n° 5 de la Grande-Rue.

Il y a deux patronages paroissiaux. On y réunit les jeudis et les dimanches les élèves des écoles communales : 1° pour leur donner l'instruction religieuse par l'assistance aux offices des dimanches et fêtes, par des catéchismes ou des instructions ; 2° pour leur procurer des jeux proportionnés à leur âge. Un vicaire y remplit les fonctions d'aumônier, de directeur.

Le patronage *St-Joseph*, des garçons, fondé en 1880 par l'abbé P. Binz, installé par lui rue de la Paix, transféré rue des Tilleuls, 47, où l'abbé Binz avait installé en 1881 l'école N.-D., puis rue de Buzenval, 15. Les dimanches et fêtes : à 9 heures, messe chantée ; à 2 heures, vêpres et salut ; en dehors des offices, jeux. En semaine, catéchismes avec le concours de dames dévouées. Plusieurs représentations par an sont données avec succès par le Patronage. Voir 1884. - On y remarque la plaque en marbre noir consacrée au fondateur (+ 1896 : voir à 1892). Ses directeurs ont été les abbés *Binz* (1880-1892); *Hennet* (1892-1900); *Lacroix* (depuis 1900).

Le patronage de la *Ste-Famille*, de la *Ste-Enfance*, pour les *filles*, fondé en 1882 par Mme Daunis et installé rue de Montmorency, 6, dans un immeuble qui a été exproprié en 1895, a été continué en 1895 par Mlle Riant (+ septembre 1900) dans son nouveau local de la rue de l'Est, 44. Dirigé d'abord par des dames, ensuite par les Sœurs de St-Charles appelées par Mlle Riant, il a été confié, un peu après la mort de cette dernière, à des dames de bonne volonté, et en 1902 la société des Dames de Ste-Clotilde a acheté le terrain aux héritiers Riant et y a laissé le patronage paroissial. Les dimanches et fêtes, messes à 8 heures 1/2 et 9 heures 1/2 ; le soir vêpres et salut ; enfin jeux comme dans l'autre patronage. Catéchismes comme ci-dessus. Bibliothèque paroissiale. En outre, on enseigne aux enfants les connaissances utiles comme la couture, le chant, l'histoire, etc. La chapelle, dite du *St-Esprit consolateur*, a été bénite par le vicaire général Odelin le 4 juillet 1895.

Boulogne a deux écoles primaires paroissiales.

L'école *St-Louis de Gonzague* (garçons), rues de Verdun, 2, et d'Aguesseau, 50, est l'œuvre du curé Leclercq, qui lui a consacré une grande partie de sa fortune et de ses revenus. Elle remplace l'ancienne école de maîtrise de l'abbé Binz, qu'il transféra en 1881 de la rue de la Paix à la rue des Tilleuls, 47, où il installa l'école N.-D., créée en 1881 à la suite des lois laïcisatrices (voir 1880-1881, 2ᵉ partie). Cette dernière fut transférée elle-même en 1891, rue du Parchamp, 8, sous le même titre, dans le bel immeuble acheté par le curé Lesmayoux et affecté à l'institution primaire et secondaire, établie par lui et une société civile, avec un directeur, l'abbé Alet, les Frères de Ploërmel pour l'instruction primaire, des prêtres et des laïques pour l'instruction secondaire. Des divergences de vues entre le curé Leclercq et la société civile firent abandonner l'école par les Frères de Ploërmel (le F. Amand était alors à leur tête), en faveur desquels le curé fonda en 1892 une école de maîtrise, avenue de Longchamp, 3, dirigée par le F. Etienne, puis la belle école *St-Louis de Gonzague*, qui put fonctionner en 1894 avec le F. Louis comme directeur (le F. Louis en a été le directeur, jusqu'à l'expulsion des Frères, 2 août 1903) : elle a été agrandie par M. Leclercq, et comprend 130 élèves (les élèves de la maîtrise et les autres). On n'y dit pas la messe ; mais on y fait des catéchismes, et la société des anciens élèves, *association amicale* datant de 1899, devenue en 1903 le *cercle St-Louis*, y donne des représentations très goûtées.

Une fête spéciale marqua l'inauguration de l'école, en présence d'une foule nombreuse (Mgr le comte d'Eu était à la cérémonie), et sa bénédiction par Mgr Richard, archevêque de Paris, fut suivie d'une adresse de remerciements des élèves, de cantates, d'un discours de M. Leclercq et de l'allocution suivante de l'archevêque (18 8bre 1894) :

« J'ai béni beaucoup d'écoles chrétiennes et je trouve que c'est une bonne œuvre, toujours précieuse pour un diocèse, un abrégé en quelque sorte des œuvres de l'Eglise.

Les enfants sont l'espérance de l'Eglise et de la Patrie. Si le présent est incertain ou inquiétant, on croit, en regardant les enfants, à un avenir meilleur, et l'on fait des rêves comme en font toutes leurs mères.

M. le curé a prouvé une fois de plus, en fondant cette école, que l'entreprise n'était pas au-dessus des forces humaines, et qu'on réussit toujours quand on joint à la confiance la prudence et la Providence. Voilà pourquoi il a dû demander une rétribution scolaire.

Vous aussi, mes enfants, vous ferez des sacrifices comme vos parents et vos professeurs, auxquels vous témoignerez ainsi votre reconnaissance.

Mes enfants, on vous a procuré ici l'utile et l'agréable ; il faut que vous y répondiez. Je demanderai dans quelque temps à M. le curé si vous êtes bien travailleurs et guéris de la dissipation parisienne ;

enfin, si vous jouez bien, cela est nécessaire pour bien travailler.

Enfants, vous porterez chez vous les habitudes contractées à l'école, habitudes d'obéissance, de respect, de reconnaissance ; vous prouverez à vos parents que vous n'avez pas seulement appris de mémoire les commandements de Dieu, mais aussi et surtout que vous tenez à les pratiquer. »

A la suite de la loi de 1901 sur les associations, les Frères formulèrent une demande d'autorisation, et le conseil municipal, par 16 voix contre 4, émit un avis favorable le 23 octobre 1901 ; mais on sait que la Chambre des députés, après avoir constaté la majorité des vœux des conseils municipaux, 1075 pour les congrégations, 454 contre, refusa en 1903 l'autorisation à toutes les congrégations enseignantes non encore autorisées. Atteints par ce vote, les Frères ne furent tolérés que jusqu'au 2 août 1903 : la congrégation, essentiellement française, s'est dissoute, et ses membres ont pu se séculariser (elle était dite des *Frères de Ploërmel* ou de *l'Instruction chrétienne* ; avait été fondée en 1819 par l'abbé Jean-Marie de Lamennais, mort le 26 décembre 1860, frère du renégat).

En présence de ces événements, le curé et la société civile, propriétaires du local, ont revendiqué leurs droits, et ont décidé de continuer l'école, avec un personnel laïque, en fixant la rentrée au 2 octobre 1903 et en choisissant comme directeur M. *B. Fouquet*.

Les directeurs de l'école paroissiale ont donc été l'abbé *Binz*, 1880-1891 ; les Fr. *Amand*, 1891-1892, *Étienne*, 1892-1894, *Louis*, 1894-1903 ; M. *B. Fouquet*, depuis octobre 1903.

La 2ᵉ école paroissiale (filles), *l'institution St-Alexandre*, boulevard de Strasbourg, 23, est plus ancienne que l'école des garçons, car elle date de 1879, et a toujours été tenue par les Sœurs de St-Joseph de Bourg, renvoyées en 1879 de l'école communale et de l'asile. Ouverte le 17 octobre 1879, sous le nom d'*école St-Alexandre*, dans un local provisoire, et bénite le 23 novembre 1879 par l'archevêque de Paris, elle a été transférée le 10 octobre 1881 au boulevard de Strasbourg, n° 23, sous le titre d'*établissement St-Alexandre*, devenu *institution St-Alexandre*, avec externat payant, cours de dessin, de piano : 350 élèves environ fréquentent l'école, dont 200 sont instruites gratuitement. Là se réunissent les enfants de Marie. Dans la chapelle de l'institution, messe les dimanches et fêtes à 9 heures ; catéchismes (voir 1884). Dans la chapelle de la communauté, on a érigé un beau chemin de croix le 29 mai 1884 en vertu d'une ordonnance archiépiscopale du 20 mai. Voici les noms des directrices : les Sœurs *Alexandrine*, 1879-1881 ; *Ste-Ange*, 1881-1896 ; *St-Joseph*, 1896-1899 ; *Angèle*, depuis la rentrée d'octobre 1899.

Les deux écoles primaires paroissiales préparent au certificat d'études et au brevet élémentaire. Leurs terrains appartiennent à la Société civile constituée par acte Danvin, notaire à Boulogne, du 16 mars 1881 : grâce à cette société, l'école St-Alexandre a pu se transformer et s'installer boulevard de Strasbourg.

Pour les anciennes écoles, voir XV° s., 1688, 1714, 1729, 1757, 1763, 1798, ci-dessus. Pour les écoles, voir 1804, 1832, 2ᵉ partie. Pour les écoles communales et les asiles tenus par les Sœurs, voir 1714, 1757, 1763, ci-dessus ; 1804, 1832, 2ᵉ partie.

Sur la paroisse existent deux institutions libres catholiques :

1° L'*école, institution N.-D.*, rue du Parchamp, 8, et avenue de *Longchamp*, 1, pour les *garçons*, fondée en 1891 par le curé Lesmayoux et la société civile constituée par acte Danvin du 14 avril 1891, dans le bel hôtel Escudier, au parc magnifique : remplace, comme je l'ai dit, l'école *N.-D.* de la rue des Tilleuls, 47. Elle comprit à l'origine l'école primaire des *Frères de Ploërmel* (voir ci-dessus), remplacés en 1894 par les *Frères de la Doctrine chrétienne de Solesmes :* ceux-ci, atteints par le vote de 1903, durent quitter l'école en août 1903, pour être remplacés par des prêtres et des laïques à la rentrée d'octobre 1903. Les Sœurs de *St-Joseph de l'Union*, chargées de la cuisine, du linge, de l'infirmerie, furent aussi atteintes par les mesures générales prises contre les congrégations. L'école prépare aux baccalauréats. A toujours eu comme directeur M. l'abbé *Alet*, chanoine de Rodez.

2° Le pensionnat *St-Joseph*, rue du Parchamp, 4 et 6, pour les jeunes filles, tenu par les Sœurs de St-Joseph de Bourg : cette partie de la rue s'appelait rue de la *Procession*. Il remplace la 1ʳᵉ école établie en 1863 rue de la Balançoire (Vauthier), et occupe le bel immeuble acheté 400.000 francs en 1867, reconstruit et embelli en 1884-1886 et, pour la chapelle, en 1895-1896, celle-ci bénite le 7 novembre 1896 par le vicaire général Caron : un superbe parc et le cloître sont à signaler spécialement. Le pensionnat prépare aux examens et au brevet supérieur. Ses directrices ont été : les Sœurs *Irénée*, 1863-1885, fondatrice de l'école de 1863, religieuse d'un rare mérite ; *Marie-Colombe*, 1885-1899 ; *St-Joseph*, depuis octobre 1899, ancienne directrice de l'institution St-Alexandre.

En 1896, l'enregistrement saisit l'immeuble du pensionnat St-Joseph en payement d'une somme de 232.276 francs due par la congrégation pour droits d'accroissement. Les Sœurs réclamèrent la mainlevée de saisie, et perdirent leur procès devant le tribunal civil le 13 août 1896, puis en appel (cour de Paris, avril 1897) et en cassation (1899). Mis en vente le 27 juillet 1899, l'immeuble a été racheté par un avoué pour le prix de 235.000 francs, frais compris.

TABLE CHRONOLOGIQUE GÉNÉRALE

(53 av. J.-C. — 1904)

Les mêmes dates se reproduisant dans divers chapitres, une table générale m'a paru nécessaire pour les dates principales.

53 avant J.-C 12	1322. **Philippe V**....... 34, 39
IVe siècle 12, 17	1325. Nécrologe. 24, 25, 39, 43
IVe siècle. Fort............ 17	1326. Donation........ 64, 70
528. Série K.......... 13, 34	1329. Consentement....... 71
633 Boulogne-s/Mer. 57, 58, 69	1329. Bulles 72, 77
717. Charte 12, 69	1329. Indulgences.. 72, 81, 103
IXe siècle Port 18, 22	1330. Bulle.......... 72, 78
841. Pont................. 18	1330. Rente............... 72
885. Normands......... 17, 18	1330. **Paroisse** ... 7, 8 23, 57
1007. Charte.............. 69	[72 à 78, 257
1008. Charte.......... 15, 69	1330. Transaction . 75, 76, 78
1100. Menus............., . 18	1334. Rente............... 72
1109 Vraie **Croix**......... 18	1335. Lettre. 103, 107, 110, 111
1114. Menus.............. 276	1337. De Brabant...... 29, 40
1133, 4. Montmartre. 18, 20, 65	1338. Curé **Danet**..... 105, 257
[78	1338 Curé **Myette**.... 106, 257
1212. Forêt.............. 21	1338. N. **Myette**. 104. 106, 256
1224. Forêt........... 21, 131	1343, 4. Accord. 7, 77, 107, 111
1231. **Patrona**......... 58, 254	Rente............ 108
1236. Forêt........... 21, 131	1345. Exemption...... 41, 111
1249. Longchamp.. 24, 31, 35	1345, 6. Bornes........... 111
1260, 1. Longchamp. 24 à 26	1352. **Clément VI** 7, 108
[30, 31, 35	1360. Don............ 100, 111
1261, 3 Règle..... 24, 37, 49	1360. Brétigny 100, 111
1266. Chartes............ 35	1390. Nécrologe....... 24, 43
1270. **Isabelle**..... 25, 26, 36	1392. Bulle ... 7, 64, 107 à 110
1293. Bois........... 58, 69	1394. **Clément VII**.. 82, 100, 108
1294-1298. Moulin..... 31, 54	1397. Le **Mercier**. 112, 255, 256
1304. **Benoît XI**.......... 37	XIVe siècle. Sacristie..... 112
1308................... 11	XVe siècle. École........ 44
1309. Mariage 58	XVe siècle. Sacristie...... 114
1316. Ste-Gemme. 59, 143, 260	1401. Troubles........... 113
1320. **Église**. 8, 22, 57, 60 à 69	1412. Pèlerinages........ 113
[100, 102, 103, 246	1417. Bois................ 68
1320. **Confrérie**. 8, 81 à 104, 263	1429. **Richard**....... 114, 115
1320. Année 1319, 1320.... 64	1429. **Jeanne d'Arc**. 83, 100, 115

TABLE CHRONOLOGIQUE GÉNÉRALE

1438. Hiver............. 115	1652. Lettre............ 48
1439. **Lyotte**... 7, 112, 113, 257	1652. **St-Fiacre**...... 126, 264
1446. Arrêt........... 44, 115	1665 à 8. Bois. 48, 49, 132, 133
1450. Formigny....... 83, 115	1667. Code **Louis**........ 155
1461. **Isabelle**........ 27, 44	1667. La **Charité**......... 126
1469. Cîteaux. 83, 102, 103, 116	1668. Longchamp..... 30, 48
1469. **Charpentier**.... 116, 257	1668. Vol sacrilège....... 127
1469. Consécration 57, 103, 116	1670. Autre vol.......... 127
1478. Boulogne-s/Mer..... 58	1672, 3. Maladrerie....... 260
1503. Montmartre......... 79	1673. Indulgences..... 86, 128
1504. Montmartre......... 79	1675. Mémoire............ 49
1515. **Lyotte**............. 7	1679. Rente............. 49
1517. **Luther**............. 119	1681. **Le Roy**...... 10, 63, 64
1520. Indulgences........ 118	1686. Rente............. 49
1521. **Isabelle**........ 27, 45	1686. Foudre............ 128
1524. **Bayard**............. 101	1688. Écoles............. 128
1531. Bois............... 131	1691. Inventaire...... 109, 128
1534. **Clément VII**........ 108	1696. Administration. 129, 143
1535. **Calvin**............. 119	1700. 122
1539. État civil.......... 155	1701. ....130, 131, 134
1543. Longchamp......... 45	1702. Rente........ 130 à 137
1550 Indulgences......... 120	1704, 5. Lettres.......... 51
1563, 4. Calendrier.... 64, 120	1714. École............. 137
1577. Bois.......... 132, 133	1724. Autels privilégiés.... 138
1579. État civil.......... 155	1727. **Le Maure**.......... 51
1590. Siège de Paris...... 46	1729. École............. 139
1595. Syndics........... 121	1730. Indulgences..... 86, 141
1596. Indulgences........ 121	1738. **De St-Vallier**........ 149
1600. .... 117, 122	1744. **Louis XV**.......... 142
XVIe siècle. Porche.. 121, 207	1744. Curé **Duval**..... 141, 258
1600, 8. **De Costeblanche**... 24	1744. Curé **Hénocque**. 141, 258
[27, 30, 47	1745. Inscription... 8, 103, 111
1612. **Du Breul**..... 30, 62, 63	[116, 142, 248
1612, 1614. Indulgences... 122	1749. Cordelières........ 52
1623. Rente.......... 72, 122	1754. **Lebeuf**............ 64
1624. État civil....... 6, 156	1757. Déclaration.... 142 à 144
1629. Triennalité...... 47, 49	1757. Bulle.......... 86, 87
1631. Longchamp..... 32, 47	1758-1760. 2e vicaire.. 144, 145
1631 Indulgences. 84 à 86, 99	1763. Déclaration.... 146 à 148
[123	1763. Cloches...... 145, 146
1637. **Isabelle**..... 26, 27, 47	1768. Dîmes............ 53
1637, 8. Vœu de **Louis XIII** 123	1770, 8. Plan.......... 148
[à 125	1772. Foudre............ 149

272 TABLE CHRONOLOGIQUE GÉNÉRALE

1777. 2e vicaire...... 145, 150
1782. Inventaire.......... 150
1783. Inventaire...... 150, 151
1788. Fabrique 152
1789. 5, 7, 8, 13, 22, 34, 54, 153
1789. Biens du clergé..... 153
1790. Longchamp...... 30, 54
1790. Montmartre 79
1790. Constitution civile .. 154
1792. Longchamp.. 30, 54, 56
1792. Pèlerinage...... 86, 87
1792 Église...... 154, 155, 156
1792. État civil 155
1793. Longchamp......... 54
1793 Église. 5, 70, 86, 103, 146
[155, 156
1793. Curé **Hénocque**.. 157, 258
1794. **De Montmorency-Laval** 81
1795. Cultes 157
1796. Biens.............. 159
1796. Cultes............. 157
1797. Cultes............. 158
1799. Cultes............. 158
1800. Cultes............. 158
1801. Église............. 160
1801. Cultes............. 158
1802. Cultes......... 158, 161
1802. Inventaire...... 160, 161
1803. Biens.............. 159
1804. Registres........ 6, 9
1804. Fabriques 162
1805. Reliques....... 164, 165
1805. Indulgences 87, 99
1805. Système métrique... 163
1805. Calendrier.......... 163
1807. Relique........ 166, 167
1808. Cultes.......... 161, 169
1809. Fabriques 169, 258
1811. Fête....... 169, 170, 257
1814. **Vauthier**............ 7
1819. Confrérie.......... 263
1820. Relique...... . 167, 168
1821. Relique............ 174

1822. **Reliquaire**.......... 177
1825. Presbytère......... 261
1827. Lettre 48
1830. Révolution......... 178
1831 et s. **Chatel** ..... 179 et s.
1832. **Ste-Véronique**...... 264
1834. Fabrique.. 179, 184, 258
1837. **Mme Brenet** 265
1839. Mémoire....... 102, 184
1840. Système métrique... 163
[184
1842. Cercueils 184
1848. Révolution......... 185
1849. **Abbé Franche** 186
1849. Orgue 186
1849. Corbillards, etc..... 186
1851. Restauration........ 187
1851. Pompes funèbres.... 186
1852. **Prima Primaria**. 88 à 94
1852, 1853. Confrérie. 88 à 98
[101
1853. Moulin............ 54
1853 **Précis** 88
1853. Autel......... 187, 253
1853. Chemin de croix.... 188
1854 I. Conception....... 104
1854 Rapport 188
1855. **Abbé Drach**......... 189
1855. Orgue 186
1856. Ouvroir............ 265
1856. **Abbé Duval**......... 189
1856. Pèlerinage... 58, 64, 190
1856. Visite.......... 193, 244
1857. Pèlerinages 58
1858 Monument historique.193
[246
1858. Pétition .... 193 et s.
1858. Propriété.. 199, 205, 246
1858. **Consultation** .... 199 et s.
1859. .... 7, 22, 206
1860. .... 5, 7, 9, 22, 107, 206
1860. **Abbé Gentil**..... 101, 189
1860. Calorifère...... 208, 257

TABLE CHRONOLOGIQUE GÉNÉRALE

1860. Jardinet........ 207, 247
1860-1863. Restauration... 207
   [à 210, 245, 254, 256, 260
1861. Paroisse............ 206
1861. 2 Cloches..... 208, 246
1862. Relique............ 175
1863. **Le Cot** et la Confrérie 98
1863. Banc d'œuvre.. 208, 250
1863. Maître autel ... 208, 250
1863. **Autel**............... 210
1863. Gardien............ 214
1863. Cantiques.......... 212
1864. Chaire........ 214, 250
1864. Presbytère......... 261
1865. Horloge....... 214, 246
1866. Reliques............ 214
1866. Conférence......... 265
1867. Maître autel.... 216, 251
1868. **Madone**............ 216
1870. Assurance.......... 216
1870. Révolution......... 217
1871. **Haffreingue**......... 58
1872-1879. Restauration... 217
1873. Processions........ 219
1874. Pompes funèbres.... 219
1874. **Ste-Véronique**...... 264
1874 et s. Vitraux........ 218
1877. Orgue..... 186, 219, 250
1878. Processions...... 9, 219
1879. Chemin de croix.... 221
1879. Autel............... 210
1879. École............... 268
1879. Confréries...... 221, 263
1880. Confréries...... 221, 263
1880. Processions...... 9, 221
1880. Maîtrise............ 222
1880. Gardien 222
1880. Gardes-malades..... 266
1880. Patronage.......... 266
1880, 1. Presbytère .. 261, 262
1881. Écoles........ 267, 268
1881. Fonds libres........ 222
1882. Éclairage.......... 222

1882. Patronage.......... 266
1883. Objets d'art........ 223
1883. Inventaire......... 223
1884. Conférence........ 265
1884. Loi municipale..... 224
1884. Groupe **N.-D**.... 224, 253
1885. **Clefs**............... 225
1885. Boulogne-sur-Mer... 58
1885. Visite...... 226, 244, 257
1885-1891. Dallage.... 226, 248
1887. Confrérie.........•.. 98
1887. Loi (Mon. hist.).... 224
1888. Abbé **Bossuet**....... 56
1890. Processions........ 226
1891. Pèlerinage......... 172
1891. École **N.-D**.... 267, 269
1892. **Ste-Véronique**...... 265
1892, 3. Tombeau des curés 228
1892, 1893. Fabriques. 229, 258
1893 **St Martial**.... 230
1893. **P. Danet**............ 105
1894. **Du Mesnil**...... 230, 266
1894. École............... 267
1894. Adoratrices..... 234, 263
1895. **Portioncule**........ 231
1895. **St Antoine de Padoue**. 233
                                [249
1895. Conférences........ 232
1896. Franciscaines .. 234, 266
1896 Éclairage........... 233
1896. Harmonium......... 233
1896. **P. Binz**............ 233
1896, 7. Terrain Valton... 233
1897-1900. Flèche.... 214, 246
1897-1898. Adoratrices, 214, 263
1898. V^re **Valton**.......... 238
1898. Pompes funèbres 235 et s.
1899. Portes......... 239, 248
1899. **Ste-Famille**..... 239, 264
1900. Inventaire......... 240
1900. Tiers ordre..... 240, 264
1900. Mlle **Riant**............ 240
1901. Abbé **Testory**....... 186

1902. Tapis............... 240
1903. 7, 8, 9, 22, 27, 55, 56, 63
[64, 109
1903. **Messager**.... 64, 109, 192
1903. Trottoirs ....:.. 240
1903. Eclairage.......... 240
1903. Horloge 240
1903. Processions......... 240
1903. **M. Dominé**...... 240, 266
1903. **Abbé Runner**........ 241

1903. Statues 242, 249, 253
1903. Statue d'**Isabelle** 56, 242
[248
1903. Orgue......... 242, 250
1903. Chemin de ronde ... 247
1903. Foudre............ 242
1904. M. **Desvaux**......... 242
1904. Visite.............. 244
1904. Nouvelle salle.. 244, 265
1904. Abbé **Casabianca** 244

BIBLIOGRAPHIE GÉNÉRALE

Archives fabriciennes, 6, 10, 55, 60, 73, 84 à 87, 109, 111, 113, 118, 121, 123, 126, 128, 130, 136, 141, 152, 170, 172, 177, 199 et s., 212, 241.
Archives départementales, 6, 10, 35, 55, 56, 57, 128, 140, 148, 150, 152, 155, 160.
Archives communales, 6, 10, 152, 156.
Archives nationales, 6, 10, 13, 15, 21, 25, 27, 30, 34, 35, 56, 57, 72, 74, 78, 142, 145, 159, 260.
  Séries : H. 30, 34.
    J. 34, 35, 69.
    J. J. 28, 34, 43, 70.
    K. 1 à 164 (Rois). 13, 15, 21, 34, 42, 49, 60, 69.
    K. divers. 28, 34, 35.
    L. 25, 27, 30, 34 à 36, 39, 41, 44, 53, 56, 72, 74, 80, 83, 127, 145.
    L. L. 21, 22, 27, 30, 34, 45, 48, 49, 69, 79, 80.
    M. M. 260.
    Q^1. 35, 43 à 45, 47, 49, 50, 52, 53.
    S. 21, 30, 35, 36, 44, 48, 52 à 54, 56, 57, 72, 74, 78, 79, 81, 111, 127, 132, 145, 260
    Z^2. 79, 142, 152.
Bibliothèques, 6, 10, 49, 51, 52, 149, 183.
Lois, ordonnances, arrêts, etc., 6, 10, 21, 72, 82, 108, 112, 113, 115, 121, 129, 135, 136, 142, 153, 155, 157, 159, 200 et s., 220, 224, 225, 229, 235 à 238, 247.
Diplomata, Chartæ, etc., 15.

Journaux, brochures, etc , 6.
Ami de la Religion, 183.
Journal d'un bourgeois de Paris, de Charles VI, VII, 113 à 115.
Journal d'Henri III, d'Henri IV (de l'Estoille), 45.
Journal historique et anecdotique, etc. (Barbier), 52.
Journal de l'Empire, 169, 201.
Mes Loisirs ou Journal d'Evénemens, etc (Hardy), 149.
Chronique du XVe siècle, 27.
Gazette de Boulogne, 105, 106.
Messager de l'Archiconfrérie, etc., 64, 109, 192.
Annuaires, 5, 22, 199.
Almanach royal, 138.
Calendrier historique, etc (Le Fèvre), 26.
Calendriers, 27.
Nécrologe de Longchamp, 24, 25, 39, 43.
Histoire de l'abbaye et abbesses (De Costeblanche), 24, 27, 30, 47.
Lettre de 1652, 48.
Histoire, biographie d'Isabelle (A. d'Harcourt), 24, 26, 27.
Histoire, biographie d'Isabelle (manuscrite), 27.
Histoire, biographie d'Isabelle (Roüillard), 27, 50.
Longchamp, poèmes, 53.
Origine et progrès de l'ordre de St-François (F. de Gonzague), 24.
Notes Maisons, Barbu, 10, 23, 155, 216.
Histoire de Nostre-Dame de Boulogne, etc. (Le Roy), 10, 23, 58, 59, 62, 63 (texte complet), 81 à 83, 104, 107, 109, 112.
Histoire de N.-D. de Boulogne, etc (Lefebvre), 62, 63 (texte complet), 190 à 192.
Précis historique, etc. (Le Cot), 88, 216.
Mémoire de 1839, 102.
Culte français à Boulogne (C. Narbey), 183.
Histoire de Boulogne-sur-Seine (Grenet), 7, 113.
Mémorial du chrétien (Duchaine), 184.
Recherches sur les actes de l'état civil (Berriat-St-Prix), 152
Notes sur le bois (Barras), 49.
Notice sur le bois (G. D.), 77.
Mémorandum, etc. (Mentienne), 56.
Pèlerinages (Drochon), 11.
Pèlerinages, etc. (Dupont), 102.
Pèlerinages des environs de Paris (Salmon), 26.
N.-D. de France (Hamon), 107.
Annales de Paris, 17, 18.
Theatre des Antiquitez de Paris, etc. (Du Breul), 20, 24, 27, 30, 57, 62 (texte complet), 63, 65, 83, 84, 99, 116, 199.

Antiquitez de Paris (Malingre), 63.
Essais historiques sur Paris (P. de St-Foix), 115.
Antiquités de Paris (Sauval), 22.
Histoire de la ville et du diocèse de Paris, etc. (Lebeuf), 48, 49, 57, 64 (texte complet), 69, 72, 77, 106, 112, 116 à 118.
La même, revue par Cocheris, Augier, Bournon, 64, 69.
Histoire de la ville et du diocèse de Paris (Félibien, Lobineau), 24, 62, 64, 114.
Histoire de l'Église de Paris (Grancolas), 112.
Historia Ecclesiæ Parisiensis (G. Dubois), 107.
Bréviaire de Paris, 27.
Paris sous la domination anglaise (Longnon), 113.
Le 25 mai à la barrière d'Italie (Lesmayoux), 221.
Dictionnaire historique, etc. (Hurtaut et Magny), 77.
Gallia Christiana (divers), 19, 20, 30, 57, 79.
Gallia Christiana novissima (d'Albanès), 57.
Abrégé de l'histoire ecclésiastique (B. Racine), 26.
Series episcoporum (Gams), 109.
Institution de la Religion chrétienne (Calvin), 119.
Pouillés, 72, 260.
Histoire d'Auteuil (de Feuardent), 73.
Histoire du XVIe arrondissement (Doniol), 77.
Bulletin de... l'histoire de... l'Ile de France.., 183
Histoire de France (Mézeray), 34.
Mémoires, etc. (Poncet de de la Grave), 18.
Nouvelle description de la France (Piganiol de la Force), 145.
Inscriptions de la France, etc. (De Guilhermy), 255.
Traité de la Pratique (de Ferrière), 201.
Administration temporelle des Paroisses (Mgr Affre), 195.
Forest de Conscience (Michel de Tours), 118.

ERRATA ET ADDENDA

9, ligne 28, lire V à IX.
13, ligne 36, lire peculiares.
14, lignes 23, 30, 41, lire inpidimento; augimentis; Conpendio. La charte est dans la série K. 4, n° 3.
16, ligne 33, lire firmaverunt.
18, ligne 7, lire 1104 à 1116.
18, ligne 38. En 1114 on trouve *Menus* pour la 1re fois.
20, ligne 7, lire Dionysii.

20, ligne 17, lire Actum Parisius, in Palatio nostro publicè.
20. La 3e année du roi Louis, sacré le 25 octobre 1131, était commencée le 26 octobre 1133.
21, ligne 30. Le vidimus, du mercredi 30 juin 1339, lendemain de s. Pierre, est dans la série K. 32, n° 1 (non 31).

ERRATA ET ADDENDA

27, ligne 33, lire Ysabellis.
32, lignes 3, 29, lire *Mailly* ; † 1540.
33, ligne 25, lire 21 avril 1776.
34, ligne 5, lire rente.
35, ligne 42, lire oiseaux (non poissons).
36, ligne 8. La bulle est de Clément IV.
47, ligne 30, lire 1623-1644.
48, ligne 35, lire sçavoit.
51, ligne 14, lire supérieurs.
55, lignes 21, 22, 30, lire St-Louis en l'Ille ; Lonchamp ; Monastère.
57, ligne 4. Le *Mémorandum* est de 1899.
64, ligne 5, lire 45 à 51.
66, ligne 31, lire ou.
68. Le dimanche dans l'octave de l'Ascension 1320 était le 18 mai.
70, ligne 26, lire roy.
71, ligne 24, lire Domini.
73, ligne 11, lire d'achater.
78, lignes 27, 43, lire XVIII ; 1469.
82, ligne 11, lire episcopus.
83. Le don est du 14 mars.
85, ligne 37, lire tems.
87, ligne 33, lire executioni.
88, ligne 12, lire rhétorique.
97, ligne 18, lire Indulgentiarum.
104, ligne 26, lire 1335, à 1343.
107, ligne 3, lire 1690-1710.
111, ligne 28. Voir dalle de 1348 à la page 254.
120, lignes 5, 41, lire Les ; 18 avril.
122, ligne 28, lire († le 10 juin
131, lignes 13, 21, lire drois ; honnoraires.
132, lignes 27, 44, lire habitans ; ausquelles.
133, ligne 24, lire habitans.
137, ligne 30. Il y a des notes de travaux de 1768, 1769.
146, lignes 21, 40, lire Antoine-Artus ; arpents.
150, lignes 4, 35, 42, lire tint ; « L'image ; châssi et boëtte.
156, ligne 36, lire tems.
159, ligne 39. Le résultat eût été analogue avec le grand arpent de 42 ares 21.
163, ligne 36, lire an XIII.
165, ligne 7, lire attachées.
176, ligne 5, lire debitè.
197, ligne 34, lire Breuillié.
216, ligne 24, lire *Amand*.
217, ligne 5, lire ch. XVII.
222, ligne 32, lire retraits.
245, ligne 33, lire 1844.
249, ligne 32, lire trois.
256, ligne 15, lire luy.
265, ligne dernière, lire élu en 1866.

NOTA. — *Par suite de retards imprévus, l'illustration n'a pu trouver place dans ce volume ; mais tous les faits accomplis depuis le 31 décembre 1903 ont été insérés à leurs dates respectives.*

J'accueillerai avec reconnaissance toutes les communications relatives à l'histoire de Boulogne.

25 mai 1904.

TABLE DES MATIÈRES

Introduction 5

1re Partie. — Section de Boulogne-sur-Seine. — Situation. — Origines. — Abbaye de Longchamp (1249-1793). — Histoire de l'église de Boulogne, de son presbytère, de ses œuvres, de ses écoles, de 1320 à nos jours (31 décembre 1903)

(I. — Des origines à 1789).

I. — Des origines à l'an 1308. — Situation. — Moyens de communication. — La forêt de Rouvray. L'abbaye de **Longchamp** ou **Longchamps** (1249-1793) 11

II. — Origine du pèlerinage de Boulogne-sur-Mer (633). Histoire de Boulogne-sur-Seine de 1308, 1309 à 1330. Fondation de l'**Église** et de la **Confrérie** de Notre-Dame de Boulogne-sur-Seine (1319-1320). Bénédiction de l'**église** et son érection en **paroisse** (1330) 57

III. — Histoire de la **grande Confrérie**, depuis sa fondation (1319, 1320) jusqu'à nos jours (1903) 81

IV. — Mémoire de 1839 et inscription de 1745 102

V. — L'église de Boulogne-sur-Seine de 1330 à 1789. — 1re Période, de 1330 à 1469. Bulle de 1392. Le Cordelier Richard, 1429. Consécration, 1469 105

VI. — L'église de Boulogne-sur-Seine de 1330 à 1789. — 2e Période, de 1469 à 1600. Parties de Boulogne. Protestantisme. 117

VII. — L'église de Boulogne-sur-Seine de 1330 à 1789. — 3e Période, de 1600 à 1700. Vœu de Louis XIII, 1637-1638. Confrérie de la **Charité**, 1667. Inventaire, 1691 122

VIII. — L'église de Boulogne-sur-Seine, de 1330 à 1789. — 4e Période, de 1701 à 1744. Rente de 600 livres, 1702. 1res écoles publiques, 1714, 1729 130

IX. — L'église de Boulogne-sur-Seine de 1330 à 1789. — 5e Période, de 1744 à 1789. Le curé **Hénocque**. Inscription de 1745. Déclarations de revenus, 1757, 1763. Cloches. Inventaires, 1782, 1783 141

(II. — De 1789 à 1859).

X. — L'église de Boulogne-sur-Seine de 1789 à 1859. — 1re Période, de la Révolution de 1789 à 1804. Biens du clergé. Constitution civile du clergé, 1790. Trésor. Inventaire, 1792. Persécution, 1793. Cultes. Biens aliénés en 1796. Inventaire, 1802 153

TABLE DES MATIÈRES

XI. — L'église de Boulogne-sur-Seine de 1789 à 1859. — 2e Période, de 1804 à 1830. Fabrique, 1804. Calendrier républicain. Reliques, 1805, 1807. Fête, 1811. Le **saint Voile**......... 162

XII. — L'église de Boulogne-sur-Seine de 1789 à 1859. — 3e Période, de la Révolution de 1830 à 1848. L'abbé **Chatel** et l'**Eglise catholique française**............................ 178

XIII. — L'église de Boulogne-sur-Seine de 1789 à 1859. — 4e Période, de la République de 1848 à 1859. Autel privilégié, 1853. Rapport de 1854. Affaire Duval, 1856. Pèlerinage de Boulogne-sur-Mer, 1856. Pétition, 1858. Consultation 1857-1858. Les 5 arpents.................................... 185

(III. — De 1860 à 1903 et 1904)

XIV. — L'église de Boulogne-sur-Seine de 1860 à nos jours. — 1re Période, de 1860 à 1870. **Agrandissement et restauration de l'église**, 1860-1863. Cantiques. Autel privilégié, 1863. Reliques, 1866. Maître autel, 1867................·............ 206

XV. — L'église de Boulogne-sur-Seine de 1860 à nos jours. — 2e Période, du 4 septembre 1870 à 1892. **Restauration nouvelle**, 1872-1879. **Orgue**, 1877. Chemin de croix, 1879. Processions interdites, 1878, 1880. Eclairage, 1882. Objets d'art, 1883. Inventaire, 1883. Loi de 1884. Groupe de **N.-D. de Boulogne**, 1884 217

XVI — L'église de Boulogne-sur-Seine de 1860 à nos jours. — 3e Période, de mai 1892 à 1904. Trésoriers de Fabriques, 1893. **Saint Martial**, 1893. **Portioncule**, 1895. **Saint Antoine de Padoue**, 1895. Eclairage, 1896. Terrain Valton, 1896-1897. Flèche, 1897-1900. Dames adoratrices, 1897. Pompes funèbres, 1898. Portes intérieures, 1899. Travaux divers. M. **Dominé**, 1903. M. **Desvaux**, 1904. Visite, 1904................................... 228

(IV. — Annexes de l'histoire)

XVII. — Description de l'**église de Boulogne-sur-Seine**. Chemin de ronde. Chapelles, chœur, vitraux, peintures, statues, inscriptions 245

XVIII. — Liste des curés de Boulogne-sur-Seine et des présidents du conseil de Fabrique, avec renseignements sur les **Fabriques** : Curés, liste complète................... 257
        Présidents du conseil de Fabrique 259

XIX. — L'église **St-Laurent** et la **maladrerie de St-Cloud**. La chapelle **Ste-Gemme**. Le **Presbytère**. Œuvres, patronages, écoles paroissiales, etc................................. 259

Table chronologique générale (53 avant J.-C.-1904)...... 270
Bibliographie générale............................... 274
Errrata et addenda 276

www.ingramcontent.com/pod-product-compliance
Lightning Source LLC
Chambersburg PA
CBHW050650170426
43200CB00008B/1238